Problem-orientierter Geschichts-unterricht

Ziele – Methoden – Modelle

Band 4: Die Welt seit 1945

Herausgegeben von Dr. H. Heumann
Bearbeitet von Dr. H. Heumann, Fachleiter E. Matz
und Regierungsdirektor H. Pötzsch,
unter Mitarbeit von Realschullehrerin I. Blechert, Prof. Dr. G. Droege,
Oberstudiendirektor Dr. P. Düring, Prof. Dr. S. George,
Rektor W. Freund, Prof. Dr. R.-J. Sattler, Prof. Dr. H. Süssmuth

Cornelsen
HIRSCHGRABEN

Problemorientierter Geschichtsunterricht

Gesamtübersicht:
Band 1 Altertum und Mittelalter (Nr. 234620)
Band 2 Die Grundlagen unserer Gesellschaft (Nr. 234719)
Band 3 Zwischen den beiden Weltkriegen (1914–1945) (Nr. 234808)
Band 4 Die Welt seit 1945 (Nr. 234905)

Verlagsredaktion: Dr. Ernst Hoerschelmann

1. Auflage 1982

Satz: Hurler, Notzingen
Druck: Saladruck, Berlin
ISBN 3-454-23490-5
Vertrieb: Cornelsen Verlagsgesellschaft, Bielefeld
Bestellnummer: 234905

Inhaltsverzeichnis

Literaturangaben

Die folgende Übersicht und die Literaturhinweise zu den einzelnen Kapiteln können naturgemäß nur eine begrenzte Anzahl von Titeln anbieten. Kriterien der Auswahl sind **Rang, Verfügbarkeit** und **Preiswürdigkeit.** Danach sind jeweils einige Standardwerke genannt, darüber hinaus solche Titel, die in neuerer Zeit erschienen und jedenfalls im Buchhandel noch erhältlich sind, und schließlich vorzugsweise preiswerte Taschenbuchausgaben.
In den Literaturangaben zu den einzelnen Kapiteln sind für einen Teil der nachstehenden Werke **Kurztitel** verwendet worden. Sie sind in der folgenden Aufstellung in halbfetter Schrift gesetzt. Es handelt sich in erster Linie um eine Reihe von Handbüchern und um Zeitschriften.

Quellensammlungen

Aufriß Weltgeschichte im Aufriß. Diesterweg Verlag, Frankfurt/Main (mit Angabe des Bandes).
Augenzeugenberichte Karl Rauch Verlag, Düsseldorf (mit Titel des Einzelbandes). Von einigen Bänden gibt es Taschenbuchausgaben bei dtv.
Geschichte Geschichte aus erster Hand. Arena Verlag, Würzburg ³1966.
GiQ Geschichte in Quellen, W. Lautemann/M. Schenke (Hrsg.). Bayerischer Schulbuchverlag, München 1966 (mit Angabe des Bandes).
Hirschgraben Hirschgraben-Lesereihe. Hirschgraben-Verlag, Frankfurt/Main 1972 (mit Angabe des Bändchens).
Bilder aus der Weltgeschichte Historische Szenen, Quellen und Begriffe. Diesterweg Verlag, Frankfurt/Main 1969 ff. (mit Angabe des Bandes).
Lesewerk Lesewerk zur Geschichte. Goldmann-Verlag, München 1971 ff. (mit Angabe des Bandes).
Ma Materialien für den Geschichtsunterricht in mittleren Klassen. Diesterweg Verlag Frankfurt/Main 1970 ff. (mit Angabe des Bandes).

Atlanten

Atlas Großer Atlas zur Weltgeschichte. Westermann Verlag, Braunschweig.
dtv dtv-Atlas zur Weltgeschichte. dtv, München.

Dias/Filme

Westermann Georg Westermann Verlag, Braunschweig.
Institut Institut für Film und Bild, München.
Stoedtner Stoedtner-Verlag, Düsseldorf.
Flemming Flemming Verlag, Hamburg.
Schuchardt Schuchardt Lehrmittelverlag, Göttingen.
V-Dia V-Dia Verlag, Heidelberg.

An geeigneten Stellen wird auf die von der „Bundeszentrale für politische Bildung“ herausgegebenen **„Informationen zur politischen Bildung“** verwiesen, die bei der Bundeszentrale (Postfach, 5300 Bonn 1) auch in Klassensätzen kostenlos zu erhalten sind.
Quellen sind, wenn sie nicht in „Geschichte für morgen“ **(Gfm)** oder in den „Informationen“ im Wortlaut wiedergegeben sind, in der Regel im unterrichtspraktischen Teil abgedruckt. Sie wurden, wenn möglich, aus „Geschichte in Quellen“ **(GiQ)** entnommen.

Darüber hinaus werden noch folgende Standardwerke empfohlen:
Baumgart, Winfried, Bücherverzeichnis zur deutschen Geschichte. Hilfsmittel – Handbücher – Quellen. Ullstein-TB DG 14.
Bracher, Karl-Dietrich, Jacobsen, Hans-Adolf, Bibliographie zur Politik in Theorie und Praxis. Droste, Düsseldorf 1970 (Ergänzungsband 1973).
Der große Ploetz, Auszug aus der Geschichte. Ploetz-Verlag Freiburg/Würzburg ²⁹1980.

Handbücher

Die Liste der Handbücher ist aus dem Band 3 übernommen, um auch hier einen Gesamtüberblick über die Entwicklung seit 1914 zu ermöglichen.

Karl-Dietrich **Bracher,** Europa in der Krise, Innengeschichte und Weltpolitik seit 1917. Propyläen, Frankfurt 1979 (erweiterte Fassung der Propyläen-Geschichte Europas, Bd. 6).

dtv – Weltgeschichte des 20. Jahrhunderts, hrsg. v. Martin Broszat und Helmut Heiber:

4001: Der Erste Weltkrieg
4002: Revolutionen und Friedensschlüsse 1917–1920,
4003: Die Republik von Weimar
4004: Die faschistischen Bewegungen
4005: Europa zwischen den Kriegen
4007: Die Vereinigten Staaten von Amerika seit 1917
4008: Sowjetrußland
4009: Der Staat Hitlers
4010: Der Zweite Weltkrieg
4011: Das geteilte Deutschland
4012: Die Teilung der Welt
4013: Auflösung der Kolonialreiche

Fischer Weltgeschichte, 36 Bde., FWG 1–36, 1965 ff.

FWG 23: Süd- und Mittelamerika II
FWG 30: Die Vereinigten Staaten von Amerika
FWG 31: Rußland
FWG 32: Afrika
FWG 33: Das moderne Asien
FWG 34: Das Zwanzigste Jahrhundert I
FWG 35: Das Zwanzigste Jahrhundert II
FWG 36: Weltprobleme zwischen den Machtblöcken – Das Zwanzigste Jahrhundert III

Gebhardt, Handbuch der Deutschen Geschichte. Bd. 4: Karl Dietrich Erdmann, Die Zeit der Weltkriege. Klett, Stuttgart 1976.
Auch TB dtv 4218–4222:

4218: Der Erste Weltkrieg
4219: Die Weimarer Republik
4220: Deutschland unter der Herrschaft des Nationalsozialismus 1933–1939
4221: Der Zweite Weltkrieg
4222: Das Ende des Reiches und die Entstehung der Republik Österreich, der Bundesrepublik Deutschland und der Deutschen Demokratischen Republik

Institut für Zeitgeschichte (Hrsg.), Deutsche Geschichte seit dem Ersten Weltkrieg, 2 Bde. dva, Stuttgart 1971.

Oldenbourg Grundriß der Geschichte. Oldenbourg, München 1979 ff. 18 Bände, für die Epoche seit 1900:

Bd. 15: Schmidt, Gustav, Das Zeitalter des Imperialismus (erscheint 1982)
Bd. 16: Kolb, Eberhard, Die Weimarer Republik im Zwischenkriegseuropa (erscheint 1982)
Bd. 17: Hildebrand, Klaus, Das Dritte Reich (1979 erschienen)
Bd. 18: Hillgruber, Andreas, Europa in der Weltpolitik der Nachkriegszeit 1945–1963 (1979 erschienen)

Schieder, Theodor (Hrsg.), Handbuch der Europäischen Geschichte.
Bd. 7: Schieder, Theodor, Europa im Zeitalter der Weltmächte. Klett-Cotta, Stuttgart 1979

Ullstein Deutsche Geschichte, hrsg. v. Walter Hubatsch, 17 Bde. TB DG 1–19,
darin: **Droege,** Georg, Deutsche Wirtschafts- und Sozialgeschichte. DG 13.

Geschichte der **Weltwirtschaft** im 20. Jahrhundert, hrsg. von Wolfram Fischer, 6 Bände. TB dtv 4121–4126

4122: Bd. 2: Der Erste Weltkrieg 1914–1918
4123: Bd. 3: Die Zwanziger Jahre
4124: Bd. 4: Die Weltwirtschaftskrise 1929–1939
4125: Bd. 5: Der Zweite Weltkrieg
4126: Bd. 6: Nach dem Zweiten Weltkrieg

Zeitschriften

GWU Geschichte in Wissenschaft und Unterricht. Klett-Verlag, Stuttgart, seit 1949.

Geschichte und Gesellschaft Zeitschrift für Historische Sozialwissenschaft. Verlag Vandenhoeck und Ruprecht, Göttingen, seit 1975.

Geschichtsdidaktik Schwann Verlag, Düsseldorf, seit 1976.

Gegenwartskunde Zeitschrift für Gesellschaft, Wirtschaft, Politik und Bildung, Leske Verlag, Leverkusen, seit 1953.

Politische Bildung Beiträge und Materialien zur wissenschaftlichen Grundlegung und zur Unterrichtspraxis. Klett Verlag, Stuttgart, seit 1967.

Sozialwissenschaftliche Informationen für Unterricht und Studium. Klett Verlag, Stuttgart, seit 1972.

43. Deutschland nach dem Zusammenbruch

43.0.1. Literaturangaben

Handbuch: Bracher 284 ff.; Droege DG 13; dtv 4011; Fischer FWG 34; Gebhardt 593 ff. und TB 4022; Oldenbourg Bd. 18; Schieder 334 ff., 522 ff.; Ullstein DG 9.

Spezialliteratur

Quellen und Dokumente

Hohlfeld, Johannes (Hrsg.), Dokumente der Deutschen Politik und Geschichte von 1848 bis zur Gegenwart. Band VI: Deutschland nach dem Zusammenbruch 1945; Band VII–VIII: Das Ringen um Deutschlands Wiederaufstieg, Teil I: 1951–1952, Teil II: 1952–1954. Dokumente Verlag Dr. Herbert Wendler, Berlin o. J.

Münch, Ingo v. (Hrsg.), Dokumente des geteilten Deutschland. Quellentexte zur Rechtslage des Deutschen Reiches, der Bundesrepublik Deutschland und der Deutschen Demokratischen Republik. Kröner, Stuttgart 1968.

Siegler, Heinrich von, Wiedervereinigung und Sicherheit Deutschlands. Eine dokumentarische Diskussionsgrundlage. Band I: 1944–1963, Band II: 1964–1967. Verlag für Zeitarchive, Bonn – Wien – Zürich ^{6}1967.

Deutschland 1945–1972. Quellenhefte für den Geschichtsunterricht, Nr. 471. Hirschgraben, Frankfurt.

Gesamtdarstellungen: Außenpolitik, Deutsche Frage

Becker, Josef / Stammen, Theo / Waldmann, Peter (Hrsg.), Vorgeschichte der Bundesrepublik Deutschland. Zwischen Kapitulation und Grundgesetz. Fink UTB 854, München 1979.

Benz, Wolfgang (Hrsg.), Bewegt von der Hoffnung aller Deutschen. Zur Geschichte des Grundgesetzes. Entwürfe und Diskussionen 1941–1949. dtv TB 2917, München 1979.

Graml, Hermann, Nationalstaat oder westdeutscher Teilstaat. Die sowjetischen Noten vom Jahre 1952 und die öffentliche Meinung in der Bundesrepublik Deutschland. Vierteljahreshefte für Zeitgeschichte 1975 (25. Jg.), S. 821–864.

Grebing, Helga, Die Nachkriegsentwicklung in Westdeutschland 1945–1949. Band 1: Politik und Gesellschaft, Band 2: Die wirtschaftlichen Grundlagen. Metzler, Tübingen 1980.

Grosser, Alfred, Deutschlandbilanz. Geschichte Deutschlands seit 1945. Hanser, München 1974, auch dtv TB 1007.

Kosthorst, Erich / Gotto, Klaus / Soell, Hartmut, Deutschlandpolitik der Nachkriegsjahre. Schöningh, Paderborn 1976.

Lehmann, Hans Georg, Chronik der Bundesrepublik Deutschland 1945/49 bis 1981. Beck, BSR 235, München 1981.

Lilge, Herbert, Deutschland 1945–1963. Zeitgeschichte in Text und Quellen. Literatur und Zeitgeschehen, Hannover ^{11}1979.

Merkl, Peter H., Die Entstehung der Bundesrepublik Deutschland. Kohlhammer, Stuttgart 1965.

Overesch, Manfred, Deutschland 1945–1949. Vorgeschichte und Gründung der Bundesrepublik Deutschland. Ein Leitfaden in Darstellung und Dokumentation. Athenäum-Droste TB 7221, Königstein 1979.

Schwarz, Hans-Peter, Vom Reich zur Bundesrepublik. Deutschland im Widerstreit der außenpolitischen Konzeptionen in den Jahren der Besatzungsherrschaft 1945–1949. Luchterhand, Neuwied 1966.

Westdeutschlands Weg zur Bundesrepublik 1945–1949. Beiträge von Mitarbeitern des Instituts für Zeitgeschichte. Beck, BSR 137, München 1976.

Weber, Jürgen, 30 Jahre Bundesrepublik Deutschland. Band I: Auf dem Wege zur Republik 1945–1947. Band II: Das Entscheidungsjahr 1948. Band III: Das Gründerjahr 1949 (Zu den drei Bänden gibt es Tonkassetten). Schöningh, Paderborn 1981.

Winkler, Heinrich August (Hrsg.), Politische Weichenstellungen im Nachkriegsdeutschland 1945–1953. Vandenhoeck & Ruprecht, Göttingen 1979.

Zayas de, Alfred, Die Anglo-Amerikaner und die Vertreibung der Deutschen. Vorgeschichte, Verlauf, Folgen. dtv 1599.

Wirtschafts- und Sozialpolitik

Lampert, Heinz, Die Wirtschafts- und Sozialordnung der Bundesrepublik Deutschland. Olzog, München ^{7}1980.

Leptin, Gert, Die deutsche Wirtschaft nach 1945. Leske UTB 878, Opladen 1980.

Winkel, Harald, Die deutsche Wirtschaft seit Kriegsende. V. Hase u. Koehler, Mainz 1971.

Sachbücher: Böddeker, Günter, Die Flüchtlinge. Die Vertreibung der Deutschen im Osten. Herbig, München 1980.

Grube, Frank/Richter, Gerhard, Die Schwarzmarktzeit. Deutschland zwischen 1945 und 1948. Hoffmann und Campe, Hamburg 1979.

Grube, Frank/Richter, Gerhard, Flucht und Vertreibung. Deutschland zwischen 1944 und 1947. Hoffmann und Campe, Hamburg 1980.

Italiaander, Rolf/Bauer, Arnold/Krafft, Herbert, Berlins Stunde Null 1945. Ein Bild-Text-Band. Droste, Düsseldorf 1979.

Schwan, Heribert/Steininger, Rolf, Besiegt, besetzt, geteilt. Von der Invasion bis zur Spaltung Deutschlands. Stalling, Oldenburg 1979.

Thies, Jochen/von Daak, Kurt, Südwestdeutschland. Stunde Null. Die Geschichte der französischen Besat-

zungszone 1945–1948. Ein Bild-Text-Band. Droste, Düsseldorf 1979.
Trees, Wolfgang/Whiting, Charles/Omansen, Thomas, Drei Jahre nach Null. Geschichte der britischen Besatzungszone 1945–1948. Ein Bild-Text-Band. Droste, Düsseldorf 1978.
Rühl, Klaus-Jörg, Die Besetzer und die Deutschen. Amerikanische Zone 1945–1948. Ein Bild-Text-Band. Droste, Düsseldorf 1980.

Jugendbücher:
Baer, Frank, Die Magermilchbande. Knaur, Hamburg 1979 (Mai 1945: Fünf Kinder auf der Flucht nach Hause).
Berger, Peter, Benjamin Habenichts, Arena TB 1359, (Hunger- und Hamsterjahre nach dem Krieg).
Fährmann, Willi, Das Jahr der Wölfe. Arena, Würzburg (Flucht aus Ostpreußen 1944/45).
ders., Kristina, vergiß nicht. Arena, Würzburg (Übersiedlung aus Polen in die Bundesrepublik Deutschland).
Neumann, Robet, Die Kinder von Wien. Beltz & Gelberg. Weinheim (Schwarzmarktzeit).
Nöstlinger, Christine, Maikäfer flieg!, Beitz, Weinheim ·(Kriegsende in Wien).
Pleticha, Heinrich, Zeitgeschichte aus erster Hand. Arena, Würzburg, auch Arena TB 1250 (Augenzeugenberichte und Reportagen aus den Jahren 1945–1980).
Schwarz, Annelies, Wir werden uns wiederfinden. Die Vertreibung einer Familie, dtv 7820, München 1981.

Zeitschriften: GWU 6–8/81: Literaturbericht Deutsche Geschichte seit 1945, Teil I–III; 12/80: Literaturbericht Innen- und Außenpolitik Deutschland. Politische Bildung (150) 1/76. Die Entstehung der Bundesrepublik Deutschland. Sozialwissenschaftliche Information 3/1979: Vorgeschichte und Anfänge der Bundesrepublik Deutschland.

43.0.2. UR-Ziele

(1) Die Friedensvorstellungen der Siegermächte in den Vereinbarungen der Konferenzen von Jalta und Potsdam
(2) Die Ursachen für Spannungen und künftige Konflikte zwischen der Sowjetunion und den Westmächten
(3) Die Wende der amerikanischen Außenpolitik und die Änderung der amerikanischen Besatzungspolitik in Deutschland
(4) Die deutsche Frage in den Auseinandersetzungen der Mächte

43.0.3. Medien

Wandkarte: Westermann, Der Zweite Weltkrieg – Flemmings, Deutschland nach dem Zweiten Weltkrieg 1945–1953 – Perthes, Deutschland nach dem Zweiten Weltkrieg 1954–1961 – Putzger, Europa nach dem Zweiten Weltkrieg – Westermann, Viermal Deutschland im 20. Jahrhundert.
Atlanten: Westermann: 156/157 Der Zweite Weltkrieg in Europa, 158 Der Zweite Weltkrieg im Pazifik – dtv II: 214 Der Zusammenbruch der deutschen Ostfront Januar bis März 1945, 210 Die Kriegsschauplätze in Nordafrika und auf dem Balkan 1943/44; Der alliierte Vormarsch in Italien, 212 Die alliierte Invasion in Frankreich 1944; Der Krieg im Osten 1943/44, 220 Flüchtlinge und Vertriebene nach 1945, 230 Das sowjetische Satellitensystem in Europa nach 1945, 244 Die europäische Integrationspolitik nach 1945, 248 Deutschland nach dem Zusammenbruch 1945; Die Teilung Deutschlands 1945, 250 Die Bundesrepublik Deutschland, 252 Berlin nach 1945; Die Verfassung der Bundesrepublik Deutschland, 254 Die sowjetische Besatzungszone (DDR) seit 1952; Die Staatsstruktur der DDR.
Dias: Institut 100422, Neueste Geschichte in Plakaten (1929–1946) (17 B f), Flemmings, Politische Gliederung nach dem Zweiten Weltkrieg (27 B f), Jünger, Berlin (75 B f) mit Tonband, Der 17. Juni 1953 (48 B s) und Tonband.
Filme: Institut 320589 Dem Ende entgegen (23 Min.), 320519 Deutschland nach der Kapitulation 1945 (15 Min.), 323028 Die Situation in Deutschland 1945/46 (16 Min.), 323029 Der Wiederaufbau der deutschen Wirtschaft 1945–1948 (15 Min.), FT 49 Filmdokumente zur Landesgeschichte: Kriegsende, FT 50 Heimkehr und Aufbau, FT 51 Die Anfänge des politischen Lebens, 320520 Deutschland 1947–1949 (15 Min.), 320530 Flüchtlingsnot an der Zonengrenze 1948 (21 Min.), 322436 Die Entnazifizierung, Revolution auf dem Papier (46 Min.), FT 19 Berlin, Hauptstadt Deutschlands (20 Min.), FT 365 Verfolgt, verschleppt, vertrieben (38 Min.), FT 471 Berlin, Schicksal einer Stadt. Von 1954 bis zum ersten Passierscheinabkommen (18 Min.), 321587 Luftbrücke Berlin (17 Min.), FT 10 Europa blickt vorwärts (Auswirkungen des Marshall-Plans) (10 Min.).

43.0.4. Vorbemerkungen

Themen dieser Unterrichtsreihe sind die Vorgeschichte der Teilung Deutschlands, die Entstehung und Entwicklung der beiden deutschen Staaten, ihre Integration in die Blocksysteme sowie die Ost- und Deutschlandpolitik der Bundesrepublik Deutschland. Mit diesen Problemkreisen ist der Beitrag des Geschichtsunterrichts zur „deutschen Frage“ abgedeckt, deren unterrichtliche Behandlung die KMK in ihrem Beschluß vom 21. 11. 1978 verbindlich gemacht und im einzelnen festgelegt hat (Amtsblätter der Kultusministerien der Länder).

Der Beschluß geht von der verfassungsrechtlichen Situation aus:

„Die Behandlung der deutschen Frage im Unterricht wird durch das Grundgesetz, den Deutschlandvertrag, die Ostverträge, den Grundvertrag, die Briefe zur deutschen Einheit, die Rechtsprechung des Bundesverfassungsgerichts und durch die gemeinsame Entschließung aller Fraktionen des Bundestages vom 17. 5. 1972 maßgeblich bestimmt.

Das Grundgesetz für die Bundesrepublik Deutschland geht vom prinzipiellen Fortbestehen der gesamtdeutschen Staatlichkeit aus; das Deutsche Reich hat rechtlich den Zusammenbruch von 1945 überdauert. Durch das Grundgesetz bleibt das gesamte deutsche Volk aufgefordert, in freier Selbstbestimmung die Einheit und Freiheit Deutschlands zu vollenden."

Daraus leiten sich eine Reihe von Forderungen für den Unterricht ab:

- Die Teilung Deutschlands gehört in den größeren Zusammenhang der Teilung Europas.
- In der deutschen Frage können Fortschritte nur mit friedlichen Mitteln erzielt werden.
- Die geschichtlichen Ursachen und der Prozeß der Teilung Deutschlands müssen dargestellt werden. Es gibt eine gemeinsame Verantwortung aller Deutschen für die historische Erbschaft.
- Alle Deutschen sind durch eine gemeinsame Geschichte, Sprache und Kultur verbunden.
- Kenntnisse über die DDR sind unerläßlich; für den Vergleich der Systeme gilt der Wertmaßstab des Grundgesetzes.
- Die Forderung nach Menschenrechten ist keine Einmischung in die inneren Angelegenheiten der DDR.
- Die Deutschen in der DDR haben ein aus eigenen Leistungen resultierendes Selbstbewußtsein. Gewichtige Tatsachen sprechen für ihren Willen zur Einheit.
- Das Streben nach nationaler Einheit und Selbstbestimmung ist berechtigt. Die Wiedervereinigung ist zur Zeit nicht zu erreichen. Sie ist aber als Ziel nicht aufzugeben.

Für die Behandlung des Zeitraumes nach 1945 steckt der Beschluß der KMK folgenden Rahmen ab:

„Die Behandlung der Nachkriegsgeschichte erfolgt vor allem in den Abschlußklassen und sollte sich mindestens auf die Einteilung Deutschlands in Besatzungszonen und das Potsdamer Abkommen, auf die Abtrennung der deutschen Ostgebiete und die Vertreibung der Deutschen aus diesen Gebieten, auf die Entstehung der Bundesrepublik Deutschland und der DDR, auf Entstehung und Bedeutung der beiden Militärpakte im Ost-West-Konflikt und auf die Entspannungsbemühungen seit Ende der sechziger Jahre erstrecken."

43.0.4.1. Konferenzen und Verträge

Alliierte Pläne für die Nachkriegszeit

Die allgemeinen Kriegsziele der (westlichen) Alliierten sind schon sehr früh formuliert worden, nämlich in der **Atlantik-Charta** vom 14. August 1941. Churchill und Roosevelt verzichteten auf eine territoriale Vergrößerung ihrer Länder und sicherten zu, daß territoriale Veränderungen nur mit Zustimmung der betroffenen Bevölkerung erfolgen sollten und daß alle Völker das Recht haben sollten, ihre Staaatsform selbst zu wählen. Den Grundsätzen der Atlantik-Charta stimmten die übrigen verbündeten Mächte später zu, auch – wenngleich mit gewissen Einschränkungen – die Sowjetunion. Die Grundsätze der Atlantik-Charta gingen später in die Charta der Vereinten Nationen ein.

Die Initiatoren der Atlantik-Charta machten jedoch unmißverständlich klar, daß ihre Grundsätze nicht für die Kriegsgegner, vor allem nicht für Deutschland, gelten sollten. Im Januar 1943, am Schluß der Konferenz von Casablanca, forderte Roosevelt (mit Zustimmung Churchills) die **bedingungslose Kapitulation** Deutschlands, Italiens und Japans. Damit sollten die Sieger freie Hand erhalten, über das Schicksal der besiegten Länder nach Gutdünken zu verfügen.

Kriegskonferenzen

Nach der für die Westmächte und die Sowjetunion günstigen Wende im Kriegsverlauf begannen die Verbündeten, erste Überlegungen über eine gemeinsame Politik in der Zeit nach dem Kriege anzustellen. Noch während des Krieges fand eine Reihe von Konferenzen statt: nach einer vorbereitenden Konferenz der Außenminister in **Moskau** (Oktober 1943) die Konferenzen der „Großen Drei" (Churchill, Roosevelt und Stalin) in **Teheran** (November 1943) und in **Jalta** auf der Krim (Februar 1945).

Einheit oder Zerstückelung Deutschlands?

Es gab keine Meinungsverschiedenheiten über die Wiederherstellung Österreichs und der Tschechoslowakei sowie die Vernichtung des Nationalsozialismus und des Militarismus in Deutschland. Unterschiedliche und im Zeitablauf wechselnde Meinungen gab es zu der Frage, ob Deutschland als Einheit zu behandeln sei oder in mehrere Einzelstaaten aufgeteilt werden solle. In Teheran wurde die „Zerstückelung" (dismemberment) Deutschlands beschlossen, ohne daß dies konkretisiert wurde. Diese Formel wurde auch in das Kommuniqué von Jalta übernommen, doch wurde hier zunächst die Aufteilung in **vier Besatzungszonen** und eine zentrale Verwaltung aller Zonen durch eine Kontrollkommission mit Sitz in Berlin festgelegt.

Während Stalin (wie auch Roosevelt) sich noch in Jalta in besonderem Maße für die Zerstückelung

Deutschlands eingesetzt hatte, rückten die Sowjets schon im März 1945 von dieser Haltung ab und verhinderten, daß das Wort „Zerstücklung“ in die Kapitulationsurkunde aufgenommen wurde. Am 9. 5. 1945, einen Tag nach der Kapitulation, erklärte Stalin: „Die Sowjetunion . . . schickt sich nicht an, Deutschland zu zerstückeln oder zu vernichten.“ Die Gründe für diese Schwenkung lassen sich nur vermuten: Die Sowjetunion hoffte, Reparationen nicht nur aus ihrer eigenen Zone entnehmen zu können, sondern auch aus dem industriereichen Westen; dazu mußte Deutschland als wirtschaftliche Einheit behandelt werden. Außerdem mochte die Überlegung eine Rolle spielen, man könne auch politisch auf die Entwicklung eines einheitlichen Deutschlands Einfluß gewinnen.

Polnische Grenzen

Eine andere strittige Frage, die das Schicksal Deutschlands direkt betraf, war die der künftigen polnischen Grenzen. Stalin hatte von vornherein darauf bestanden, daß die Curzon-Linie, die im großen und ganzen mit der Teilungslinie des Hitler-Stalin-Paktes identisch war, die polnische Ostgrenze bleiben müsse. Dafür solle Polen im Westen mit deutschem Gebiet entschädigt werden. Dem stimmten die Westmächte in Teheran zu. In Jalta traten Roosevelt und Churchill für die Oder-Linie ein, Stalin für die Oder-Neiße-Linie. Die endgültige Fixierung der polnischen Westgrenze sollte in einem Friedensvertrag erfolgen.

Das Ende des Deutschen Reiches

Deutschland hatte am 8./9. Mai 1945 militärisch kapituliert. Nach der Verhaftung der Regierung Dönitz am 23. Mai gab es keine deutsche Regierung mehr. Es ist heute strittig, ob das Reich auch im staats- und völkerrechtlichen Sinne zu bestehen aufgehört hatte. Auf jeden Fall war der deutsche Staat de facto ausgelöscht.

Am 5. Juni 1945 übernahmen die vier Siegermächte in einer „Erklärung in Anbetracht der Niederlage Deutschlands“ die oberste Regierungsgewalt in Deutschland. Oberstes Organ der Besatzungsherrschaft wurde der Kontrollrat aus den vier alliierten Militärbefehlshabern. Gleichzeitig wurde die Aufteilung Deutschlands in vier Besatzungszonen und Berlins in vier Sektoren verkündet.

Die Konferenz von Potsdam

Die Potsdamer Konferenz der „Großen Drei“, der führenden Staatsmänner der drei Hauptsiegermächte, war die letzte der bedeutenden Kriegskonferenzen und die letzte Zusammenkunft einer solchen Runde überhaupt. Für den im April 1945 verstorbenen Präsidenten Roosevelt vertrat Präsident Harry S. Truman die USA, Churchill wurde noch während der Konferenz durch den neuen Premierminister Clement Attlee abgelöst. Einzig Stalin und sein Außenminister Molotow repräsentierten die Kontinuität und konnten geltend machen, daß sie die früheren Absprachen authentisch interpretierten.

Die Ergebnisse der Verhandlungen sind erst 1947 vom amerikanischen Außenministerium veröffentlicht worden. Eine auf die europäischen Fragen beschränkte Kurzfassung wurde unmittelbar nach der Konferenz als Abschlußkommuniqué publiziert und ist unter der ungenauen Bezeichnung **„Potsdamer Abkommen“** bekannt.

Die Vereinbarungen sind nur zum Teil präzise, teilweise handelt es sich um auslegungsbedürftige und -fähige Formelkompromisse (Demokratisierung, Aussagen zur wirtschaftlichen und politischen Einheit Deutschlands), teilweise um Aufzählung später zu lösender Probleme (endgültige Grenze zu Polen, Reparationen).

„Die Bestimmungen . . . enthalten . . ., da es zu weiteren grundlegenden Vereinbarungen zwischen den Hauptsiegermächten über Deutschland als Ganzes bzw. zu einem Friedensvertrag nicht mehr kam, . . . den bis heute gültigen Minimalkonsens zwischen den drei Hauptsiegerstaaten über Deutschlands Stellung im Nachkriegseuropa.“ (Andreas Hillgruber, Europa in der Weltpolitik der Nachkriegszeit 1945–1963. Oldenbourg, München 1978, S. 20)

Unumstritten waren die „politischen Grundsätze“ der Behandlung Deutschlands. Sie gehen auf die Vereinbarungen von Jalta zurück und wurden nun präzisiert: Abrüstung und Entmilitarisierung, Auflösung aller nationalsozialistischen Organisationen, Aufbau einer dezentralisierten Verwaltung, von der kommunalen bis zur Länderebene, „bis auf weiteres“ aber keine Zentralregierung, schließlich Aburteilung der Kriegsverbrecher und „Entnazifizierung“.

Erhebliche Meinungsverschiedenheiten gab es vor allem über

- die deutschen Gebiete jenseits der Oder-Neiße-Linie und
- die Reparationen.

Schließlich wurde auf der Basis eines durch den amerikanischen Außenminister Byrnes eingebrachten Kompromißvorschlages, den Stalin akzeptierte, eine Einigung erzielt.

Deutsche Ostgrenzen

Die Sowjetunion hatte schon vor der Konferenz das **deutsche Gebiet östlich von Oder und Neiße** – außer Nord-Ostpreußen mit Königsberg, das zu ihrer Zone gehören sollte – polnischer Verwaltung unterstellt und damit vollendete Tatsachen geschaffen. Stalin erklärte, die deutsche Bevölkerung sei geflüchtet, daher seien in diesen Gebieten polnische Behörden eingesetzt worden. Tatsächlich befanden sich

noch 5,6 Millionen Deutsche (von 12 Millionen) jenseits der Oder-Neiße-Linie. Die Westmächte wollten nur einer Verschiebung der polnischen Grenze bis zur östlichen Neiße zustimmen. Sie fürchteten, ohne die landwirtschaftlichen Überschußgebiete im Osten könne die Ernährung Deutschlands nicht gesichert werden. Schließlich wurde ein Kompromiß vereinbart: Die Westmächte anerkannten, daß die Gebiete jenseits von Oder und (westlicher) Neiße unter polnischer Verwaltung bleiben sollten, doch sollte die endgültige Festlegung der Westgrenze Polens erst in einem Friedensvertrag erfolgen. Die Ausweisung der deutschen Bevölkerung sollte in ordnungsgemäßer und humaner Weise geschehen.
Hinsichtlich des nördlichen **Ostpreußens mit Königsberg** erklärten die Westmächte, daß sie sich bei der bevorstehenden Friedensregelung für deren endgültige Übergabe an die Sowjetunion einsetzen würden.

Die Frage der Reparationen

Die Sowjetunion erklärte sich andererseits damit einverstanden, daß jede Besatzungsmacht Reparationen aus ihrer eigenen Zone entnehmen könne. Zusätzlich sollte die Sowjetunion 25 % der in den Westzonen demontierten Industrieanlagen erhalten, davon 15 % im Austausch gegen Lebensmittel und Rohstoffe. Die Gesamthöhe der Reparationen blieb offen. Dagegen waren in Jalta 20 Mrd. Mark als Reparationen genannt worden, wovon die Sowjetunion 10 Mrd. erhalten sollte.
Die Schaffung zweier Reparationsgebiete leitete die Aufteilung Deutschlands in zwei Wirtschaftszonen ein, ungeachtet der in den „wirtschaftlichen Grundsätzen" des „Potsdamer Abkommens" niedergelegten Verpflichtung, „Deutschland als einziges wirtschaftliches Ganzes" zu betrachten.
Karl Dietrich Erdmann urteilt zusammenfassend über die kontroverse Frage, wer für die in Potsdam beginnende wirtschaftliche und in der Folge auch politische Teilung Deutschlands verantwortlich sei:
„Der Kompromißvorschlag, der die Konferenz rettete, aber faktisch den Weg zur Teilung Deutschlands vorzeichnete, stammt von amerikanischer Seite. Er ergab sich als Reflex auf die vollendeten Tatsachen, die von sowjetischer Seite geschaffen waren, entsprach aber zugleich dem amerikanischen Wunsche, jede sowjetische Einflußnahme auf die Westzonen, die sich aus der Behandlung Deutschlands als wirtschaftlicher Einheit hätte ergeben können, zu verhindern. Es ist nicht zu übersehen, daß Truman nicht die Konfrontation mit der Sowjetunion in Europa und Deutschland suchte und daß er, in seinen Hoffnungen enttäuscht, resigniert die Folgerungen zog. Von Truman selber liegen keine einschlägigen Äußerungen darüber vor, wie er im Grunde zur Einheit Deutschlands stand. Unbestreitbar war ... England in Potsdam nicht an einer Teilung Deutschlands interessiert. Es legte Wert auf die wirtschaftliche Einheit. Aber Attlee und Bevin sahen keine Möglichkeit, sich dem amerikanisch-sowjetischen Schlußkompromiß zu entziehen." (Die Zeit der Weltkriege. in: Gebhardt IV, S. 628)

Besatzungspolitik im Vierzonen-Deutschland

Der **Alliierte Kontrollrat** nahm am 30. 8. 1945 seine Tätigkeit auf. Er sollte bis zum Frühjahr 1948 bestehen. Zunächst verabschiedete er zahlreiche Verordnungen und Direktiven im Vollzug von Beschlüssen der Potsdamer Konferenz, etwa zur Liquidierung nationalsozialistischer Gesetze.
Eine wichtige Entscheidung fiel am 1. 10. 1945, als der Vertreter Frankreichs im Kontrollrat gegen die vorgesehene Errichtung von deutschen Zentralverwaltungen sein Veto einlegte, das angesichts der geforderten Einstimmigkeit einen Beschluß verhinderte. Im März 1946 einigte sich der Kontrollrat auf einen „Industrieplan" zur Regelung der Demontagen und Reparationen, aber schon im Mai 1946 führte die Weigerung der Sowjets, die vereinbarten Rohstoff- und Lebensmittellieferungen in die Westzonen aufzunehmen, zur Einstellung aller Reparationslieferungen aus den Westzonen an die Sowjetunion (vgl. Bericht von General Clay in Gfm). Die Einbeziehung der Westzonen in den Marshallplan schließlich veranlaßte die sowjetischen Vertreter am 20. 3. 1948 zum Auszug aus dem Kontrollrat, der damit de facto zu bestehen aufhörte.
Die wirklich wichtigen Entscheidungen wurden ohnehin nicht auf der Viermächteebene, sondern von jeder Besatzungsmacht in ihrer Besatzungszone getroffen. Die einzelnen Besatzungsmächte verfolgten divergierende Interessen und Ziele. Daher verlief die Entwicklung schon in den drei Westzonen unterschiedlich. Eine völlig andere Entwicklung nahm die sowjetische Besatzungszone. Die sich schon 1945 ankündigende Spaltung der Welt in zwei Lager, die bald in den „Kalten Krieg" mündete, manifestierte sich schon früh und besonders deutlich in der Spaltung Deutschlands.
Die **Sowjetunion** ging unverzüglich daran, die politische, wirtschaftliche und soziale Ordnung ihrer Zone umzugestalten (s. S. 43). Allerdings kann man nicht von einer sofortigen Sowjetisierung sprechen; vielmehr wurde zunächst eine parlamentarische Demokratie mit einem Mehrparteiensystem und relativ freien Wahlen eingeführt. Die Sowjetunion hielt sich vorerst die Option einer gesamtdeutschen Lösung, die ihr Einfluß auf ganz Deutschland verschaffen mochte, offen. In diesem Zusammenhang strebte die Sowjetunion konkret neben dem Anteil an den Reparationen aus den Westzonen die Teilnahme an der Kontrolle des Ruhrgebietes an.

Unter den Westmächten verfolgte vor allem **Frankreich** eine eigenwillige, an seinen Sonderinteressen orientierte Deutschlandpolitik. Es kapselte seine Besatzungszone von den anderen ab und trennte das Saargebiet heraus, um es in sein Wirtschafts- und Währungsgebiet einzugliedern. Um seinem Sicherheitsbedürfnis Genüge zu tun, forderte es eine internationale Kontrolle und Besetzung des Ruhrgebietes und des Rheinlandes, das auf Dauer aus dem deutschen Staatsverband ausgegliedert werden sollte.
Die **USA** steuerten in ihrer Besatzungspolitik anfangs einen harten Kurs, der durch die eine unnachgiebige Besatzungspolitik festlegende **Direktive JCS 1067** (vgl. Gfm) bestimmt war, die jedoch bald stillschweigend immer weniger beachtet wurde. Die sich verschärfende Konfrontation mit der Sowjetunion leitete schon im Frühjahr 1946 einen Wandel der amerikanischen Politik ein. Die neue Politik wurde von dem amerikanischen Außenminister **Byrnes** in einer aufsehenerregenden **Rede am 6. 9. 1946 in Stuttgart** formuliert. Er stellte die Bildung einer zentralen deutschen Verwaltung auf föderativer Basis für die amerikanische Zone in Aussicht, der sich die anderen Zonen anschließen könnten. Überdies sprach er sich für eine Revision der Oder-Neiße-Grenze zugunsten Deutschlands aus, wogegen Molotow Stellung bezog (vgl. Gfm).
Großbritannien verhielt sich am pragmatischsten von allen Besatzungsmächten. Die britische Politik war traditionell darauf gerichtet, das Gleichgewicht der Kräfte auf dem europäischen Kontinent aufrechtzuerhalten. Sie erkannte früher als andere, daß nach der Vernichtung der bisherigen Hegemonialmacht Deutschland die neue Hegemonialmacht Sowjetunion das Vakuum auszufüllen drohte. Großbritannien wandte sich daher entschieden gegen eine Beteiligung der Sowjets an der Kontrolle des Ruhrgebietes. Die Briten erkannten auch sehr früh, daß eine wirtschaftliche Niederhaltung Deutschlands, auf die im Gefolge des Morgenthauplans die Direktive JCS 1067 abzielte, die Deutschen auf Dauer zu Kostgängern der Besatzungsmächte machen mußte. Dies konnte nicht im Sinne des ohnehin wirtschaftlich katastrophal geschwächten Großbritannien liegen.

Die Spaltung Deutschlands

In den Jahren 1945–1947 fanden insgesamt sechs Konferenzen des „Rates der Außenminister" statt, der in Potsdam ins Leben gerufen worden war, um Friedensverträge mit den ehemaligen Feindmächten vorzubereiten. Im Oktober 1946 waren schließlich Entwürfe für die Friedensverträge mit Italien, Rumänien, Ungarn, Bulgarien und Finnland fertiggestellt. Sie wurden am 10. Februar 1947 von den jeweils beteiligten Staaten unterzeichnet. Hingegen prallten in der Deutschlandfrage die Gegensätze immer unverhüllter aufeinander. Schon auf der ersten Außenministerkonferenz im Herbst 1945 war beschlossen worden, die Ausarbeitung der Friedensverträge mit Deutschland und Österreich vorerst zurückzustellen.
Am 5. März 1946 hatte **Churchill** in Fulton (Missouri) in Anwesenheit von Präsident Truman eine Rede gehalten, in der er der Sowjetunion vorwarf, sie habe Europa gespalten und ihren Machtbereich durch einen **„Eisernen Vorhang"** vom übrigen Europa abgetrennt (vgl. Gfm). Er beschuldigte die Sowjetunion darüber hinaus, sie versuche ganz Deutschland dem Kommunismus zu unterwerfen. Auf der Außenministerkonferenz im Sommer 1946 in Paris wurde deutlich, daß es angesichts der Gegensätze zwischen den Westmächten und der Sowjetunion vor allem wegen der sowjetischen Forderungen nach Reparationen und Beteiligung an der Kontrolle des Ruhrgebiets keine Fortschritte in der deutschen Frage geben würde.
Daraufhin kamen die Vereinigten Staaten und Großbritannien überein, ihre Zonen zunächst wirtschaftlich miteinander zu verschmelzen. Rasch wurden fünf Zentralämter für Wirtschaft, Ernährung und Landwirtschaft, Finanzen, Post- und Fernmeldewesen sowie Verkehr geschaffen, die die Arbeit der entsprechenden Länderministerien koordinieren sollten. Die **Bi-Zone** wurde am 1. 1. 1947 Wirklichkeit.
Die endgültige Entscheidung über die Teilung Deutschlands fiel 1947. Seit Beginn dieses Jahres hatte sich eine grundlegende Wende der amerikanischen Außenpolitik vollzogen. Während die USA bis dahin trotz der bestehenden Konflikte immer noch prinzipiell eine Kooperation mit der Sowjetunion anstrebten, gingen sie unter dem Eindruck vor allem des drohenden Verlusts Chinas an die Kommunisten, der von den Kommunisten manipulierten Wahlen in Polen und des von den kommunistischen Nachbarn unterstützten Bürgerkrieges in Griechenland zu einer **Politik der „Eindämmung"** (containment) des Kommunismus über. Ausdruck dieser Politik waren die **Truman-Doktrin,** die Griechenland und der Türkei Schutz gegen die sowjetische Expansion zusicherte, und der Marshallplan (siehe S. 28).
Die Sowjetunion antwortete darauf mit der Gründung des „Kommunistischen Informationsbüros" – des **Kominform,** einer Wiederbelebung der Komintern, mit dem die kommunistischen Parteien im sowjetischen Machtbereich und die KP Frankreichs und Italiens stärker auf die Moskauer Zentrale ausgerichtet werden sollten. Die Kominform konnte jedoch die Bedeutung der Komintern nicht erreichen. Eine letzte Außenministerkonferenz im November/Dezember 1947 in London diente nur noch dem verbalen Schlagabtausch und wurde schließlich abrupt abgebrochen. Damit war die Viermächtepolitik gegenüber Deutschland endgültig gescheitert.

Forschungskontroverse: Ursprung und Ursachen des Kalten Krieges

Die Frage der Schuld für den Zerfall der Kriegskoalition und die Entstehung des Ost-West-Konflikts, der bald als **„Kalter Krieg"** bezeichnet wurde – zuerst von dem amerikanischen Publizisten Walter Lippmann –, war in der westlichen Forschung lange Zeit unumstritten. Als Ursache des Kalten Krieges wurde die sowjetische Expansionspolitik angesehen, die das freie Westeuropa bedrohte und die amerikanische Reaktion mit Truman-Doktrin und Marshallplan auslöste.

In den sechziger Jahren hat, zweifellos unter dem Einfluß der amerikanischen Selbstkritik im Zusammenhang mit Vietnam, eine **„revisionistische" Historiker-Schule** die These aufgestellt, daß die amerikanische Politik eine beträchtliche Mitverantwortung an der Entstehung des Kalten Krieges habe. Dieser **neomarxistische Ansatz** geht von der Dominanz und Kontinuität ökonomischer Interessen in der amerikanischen Außenpolitik aus. In dieser Sicht war schon Roosevelts Vision der „Einen Welt" nichts anderes als der Versuch, die universelle Geltung des kapitalistischen Wirtschaftssystems durchzusetzen.

Noch 1945 habe die amerikanische Politik versucht, den drohenden Verlust der osteuropäischen Märkte rückgängig zu machen oder wenigstens die Machtübernahme linker, revolutionärer Bewegungen, ja sogar grundlegende sozioökonomische Veränderungen in Westeuropa zu verhindern.

Die **Gegenkritik** weist darauf hin, daß diese Schule den außenpolitischen Entscheidungsprozeß nicht nur monomanisch auf seine ökonomische Dimension reduziere, sondern diese selbst gar nicht untersuche, vielmehr einfach als gegeben annehme. Außerdem sei „die sowjetische Strategie nahezu ausgeblendet geblieben oder in kritikloser Repetition sowjetischer Selbstdarstellungen beschrieben worden." (Dietrich Geyer, Von der Kriegskoalition zum Kalten Krieg. In: Osteuropa-Handbuch, Sowjetunion. Böhlau, Köln/Wien 1972, S. 345)

Ein anderer amerikanischer Ansatz (D. Yergin) arbeitet den Gegensatz **zweier politischer Denkschulen** in der **amerikanischen Außenpolitik** heraus: Eine sah in der Sowjetunion eine Macht neuer Qualität, mit der eine Absprache über Macht- und Einflußsphären nicht möglich sei (Truman, Acheson, Kennan). Eine andere hielt die Einbeziehung der Sowjetunion in ein Weltstaatensystem für grundsätzlich möglich und trat daher für Abgrenzung von Interessensphären ein (Roosevelt, später auch Kissinger). Die erstere habe sich durchgesetzt und durch die Weigerung, die von der Sowjetunion geforderten 10 Milliarden Reparationen auch aus den Westzonen entnehmen zu lassen, eine Wende der sowjetischen Deutschlandpolitik ausgelöst.

Theodor Schieder ist der Auffassung, auf die Schuldfrage könnten angesichts unserer Kenntnisse und der Quellenlage nur unbefriedigende Anworten gegeben werden, jedoch könne man aus dem Verlauf der Ereignisse mit Sicherheit folgendes sagen:

„Die Vorhand in Aktionen, mit denen faits accomplis geschaffen wurden, hatte von Anfang an die sowjetische Politik. Sie entschied über das kommunistische Übergewicht in der polnischen Regierung trotz des mit den Westmächten ausgehandelten Kompromisses; sie nahm auch nach einer kurzen Übergangsphase energisch die Zügel in der sowjetischen Besatzungszone Deutschlands in die Hand und steuerte auf eine Verschmelzung der SPD mit der KPD zu, die im Herbst 1945 mit der Schaffung der SED vollzogen wurde. Es wurde sehr bald sichtbar, was Stalin in einem Gespräch mit jugoslawischen Regierungsvertretern im Frühjahr 1945 gemeint hat: ‚Dieser Krieg ist nicht wie in der Vergangenheit; wer immer ein Gebiet besitzt, erlegt ihm auch sein eigenes gesellschaftliches System auf. Jeder führt sein eigenes System ein, so weit seine Armee vordringen kann. Es kann gar nicht anders sein!'" (Schieder, S. 339)

Karl Dietrich Bracher sieht die Ursache für die Konfrontation zwischen Ost und West in dem grundsätzlichen Gegensatz der Systeme:

„In der historischen Perspektive erscheint eher das Kriegsbündnis der beiden Großmächte als das Außergewöhnliche, nicht jene politische Rivalität und Gegnerschaft in Europa und Asien, die mit dem Ende des Krieges unverhüllt auftraten. Nach dem Sieg über den gemeinsamen Feind mußte die Grundverschiedenheit zwischen der totalitär-kollektivistisch organisierten Sowjetunion mit ihrem revolutionsexpansiven Anspruch und den liberal-individualistischen Demokratien Amerikas und Westeuropas sich wieder krasser geltend machen. Das Notbündnis von 1941, das Stalin 1939 noch verweigert hatte, zerbrach mit seinem Anlaß: dem Hitler-Regime. Die grundlegende Divergenz der Systeme von Ost und West, nicht eine antisowjetische Verschwörung, bewirkte die neuerliche Entfremdung, die ebenso Rückfall in die Vorkriegslage wie Neubeginn eines Kalten Krieges war. Neu war freilich nicht nur das globale Ausmaß der bevorstehenden Konfrontation, die zu einem Krieg am Rande des Krieges wurde, sondern auch die sowjetische Gleichschaltungspolitik mit militärischen Mitteln. Sie störte in erster Linie die Hoffnung auf eine universale Konfliktlösung und Friedenspolitik, auf der Roosevelts Kurs beruhte." (Karl Dietrich Bracher, Europa in der Krise. Innengeschichte und Weltpolitik seit 1917. Propyläen, Frankfurt/Berlin 1978, S. 282).

43.0.4.2. Besatzungsmächte und Bevölkerung

Am Ende des Zweiten Weltkrieges war Deutschland ein verwüstetes Land, dessen staatliche Ordnung vollständig zusammengebrochen war.

Zerstörungen

Sämtliche großen und zahlreiche mittlere und kleinere Städte waren zerstört und verödet. In Köln lebten von 730000 Einwohnern der Vorkriegszeit noch 40000, zumeist in den Kellern zerbombter Häuser. Jedes fünfte Haus in Deutschland war im Krieg zerstört worden, ebenso ein Fünftel der gewerblichen Bauten und Produktionsmittel und zwei Fünftel aller Verkehrsanlagen.

Der Eisenbahn- und Postverkehr war eingestellt. Die Produktionskapazität der Industrie war auf den Stand von 1936 zurückgefallen. Der tatsächliche Produktionsstand erreichte aber nur einen Bruchteil der Kapazität. Er betrug im dritten Vierteljahr 1945 12 %, im Durchschnitt des Jahres 1946 33 % und im Durchschnitt der drei ersten Quartale des Jahres 1947 37 % der Kapazität von 1936.

Heimatlose, Flüchtlinge, Vertriebene

20–25 Millionen Menschen befanden sich bei Kriegsende außerhalb ihrer Heimatorte und irrten auf den Straßen des zerstörten Landes umher. Es waren Evakuierte, Menschen, die man vor der Bedrohung durch die Bombenangriffe oft weit entfernt von ihren Heimatstädten auf dem Lande untergebracht hatte, Arbeiter der Rüstungsindustrie, die in weniger gefährdete Gebiete „verlagert" worden war, Kinder aus den Kinderlandverschickungslagern, entlassene Kriegsgefangene, ehemalige Nazis, die anderswo untertauchen wollten. Man schätzt die Zahl dieser Menschen auf mehr als zehn Millionen.

Im Mai 1945 befanden sich darüber hinaus etwa zehn Millionen ausländische Kriegsgefangene und Zwangsarbeiter, die sogenannten Displaced Persons (DP's), auf deutschem Boden. Sie wurden in ihre Heimatländer zurückgeführt. Fast eine Million solcher Displaced Persons aus Osteuropa wollten nicht mehr in ihre Heimatländer zurückkehren und blieben zunächst in Lagern in Deutschland.

Seit 1945 strömten Deutsche in chaotischer Flucht aus Osteuropa, den deutschen Ostgebieten und dem Sudetenland nach Westen. Im August 1945 erreichten täglich 25000 bis 30000 Flüchtlinge Berlin, vom Juli bis Oktober 1945 wurden in den Auffanglagern der Stadt 1,3 Millionen Flüchtlinge gezählt. Ende 1945 war fast jeder dritte Einwohner Schleswig-Holsteins ein Flüchtling, ähnlich hoch war der Anteil der Flüchtlinge in Bayern und Niedersachsen. Die regellose Flucht wurde später durch die systematische Vertreibung abgelöst. Im Oktober 1946 befanden sich auf dem Gebiet der vier Besatzungszonen 9,6 Millionen Deutsche aus Ostmitteleuropa und Ostdeutschland.

Demontagen

Der Verlust an Industriekapazität durch Kriegsschäden wurde noch verstärkt durch Demontagen. Man schätzt, daß in den westlichen Besatzungszonen etwa 8 % der industriellen Kapazität demontiert wurden. Der erste Industrieplan vom März 1946 sah die Demontage von 1800 Industriebetrieben, davon 1336 in der britischen und amerikanischen Zone, vor. Die letztere Zahl wurde im Herbst 1947 auf 682 reduziert. De facto hatte General Clay die Demontagen in der amerikanischen Zone schon im Frühjahr 1946 einstellen lassen. Nach der Gründung der Bundesrepublik Deutschland wurde die Demontageliste weiter gekürzt, die letzten Anlagen wurden im Frühjahr 1951 demontiert. Der Wert der Demontagen wird von Deutschen und Alliierten unterschiedlich hoch veranschlagt: Die Zahlen schwanken zwischen 1,5 und 5 Mrd. Mark. Die gesamten Reparationsleistungen der Westzonen werden einschließlich der beschlagnahmten Auslandsvermögen, der Patente, Warenzeichen und Firmennamen auf 20–25 Mrd. Mark geschätzt. Wenn auch der Wert der demontierten Produktionsmittel nicht übermäßig hoch war, so rief der Abtransport der vom Krieg verschont gebliebenen Industrieanlagen angesichts der allgemeinen Notsituation bei der Bevölkerung und vor allem bei den betroffenen Arbeitern äußerste Erbitterung hervor.

In der sowjetischen Besatzungszone war der Aderlaß durch Demontagen und Reparationen ungleich höher, hielt sich doch die Sowjetunion für die entgangenen Reparationen aus den Westzonen in ihrem Machtbereich schadlos. Die Entnahmen aus der SBZ werden bis 1953 auf 55–65 Mrd. Mark geschätzt. Darunter waren Demontagen von Industrieanlagen im Werte von 5 Mrd., Besatzungskosten (erbeutete und neu gedruckte Banknoten) 11 Mrd., Produktion der beschlagnahmten und als Sowjetische Aktiengesellschaften (SAG) weitergeführten Betriebe und deren Rückkauf (letzteres allein 2,5 Mrd.) sowie Lieferungen aus der laufenden Produktion im Wert von 34,7 Mrd. Mark.

Nürnberger Prozesse und Entnazifizierung

Die Sühne für die Kriegsverbrechen und die Säuberung Deutschlands vom Nationalsozialismus gehörte zu den wichtigsten alliierten Kriegszielen. Als das Ausmaß der nationalsozialistischen Verbrechen, vor allem die Greuel in den Konzentrationslagern, bekannt wurde, waren auch weite Teile des deutschen Volkes für eine Bestrafung der Schuldigen. Schon am 18. Oktober 1945 trat der **Internationale Gerichtshof** zur Aburteilung von Kriegsverbrechen zusam-

men, seit November tagte er in Nürnberg. Nach monatelanger Beweisaufnahme erging das Urteil: Zwölf Angeklagte wurden zum Tode verurteilt (zehn Urteile wurden vollstreckt), sieben Angeklagte wurden zu Haftstrafen verurteilt und drei freigesprochen. Insgesamt wurden in zahlreichen weiteren Prozessen von alliierten Gerichten in den westlichen Besatzungszonen über 5000 Angeklagte verurteilt, davon 800 zum Tode. Fast 500 wurden hingerichtet.
Darüber hinaus sollten alle aktiven NSDAP-Mitglieder aus ihren Positionen in Staat und Wirtschaft entfernt werden. Diese **„Entnazifizierung"** wurde am schärfsten in der amerikanischen Besatzungszone praktiziert, während besonders in der britischen und auch in der französischen Zone weniger strenge Maßstäbe angelegt wurden. Aufgrund von **Fragebögen** mit mehr als einhundert Fragen, die jeder Erwachsene auszufüllen hatte, und dann teilweise in mündlichen Verhandlungen erörterten **Spruchkammern** in den Westzonen über sechs Millionen Fälle und stuften sie in fünf Kategorien ein: 1. Hauptschuldige (1667), 2. Belastete (23000), 3. Minderbelastete (150000), 4. Mitläufer (1,0 Mill.), 5. Entlastete (1,2 Mill.).
In vier Millionen Fällen wurden die Verfahren durch Amnestie (für Jugendliche, Heimkehrer etc.) niedergeschlagen. Kritik an den Entnazifizierungsverfahren richtete sich gegen die lange Dauer der Verfahren, gegen die unterschiedliche Handhabung und gegen den Mißbrauch aufgrund von Denunziationen und Korruption. In der Tat wurden in erster Linie „kleine Pgs" abgeurteilt, während vielfach die wirklich Belasteten wegen der langen Dauer der Beweisaufnahme und des Verfahrens überhaupt schließlich in den Genuß der späteren Amnestien kamen. 1949/50 wurde die Entnazifizierung eingestellt. Sie hat sicher nicht zu der wünschenswerten Selbstreinigung und moralischen Besinnung geführt.
In der Sowjetischen Besatzungszone wurde die „Säuberung vom Faschismus" als Mittel der Umgestaltung der Gesellschaft benutzt, von der in der Praxis alle besitzenden Gruppen (Adel, Besitzbürgertum) betroffen waren, unabhängig ob sie Nationalsozialisten gewesen waren oder nicht. Außerdem wurden alle NSDAP-Mitglieder aus dem öffentlichen Dienst entfernt. Bald wurden jedoch ehemalige Nationalsozialisten wieder umworben. Sofern sie sich im Sinne der herrschenden Lehre betätigten, konnten sie rehabilitiert werden.

Der Marshallplan

Seit Kriegsende hatten die Vereinigten Staaten dem hungernden Europa vielfältige Unterstützung zukommen lassen. Neben der privaten Hilfe, die vor allem den Millionen Empfängern von CARE-Paketen unvergeßlich bleiben wird, waren Kredite und Geschenke in Höhe von 12 Mrd. Dollar nach Westeuropa geflossen, darunter immerhin 1,62 Mrd. Dollar in die westlichen Besatzungszonen Deutschlands.
Das Hilfsprogramm, das nach seinem Initiator, dem amerikanischen Außenminister George C. Marshall, „Marshallplan" benannt wurde, unterschied sich grundlegend von dem bisherigen Verfahren der Unterstützungsleistungen an einzelne Länder, die im wesentlichen zur Beseitigung von akuten Notlagen gedient hatten. Es war an die Bedingung gebunden, daß die europäischen Länder sich auf einen umfassenden gemeinsamen Plan für den wirtschaftlichen Wiederaufbau einigten.
16 europäische Länder gründeten die „Organisation für Europäische Wirtschaftliche Zusammenarbeit" (OEEC) und legten einen gemeinsamen Plan vor, das „Europäische Wiederaufbauprogramm" (ERP). Sie verpflichteten sich, Handels- und Zahlungshemmnisse zu lockern und den internationalen Handel schrittweise zu liberalisieren.
„Bald erwies sich das Unternehmen als eine der erfolgreichsten und wirkungsvollsten Finanz- und Wirtschaftsoperationen der Geschichte. Es nimmt dieser Feststellung nichts an Wert, daß der Marshall-Plan zugleich vom wohlverstandenen Eigeninteresse der USA getragen war, das sicherte ihm realpolitisch sogar den Erfolg – im Unterschied zu doktrinär oder idealistisch begründeten Unternehmen, die vor der Realität der Politik allzu leicht versagen." (Karl Dietrich Bracher, Europa in der Krise a. a. O., S. 306 f.)
George F. Kennan, der Leiter des Planungsstabes im Außenministerium, der Marshalls Rede vorbereitet hatte, zitiert aus der damaligen Vorlage:
„Er (der Stab) glaubt jedoch, daß die Amerikaner die für Europa bereitgestellten Mittel nicht primär gegen den Kommunismus einsetzen sollten, sondern für die Wiederherstellung der wirtschaftlichen Gesundheit und Kraft Europas. Sie sollten mit anderen Worten nicht den Kommunismus bekämpfen, sondern die ökonomische Fehlentwicklung, die die europäische Gesellschaft für totalitäre Bewegungen jeder Art anfällig macht und deren augenblicklicher Nutznießer der Kommunismus ist." (George F. Kennan, Memoiren eines Diplomaten. Goverts, Stuttgart, [4]1968, S. 338 f.)
Die Sowjetunion und die osteuropäischen Länder waren eingeladen, sich an dem Programm zu beteiligen. Molotow lehnte eine europäische Zusammenarbeit ab und verlangte bilaterale Hilfeleistungen. Da dies für die USA nicht akzeptabel war, lehnte die Sowjetunion den Plan insgesamt ab, attackierte ihn als Machtinstrument des amerikanischen Imperialismus und verbot den Staaten ihres Machtbereiches die Teilnahme.

Die Spaltung Berlins
Wenn die Gegensätze zwischen Ost und West in Deutschland am schärfsten aufeinanderprallten, so traten ihre Auswirkungen deutlicher als irgendwo sonst auf dem Gebiet der ehemaligen Reichshauptstadt zutage. Parallel zur Spaltung Deutschlands vollzog sich die Spaltung Berlins. Einer Periode halbwegs funktionierender Zusammenarbeit in der Alliierten Kommandantur folgte eine Zeit der Spannungen und mühsamen Kompromisse, schließlich die Trennung.
Anders als bei den Vorgängen im Vierzonen-Deutschland, wo die Deutschen an den Auseinandersetzungen der Alliierten nicht beteiligt waren und ihre Folgen nur passiv erlitten, waren in Berlin Deutsche und in ihrer Eigenschaft als Wähler sogar die gesamte deutsche Bevölkerung aktiv am politischen Prozeß beteiligt.
Die sowjetische Militäradministration hatte die Zeit ihrer Alleinherrschaft vor dem Eintreffen der westlichen Alliierten im Juli 1945 dazu benutzt, um entscheidende Weichen in ihrem Sinne zu stellen. Im neugebildeten Magistrat wurden wichtige Ämter mit Kommunisten besetzt, die Polizei wurde der Militäradministration unmittelbar unterstellt.
Eine wichtige Entscheidung fiel, als die SPD in den Westsektoren in einer Urabstimmung mit überwältigender Mehrheit gegen den Zusammenschluß mit der KPD zur SED stimmte (zu den Vorgängen in der Sowjetzone siehe S. 43). Auch die ersten (und letzten) freien Wahlen in Gesamt-Berlin brachten einen Sieg der nicht-kommunistischen Kräfte und eine schwere Niederlage der SED.

Blockade und Luftbrücke
Im Juni 1948 spitzte sich die Lage in Berlin zu. Am 16. Juni verließen die sowjetischen Vertreter die Alliierte Kommandantur. Am 23. Juni wurde eine Sitzung der Stadtverordnetenversammlung an ihrem Sitz im Ostsektor durch kommunistische Demonstranten massiv gestört. Nachdem die Währungsreform vom 20. Juni 1948 zunächst nicht auf West-Berlin ausgedehnt worden war, versuchten die Sowjets, ihre neue Ostmark in ganz Berlin einzuführen. Daraufhin wurde die Währungsreform auch in West-Berlin durchgeführt. Bis zum Herbst wurde die Zuständigkeit des Gesamt-Berliner Magistrats für den Ostsektor schrittweise beseitigt. Am 6. September wurde die Stadtverordnetenversammlung endgültig gesprengt, die Mehrheit ihrer Mitglieder tagte fortan in West-Berlin. Im Dezember 1948 verlegte der gewählte Magistrat ebenfalls seinen Sitz in den Westen der Stadt. Im Osten konstituierte sich eine eigene Stadtverordnetenversammlung, eine eigene Stadtverwaltung wurde eingesetzt. Inzwischen hatte die Sowjetunion eine totale Sperre des Personen- und Güterverkehrs zwischen den Westzonen und West-Berlin verhängt und auch die Lieferungen von Lebensmitteln und elektrischem Strom aus ihrer Zone unterbunden. Durch diese Blockade versuchte sie, ganz Berlin unter ihre Herrschaft zu bringen. Überdies hoffte sie, die inzwischen eingeleitete wirtschaftliche und politische Vereinigung der Westzonen unterbinden zu können.
Der Entschluß, die Bevölkerung West-Berlins durch eine Luftbrücke zu versorgen, ist dem amerikanischen Militärgouverneur, General Lucius D. Clay, zu verdanken, der Präsident Truman davon überzeugte, daß man angesichts des einmütig bekundeten Freiheitswillens der Berliner die Stadt halten müsse. Diese Haltung der Berliner Bevölkerung verschaffte Deutschland erstmals nach dem Zweiten Weltkrieg Sympathien in den USA und in Westeuropa.

43.1. Konferenzen und Verträge

43.1.1. Wissensziele

Die USA, die Sowjetunion und Großbritannien vereinbarten in einer Reihe von Konferenzen Maßnahmen gegenüber dem besiegten Deutschland. In den Potsdamer Beschlüssen bestätigten sie die Verschiebung Polens nach Westen auf Kosten Deutschlands und die Aufteilung Restdeutschlands in vier Besatzungszonen sowie die Aufteilung Berlins in vier Sektoren. Ein gemeinsamer Kontrollrat in Berlin sollte für eine einheitliche wirtschaftliche Lenkung in ganz Deutschland Sorge tragen. Die gegensätzlichen Interessen der Besatzungsmächte und der beginnende Ost-West-Gegensatz verhinderten jedoch eine erfolgreiche Arbeit des Kontrollrates.

43.1.2. UE-Lernziele

(1) Die Beschlüsse der Potsdamer Konferenz zur polnischen Westgrenze, zur Aufteilung Deutschlands und zum Reparationsproblem
(2) Die unterschiedlichen Auffassungen zwischen den Verhandlungspartnern und der Kompromißcharakter der Beschlüsse
(3) Die unterschiedlichen Positionen zur Frage, inwieweit mit den Beschlüssen auf den Kriegskonferenzen der Keim für die spätere Teilung Deutschlands gelegt wurde

43.1.3. Einstieg

● Bericht über einen aktuellen Konflikt in der Deutschlandfrage

- Darbietung des Films 320589 „Dem Ende entgegen"
- Erfahrungsberichte von den Auswirkungen der deutschen Teilung (Grenze, besondere Lage Berlins o. ä.)

43.1.4. Schwerpunkte

43.1.4.1. Schwerpunkt: Alliierte Konferenzen während des Krieges

Der Geschichtsunterricht befaßt sich insbesondere mit der historischen Dimension der deutschen Frage. Es ist zu fragen, welche historische Entwicklung dazu geführt hat, daß 1949 das Wiedervereinigungsgebot ein solches Gewicht bekam. Wie waren die Reaktionen der Besiegten auf die Maßnahmen der Sieger? War es unumgänglich, einen Weststaat und einen Oststaat zu gründen, oder wäre es möglich gewesen, einen deutschen Nationalstaat zu erhalten?
Wichtig ist es, das Vorwissen, die Voreinstellungen der Schüler einzubeziehen, wie sie von D. Boßmann in seinem Buch „Schüler über die Einheit der Nation" (Fischer TB Nr. 1936) dokumentiert worden sind. Geht man davon aus, daß sich in diesen Schüleräußerungen das Bewußtsein der Öffentlichkeit über die deutsche Frage niederschlägt, dann merkt man, „... wie niedrig der Wissensstand und wie unterentwickelt das Problembewußtsein ... über ein wesentliches Kapitel der Nachkriegszeit ist" (Boßmann). Wir schlagen vor, daß die Schüler in der jeweiligen Lerngruppe Gelegenheit bekommen, ihre Erfahrungen über die deutsche Teilung zu artikulieren.
Die Schüler selbst erfahren die deutsche Teilung in ihren Auswirkungen beinahe täglich. Einmal sind sie Bürger eines Staates, der aus einem deutschen Gesamtstaat hervorgegangen ist. Viele sind überdies subjektiv betroffen, wenn sie z. B. Verwandte in der DDR haben. Anläßlich von Gedenktagen (17. Juni, 13. August) rückt die historische Dimension der „deutschen Frage" ins Bewußtsein.
Ziel des historisch-politischen Unterrichts wird zunächst sein müssen, die deutsche Teilung „fragwürdig" zu machen. Sodann wird es notwendig werden, anhand der erarbeiteten Problembereiche „Fragen an die Geschichte" zu stellen. Schließlich ist herauszuarbeiten, welche Standpunkte es in der Beurteilung der deutschen Frage gibt und welche politischen Lösungen sich gegenwärtig abzeichnen.
Bietet sich die Gelegenheit für das Aufgreifen eines aktuellen Themas, dann können sich die Schüler aus den Massenmedien Informationen beschaffen. Gleichgültig, um welche Art von Konflikt es sich handelt, es werden die Argumente beider Seiten zusammenzustellen und zu untersuchen und es wird nach den historischen Hintergründen zu fragen sein.
Im Frühjahr 1979 gab es beispielsweise eine heftige Auseinandersetzung um neue Bestimmungen für die Arbeit ausländischer Journalisten in der DDR. Die Regierung der DDR bestimmte, daß Interviews künftig vorher zu beantragen und zu genehmigen seien. Weiter durften ausländische Journalisten Reisen außerhalb Ost-Berlins nur noch mit genauer Angabe des Reiseziels und des Reisegrundes unternehmen.
Diese Bestimmungen gründeten sich auf folgende Behauptungen:
- Die westlichen Journalisten verbreiteten bewußt falsche Informationen über die DDR.
- Die westlichen Journalisten diskriminierten die DDR durch Lügen und Verleumdungen.
- Dadurch machten sie sich einer völkerrechtlichen Einmischung in innere Angelegenheiten der DDR schuldig.

Von westlicher Seite wurden folgende Argumente vorgebracht:
- Informationen über die DDR müssen umfassend und auch kritisch sein,
- die Verordnung beabsichtige, die DDR-Bürger einzuschüchtern, damit sie in Zukunft bei Befragungen gegenüber westlichen Journalisten keine offene Kritik äußerten.

Beide Seiten bezogen sich auf Bestimmungen des Grundvertrages und auf die Schlußakte von Helsinki und stützten hierauf ihre Argumentation.
Die Schüler werden angeregt zu fragen, wem denn eigentlich die deutsche Teilung zuzuschreiben ist. Sie werden dazu bestimmte „Vor-Urteile" äußern wollen, die sie aufgrund ihres Vorwissens einbringen. Es wird sich auch wahrscheinlich die Frage stellen, ob eine Wiedervereinigung möglich und wünschenswert erscheint. Diese oder ähnliche Fragen sollten den Ausgangspunkt für die Aufarbeitung der historischen Bedingungen für die deutsche Teilung bilden.
Die Schüler sollen ermitteln, welche Vorstellungen die Westalliierten und die Sowjetunion von der Behandlung eines besiegten Deutschlands hatten. Dabei wird insbesondere zu fragen sein, ob es gelang, eine gemeinsame Basis für die Behandlung eines besiegten Deutschlands zu schaffen. Diese Frage erscheint allein schon deswegen angebracht, weil – wie die Schüler wissen – die Anti-Hitler-Koalition allein auf dem Interesse basierte, Hitler-Deutschland zur „bedingungslosen Kapitulation" zu zwingen, und daß es tiefgreifende ideologische Gegensätze zwischen den Westalliierten und der Sowjetunion gab. Die Absprachen wurden auf den Konferenzen von Casablanca, Teheran, Jalta und Potsdam getroffen.
▶ **Material:** Informationen 157, S. 1 ff. (Gfm)

Arbeitsaufgaben	denkbare Formulierungen
1. Setzt euch kritisch mit der Grundbedingung der „bedingungslosen Kapitulation“ auseinander. Was wollten die Alliierten damit erreichen? Wie wird die deutsche Bevölkerung und Regierung darauf reagiert haben?	– Die Forderung nach „bedingungsloser Kapitulation“ machte es der deutschen Propaganda leicht, die Bevölkerung zum totalen Kriegseinsatz zu motivieren. – Sie festigten die Koalition gegen Hitler-Deutschland; keiner der Gegner sollte im Alleingang einen Waffenstillstand mit Deutschland schließen. – Sie nahm der deutschen Widerstandsbewegung die Hoffnung, durch einen Staatsstreich und die Beseitigung des NS-Regimes die Lage Deutschlands bei Friedensverhandlungen zu verbessern.
2. Stellt einen Zusammenhang zwischen der militärischen Entwicklung des Krieges und den Beschlüssen von Teheran her. Versucht das gleiche mit den Beschlüssen von Jalta.	**Teheran:** Deutsche Rückschläge an der Ostfront (Stalingrad, Kursk), Niederlage in Afrika, Landung der Angloamerikaner in Sizilien bringen für Deutschland eine Verschlechterung der militärischen Situation. Stalin erhofft sich durch die Bildung einer „zweiten Front“ Entlastung an der russischen Front. **Jalta:** Die Bildung der „zweiten Front“ trägt dazu bei, daß die Rote Armee bis zur deutschen Grenze vorstößt; an der Westfront dringen die Alliierten durch Frankreich bis zur deutschen Grenze vor.
3. Worin bestanden in bezug auf Deutschland gleiche Zielvorstellungen, worin gab es Differenzen?	– Gemeinsames Ziel ist die militärische Niederringung Deutschlands und die Vernichtung des Nationalsozialismus. – Differenzen beginnen sich hinsichtlich der territorialen Aufteilung und der Modalitäten der Besetzung Deutschlands abzuzeichnen.
4. Versucht zu erklären, welche Verbindung zwischen der polnischen Frage und der deutschen Frage bestand.	Stalin beansprucht Teile Polens, wie sie ihm im Hitler-Stalin-Pakt zugesprochen worden waren (Curzon-Linie). Polen sollte als Entschädigung die deutschen Ostgebiete erhalten.

T **Welche Vorstellungen hatten die Alliierten über die Behandlung Deutschlands während des Krieges (1943–1945)?**

Teheran	**Jalta**
– militärische Niederwerfung Deutschlands und seiner Verbündeten (bedingungslose Kapitulation) – Zerschlagung des Nationalsozialismus – territoriale Aufteilung Deutschlands	– endgültige militärische Niederschlagung Deutschlands und Japans – Zerschlagung des Nationalsozialismus, Demokratisierung – territoriale Fragen: polnische und deutsche Grenze – Aufteilung Deutschlands – militärische Besetzung Deutschlands

Anschließend sollen die Schüler herausfinden, in welchen Punkten zwischen den Siegermächten Übereinstimmung bzw. Nichtübereinstimmung herrschte.

▶ **Material:** Informationen Nr. 157, S. 1 ff.

Vorstellungen in... den USA:	der Sowjetunion:	Großbritannien:
Grundsatz der Selbstbestimmung und Unabhängigkeit der Völker; Sicherheitsinteressen dann bedroht, wenn eine expansive Großmacht entstand; Roosevelts Plan: weltweite Gleichgewichtspolitik (Balance zwischen Großbritannien und UdSSR, USA Schiedsrichter).	Unüberbrückbarer Gegensatz von kapitalistischer und sozialistischer Welt; Schaffung eines Sicherheitsgürtels von abhängigen Staaten an der Westgrenze der UdSSR; Wiedergutmachung der Kriegsschäden.	Furcht vor einer sowjetischen Vorherrschaft in Europa nach Deutschlands Niederlage; deshalb Interesse an der Bindung der Amerikaner in Westeuropa; Erhaltung eines Teils der deutschen Wirtschaftskraft.

Im Hinblick auf die für uns so bedeutsame Frage, inwieweit die während des Krieges getroffenen Vereinbarungen schon den Keim zur späteren Teilung Deutschlands in sich bargen, lassen sich folgende erste Schlußfolgerungen ziehen:

a) Worüber herrschte Einigkeit?

b) Worüber konnte keine Einigkeit erzielt werden?

Als Materialgrundlage könnte die nachfolgende Zusammenstellung der wichtigsten Bestimmungen der „Kriegskonferenzen“ verwendet werden, wobei die Spalte „Potsdam“ zunächst noch ausgeklammert werden sollte.

	1943 Casablanca	1943 Teheran	1943 Jalta	1945 Potsdam
Geograph. Regelungen 1. deutsche Ostgrenze		Stalins Forderung: Polens Ostgrenze wie im Hitler-Stalin-Pakt 1939; Entschädigung Polens im Westen	Stalin: Oder-Neiße-Linie als Westgrenze Polens; Westalliierte lehnen ab; kommunist. Regierung in Polen	Westgrenze Polens wird vorläufig festgelegt (Oder-Neiße-Linie)
2. Aufteilung Deutschlands		Churchill: Isolierung Preußens; Donaubund; Roosevelt: Aufteilung in fünf Staaten	Stalin ist für Zerstükkelung; Westalliierte lehnen ab; kein Beschluß	
3. militärische Besatzungszonen			Differenzen wegen französischer Besatzungszone; vorläufige Besatzungszonen	Bildung von vier militärischen Besatzungszonen westlich der Oder-Neiße-Linie
Polit. Regelungen 1. Entnazifizierung		Stalin: Liquidierung des deutschen Generalstabs	Bestrafung der Kriegsverbrecher; Zerstörung des Nazismus durch Umerziehung der Deutschen	Ausrottung des Nazismus; Aburteilung der Kriegsverbrecher; Umgestaltung des Erziehungswesens
2. Entmilitarisierung	Bedingungslose Kapitulation Deutschlands	Roosevelt: Bedingungslose Kapitulation; völlige Entwaffnung	Brechung der militärischen Kraft, Zerstörung der Rüstungsindustrie.	Ausrottung des Militarismus; völlige Abrüstung; Reparationen
3. Verwaltung und Kontrolle		USA: parlamentarische Demokratie nach westlichem Vorbild UdSSR: Kommunistische Regierungen; Integration in den sowjetischen Bereich.		Alliierter Kontrollrat; in den einzelnen Zonen Militärregierungen der Alliierten.

Einigkeit herrschte darüber, daß . . .	Uneinigkeit herrschte darüber, . . .
– das besiegte Deutschland von alliierten Truppen zu besetzen sei. – seine Industrie international zu überwachen sei. – Deutschland „bedingungslos kapitulieren“ müsse. – überall folgende Prinzipien der Besatzungspolitik gelten sollten: Entnazifizierung, Entmilitarisierung, Demokratisierung, Demontage.	– ob man Deutschland aufteilen sollte oder nicht. – wie die Grenzen zwischen Deutschland und Polen verlaufen sollten. – wie die Reparationszahlungen geleistet werden sollten.

43.1.4.2. Schwerpunkt: Die Konferenz von Potsdam

Die Konferenz von Potsdam ist aus mehreren Gründen von besonderer Bedeutung gewesen. Hier sollten alle noch schwebenden Fragen geklärt und Vereinbarungen getroffen werden. Deutschland war inzwischen besetzt worden, und die bereits eingesetzten Militärregierungen benötigten Richtlinien, um die beabsichtigte gemeinsame Regierung Deutschlands durchführen zu können.

Die besondere Bedeutung der Potsdamer Vereinbarungen wird dadurch unterstrichen, daß sich noch heute die westliche und die östliche Seite auf die Vereinbarungen berufen und ihre Argumente mit Passagen aus dem Vertragstext abstützen.

Als optischen Impuls schlagen wir die Betrachtung der weltbekannten Fotos vor, die Churchill, Roosevelt und Stalin auf der Konferenz von Teheran und Attlee, Truman und Stalin auf der Potsdamer Konferenz zeigen.

▶ **Fotos:** Informationen 157, S. 3 und Gfm

Die Schüler erkennen, daß auf dem Foto aus Teheran der Eindruck von Übereinstimmung und Zufriedenheit vermittelt werden sollte. Galt dies auch für Potsdam? Es stellt sich die Frage, ob und inwieweit über die noch strittigen Probleme Einigkeit zwischen den Siegermächten erzielt werden konnte, so daß die Kriegskoalition auch im Frieden hätte fortgesetzt werden können.

Dazu sollen die Schüler Einblicke in den Ablauf bekommen und sich danach mit dem Vertragsinhalt auseinandersetzen. Angesichts des Materialumfangs empfielt sich die Arbeit in Gruppen.

a) Erlebnisberichte nach den Memoiren des Präsidenten Truman

„Plenarsitzung vom 21. VII. 1945:

. . . Als nächste wichtige Frage kam die polnische Westgrenze zur Sprache. Einleitend bemerkte ich, daß die Jalta-Beschlüsse die Besetzung Deutschlands durch die Sowjetunion, das Vereinigte Königreich, die Vereinigten Staaten und Frankreich vorsähen, während die Festsetzung der Grenzen . . . der endgültigen Friedenskonferenz vorbehalten sei. In unserer ersten Sitzung seien wir übereingekommen, das Deutschland von 1937 als Ausgangspunkt zu nehmen. Über die Besatzungszonen in Deutschland hätten sich die drei Regierungen bereits früher geeinigt. Die Amerikaner und Engländer hätten sich in die ihnen zugewiesenen Zonen zurückgezogen. Doch jetzt habe es den Anschein, als werde in Deutschland einer weiteren Regierung eine Besatzungszone überlassen. Das geschehe ohne vorherige Rücksprache; und falls die Polen diese Zone tatsächlich besetzen sollten, müsse man sich vorher darüber verständigen . . .

Stalin antwortete, in Jalta sei die Curzon-Linie als Ostgrenze Polens festgesetzt worden. Hinsichtlich der Westgrenze habe man Gebietsabtretungen an Polen im Norden und Westen beschlossen . . . Ich erklärte, diese Auslegung der Jalta-Beschlüsse sei korrekt; hingegen sei es nicht korrekt, den Polen eine Besatzungszone zu überlassen.

Stalin erwiderte, es sei nicht ganz richtig, zu behaupten, daß die Russen den Polen eigenmächtig eine Besatzungszone überlassen hätten. Der Tatbestand sei der, daß die deutsche Bevölkerung jener Gebiete mit den zurückweichenden deutschen Armeen nach Westen gezogen sei, während die Polen blieben . . . In Jalta sei lediglich bestimmt worden, daß Polen deutsche Gebiete erhalten solle. Die Ziehung der Westgrenzen sei aber offen und die Sowjetregierung nicht gebunden . . .

Auf dem Papier . . . handle es sich zwar um deutsches Gebiet, aber de facto sei es polnisch geworden, weil es dort keine Deutschen mehr gebe.

Ich bestritt diese Behauptung mit der Feststellung, daß doch beinahe neun Millionen Deutsche in jenen Provinzen gelebt hätten . . .

Churchill warf ein, wenn das zutreffe (daß alle Deutschen geflohen seien), müsse man über die Mittel sprechen, wie sie in den Gebieten, wohin sie geflohen seien, ernährt werden können . . .

Wenn er die von der Sowjetregierung vorgelegten Wünsche der Polen richtig verstehe, wollten sie von der gesamten landwirtschaftlichen Fläche Vorkriegsdeutschlands, aus der Lebensmittel und Reparationen bezogen werden sollten, ein volles Viertel abtrennen . . . Es wäre eine ernste Angelegenheit, eine solche Massenumsiedlung von Deutschen durchzuführen und das übrige Deutschland für deren Ernährung sorgen zu lassen, wenn dieses gleichzeitig von seiner Lebensmittelbasis abgeschnitten würde . . .

Ich wußte natürlich, daß Stalin den Sachverhalt verzerrte. Die Sowjets hatten sich alle polnischen Gebiete östlich der Curzon-Linie angeeignet und bemühten sich jetzt, Polen auf Kosten der drei übrigen Besatzungsmächte zu entschädigen . . .

22. VII. 1945: . . .

Er (Stalin) wolle Churchill und andere Teilnehmer an der Jalta-Konferenz daran erinnern, daß der Präsident und der Premierminister damals den Standpunkt eingenommen hätten, daß die polnische Westgrenze von der Odermündung aufwärts bis zum Einfluß der östlichen Neiße zu ziehen sei. Er, Stalin, habe die Grenzlinie bis zur westlichen Neiße vorverlegen wollen. Auf Grund der angloamerikanischen Vorschläge würden die Städte Stettin und Breslau und das Gebiet westlich von Breslau bei Deutschland verbleiben . . .

Besprechung Trumans mit Molotow am 29. VII. 1945:

. . . (Byrnes übergab Molotow) ein Exemplar eines amerikanischen Entwurfs über die Festlegung der polnischen Westgrenze, in der es unter anderem hieß:

Die drei Regierungschefs vereinbaren, daß vorgängig der endgültigen Beschlußfassung über die polnische Westgrenze das nachstehende Gebiet polnischer Verwaltung zu unterstellen und . . . nicht als russische Besatzungszone zu betrachten ist: Ostdeutschland östlich einer Linie, die von der Ostsee durch Swinemünde westlich an Stettin vorbei zur Oder bis zum Einfluß der östlichen Neiße verläuft, ferner jener Teil Ostpreußens, der . . . nicht unter die Verwaltung der Union der Sozialistischen Sowjetrepublik gestellt wird, und schließlich das Gebiet der ehemals Freien Stadt Danzig."

b) Bestimmungen des Potsdamer Abkommens hinsichtlich der deutschen Ostgrenzen:

„. . . Die Häupter der drei Regierungen bekräftigen ihre Auffassung, daß die endgültige Festlegung der

Westgrenze Polens bis zu der Friedenskonferenz zurückgestellt werden soll. Die Häupter der drei Regierungen stimmen darin überein, daß bis zur endgültigen Festlegung der Westgrenze Polens die früher deutschen Gebiete östlich der Linie, die von der Ostsee unmittelbar westlich von Swinemünde und von dort die Oder entlang bis zur Einmündung der westlichen Neiße und die westliche Neiße entlang bis zur tschechoslowakischen Grenze verläuft, einschließlich des Teiles Ostpreußens, der nicht unter die Verwaltung der Union der Sozialistischen Sowjetrepubliken . . . gestellt wird, und einschließlich des Gebietes der früheren Freien Stadt Danzig, unter die Verwaltung des polnischen Staates kommen und in dieser Hinsicht nicht als Teil der sowjetischen Besatzungszone in Deutschland betrachtet werden soll . . .
Die drei Regierungen . . . erkennen an, daß die Überführung der deutschen Bevölkerung oder Bestandteile derselben, die in Polen, Tschechoslowakei und Ungarn zurückgeblieben sind, nach Deutschland durchgeführt werden muß. Sie stimmen darin überein, daß jede derartige Überführung . . . in ordnungsgemäßer und humaner Weise erfolgen soll . . .

▶ **Quelle:** GiQ V, Nr. 664

Arbeitsaufgaben	denkbare Formulierungen
1. Was ist ein Friedensvertrag im Unterschied zum Beschluß der Siegermächte.	– Ein Friedensvertrag wird ausgehandelt zwischen Siegern und Besiegten. Beide Seiten unterschreiben den Vertrag, der dann rechtskräftig ist. – Beschlüsse der Siegermächte sind einseitige Handlungen.

2. Formuliert stichpunktartig
a) die Position der „Großen Drei"
b) ihre Argumentation

Truman	Stalin	Churchill
Zwar hätten die Westmächte in Jalta der Verlagerung der polnischen Westgrenze bis an die Oder zugestimmt, ebenso wie der Aufteilung Ostpreußens, jedoch bleibe die endgültige Festsetzung einer Friedenskonferenz vorbehalten. Faktisch sei eine neue Besatzungszone, die polnische, hinzugekommen. Es sei nicht vereinbart, daß Polen eine Besatzungszone überlassen bekommt. Entgegen der Behauptung Stalins sei die deutsche Bevölkerung nicht vollständig vor der Roten Armee geflohen. Die Sowjetunion könne nicht einen Teil ihrer Besatzungszone den Polen überlassen, damit greife sie einem Friedensvertrag vor.	In Jalta sei die Curzon-Linie als polnische Ostgrenze festgelegt und dafür „Gebietsabtretungen" an Polen im Norden und Westen beschlossen worden. Den Polen sei nicht eine Besatzungszone überlassen worden; die deutsche Bevölkerung habe das Land verlassen; das fragliche Gebiet sei jetzt polnisch.	Gegen einen polnischen Gebietszuwachs dieses Ausmaßes, gegen eine Zwangsumsiedlung der deutschen Bevölkerung. Wie können die Millionen deutscher Flüchtlinge versorgt werden?

Arbeitsaufgaben	denkbare Formulierungen
3. Welche Bedeutung hatte der Vorschlag, den die US-Delegation am 29. 7. vorbrachte?	Die USA stimmen der Oder-Neiße-Linie zu, sie rücken von den ursprünglich geäußerten Bedenken ab; auch die Einschränkung, daß die endgültige Regelung einem Friedensvertrag vorbehalten bleiben muß, verliert an praktischer Bedeutung, wenn die Ausweisung der deutschen Bevölkerung sanktioniert wird.
4. Schaut euch eine Karte über die Aufteilung Deutschlands nach dem Zweiten Weltkrieg (Gfm) an und versucht herauszufinden, welche territorialen Ziele Stalin verfolgte.	Truman erkennt Stalins Ziele sehr klar: Die Sowjets hatten nach 1945 Ostpolen einverleibt (Gebiet östlich der Curzon-Linie) und gaben Polen als Entschädigung einen Teil des ihnen als Besatzungsgebiet zugewiesenen Territoriums ab; dahinter stand die Absicht, ein von der Sowjetunion abhängiges kommunistisches Polen zu schaffen.

Die ausführliche Analyse der Frage der polnischen Grenzen vom Disput über einen Vermittlungsvorschlag bis zur endgültigen Formulierung im Vertragstext sollte deutlich machen, auf welchem Wege eine der zentralen Fragen in Potsdam angegangen und gelöst wurde. Dabei muß allerdings nachgetragen werden, daß diese Entscheidung nicht isoliert von den anderen Fragen betrachtet werden kann, so von der Frage der Reparationen.
Die Kernpunkte des amerikanischen Reparationsvorschlages seien hier vorgestellt:
1. Eine Reparationssumme wird nicht festgelegt. Eine Reparationskommission stellt fest, welche Anlagen zur Demontage freigegeben werden!

2. Die einzelnen Besatzungsmächte erhalten ihre Anteile aus ihrer eigenen Besatzungszone. Polen erhält Anteile aus der sowjetischen Besatzungszone.
3. Die Westmächte übergeben 25 % ihrer Reparationseinnahmen den Sowjets, 15 % davon sollen mit Lebensmittellieferungen und Rohstoffen aus der sowjetischen Besatzungszone bezahlt werden.

Dieses Reparationsabkommen bot auf den ersten Blick für alle Beteiligten Vorteile. Ursprünglich hatten die Sowjets Reparationen von 20 Mrd. Dollar gefordert, wovon sie die Hälfte für sich beanspruchten. Sie rückten davon ab, als die Amerikaner Konzessionen in der Frage der polnischen Westgrenze machten. Die Sowjets konnten in ihrer Zone demontieren und sollten Lieferungen aus dem Westen bekommen.

Auf Dauer gesehen zeigte dieser Teil des Abkommens fatale Konsequenzen: Die unterschiedliche Handhabung der Demontage führte dazu, daß sich zwei Reparationsgebiete bildeten. Der Keim zur wirtschaftlichen Spaltung war gelegt.

Die weiteren Bestimmungen der Potsdamer Konferenz entnehmen die Schüler folgenden Materialien und Quellen:

▶ **Materialien/Quellen:** Informationen 157, S. 3 und Gfm

Ihre Aufarbeitung erfolgt mit Hilfe folgender Arbeitsaufgaben:

Arbeitsaufgaben	denkbare Formulierungen
1. Welche Vereinbarungen sind hinsichtlich der Behandlung Deutschlands in der ersten Phase getroffen worden?	a) Vollständige Abrüstung und Entmilitarisierung Deutschlands b) Auflösung der NSDAP und ihrer Gliederungen c) Einführung demokratischer Prinzipien im politischen Leben d) Ausübung der Regierungsgewalt durch alliierte Oberbefehlshaber und den Alliierten Kontrollrat e) wirtschaftliche Maßnahmen: Zerstörung der Rüstungsindustrie; Auflösung der Konzerne und Kartelle; Reduktion nur noch auf die Bedürfnisse der deutschen Bevölkerung.
2. Diskutiert darüber, welche Perspektiven sich aus damaliger Sicht für die Zukunft Deutschlands ergaben und welche Probleme sich bereits abzuzeichnen begannen.	– Die Siegermächte wahrten ihre Interessen: Sicherheit, Entschädigung, Ausrottung des Nazismus. – Die meisten Vereinbarungen von Potsdam waren Kompromisse zwischen den Siegermächten: Nachgeben der Westalliierten in der Frage der polnischen Westgrenze. Nachgeben der Sowjets in der Reparationsfrage und in der Frage einer sowjetischen Ruhrgebietskontrolle. – Probleme: Wie ließen sich das Reparationsabkommen und die Wirtschaftseinheit miteinander vereinbaren? Wie stand es mit der gemeinsamen Verwaltung?

Die Tabelle auf Seite 18 kann nunmehr ergänzt werden (Spalte „Potsdam“).

T **Worauf sich die Siegermächte in Potsdam einigten**		**Quellen für Meinungsverschiedenheiten durch unterschiedliche Auslegung**
● Besetzung Deutschlands unter Einteilung in Besatzungszonen		
● gemeinsame Kontrolle und Verwaltung	→	● unterschiedliche Interessen und Ziele der Besatzungsmächte
● Deutschland soll als Wirtschaftseinheit behandelt werden		
● Entmilitarisierung		
● Ausrottung des Nazismus		
● Reparationsentnahmen im wesentlichen aus den jeweiligen Besatzungszonen	→	● Widerspruch in den Bestimmungen über die Reparationsentnahmen
● Schaffung eines demokratischen Deutschlands	→	● unterschiedliche Interpretation des Begriffs „demokratisch“
● Festlegung der polnischen Westgrenze, Austreibung der deutschen Bevölkerung	→	● endgültige Festlegung der Grenzen auf einer künftigen Friedenskonferenz
● keine deutsche politische Zentralgewalt		

Die Ergebnisse der Potsdamer Konferenz sind unterschiedlich interpretiert und beurteilt worden:

▶ **Quellen:** Hohlfeld, Dokumente der deutschen Politik und Geschichte, S. 26 ff. und Gfm

Aufgaben:

1. Auf welche Punkte des Potsdamer Abkommens beziehen sich die Quellen?	2. Wie lautet ihre Argumentation in bezug auf die Gültigkeit des Abkommens?
Molotow (1946) Aussiedlung der Deutschen und Ansiedlung von Polen in diesem Gebiet.	Die Aussiedlung der Deutschen – von allen Konferenzteilnehmern letztlich gebilligt – konnte nicht vorläufig sein, sondern mußte endgültig sein.
Bidault (1946) In bezug auf Ostdeutschland hat die Konferenz im Prinzip vorläufige, tatsächlich jedoch endgültige Beschlüsse gefaßt.	Die Endgültigkeit kommt u. a. dadurch zum Ausdruck, daß sie die französische Regierung nicht angefochten hat.
Truman (1955) Die Besetzung Ostpolens und die Besetzung der deutschen Ostgebiete durch die Polen stellten die Westalliierten vor vollendete Tatsachen.	Die Westalliierten beugten sich diesen Tatsachen, weil sie glaubten, die sowjetische Unterstützung gegen Japan zu benötigen.
Churchill (1946) Bildung eines „Eisernen Vorhangs", Beherrschung eines großen Teils Europas durch die Sowjetunion.	

Arbeitsaufgaben	denkbare Formulierungen
Nach der bedingungslosen Kapitulation übernahmen die Alliierten die Regierungsgewalt. Woran wird das deutlich?	In der Errichtung des Kontrollrates und seinen Beschlüssen, in der Einsetzung von Militärgouverneuren und ihren Anordnungen in den Besatzungszonen.

Von besonderem Interesse dürfte für die Schüler der Vergleich zweier Schulbuchtexte sein, in denen die Ergebnisse der Potsdamer Konferenz gewürdigt werden:

Text Gfm	**Text DDR-Geschichtsbücher**
– Ursache für die Gegensätze zwischen Sowjets und Westmächten: Die Sowjetunion errichtete in ihrer Zone ein kommunistisches System und erstrebte wirtschaftlichen Einfluß in den Westzonen. Die Westalliierten lehnten die sowjetische Besatzungspolitik ab. – Unterschiede zwischen Frankreich auf der einen, den beiden anderen Westalliierten auf der anderen Seite: Frankreich isolierte seine Besatzungszone, gliederte sogar das Saargebiet aus, verlangte internationale Kontrolle des Ruhrgebiets. – Westmächte wollten Deutschland in einen dezentralisierten Bundesstaat mit parlamentarischer Demokratie umwandeln. Die Sowjetunion betrieb den Übergang zum Kommunismus und führte damit die Teilung Deutschlands herbei.	– Imperialistische Politiker betrieben eine Politik, die dem „gesetzmäßigen Vormarsch des Sozialismus" und dem „Anwachsen demokratischer Massen- und nationaler Befreiungsbewegungen" Einhalt gebieten wollte. – Sie versuchten, die Anti-Hitler-Koalition zu sprengen und eine „antisowjetische Einheitsfront aller reaktionären Kräfte" zu bilden. – Die Weltpolitik werde seither vom Gegensatz zwischen Imperialismus und Sozialismus bestimmt.

Die Schüler versuchen, Wesentliches aus den Beurteilungen der Potsdamer Konferenz durch ihre führenden Politiker zu entnehmen.

▶ **Material:** E. Thurich, Zweimal Deutschland. Diesterweg, Frankfurt/M. 1976, S. 6 ff. und Gfm

Was meint Churchill mit dem von ihm geprägten Begriff „Eiserner Vorhang"?	Der Begriff „Eiserner Vorhang" steht für die westliche Begrenzung der sowjetischen Machtsphäre. Alles, was östlich der Linie Triest–Lübeck liegt, ist der uneingeschränkten Kontrolle Moskaus ausgeliefert. Ein Vorhang aus Eisen läßt keine Freizügigkeit von Menschen und Gütern, keinen Austausch von Gedanken zu.

Stellt heraus, was euch in jeder vorstehenden Äußerung zum Wortlaut der Potsdamer Beschlüsse auffällt.

Die Außenminister von Frankreich und der Sowjetunion haben recht, wenn sie die Beschlüsse über Ostdeutschland und die Aussiedlung der Deutschen für endgültig ansehen, obwohl der Wortlaut des Potsdamer Vertrages anders lautet. Präsident Truman sieht in der Fehleinschätzung der Kriegslage 1945 den entscheidenden Fehler Amerikas. Er brachte den Sowjets die Zustimmung zu den Gewaltakten in Ostdeutschland ein.

Welche Sätze deuten auf den Beginn des Ost-West-Gegensatzes hin?

Molotow: Diejenigen, die den Beschluß über die Aussiedlung gefaßt haben, können nicht nach einiger Zeit vorschlagen, entgegengesetzte Maßnahmen durchzuführen.
Truman: Es war ein glatter Gewaltakt. Seither haben uns die Russen dort nichts als Kopfschmerzen bereitet.
Churchill: Die von den Russen beherrschte polnische Regierung wurde ermuntert, ungeheuere und unberechtigte Übergriffe auf deutsches Gebiet zu unternehmen.

Welcher Beschluß hätte Ausgangspunkt neuer Konflikte werden können?

Der Beschluß, die endgültige Festlegung der polnischen Westgrenze zu verschieben und die Aussiedlung der Deutschen aus den Ostgebieten durchzuführen.

43.2. Besatzungsmächte und Bevölkerung

43.2.1. Wissensziele

Nach dem Zusammenbruch Deutschlands hatten die Alliierten alle Gewalt in Deutschland übernommen und entsprechende Anordnungen getroffen (Besatzungszonen, Alliierter Kontrollrat, Viermächtestatus für Berlin). Die Versorgung der deutschen Bevölkerung mit allem zum Überleben Notwendigen war durch die Kriegszerstörungen in Industrie, im Verkehrswesen und in den Versorgungseinrichtungen aufs äußerste erschwert. Diese Lage verschlimmerte sich noch dadurch, daß rund 12 Mio. Flüchtlinge aus den Ostgebieten einströmten und daß durch die rücksichtslosen Demontagen in der Industrie Wiederaufbau und Warenproduktion weiter behindert wurden.
Der wachsende, weltpolitisch bedingte Gegensatz zwischen den Westmächten und der Sowjetunion verhinderte eine gemeinsame Politik der vier Besatzungsmächte. Während die SBZ zunehmend politisch und wirtschaftlich nach kommunistischen Vorstellungen umgewandelt wurde, erkannten die Westalliierten allmählich die Notwendigkeit, in ihrem eigenen Interesse die Wirtschaft in den drei Westzonen wiederaufzubauen. Sie trafen dafür wirksame Maßnahmen: Gründung der Bizone (später Trizone), Verringerung, später völlige Einstellung der Demontagen und Einbeziehung in die Marshallplanhilfe. Hierüber kam es zur endgültigen Spaltung Deutschlands und zur Berliner Blockade. Der von den Sowjets nicht erwartete Erfolg der Luftbrücke und die feste Haltung der Berliner Bevölkerung dabei, ohne die diese Maßnahme mißlungen wäre, trugen im Westen erheblich zu einem Stimmungswandel zugunsten Deutschlands bei.

43.2.2. UE-Ziele

(1) Die unterschiedlichen Interessen und Ziele der vier Besatzungsmächte
(2) Die ersten Konflikte zwischen den Westmächten und der Sowjetunion
(3) Der Wandel in der Politik der Westmächte und seine Motive
(4) Die Bedeutung der Truman-Doktrin und des Marshallplanes
(5) Die Blockade Berlins als erste große Konfrontation zwischen der Sowjetunion und den Westmächten

43.2.3. Einstieg

- **Filme:** 320519 Deutschland nach der Kapitulation, FT 49 Filmdokumente zur Landesgeschichte: Kriegsende, FT 50 Heimkehr und Aufbau, FT 51 Die Anfänge des politischen Lebens, 323028 Der Wiederaufbau der deutschen Wirtschaft 1945–1948, 323029 Die Situation in Deutschland 1945/46
- **Fotos:** Informationen 157, S. 9 f.
- **Erlebnis- und Augenzeugenberichte:** Informationen 157, S. 10 ff., Neubeginn und Wiederaufbau 1945–1949. Bundeszentrale für politische Bildung, Bonn 1981.

43.2.4. Schwerpunkte

43.2.4.1. Schwerpunkt: Die deutsche Wirtschaft

Im Mittelpunkt dieser Unterrichtseinheit steht die wirtschaftliche Entwicklung in den Westzonen. Der Film „Der Wiederaufbau der deutschen Wirtschaft 1945–1948„ (s. o.) zeigt den Wandel der wirtschaftlichen Verhältnisse von 1945 bis 1948. Er läßt aber auch zugleich deutlich werden, daß es gerade Entwicklungen auf dem wirtschaftlichen Sektor waren, die eine einheitliche Deutschlandpolitik in Frage stellten. Damit wird innerhalb dieser Unterrichtseinheit gleichzeitig der Bruch zwischen den Westmächten und der Sowjetunion thematisiert.

Der Film erfüllt somit zwei didaktische Funktionen: Zum einen vermittelt er in anschaulicher Weise einen Eindruck von den desolaten wirtschaftlichen Verhältnissen, wie es sich die Schüler kaum vorstellen können, zum anderen liefert er einen Rahmen für die Themenkreise, die im Film nur angeschnitten werden und daher im Unterricht noch vertieft, ergänzt und präzisiert werden müssen.

Der Film zeigt Bilder und Wochenschauaufnahmen von zerstörten Städten, Industrieanlagen und Transportwegen. Eine Ergänzung bietet der Film „Die Situation in Deutschland 1945/46" (s. o.), der sich mit den allgemeinen Lebensverhältnissen befaßt. Im Mittelpunkt stehen die Versorgung mit Lebensmitteln, die Wohnungssituation und die Versorgung mit Heizmaterial.

Auch die Fotos in den Informationen 157 und in „Neubeginn und Wiederaufbau" vermitteln ein plastisches Bild der Lage der Bevölkerung.

Die letzte Sequenz des Films „Der Wideraufbau der deutschen Wirtschaft 1945–1948" zeigt gefüllte Schaufenster und vermittelt dadurch den Eindruck eines sich abzeichnenden Wandels.

Der Lehrer verweist auf die im Film („Der Wiederaufbau der deutschen Wirtschaft") gezeigten Szenen über die Demontage von Industrieanlagen und verbindet damit die Frage nach den Ursachen für die Notlage der Bevölkerung. Die Folgen der Demontage für die deutsche Bevölkerung liegen auf der Hand: Arbeitsplätze gingen verloren, Maschinen wurden abtransportiert, Gebäude zerstört. Durch Rückverweis auf den oder die gezeigten Filme und unter Zuhilfenahme der Fotos (vgl. 43.2.3.) könnte folgendes Tafelbild erarbeitet werden:

T **Die Notlage in Deutschland und ihre Ursachen**

Lage der Bevölkerung	Häuser und Wohnungen zum großen Teil zerstört, ebenso Industrieanlagen	Flüchtlinge unterwegs	Nahrungsmittel und Brennmaterial knapp	ungeklärtes Schicksal vieler Gefangenen und Zivilpersonen	Verkehrswege zum großen Teil zerstört
Ursachen	● Luftangriffe auf deutsche Städte ● Reparationsentnahmen der Besatzungsmächte ● Demontage: Verminderung der Produktionskapazität	Flucht und Vertreibung der deutschen Bevölkerung aus den deutschen Ostgebieten, Polen, Tschechoslowakei und Südosteuropa	Abtrennung der agrarischen Überschußgebiete im Osten	Chaos in der letzten Phase des Krieges	Kriegseinwirkungen
Folgen	– Arbeitslosigkeit – Wiederaufbau verzögert sich	– Flüchtlingselend – Zerstörung von sozialen Bindungen	– Hungersnot – Hamsterfahrten – „schwarzer Markt"	– zerrissene Familien – Versuch der Zusammenführung („Suchdienst")	Verteilung der Verbrauchsgüter erheblich erschwert

Die Mitglieder des **Alliierten Kontrollrates:**
Oberkommandierende der Streitkräfte in Deutschland und Oberbefehlshaber der Besatzungstruppen in den jeweiligen Besatzungszonen

US-Besatzungszone	**Britische Besatzungszone**	**Französische Besatzungszone**	**Sowjetische Besatzungszone**
Eisenhower; ab Januar 1947: Clay	Montgomery; ab April 1946: Douglas; ab November 1947: Robertson	Koenig	Schukow; ab April 1946: Sokolowski

Aufgaben und Ziele:
– Entscheidung aller Fragen, die Deutschland als Ganzes betrafen (Entscheidungen mußten einstimmig getroffen werden)
– Sicherstellung einer einheitlichen Politik der Besatzungsmächte
– Realisierung der im Potsdamer Abkommen festgelegten Grundsätze (z. B. Abrüstung, Entmilitarisierung, Entnazifizierung, Demokratisierung, Reparationsleistungen)
Die Arbeitsweise
Erste Tagung am 30. 7. 1945. Die nächsten Tagungen fanden im 10tägigen Turnus statt; der Vorsitz wechselte turnusgemäß jeden Monat.
Schwierigkeiten:
– Frankreich weigerte sich, den im Potsdamer Abkommen vorgesehenen zentralen Verwaltungsstellen für ganz Deutschland zuzustimmen.
– Weitere Forderungen Frankreichs: Veränderung der Westgrenze Deutschlands und Internationalisierung des Ruhrgebietes

Gegensätze zwischen den Besatzungsmächten
Im folgenden Unterrichtsschritt soll aufgezeigt werden, wie es zu sowjetisch-amerikanischen Gegensätzen im Alliierten Kontrollrat kam und welche Konsequenzen diese Gegensätze nach sich zogen. Als Materialgrundlage stehen zur Verfügung:
▶ **Quelle:** Äußerung des Militärgouverneurs Clay (Gfm). Weitere Stellungnahmen Clays in: H. Jaenekke, Die deutsche Teilung – Von der Potsdamer Konferenz zum Grundvertrag. Ullstein-TB 33051:
„Nach einem Jahr Besatzung bilden die Zonen hermetisch abgeschlossene Gebiete mit fast keinerlei freiem Austausch an Gütern, Personen und Ideen. Falls in naher Zukunft keine Übereinkunft erzielbar ist, stehen wir einer sich verschlechternden deutschen Wirtschaft gegenüber, die einen Zustand politischer Unruhe heraufbeschwören wird, der die Entwicklung des Kommunismus in Deutschland begünstigt und die Demokratisierung behindert ... Der nächste Winter wird auf alle Fälle kritisch werden, und wenn es nicht gelingt, die wirtschaftliche Einigung vor seinem Anbruch durchzusetzen, wird er fast unerträglich werden.“ (S. 135)
„Die britische und amerikanische Zone würden vereint binnen weniger Jahre dazu gelangen, sich selbst zu erhalten. In klarer Erkenntnis der politischen Folgen einer solchen Verschmelzung glauben wir, daß diese Forderungen weniger schlimm wären als das Weiterbestehen der jetzigen hermetisch abgeschlossenen Zonen.“ (S. 136)

▶ **Material:** „Industrieplan“ des Alliierten Kontrollrates vom März 1946: H. Jaenecke, a. a. O., S. 131 f.:
– Herabsetzung des Industrieniveaus auf 50–55 % des Standes von 1938
– Herstellungsverbot für Waffen jeder Art und von Schiffen, Flugzeugen, Funkgeräten, schweren Traktoren, Kugellagern, bestimmten Werkzeugmaschinen, synthetischen Treibstoffen und synthetischem Gummi, von radioaktiven Stoffen und anderen strategisch wichtigen Stoffen
– Produktionsbegrenzung von Stahl (39 % der Vorkriegsproduktion), Bau von Werkzeugmaschinen (11,4 % der Vorkriegsproduktion), Lastwagen, Elektromaschinen, landwirtschaftlichen Maschinen
– Alle Industrieanlagen, die unter das Verbot bzw. die Beschränkung fielen, sollen demontiert und als Reparationen an die Empfängerländer geliefert werden.
– Nach Zahlung der Reparationen müssen Deutschland ausreichende Mittel verbleiben, um ohne Hilfe von außen existieren zu können.
Die Reparationskommission mußte ein Inventarverzeichnis aller deutschen Industriebetriebe anlegen und exakte Demontagelisten aufstellen.

Arbeitsaufgaben	denkbare Formulierungen
1. Worin erblickt Clay bei der Handhabung der Reparationsentnahme Unterschiede zwischen den Sowjets und den Westalliierten?	– Sowjets entnehmen Reparationen aus der laufenden Produktion einer Wirtschaft, die nur einen Bruchteil des Notwendigen produziert. – Während Großbritannien und die USA Deutschland mit Lebensmitteln versorgen, entnimmt die Sowjetunion ihrer Zone riesige Mengen an Rohmaterial und Fertigwaren.
2. Warum erhebt Clay einen energischen Protest gegen diese Handhabung der Reparationsentnahmen?	– Die Besatzungszonen haben sich dadurch hermetisch voneinander abgeriegelt; kein Warenaustausch möglich. – Großbritannien und die USA bezahlen indirekt die Lieferungen in die UdSSR. – Angesichts der katastrophalen Versorgungslage sind gemeinsame Aktionen unausweichlich. – Die Bevölkerung könnte unruhig werden und sich dem Kommunismus zuwenden: Behinderung der Demokratisierung.

Arbeitsaufgaben	denkbare Formulierungen
3. Wie argumentiert Clay, als die Sowjets 10 Mrd. Dollar an Reparationen sowie Entnahmen aus der laufenden Produktion fordern?	– Der Industrieplan sei damit nicht durchzuführen. Die Sowjets hatten bereits wahllos in ihrer Zone demontiert. Hätten sie sich an die im Industrieplan verabredeten Modalitäten gehalten, hätten ihre Reparationsentnahmen drastisch reduziert werden müssen. – Die Sowjets bezogen außerdem Reparationen aus dem Westen (25 %), die jetzt von US-Seite gestrichen wurden.
4. Welche Gefahren barg der von Clay unterbreitete Vorschlag einer Vereinigung der amerikanischen und der britischen Zone in sich?	In West und Ost war eine gesonderte Entwicklung zu erwarten, wenn die Sowjets nicht einlenkten.
5. Warum lehnten Frankreich und die Sowjetunion den Vorschlag ab?	– **Frankreich** war an einem zersplitterten Deutschland interessiert. – Die **Sowjetunion** hätte in den Reparationsentnahmen zurückstecken müssen.

Stuttgarter Rede von Außenminister Byrnes

Die Stuttgarter Rede des amerikanischen Außenministers Byrnes markiert einen Kurswechsel der amerikanischen Politik. Sie bedarf deswegen einer besonders intensiven Analyse.

„Es liegt weder im Interesse des deutschen Volkes noch im Interesse des Weltfriedens, daß Deutschland eine Schachfigur oder ein Teilnehmer in einem militärischen Machtkampf zwischen dem Osten und dem Westen wird.

Es war vorgesehen, daß Deutschland ein Industriepotential belassen bliebe, welches ihm die Aufrechterhaltung eines durchschnittlichen europäischen Lebensstandards ohne die Hilfe anderer Länder ermöglicht. Die auf diese Weise zu entfernenden Fabriken sollten als Reparationen an die Alliierten abgeliefert werden. Bei Festsetzung des zulässigen Standes der Industrie wurden keinerlei Reparationsleistungen aus der laufenden Produktion vorgesehen. Aus der laufenden Produktion erfolgende Reparationsleistungen würden mit dem nach den Potsdamer Beschlüssen festgesetzten Stand der Industrie völlig unvereinbar sein.

Die Vereinigten Staaten werden nicht ihre Zustimmung geben, daß Deutschland größere Reparationen leisten muß, als in den Potsdamer Beschlüssen vorgesehen wurde.

Die Durchführung der Potsdamer Beschlüsse ist dadurch behindert worden, daß der Alliierte Kontrollrat nicht die notwendigen Maßnahmen getroffen hat, um es der deutschen Wirtschaft zu ermöglichen, als Wirtschaftseinheit zu arbeiten.

Die Vereinigten Staaten sind der festen Überzeugung, daß Deutschland als Wirtschaftseinheit verwaltet werden muß . . . Für einen erfolgreichen Wiederaufbau Deutschlands ist eine gemeinsame Finanzpolitik wesentlich . . .

Deutschland muß die Möglichkeit haben, Waren auszuführen, um dadurch so viel einführen zu können, daß es sich wirtschaftlich selbst erhalten kann . . . Die Gesundung in Europa und besonders in den Nachbarstaaten Deutschlands wird nur langsam voranschreiten, wenn Deutschland mit seinen großen Bodenschätzen an Eisen und Kohle in ein Armenhaus verwandelt wird.

Die Vereinigten Staaten treten für die baldige Bildung einer vorläufigen deutschen Regierung ein . . .

Durch das Abkommen von Jalta hat Polen an Rußland das Gebiet östlich der Curzon-Linie abgetreten. Polen hat dafür eine Revision seiner nördlichen und westlichen Grenzen verlangt. Die Vereinigten Staaten werden eine Revision dieser Grenzen zugunsten Polens unterstützen. Der Umfang des an Polen abzutretenden Gebiets kann jedoch erst entschieden werden, wenn das endgültige Abkommen darüber getroffen ist. Die Vereinigten Staaten finden, daß sie Frankreich, in welches Deutschland innerhalb von 70 Jahren dreimal eingefallen ist, seinen Anspruch auf das Saargebiet, dessen Wirtschaft mit Frankreich eng verbunden ist, nicht verweigern können . . .

Von diesen Veränderungen abgesehen, werden die Vereinigten Staaten keine Eingriffe in unbestritten deutsches Gebiet oder eine Aufteilung Deutschlands, die nicht dem echten Willen der Bevölkerung entspricht, unterstützen. Soweit den Vereinigten Staaten bekannt ist, wünscht die Bevölkerung des Ruhrgebiets und des Rheinlandes, mit dem übrigen Deutschland vereinigt zu bleiben, und die Vereinigten Staaten werden sich diesem Wunsch nicht widersetzen . . .

Die Vereinigten Staaten werden für solche Kontrollmaßnahmen für ganz Deutschland, einschließlich des Ruhrgebietes und des Rheinlandes, eintreten, die aus Sicherheitsgründen erforderlich sind . . ."

▶ **Quelle:** GiQ V, Nr. 40

Arbeitsaufgaben	denkbare Formulierungen
1. Inwiefern bedeutete die Rede Byrnes' eine Änderung der amerikanischen Besatzungspolitik? (Vergleicht dazu die „Direktive JCS 1067“, Informationen 157, S. 3)	Die Rede bedeutete eine Abkehr von der harten Besatzungspolitik, insoweit als Byrnes – die Bildung einer deutschen Regierung in Aussicht stellt, – sich für eine Begrenzung der Reparationen und gegen Entnahmen aus der laufenden Produktion wendet, – sich für die wirtschaftliche Gesundung Deutschlands ausspricht.
2. Warum forderte Byrnes eindringlich die wirtschaftliche Einheit Deutschlands?	– Unzureichende Versorgung, hohe Arbeitslosigkeit, Flüchtlinge, unzulängliche Verkehrswege und -mittel schufen Massenelend. – Byrnes sah Gefahr der Verschärfung, wenn Deutschland durch Reparationen und Demontagen weiterhin ausgepreßt wird. – Eine Besserung war nur zu erhoffen, wenn der Austausch von Wirtschaftsgütern zwischen den Zonen wiederaufgenommen wurde.
3. Welche Position bezieht Byrnes gegenüber den Ansprüchen Frankreichs und der Sowjetunion?	– Frankreich: soll zwar das Saarland erhalten, nicht aber das Rheinland. – Sowjetunion: keine Internationalisierung des Ruhrgebiets.

T **Die Rede des US-Außenministers Byrnes**

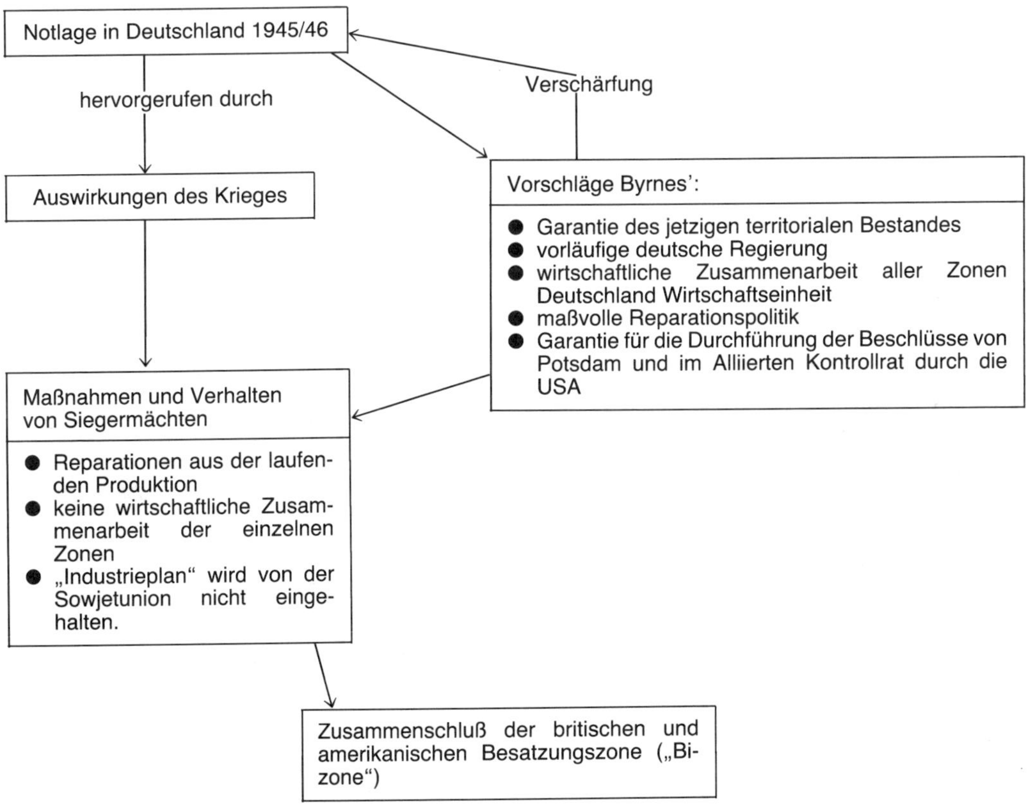

43.2.4.2. Schwerpunkt: Truman-Doktrin und Marshallplan

Der oben erwähnte Film „Der Wiederaufbau der deutschen Wirtschaft 1945–1948" schließt mit Aufnahmen, die von einem wirtschaftlichen Aufschwung berichten. Ähnliches sagen auch die Fotos in Gfm.
Für die Aufarbeitung des Hintergrundes, auf dem der Marshallplan gesehen werden muß, analysieren die Schüler Äußerungen amerikanischer und sowjetischer Politiker.

Gruppe 1: Rede Marshalls vom 5. 6. 1947

„. . . Jeder Regierung, die bereit ist, beim Wiederaufbau zu helfen, wird die volle Unterstützung der Regierung der Vereinigten Staaten gewährt werden, dessen bin ich sicher. Aber eine Regierung, die durch Machenschaften versucht, die Gesundung der anderen Länder zu hemmen, kann von uns keine Hilfe erwarten . . .
Eines ist schon jetzt klar: Bevor die Vereinigten Staaten ihre Bemühungen zur Besserung der Lage fortsetzen . . ., müssen die Länder Europas untereinander zu einer Einigung darüber kommen, was die gegenwärtige Lage am dringendsten erfordert und inwieweit die Länder Europas selbst dazu beitragen können, eine volle Auswertung der Maßnahmen unserer Regierung zu erzielen.
Es wäre weder angebracht noch zweckmäßig, wenn die Regierung der Vereinigten Staaten von sich aus ein Programm entwerfen würde, um die wirtschaftliche Wiederaufrichtung Europas durchzuführen. Das ist Sache der Europäer selbst . . ."

▶ **Quelle:** Europa-Archiv 1947. Verlag für Internationale Politik. S. 821 f. und Gfm, auch Informationen 189. Ergänzung: Aus Politik und Zeitgeschichte, Nr. 22/67, S. 24.

Arbeitsaufgaben	denkbare Formulierungen
1. Was soll der Marshallplan nach den Worten Marshalls bewirken?	– Gesunde wirtschaftliche Verhältnisse in der Welt wiederherstellen. – dadurch die politische Stabilität fördern – Politische und soziale Bedingungen für freiheitliche Institutionen schaffen.
2. Warum betonte Marshall den Aspekt der „Hilfe zur Selbsthilfe"?	– Almosen führen keine wirtschaftliche Gesundung herbei; entscheidend ist die eigene Anstrengung. – Man konnte den USA den Vorwurf machen, daß sie über diese Wirtschaftshilfe Europa von sich wirtschaftlich und politisch abhängig zu machen gedachten. – Die europäischen Länder sollen zur Zusammenarbeit gezwungen werden; ein gemeinsames Wiederaufbauprogramm war erfolgversprechender als unkoordinierte Anstrengungen der einzelnen Länder.
3. Inwieweit kann man diese Rede als einen wichtigen Anstoß zur europäischen Einigung sehen? (vgl. UR 45)	Marshall ruft dazu auf, eine europäische Organisation zu gründen. 16 europäische Staaten einigten sich auf einen gemeinsamen Plan für den europäischen Wiederaufbau. Sie verpflichteten sich, den Handel untereinander zu liberalisieren.
4. Worin besteht das Problem für Deutschland, zu dem Marshall sich hier noch nicht äußerte?	Wenn die „Bizone" der Organisation beitritt, die sowjetische Besatzungszone sich aber auf Druck der Sowjetunion fernhält, müßte sich die deutsche Spaltung weiter vertiefen.
5. Inwiefern war der Marshallplan „Hilfe zur Selbsthilfe"?	Die kostenlose Lieferung von Waren an eine Zentralstelle ist die Initialzündung. Die Zentralstelle verkauft die Waren an europäische Firmen zu einem tragbaren Preis. Für diesen Erlös kauft sie neue Waren. Jetzt beginnt der Kreislauf der Selbsthilfe.

Gruppe 2: Rede Schdanows vom 1. 10. 1947

▶ **Quelle:** Archiv der Gegenwart 1946/47, S. 85 (Gfm)

Arbeitsaufgaben	denkbare Formulierungen
1. Wie beurteilt Schdanow den amerikanischen Vorschlag?	Europa soll mit Hilfe amerikanischen Kapitals versklavt, d. h. von den USA wirtschaftlich und politisch abhängig gemacht werden. Es soll ein Block von Staaten geschaffen werden, die auf ihre Selbständigkeit verzichten.
2. Warum kam Deutschland in den Augen der Sowjets eine besondere Bedeutung zu?	Die Westzonen würden sich diesem Block anschließen, und das westdeutsche Wirtschaftspotential würde sowjetischen Reparationsansprüchen entzogen sein.

Gruppe 3: Truman-Doktrin (12. 3. 1947)

„. . . Im gegenwärtigen Augenblick der Weltgeschichte muß fast jede Nation zwischen zwei verschiedenen Lebensarten wählen . . . Die eine Art, zu leben, gründet sich auf den Willen der Mehrheit und zeichnet sich durch freie Institutionen, repräsentative Regierungen, freie Wahlen, Garantien der persönlichen Freiheit . . . und Freiheit von politischer Unterdrückung aus.

Die zweite Lebensart hat. als Grundlage den Willen einer Minderheit, der mit Gewalt der Mehrheit gegenüber geltend gemacht wird. Sie stützt sich auf Terror und Unterdrückung, kontrollierte Presse und Rundfunk . . . und auf die Unterdrückung der persönlichen Freiheit.
Ich bin der Ansicht, daß wir den freien Völkern beistehen müssen, ihr eigenes Geschick auf ihre Weise zu bestimmen. Ich glaube, daß unser Beistand in erster Linie in Form von finanzieller und wirtschaftlicher Hilfe gewährt werden sollte, eine Hilfe, die wesentlich ist für die wirtschaftliche Stabilität und ordnungsgemäße politische Entwicklung . . ."

▶ **Quelle:** GiQ V, Nr. 315, Information 189

Arbeitsaufgaben	denkbare Formulierungen
1. Wie begründet Truman den außenpolitischen Kurswechsel der USA?	– Dies ist ein kritischer Moment der Weltgeschichte. – Jede Nation muß sich entscheiden, ob sie in einem freiheitlichen System oder in einem System der Unterdrückung leben will.
2. Welche Politik schlägt Truman in dieser Situation vor?	– Die USA sollten den freien Völkern beistehen. – Sie sollten ihnen vor allem wirtschaftliche Hilfe gewähren, um eine stabile wirtschaftliche und damit politische Entwicklung zu ermöglichen.
3. Was sind die Gründe für den neuen Kurs der USA?	– Die Sowjetunion drohte z. B., in Griechenland und der Türkei ihren Machtbereich über den von der Roten Armee besetzten Raum auszudehnen. – Die Amerikaner glaubten nicht mehr an die Möglichkeit einer Wahrung bzw. Wiederherstellung der Anti-Hitler-Koalition aus der Kriegszeit.

Gruppe 4: Außenminister Molotow auf der Viermächtekonferenz von Paris im Juli 1947

„. . . Wenn Anstrengungen gemacht werden, damit sich Europa in erster Linie selbst helfe und sein eigenes Wirtschaftspotential und den Warenaustausch zwischen den Ländern entwickle, dann liegt dies im Interesse der europäischen Länder. Wenn jedoch gesagt wird . . ., daß die entscheidende Rolle im Wiederaufbau des Wirtschaftslebens der europäischen Länder von den Vereinigten Staaten von Amerika und nicht von den europäischen Ländern selbst übernommen werden sollte, dann steht eine solche Politik im Gegensatz zu den Interessen der europäischen Länder, weil dies zur Beseitigung der europäischen Unabhängigkeit führen könnte, was mit der Wahrung der nationalen Souveränität unvereinbar wäre . . ."

▶ **Quelle:** Historische Szenen 16 „Welt ohne Frieden", S. 46 f.:

Arbeitsaufgaben	denkbare Formulierungen
1. Womit begründet Molotow die ablehnende Haltung seiner Regierung zum Marshallplan?	Die europäischen Länder werden abhängig von den USA, sie werden ihre Souveränität verlieren.
2. Aus welchen Gründen lehnte die Sowjetunion den Marshallplan ab?	Mit dem Marshallplan (und der Truman-Doktrin) würden Ziele verfolgt, die gegen den Kommunismus gerichtet waren.

Nachdem sich die Schüler in den jeweiligen Gruppen mit den Äußerungen der vier Politiker auseinandergesetzt haben, sollen sie nun versuchen, ihre Ergebnisse in einem Tafelbild zusammenzufassen.

T **Die Wende der amerikanischen Außenpolitik**

Truman-Doktrin
Ziel: finanzielle und wirtschaftliche Unterstützung der Länder, die ihre freien Institutionen und nationale Unabhängigkeit erhalten wollen und um Hilfe bitten.

Marshallplan
- Bekämpfung von Hunger, Elend und Arbeitslosigkeit
- Erhaltung eines demokratischen Gesellschaftssystems
- Erhaltung eines marktwirtschaftlich orientierten Wirtschaftssystems

↓

Folgen für Deutschland
- Westzonen Deutschlands werden wirtschaftlich gefördert
- Stabilisierung des privatwirtschaftlichen Systems
- Zerfall Deutschlands in zwei Wirtschaftsgebiete

↑

Kritik sowjetischer Politiker
- Verlust der wirtschaftlichen und politischen Unabhängigkeit
- Bindung an die Amerikaner

43.2.4.3. Schwerpunkt: Die Berliner Blockade

Die Berlin-Frage war seit dem Ende des Zweiten Weltkriegs ein wesentlicher Streitpunkt zwischen Ost und West, und auch gegenwärtig ist sie immer wieder Gegenstand politischer Auseinandersetzungen. Die Berlin-Frage wird erst vom historischen Hintergrund her verständlich, wie er am Ende des Zweiten Weltkriegs vorhanden war.

Einige der wichtigsten Dokumente aus dem Zeitraum 1944 bis 1948 sollen analysiert werden, nämlich

a) Londoner Protokoll (12. 9. 1944)

▶ **Quelle:** Informationen 181, S. 11, oder: Informationen 157, S. 6

b) Feststellung über die Besatzungszonen in Deutschland

„Deutschland wird innerhalb seiner Grenzen, wie sie am 31. Dezember 1937 bestanden, für Besatzungszwecke in vier Zonen aufgeteilt, von denen eine jeder der vier Mächte wie folgt zugeteilt wird:
eine östliche Zone der Union der Sozialistischen Sowjetrepubliken;
eine nordwestliche Zone dem Vereinigten Königreich;
eine südwestliche Zone den Vereinigten Staaten von Amerika;
eine westliche Zone Frankreich.
Die Besatzungstruppen in jeder Zone unterstehen einem von der verantwortlichen Macht bestimmten Oberbefehlshaber. ... Das Gebiet von Groß-Berlin wird von Truppen einer jeden der vier Mächte besetzt. Zwecks gemeinsamer Leitung der Verwaltung dieses Gebietes wird eine interalliierte Behörde errichtet, welche aus vier von den entsprechenden Oberbefehlshabern ernannten Kommandanten besteht."

▶ **Quelle:** Politische Weltkunde II – Europa und Deutschland nach dem Zweiten Weltkrieg. Hrsg. M. Alexander u. a. Klett, Stuttgart 1974, S. 9.

Die Schüler sollten überdies die Karte in Informationen 181, S. 10, genauer betrachten. Diese Karte (Map D), die dem Londoner Protokoll beigefügt war, macht auch optisch deutlich, daß die Sowjetzone von Groß-Berlin abgegrenzt war. Diese Karte sollen die Schüler vor Augen haben, wenn sie den Text des Londoner Protokolls analysieren.

Arbeitsaufgaben	denkbare Formulierungen
1. Welche Funktion war Berlin in dem besetzten Deutschland zugedacht?	Die alliierten Großmächte wollten Deutschland gemeinsam regieren. Die territoriale Basis für die gemeinsame Regierung sollte die Hauptstadt Berlin bilden, die den Status eines interalliierten Sondergebietes erhielt, das aus den Zonen ausgegliedert war.
2. Wie sollte das Gebiet von Groß-Berlin verwaltet werden?	Durch eine interalliierte Kommandantur. Sie hatte ähnliche Funktionen wie der Alliierte Kontrollrat für Deutschland (einstimmige Beschlüsse!). Berlin bildete eine fünfte „internationale" Besatzungszone.
3. Wo sind die Schwachstellen der getroffenen Vereinbarungen zu sehen?	– Die Regierungsgewalt wurde de facto von den Zonenoberbefehlshabern ausgeübt; der Kontrollrat hatte nur die Funktion eines Koordinationsgremiums der Militärregierungen. – Die bei allen Entscheidungen notwendige Einstimmigkeit konnte jeden Beschluß verhindern. – Es fehlte an einer klaren Definition, was denn eigentlich unter „Angelegenheiten, die Deutschland als Ganzes betreffen", fiel.
4. Wie hat sich die zunehmende Spaltung zwischen West und Ost ab 1947 auf Berlin ausgewirkt?	Berlin war nicht länger deutsche Hauptstadt; auch in Berlin vollzog sich die Spaltung zwischen Ost und West.

Der Blick auf die Karte lehrt, daß Berlin inmitten der sowjetisch besetzten Zone liegt. Daraus ergibt sich von vornherein, daß die Vereinbarungen nur dann zu realisieren sind, wenn die Westmächte Zugang durch das Gebiet der Sowjetzone nach Berlin erhalten. Die Schüler müssen darüber informiert werden, daß die Westmächte es versäumten, die Zugangsrechte präzis festzulegen. Eine schriftliche Fixierung erfolgte nur für den Luftverkehr (vgl. Karte in Informationen 157, S. 5), wobei man drei Luftkorridore festlegte.

In der nun folgenden Phase sollen Ursachen, Ziele und Verlauf der Berliner Blockade erarbeitet werden.

▶ **Material/Quellen:** Informationen 181, S. 14 ff.

Arbeitsaufgaben	denkbare Formulierungen
1. Wie begründet ADN (Nachrichtenagentur der DDR) die Einstellung des Eisenbahnverkehrs zwischen Berlin und Helmstedt?	Technische Störungen machten die Benutzung der Strecke unmöglich. Sie seien ernster als ursprünglich angenommen.
2. Welches Ziel verfolgten die Sowjets mit der Unterbrechung der Verkehrswege?	– Durch Unterbrechung der Lebensmittelversorgung sollte die Bevölkerung ausgehungert werden. – Sie sollte dazu gebracht werden, sich gegen die Westmächte zu wenden und sich für den Osten zu entscheiden. – Die Westmächte sollten zum Abzug aus Berlin gezwungen werden. – Fernziel war die Verhinderung der Westintegration der drei westlichen Besatzungszonen.
3. Welche Folgen sieht General Clay für den Fall eines Abzugs der Westmächte aus Berlin voraus?	– Die Aufgabe Berlins würde in Westdeutschland einen Schock erzeugen und zur Abwendung der Westdeutschen von den Westmächten führen. – Der Verlust Westdeutschlands würde ganz Europa dem Kommunismus überantworten.

Arbeitsaufgaben	denkbare Formulierungen
4. Was bedeutete die Blockade für das Leben der Menschen in West-Berlin? Wie verhielten sie sich in dieser Situation?	– Sie litten unter großen Entbehrungen. Mit Hilfe der Luftbrücke konnte nur ein Teil der normalerweise benötigten Lebensmittel herangeschafft werden. – Es gab ständig Stromsperren und kaum Heizungsmaterial. – Die Berliner standen trotz aller Entbehrungen fast ausnahmslos zum Westen.
5. Weshalb gaben die Sowjets nach etwa einem Jahr die Blockade auf?	– Angesichts der zunehmenden Leistungen der Luftbrücke wurde ein „Erfolg" der Blockade immer unwahrscheinlicher. – Die westliche „Gegenblockade" (Einschränkung gewisser Lieferungen) machte sich störend bemerkbar. – Das sowjetische Ansehen in der Weltöffentlichkeit litt durch die Blockademaßnahmen.

44. Bundesrepublik Deutschland und Deutsche Demokratische Republik

44.0.1. Literaturangaben

Eine Reihe der unter 43.0.1 genannten Titel beziehen auch die Epoche nach 1949 ein; sie werden an dieser Stelle nicht nochmals erwähnt.

Handbücher: Bracher 332 ff., dtv 4011/12; Fischer FWG 34; Gebhardt 765 ff. und TB 4022; Oldenbourg Bd. 18; Schieder 334 ff. und 569 ff.; Ullstein DG 9 und 15.
Geschichte der Bundesrepublik Deutschland:
Band 1 (erscheint 1982) Theodor Eschenburg: Jahre der Besatzung 1945–1949
Band 2 (1981 erschienen) Hans-Peter Schwarz: Die Ära Adenauer 1949–1957
Band 3 (erscheint 1983) H.-P. Schwarz: Die Ära Adenauer 1957–1963
Band 4 (erscheint 1984) Klaus Hildebrand: Von Erhard zur Großen Koalition 1963–1969
Band 5 (erscheint 1985) Karl Dietrich Bracher: Republik im Wandel 1969–1980
dva/Brockhaus, Stuttgart/Wiesbaden

Spezialliteratur:

Gesamtdarstellungen, Außenpolitik, Deutsche Frage
Besson, Waldemar, Die Außenpolitik der Bundesrepublik. Erfahrungen und Maßstäbe. Piper, München 1970.
Borowsky, Peter, Deutschland 1970–1976. Verlag für Literatur und Zeitgeschehen, Hannover 1980.
Deuerlein, Ernst, Deutschland 1963–1970. Verlag für Literatur und Zeitgeschehen. Hannover[7] 1979.
Dittmann, Knud, Adenauer und die deutsche Wiedervereinigung. Die politische Diskussion des Jahres 1952. Droste, Düsseldorf 1981.
Löwenthal, Richard/Schwarz, Hans Peter, Die zweite Republik. 25 Jahre Bundesrepublik Deutschland – eine Bilanz. Seewald, Stuttgart 1974.
Niclauß, Heinz, Kontroverse Deutschlandpolitik. Die politische Auseinandersetzung in der Bundesrepublik Deutschland über den Grundvertrag mit der DDR. Metzner, Frankfurt 1977.
Scheel, Walter (Hrsg.), Nach dreißig Jahren. Die Bundesrepublik Deutschland – Vergangenheit, Gegenwart, Zukunft. Klett-Cotta, Stuttgart 1979.
Schmid, Günther, Entscheidung in Bonn. Die Entstehung der Ost- und Deutschlandpolitik 1969–1970. Verlag Wissenschaft und Politik, Köln[2] 1979.
Schwarz, Hans-Peter (Hrsg.), Handbuch der deutschen Außenpolitik. Piper, München 1975.
Sontheimer, Kurt, Grundzüge des politischen Systems der Bundesrepublik Deutschland. Piper, München[6] 1977.
Wettig, Gerhard, Entmilitarisierung und Wiederbewaffnung in Deutschland 1943–1955. Oldenbourg, München 1967.
Wettig, Gerhard, Die Sowjetunion, die DDR und die Deutschlandfrage 1965–1976. Einvernehmen und Konflikt im sozialistischen Lager. Verlag Bonn Aktuell, Stuttgart 1976.
Zündorf, Benno, Die Ostverträge. Beck, München 1979.

Berlin
Die Berlin-Regelung. Seminarmaterial des Gesamtdeutschen Instituts, Adenauerallee 10, 5300 Bonn (auch in Klassensätzen kostenlos erhältlich).
Herzfeld, Hans, Berlin in der Weltpolitik 1945–1970. de Gruyter, Berlin 1973.
Mahncke, Dieter, Berlin im geteilten Deutschland. Oldenbourg, München 1973.

Regierungssystem
Ellwein, Thomas, Das Regierungssystem der Bundesrepublik Deutschland. Westdeutscher Verlag, Opladen[3] 1973.
Kaack, Heino, Geschichte und Struktur des deutschen Parteiensystems. Westdeutscher Verlag, Opladen 1971.
Thaysen, Uwe, Parlamentarisches Regierungssystem. Daten, Fakten und Urteile im Grundriß. UTB 575. Leske, Opladen[2] 1976.

Wirtschaft
Borchardt, Knut, Die Bundesrepublik Deutschland, in: Stolper-Häuser-Borchardt, Deutsche Wirtschaft seit 1870. Tübingen[2] 1966.
Hardach, Karl, Wirtschaftsgeschichte Deutschlands im 20. Jahrhundert. Kleine Vandenhoeck Reihe TB 1411.
Thalheim, Karl, C., Die wirtschaftliche Entwicklung der beiden Staaten in Deutschland. Leske, Opladen [2]1981.

DDR
Böger, Klaus/Kremendahl, Hans, Bundesrepublik Deutschland – Deutsche Demokratische Republik. Vergleich der politischen Systeme, Bd. 1: Didaktischer Teil, Bd. 2: Materialien und Tabellenteil. Metzler, Stuttgart 1979.
Sontheimer, Kurt/Bleek, Wilhelm, Die DDR. Politik, Gesellschaft, Wirtschaft. Hoffmann & Campe, Hamburg[5] 1979.
Zahlenspiegel Bundesrepublik Deutschland/Deutsche Demokratische Republik – Ein Vergleich: Hrsg. Bundesministerium für innerdeutsche Beziehungen, Bonn 1978.

Zeitschriften:
GWU 6-8/81: Deutsche Geschichte seit 1945 I-III (Literaturbericht).
Gegenwartskunde 29 (1980): Systemvergleich Bundesrepublik Deutschland – DDR.
Politische Bildung 76/1, Die Entstehung der Bundesrepublik Deutschland. Materialien: Die Entstehung des Grundgesetzes 1948/49.
Sozialwissenschaftliche Information 4/1979: DDR, 8/1979: DDR und Systemvergleich im Unterricht, 3/1980: 30 Jahre Bundesrepublik Deutschland.

Jugendbücher:
Fährmann, Willi, Kristina vergiß nicht. Ein Mädchen kommt als Spätaussiedlerin aus Polen. Arena, Würzburg.
Heyne, Isolde, ... und keiner hat mich gefragt. Arena, Würzburg 1981. (Inka lebt in einem Kinderheim der DDR, ihre Mutter als „Republikflüchtige" in der Bundesrepublik.)
Kunze, Reiner, Die wunderbaren Jahre. Fischer TB 2074, Frankfurt (literarische Auseinandersetzung mit dem Lebensabschnitt, den der Autor in der DDR verbracht hat).
Österreich, Tina, Ich war RF., Ein Bericht. Seewald, Stuttgart 1976 (Bericht über die Flucht aus der DDR).
Österreich, Tina, Gleichheit, Gleichheit über alles. Alltag zwischen Elbe und Oder. Seewald, Stuttgart 1978 (Alltag in der DDR).
Piechota, Ulrike, Warum darf ich den Rhein nicht sehen? Ensslin und Laiblin, Reutlingen 1982. (Verena und Ilja besuchen ihre Vettern in der DDR.)
Pieper, Katrin, Um 6 Uhr steh ich auf. Kinder aus der DDR erzählen. rororo TB 4550.

44.0.2. UR-Ziele

(1) Das Spannungsverhältnis zwischen Wiedervereinigung und Westintegration
(2) Die Kontroverse um die wirtschaftspolitischen Entscheidungen
(3) Die Gründung und Entwicklung des anderen deutschen Teilstaates
(4) Die Auseinandersetzung um die Ostpolitik der sozialliberalen Koalition

44.0.3. Medien

Wandkarten: Perthes, Deutschland nach dem Zweiten Weltkrieg 1945–1961 – Westermann, Viermal Deutschland im 20. Jahrhundert.
Atlas: dtv II 244 Politische Zusammenschlüsse – Wirtschaftliche Zusammenschlüsse – Militärische Zusammenschlüsse, 254 Die Staatsstruktur der Deutschen Demokratischen Republik; Die Sowjetische Besatzungszone DDR (1952), 288 Ideologische Abgrenzung der Bundesrepublik Deutschland; Reste deutscher Einheit, 290 Ideologische Abgrenzung der DDR; Der Grundvertrag.
Filme: Institut FT 717 Berlin – Schicksal einer Stadt (18 min).
Tonbänder/Kassetten: Institut CTb 1 Ein deutscher Aufstand (17. Juni 1953) (30 min), CTb 5 Gegen 99,8 Prozent – Opposition in der DDR (60 min), CTb 6 Wie kam es zur Gründung der SED? (Spur 1); DDR nach Feierabend – Jugend und Freizeit in der DDR (Spur 2).

44.0.4. Vorbemerkungen

44.0.4.1. Die Gründung der Bundesrepublik Deutschland

Anfänge des politischen Lebens
Mit dem Einmarsch übernahmen die vier Siegermächte de facto die Regierungsgewalt in Deutschland. Die Militärbehörden setzten zunächst die lokale Verwaltung wieder in Gang. Sie beriefen Gemeindevorsteher, Bürgermeister, Landräte und Polizeichefs und setzten sie häufig ebenso schnell wieder ab. Die deutschen Behörden handelten auf direkte Weisung der Besatzungsbehörden und waren von ihnen abhängig.
Zunächst in der **amerikanischen Zone** wurde die deutsche Verwaltung auch auf Länderebene ausgedehnt. Bereits am 28. Mai 1945 wurde eine provisorische Regierung in Bayern eingesetzt. Im September 1945 wurden die drei Länder Bayern, Hessen und Württemberg-Baden errichtet und Regierungen mit beschränkten Zuständigkeiten eingesetzt. Wenig später wurde ein „Länderrat", eine ständige Konferenz der Ministerpräsidenten der drei Länder, geschaffen, der die Einheitlichkeit der Verhältnisse in den Ländern der amerikanischen Zone sichern sollte.
In der **britischen Zone,** deren Territorium überwiegend aus ehemaligen preußischen Provinzen bestand, wurde eine grundlegende Neugliederung vorgenommen. In der zweiten Hälfte 1946 wurden die drei Länder Nordrhein-Westfalen, Niedersachsen und Schleswig-Holstein gebildet.
Im Gegensatz zu dem in der amerikanischen Zone praktizierten Föderalismus behandelte die britische Militärregierung ihre Zone als ein einheitliches Ganzes und bildete schon sehr früh Zonenzentralämter, im Frühjahr 1946 den „Zonenbeirat", ein aus Parteivertretern (darunter Konrad Adenauer und Kurt Schumacher), Länderchefs, Gewerkschaftsvertretern und Fachleuten zusammengesetztes Gremium mit beratender Funktion.
In der **französischen Zone** entstanden die Länder Baden, Württemberg-Hohenzollern, Rheinland-Pfalz und das Saarland (mit einem Sonderstatus). Die Militärregierung duldete keinen gesamt-zonalen Zu-

sammenschluß und behielt sich die Regelung aller Angelegenheiten, die ihre Zone als Ganzes betrafen, selbst vor.

Neugründung von Parteien
Schon in den ersten Wochen nach dem Einmarsch der Alliierten fanden sich an vielen Orten politisch Gleichgesinnte zusammen und bildeten politische Gruppen, die einen parteiähnlichen Charakter hatten. Die Sowjetische Militäradministration erlaubte schon am 10. Juni 1945 die Neugründung von Parteien. Schon am darauffolgenden Tage trat die KPD mit einem Gründungsaufruf an die Öffentlichkeit. Noch im Juni folgten in Berlin die SPD (Otto Grotewohl) und die CDU (Andreas Hermes, Jakob Kaiser, Ernst Lemmer), im Juli die Liberal-Demokratische Partei – LDP (Wilhelm Külz).
Die westlichen Besatzungsmächte ließen nach anfänglichem Zögern Parteigründungen zunächst auf örtlicher und regionaler Ebene zu.
Die **Sozialdemokratische Partei** hatte einen Schwerpunkt in Hannover, wo Dr. Kurt Schumacher die Wiederbegründung organisierte. Im Oktober trafen Delegierte aus den Westzonen in Wenningsen bei Hannover zusammen und erkannten Schumacher als ihren Sprecher an. Er wird auf dem ersten Parteitag der SPD in den Westzonen im Mai 1946 zum Vorsitzenden gewählt.
Die Idee einer überkonfessionellen christlichen Partei, die die Schwäche des katholischen Zentrums überwinden sollte, führte christliche Politiker gleichzeitig an vielen Orten zusammen. Neben Berlin wurde Köln ein wichtiges Zentrum der neugeschaffenen **Christlich Demokratischen Union,** wo sich ihr Dr. Konrad Adenauer anschloß. Ein erstes Reichstreffen fand im Dezember 1945 in Bad Godesberg statt. Adenauer wurde im März 1946 Vorsitzender der CDU in der britischen Zone. In Bayern nahm die von Adam Stegerwald mit Josef Müller gegründete christliche Sammlungspartei den Namen **Christlich Soziale Union** (CSU) an. Sie wurde im Januar 1946 von den Amerikanern als Landespartei zugelassen.
Auch liberale Politiker versuchten, die Trennung der liberalen Kräfte in mehrere Parteien, wie sie im Kaiserreich und in der Weimarer Zeit bestanden hatte, zu überwinden. In Baden-Württemberg gründeten Reinhold Maier und Theodor Heuss die Demokratische Volkspartei, anderswo wurde die Partei unter verschiedenen Bezeichnungen gegründet. Im Dezember 1948 vereinigten sich die Landesverbände zu einer Bundespartei unter dem Namen **Freie Demokratische Partei.**

Die Programme der Parteien
Unter dem Eindruck der nationalsozialistischen Diktatur der wirtschaftlichen Not trugen anfänglich die Programme aller Parteien, außer dem der Liberalen, sozialistische Züge. Die SPD forderte die Verstaatlichung der Großfinanz und der Großindustrie. Der Gründungsaufruf der CDU in Berlin und die Kölner Leitsätze der CDU des Rheinlandes sprachen sich ebenfalls für Verstaatlichung der Bodenschätze aus. Das Ahlener Programm der CDU der britischen Zone schließlich forderte eine „gemeinwirtschaftliche Ordnung", wandte sich aber entschieden gegen einen „Staatskapitalismus".

Das Grundgesetz
Der Parlamentarische Rat trat unter dem Vorbehalt zusammen, daß das zu schaffende Staatsgebilde ein **Provisorium** sei. In der Präambel des Grundgesetzes wurde dies zum Ausdruck gebracht: Das deutsche Volk habe das Grundgesetz beschlossen, „um dem staatlichen Leben für eine Übergangszeit eine neue Ordnung zu geben". Das gesamte Volk bleibe aufgefordert, „in freier Selbstbestimmung die Einheit und Freiheit Deutschlands zu vollenden". Es handle auch für jene Deutsche, „denen mitzuwirken versagt war".
Die Prinzipien der neu zu schaffenden Verfassung waren unter den Mitgliedern des Parlamentarischen Rats unumstritten: Garantie der Grundrechte, Gewaltenteilung, parlamentarische Demokratie, sozialer Rechtsstaat wurden von allen bejaht (außer den zwei Kommunisten, die prinzipiell die Legitimation des Rates zur Ausarbeitung einer Verfassung bestritten).

Föderalistische Elemente
Unterschiedliche Auffassungen gab es zum Grad des Föderalismus der künftigen Republik. Die SPD forderte, daß die Gewalt des Bundes der der Länder vorgehe, die Vertreter der CDU und der CSU verlangten die Gleichberechtigung von Bund und Ländern. Auch die Zusammensetzung der zweiten Kammer war umstritten. CDU/CSU wollten ein dem Bundesparlament gleichrangiges Organ der Länderregierungen, die SPD plädierte für einen Senat, und die Liberalen sprachen sich für ein gemischtes Organ aus Vertretern der Länderregierungen und der Länderparlamente aus. Nachdem hier ein Kompromiß gefunden worden war, brachen die Gegensätze erneut bei der Entscheidung über die Finanzverfassung auf, die die Kompetenz der Steuereinziehung und die Verteilung der Steuern auf Bund und Länder regelt. Erst als die Alliierten massiv zugunsten der Befürworter einer Stärkung der Länderhoheit eingriffen, gelangten die Parteigruppierungen zu einem Übereinkommen: Die Finanzhoheit über die verschiedenen Steuern wurde auf Bund und Länder aufgeteilt, für die steuerschwachen Länder wurde ein Finanzausgleich vorgesehen.

Erfahrungen der Weimarer Republik

Große Bedeutung für die Beratungen hatten die Erfahrungen der Weimarer Republik. Unter allen Umständen sollten die Fehler der Weimarer Verfassung vermieden werden.

● Auf die **plebiszitären Elemente** der Weimarer Verfassung (Volksentscheid) wurde verzichtet, da die Plebiszite von den radikalen Gegnern der Republik demagogisch mißbraucht worden waren (Ausnahme: Neugliederung des Bundesgebietes Art. 29 und 118 GG).

● Aufgrund der Erfahrungen mit dem **Art. 48** der Weimarer Verfassung, der die Aushöhlung der parlamentarischen Regierungsform durch Präsidialkabinette bewirkt hatte, erhielt das Staatsoberhaupt keine Vollmachten für einen Notstand. Vollmachten für einen **„Gesetzgebungsnotstand“**, für den Fall, daß im Bundestag eine Mehrheit den Bundeskanzler ablehnt, sich jedoch nicht auf einen anderen einigen kann und ein wichtiges Gesetz blockiert, erhielt der Bundesrat. Er kann dann dringliche Gesetze für 6 Monate in Kraft setzen (Art. 81 GG).

● Damit nicht wie in der Weimarer Republik das Parlament den Kanzler stürzen kann, ohne sich auf einen neuen einigen zu können, wurde das **„konstruktive Mißtrauensvotum“** eingeführt (Art. 67 GG).

● Das Staatsoberhaupt, der **Bundespräsident,** wird im Unterschied zum Reichspräsidenten nicht direkt vom Volke gewählt, sondern von einem eigenen Organ, der Bundesversammlung. Die Amtsperiode ist auf 5 statt 7 Jahre begrenzt, Wiederwahl ist nur einmal zulässig, statt unbeschränkt wie in der Weimarer Republik. Anordnungen des Bundespräsidenten müssen vom Bundeskanzler oder dem zuständigen Minister gegengezeichnet werden.
Der Bundespräsident hat im wesentlichen repräsentative Funktionen (Art. 54–61 GG).

● Anders als in der Weimarer Verfassung legte das Grundgesetz das Wahlrecht nicht fest. CDU und CSU traten für die relative Mehrheitswahl ein, SPD und die kleineren Parteien für die Verhältniswahl. Schließlich wurde ein Bundes-Wahlgesetz verabschiedet, das ein modifiziertes Verhältniswahlrecht mit einer Relation von Direkt- und Listenmandaten von 60:40 und eine 5%-Sperrklausel vorsah. Dieses erste Wahlgesetz galt nur für die Bundestagswahl 1949. Es wurde später mehrfach modifiziert, jedoch trotz gelegentlicher Versuche nie grundsätzlich geändert.

Auf dem Wege zum „Weststaat“

Die diametralen Gegensätze zwischen den Zielen der Deutschlandpolitik der Westmächte und der Sowjetunion, die zum Abbruch der Londoner Viermächte-Konferenz geführt hatten, bestärkten die USA in der Absicht, nunmehr aus den westlichen Besatzungszonen einen Weststaat zu schaffen und ihn in einen Zusammenschluß Westeuropas einzubeziehen. Diese Entwicklung vollzog sich in folgenden Etappen:

1. Die **Londoner Sechsmächte-Konferenz** (USA, Großbritannien, Frankreich und die Benelux-Länder), die in zwei Etappen vom 23. Februar bis zum 2. Juni 1948 tagte, arbeitete die Rahmenbedingungen für die neue politische Ordnung Westdeutschlands aus.
2. Die **Währungsreform** vom 20. Juni 1948 schuf ein einheitliches Währungsgebiet in den drei Westzonen.
3. Die (drei) **Frankfurter Dokumente**, die die Militärgouverneure den Länderchefs übergaben, ermächtigten die Ministerpräsidenten, eine verfassunggebende Versammlung einzuberufen und eine Neuordnung der Länder vorzubereiten. Das dritte Dokument skizzierte ein Besatzungsstatut, zu dem die Ministerpräsidenten Stellung nehmen sollten.
4. Eine **Konferenz der Ministerpräsidenten** im Hotel **Rittersturz** bei Koblenz im Juli 1948 nahm die Ermächtigung an, betonte jedoch, das zu schaffende politische Gebilde dürfe nicht den Charakter eines Staates haben, sondern müsse ein Provisorium sein, „bis die Voraussetzungen für eine gesamtdeutsche Regelung gegeben sind und die deutsche Souveränität in ausreichendem Maße wiederhergestellt ist“.
5. Nachdem die Militärgouverneure die sehr weitgehenden Vorbehalte als nicht akzeptabel erklärt hatten, kamen die Ministerpräsidenten nochmals auf **Schloß Niederwald** zusammen, wo der Berliner Oberbürgermeister Ernst Reuter argumentierte, die Spaltung Deutschlands würde nicht erst durch eine Weststaat-Lösung geschaffen, sondern sei bereits eine Tatsache. Eine letzte Konferenz von Alliierten und Deutschen einigte sich schließlich auf den Begriff „Grundgesetz“ und auf den Verzicht auf eine Volksabstimmung über die Verfassung, die statt dessen von den Länderparlamenten angenommen werden sollte. Bayern lehnte die Annahme ab.
6. Zur Vorbereitung eines Entwurfs für das Grundgesetz berief die Ministerpräsidentenkonferenz einen Sachverständigenausschuß, den **„Verfassungskonvent von Herrenchiemsee“**, der vom 10. bis 23. August 1948 tagte.
7. Am 1. September 1948 konstituierte sich der **Parlamentarische Rat** in Bonn.

Anfänge deutscher Politik

Nach der Konstituierung der Bundesrepublik wurde am 21. 9. 1949 das **Besatzungsstatut** in Kraft gesetzt. Es regelte die verbleibenden Befugnisse der Besatzungsbehörden auf den Gebieten der Abrüstung und Entmilitarisierung, der Entflechtung der Wirtschaft (Kartelle), der Reparationen, der auswärtigen Vertretung, des Außenhandels, der Sicherheit der Besatzungsstreitkräfte, der Displaced Persons, der Kriegsverbrecher u. a.

Diese Befugnisse wurden durch die **Alliierte Hohe Kommission** wahrgenommen, die die drei Militärregierungen ablöste. Schließlich wurde das **Ruhrstatut** in Kraft gesetzt, das eine internationale Ruhrbehörde aus Vertretern der USA, Großbritanniens, Frankreichs (später Deutschlands), und der Benelux-Länder vorsah. Ihre Aufgaben waren die Aufteilung der Kohle- und Stahlproduktion des Ruhrgebiets für den deutschen Verbrauch und den Export nach Westeuropa sowie die Kontrolle von Preisen und Zöllen. Durch das Ruhrstatut wurde der neuen Regierung die wirtschaftliche Verfügungsgewalt über das Ruhrgebiet entzogen; dies kam bei dessen überragender Bedeutung einer Kontrolle der westdeutschen Wirtschaft gleich.

Aufgaben und Ziele

In dieser Situation mußte es Aufgabe deutscher Politik sein, im Rahmen eines langfristigen Konzepts die Lage Deutschlands schrittweise zu verbessern. Folgende Ziele konnten (nacheinander oder alternativ) angestrebt werden:

- Wiedergewinnung der Souveränität (des westdeutschen Teilstaates),
- Aussöhnung mit den westlichen Nachbarn, vor allem mit Frankreich, und schließliche Partnerschaft in einem geeinten (West-)Europa,
- Wiedervereinigung.

Über den Weg zur Erreichung dieser Ziele und die Prioritäten gab es zwischen Regierung und Opposition tiefgehende Meinungsverschiedenheiten, und bald kam es zu erbitterten Auseinandersetzungen.
Die Debatte reduzierte sich schließlich auf die Alternative:

- **Vorrang der Westintegration**

Bundeskanzler Adenauer und die Regierungskoalition versuchten, durch eine geduldige Politik der Annäherung an die westeuropäischen Nachbarn und die USA, durch freiwillige Übernahme von Bindungen, gegebenenfalls durch Vorleistungen, Vertrauen zu Deutschland wiederzugewinnen. Als Teil eines starken Westens konnte im Verständnis dieser Politik die Bundesrepublik später darangehen, die Wiedervereinigung zu erreichen.

- **Vorrang der Wiedervereinigung**

Die Opposition war dagegen der Auffassung, daß die Westintegration die Wiedervereinigung auf Dauer unmöglich mache, weil die Sowjetunion kein Interesse daran haben könne, ganz Deutschland in die westliche Machtsphäre geraten zu lassen.
Im Jahre 1949 ließen sich die Möglichkeiten einer deutschen Außenpolitik noch gar nicht abschätzen. Zunächst konnte es nur um schrittweise Aufhebung der politischen und wirtschaftlichen Fesseln gehen, die die Besatzungsherrschaft Deutschland auferlegt hatte. Ein Verzicht auf die sich bietenden Möglichkeiten hätte bedeutet, in Untätigkeit zu verharren und die Lage der Bundesrepublik als Objekt fremder Politik zu verewigen.

Das Petersberg-Abkommen

Ein solcher Schritt war das Petersberg-Abkommen (22. November 1949), in dem der Eintritt in die **Ruhrbehörde** und der Beitritt zum **Europarat** festgelegt wurden. Die Bundesrepublik erreichte dafür die – von wenigen Ausnahmen abgesehen – Beendigung der Demontagen (in Berlin die völlige Einstellung), die Erlaubnis zum Bau von großen Seeschiffen und andere Erleichterungen.
Die Opposition wandte sich gegen den Eintritt in die Ruhrbehörde, weil dadurch das Ruhrstatut formell durch Deutschland anerkannt wurde, und gegen den Beitritt zum Europarat, weil zugleich das durch Frankreich aus dem deutschen Staatsverband ausgegliederte Saarland Mitglied wurde.
Für Bundeskanzler Adenauer war die nationale Bedeutung der Saarfrage nicht ausschlaggebend, um so weniger, als der französische Außenminister Robert Schuman einen Plan entwickelte, der einen entscheidenden Schritt auf einen wirtschaftlichen und politischen Zusammenschluß darzustellen schien. Er besagte, daß die deutsche und die französische Kohle- und Stahlproduktion einer gemeinsamen Kontrolle unterstellt werden sollte „als erste Etappe der europäischen Föderation". Dieser Vorschlag sollte später zur Gründung der **Montanunion** führen (siehe S. 86 ff.).

Der deutsche Verteidigungsbeitrag

Unter dem Eindruck der Katastrophe von 1945 waren die Deutschen einhellig der Meinung, daß es für sie keine Waffen mehr geben werde. Auch Bundeskanzler Adenauer hatte mehrfach erklärt, daß er keine neuen deutschen Streitkräfte wolle. Im Dezember 1949 hatte er allerdings in einem Zeitungsinterview durchblicken lassen, daß er im Fall eines dringlichen Wunsches der Alliierten nach einem deutschen Beitrag zur Sicherung Europas bereit sei, „die Frage eines deutschen Kontingentes im Rahmen der Armee einer europäischen Föderation zu überlegen".
Zwei Vorgänge führten dazu, daß diese unverbindlichen Überlegungen rasch zur Entscheidung für einen deutschen Verteidigungsbeitrag führen sollten.
Schon im Juli 1948 waren in der Sowjetischen Besatzungszone bewaffnete Verbände, die „Bereitschaften der Kasernierten Volkspolizei", aufgestellt worden. Diese Polizeitruppe, die man nur als Vorläufer einer Armee betrachten konnte, war bis 1950 auf 50000 Mann angewachsen.
Am 25. Juni 1950 überschritten nordkoreanische Truppen die Grenze nach Südkorea und überrannten in kurzer Zeit fast das ganze Land. Parallelen zum gleichfalls zweigeteilten Deutschland drängten sich auf.

Adenauers Sicherheitsmemorandum
Im August 1950 nahm der Europarat in Straßburg eine von Churchill eingebrachte Resolution an, die eine europäische Armee unter Einschluß deutscher Kontingente forderte. Wenig später übergab Adenauer den alliierten Hohen Kommissaren ein Sicherheitsmemorandum, in dem er eine Verstärkung der Truppen der Westmächte auf deutschem Boden forderte und um die Aufstellung einer deutschen Sicherheitstruppe in Stärke der Kasernierten Volkspolizei ersuchte. Für den Fall der Bildung einer westeuropäischen Armee erklärte er die Bereitschaft, einen Beitrag in Form eines deutschen Kontingents zu leisten.
Die New Yorker Konferenz der Außenminister der Westmächte (19. 9. 1950) vereinbarte die Aufstellung einer westeuropäischen Armee unter deutscher Beteiligung („Europäische Verteidigungsgemeinschaft" – EVG).

Heftige Kontroverse
In der Bundesrepublik Deutschland löste der Entschluß zur Wiederbewaffnung eine heftige Kontroverse aus. Bundesinnenminister Gustav Heinemann trat zurück, weil Adenauer das Kabinett erst zwei Tage vor der Übergabe des Sicherheitsmemorandums von seinem Inhalt unterrichtet hatte und ihn als den zuständigen Minister nicht rechtzeitig informiert hatte. Die Stimmung eines Teils der Bevölkerung drückte sich in der Parole „Ohne mich" aus. Die oppositionelle SPD, voran ihr Vorsitzender Kurt Schumacher, war nicht prinzipiell gegen einen deutschen Verteidigungsbeitrag. Schumacher trat für eine internationale Armee mit deutscher Beteiligung in voller Gleichberechtigung ein. Er fürchtete, Deutschland würde bei einem Angriff aus dem Osten verwüstet und überrannt werden, die Westmächte würden eine ernsthafte Verteidigung erst am Rhein aufbauen. Die SPD bekämpfte nicht zuletzt Adenauers spezifische Methoden in der Sicherheitspolitik. Adenauer wiederum sah keinen Anlaß, der Opposition in grundsätzlichen Fragen des Wehrbeitrags entgegenzukommen. So „begann die lange Reihe der sozialdemokratischen Nein zur Außen- und Wehrpolitik der Bundesregierung" (Thilo Vogelsang).

EVG-Vertrag und Deutschlandvertrag
Im Oktober 1950 legte der französische Ministerpräsident René Pleven den Plan einer europäischen Armee mit deutschen Kontingenten vor. Dieser Plan wurde in langen Verhandlungen erheblich modifiziert, blieb jedoch in seinen Grundzügen erhalten und wurde schließlich als Vertrag über die Europäische Verteidigungsgemeinschaft (EVG) am 27. Mai 1952 in Paris unterzeichnet. Dieser sah eine Armee aus Wehrpflichtigen der Mitgliedsstaaten vor, die bis zur Divisionsebene national zusammengesetzt und darüber integriert sein sollten. Das Europäische Parlament sollte das europäische Heer kontrollieren. Der EVG-Vertrag wurde jedoch vom französischen Parlament nicht ratifiziert.
Parallel liefen Verhandlungen zwischen der Bundesregierung und den westalliierten Regierungen über eine Neuordnung des Verhältnisses von Bundesrepublik und Besatzungsmächten, die als eine Voraussetzung für einen deutschen Wehrbeitrag angesehen wurde.
Der „Deutschlandvertrag" war an den EVG-Vertrag gekoppelt und wurde einen Tag vor diesem unterzeichnet.

Die Sowjetnote vom 10. März 1952
Während die Sowjetregierung im Laufe des Jahres 1950 kein Interesse an einer Debatte über die Wiedervereinigung erkennen ließ, änderte sich diese Haltung, als die deutsche Wiederbewaffnung in den Bereich des Wahrscheinlichen zu rücken begann.
Im November 1950 richtete DDR-Ministerpräsident Grotewohl einen Brief an Bundeskanzler Adenauer, in dem er die Bildung eines paritätisch besetzten Gesamtdeutschen Konstituierenden Rates vorschlug. Damit begann eine Propagandakampagne der SED, die mit der Parole „Deutsche an einen Tisch" arbeitete (vgl. Plakat in Gfm).
Die Bundesregierung und alle im Bundestag vertretenen Parteien (außer den Kommunisten) forderten dagegen **freie Wahlen** als ersten Schritt zur Bildung eines demokratischen Gesamtdeutschlands (vgl. Plakat in Gfm). Die gewählte Nationalversammlung sollte eine Verfassung ausarbeiten, dann wäre ein Parlament zu wählen, aus dem eine Regierung hervorgehen würde – das allgemein übliche Verfahren bei der Gründung eines demokratischen Staates.
Die Unterschiede in der Reihenfolge des Verfahrens bei einer Wiedervereinigung hatten ihre Ursache in den prinzipiell gegensätzlichen Interessen: Das westliche Konzept mit freien Wahlen zu Beginn hätte das Ende des SED-Regimes bedeutet, das östliche Konzept zielte auf eine Erhaltung dieser Position bei Verhinderung der westlichen Integrationspolitik.
Um die Jahreswende 1951/52 wurde auf Initiative der Westmächte eine Kommission der Vereinten Nationen nach Deutschland entsandt, die die Voraussetzungen für freie Wahlen in beiden Teilen Deutschlands prüfen sollte. Die Regierung der DDR verweigerte der Kommission die Einreise mit der Begründung, ihre Tätigkeit wäre eine „Einmischung in die inneren Angelegenheiten des deutschen Volkes".
Nun schaltete sich die Sowjetunion direkt ein und richtete am 10. März 1952 eine Note an die drei Westmächte, in der der unverzügliche Abschluß eines Friedensvertrages unter Beteiligung einer gesamtdeutschen Regierung vorgeschlagen wurde.

Deutschland sollte sich keinerlei Bündnissen anschließen dürfen, also „neutralisiert" werden. Es sollte „eigene nationale Streitkräfte" in begrenztem Umfang unterhalten dürfen.
Das Verfahren zur Wiedervereinigung wurde in der Note nicht erläutert, von freien Wahlen war keine Rede, zu der „demokratischen Ordnung", die die Note erwähnte, wurde nichts Näheres gesagt.
Die Note enthielt das weitestgehende Angebot, das die Sowjetunion in der Deutschlandfrage je gemacht hat. Dies erklärt, weshalb sie in der späteren Diskussion eine außerordentliche Rolle gespielt hat.
1952 setzten sich zunächst nur einige Publizisten, darunter vor allem der Mitherausgeber der Frankfurter Allgemeinen Zeitung, Paul Sethe, für die Prüfung des sowjetischen „Angebots" ein. Die SPD-Opposition forderte nach anfänglicher Zurückhaltung Verhandlungen mit der Sowjetunion, um festzustellen, „ob die Sowjetnote eine Möglichkeit bietet, die Wiedervereinigung Deutschlands in Freiheit durchzuführen" (Kurt Schumacher).
Die Westmächte und die Bundesregierung sahen die Sowjetnote als ein Störmanöver gegen den Deutschlandvertrag und den EVG-Vertrag an. Sie glaubten, die Sowjetunion wolle durch langwierige Verhandlungen Zeit gewinnen und die Einbeziehung Deutschlands in das westliche Bündnissystem verhindern.

Forschungskontroverse: Angebot oder Störmanöver?

Im Jahre 1958 kam es in einer Bundestagsdebatte erneut zu einer heftigen Kontroverse über die Ernsthaftigkeit des sowjetischen Angebotes, die bis heute in der Publizistik und in der Geschichtsschreibung fortgesetzt worden ist und inzwischen eine umfangreiche Literatur hervorgebracht hat (Überblick der bis 1970 erschienenen Titel in „Osteuropa-Handbuch: Sowjetunion" S. 480; neueste eingehende Untersuchung von Hermann Graml, Nationalstaat oder westdeutscher Teilstaat. Hier auch die neuere Literatur).
Der Journalist **Paul Sethe** faßte später sein Urteil über die Sowjetnote so zusammen:
„In ihrem Bestreben, den Abschluß des deutsch-amerikanischen Bündnisses unmöglich zu machen, ging die Sowjetunion sehr weit. Sie beschloß, einen hohen Preis dafür anzubieten: die deutsche Wiedervereinigung, die Bewilligung an die Deutschen, unabhängig Politik zu betreiben ... Die sowjetrussische Note vom März und die Rede Grotewohls vom 14. März 1952 (betr. freie Wahlen zur verfassunggebenden Nationalversammlung) sind der eindrucksstärkste Erfolg, den die Politik des Westens im Kalten Krieg errungen hat ... indem man die deutschen Uniformen am Horizont der Weltpolitik zeigte, zwang man die Sowjets zu einem Entgegenkommen, das wenige Jahre vorher undenkbar gewesen wäre ... Jetzt boten sie nicht nur die deutsche Einheit an, sondern mit dem Abzug der Besatzungstruppen und mit der deutschen Nationalarmee auch eine unabhängige deutsche Politik ... Eine unabhängige Politik würde den Schutz für Deutschland nicht verringern, sondern erhöhen ... Vor allem würde aber eine unabhängige deutsche Politik leichter als eine durch Bündnisse gefesselte in der Lage sein, zusammen mit befreundeten Mächten im Falle diplomatischer Zuspitzung zwischen den Lagern zu vermitteln und damit zu ihrem Teile dazu beizutragen, daß es überhaupt nicht zur kriegerischen Austragung des Konfliktes komme." (Paul Sethe, Zwischen Bonn und Moskau. Scheffler, Frankfurt/M. 1956, S. 96)
Hierzu nahm der Politikwissenschaftler **Waldemar Besson** Stellung:
„Es war bezeichnend, daß der schärfste Kritiker der Prinzipien Adenauers, Paul Sethe, sich jetzt um die Erhaltung der nationalen Substanz der Deutschen sorgte. Aber auch er steckte, bei allen weisen Bemerkungen über das der Diplomatie aufgetragene Geschäft des Ausgleichs, in der Illusion, daß Deutschland noch immer zwischen Ost und West stehe und zwischen beiden lavieren müsse. Gerade dies aber ließ der Dualismus der Weltmächte nicht mehr zu, und Adenauer wußte es. Aber seine Politik, so richtig sie war, hatte jetzt andererseits alle Naivität und Unschuld verloren. Das Frühjahr 1952 war in der Tat der Moment, der nicht wiederkam. Der Westkurs kostete einen Preis, der moralisch um so anfechtbarer war, da ihn die 18 Millionen Mitteldeutschen bezahlen mußten. Aber Adenauer handelte im Sacro egoismo der Staatsräson der Bundesrepublik, weil er für die Zukunft von 50 Millionen Westdeutschen den schlüpfrigen Weg der Neutralisierung fürchtete." (Die Außenpolitik der Bundesrepublik. Piper, München 1970, S. 129)
In einer sorgfältigen Untersuchung setzt sich **Hermann Graml** mit den bisherigen Interpretationen der Sowjetnote auseinander. Abweichend sowohl von den Protagonisten der Auffassung, die Note sei ein bloßes Störmanöver gewesen, als auch von den Verfechtern der These von einem echten Angebot einer Wiedervereinigung kommt er zu folgendem Ergebnis:
„Wenn aber sowohl für sowjetische Konzessionsbereitschaft wie für sowjetische Expansionsneigung jedes Anzeichen fehlt, wenn andererseits manches Anzeichen dafür spricht, daß Stalin eine Annahme seines Konferenzvorschlags durch die Westmächte und durch die Bundesrepublik so wenig erwarten durfte, daß er die Annahme wohl gar nicht gewollt haben kann, scheint es für seine Aktion nur eine plausible Erklärung zu geben. Offenbar ist Stalin zwischen 1950 und 1952 zu dem Schluß gekommen, daß die Bewegung der Kriegs- und ersten Nachkriegsjahre erstarrt sei, daß also jede weitere Anstrengung, den europäischen Herrschaftsbereich seiner Spielart des Sozialismus weiter

auszudehnen, keine Erfolgsaussicht mehr habe, zumal gegen die deutlich demonstrierte amerikanische Entschlossenheit zur Verteidigung der 1945 gezogenen Demarkationslinien, und daß deshalb nichts anderes zu tun bleibe, als die innere Lage der Sowjetunion und namentlich die allenthalben im sowjetischen Machtbereich in den Sattel gesetzten Klientelregime zu konsolidieren . . .
Da Stalin aber auf der anderen Seite offensichtlich nicht gewillt war, völlig grundlos – von seinem Standpunkt aus gesehen – die DDR aus seinem Herrschaftsverband zu entlassen, stand er vor dem Problem, daß seine Deutschlandpolitik nun eindeutig zur Fortdauer und zur weiteren Verfestigung der Spaltung Deutschlands beitragen werde. Der Wunsch, trotzdem nicht mit der Verantwortung für das Ende des deutschen Nationalstaats ganz oder teilweise belastet zu werden, war in solcher Situation eine naheliegende und jedenfalls verständliche Reaktion. Ohne ein entsprechendes Alibi mußte die Konsolidierung der DDR schwieriger werden, und vielleicht schien es ihm auch nützlich, für künftige Expansionsmöglichkeiten die nationale Karte in Reserve zu halten. Die Noten des Frühjahrs und Sommers 1952 hat er wahrscheinlich als taugliche Mittel betrachtet, sich das gewünschte Alibi zu verschaffen.“ (Nationalstaat oder westdeutscher Teilstaat in: Vierteljahreshefte für Zeitgeschichte 25 (1975), S. 840–42)

Führende Zeitgeschichtler diskutierten die Sowjetnote und ihre Folgen 1981 auf einer Tagung: . . . Statt der Fixierung auf einen punktuellen Einschnitt bietet sich – so Schwarz – die Deutung eines längeren, vielschichtigen Prozesses an, der sich – temporär mit gegenläufigen Tendenzen und doch mit einer immer stärker wirkenden „normativen Kraft des Faktischen“ – über etwa zehn Jahre hinzog und erst im Herbst 1955 zu einem jedenfalls vorerst „endgültigen“ Ergebnis führte. In diesen Rahmen lasse sich die Stalin-Note als eine Etappe einordnen. Hinter ihr habe kein starkes sowjetisches Engagement gestanden; ein „Ausloten“ der Note sei unter diesen Gegebenheiten im Blick auf die dann zu erwartenden Reaktionen der Westmächte ein zu gefährliches Unterfangen gewesen. Sieht man von solchen taktischen, realpolitischen Erwägungen, auch von mittelfristig gültigen Zielsetzungen Adenauers ab, dann bleibt immer noch die Frage, aus welchen „letzten“ Motiven er damals in so dezidierter, innenpolitisch Mißverständnisse hervorrufender Weise nein sagte. In eine tiefere Schicht der Motive führte Arnulf Barings Hinweis auf die Einschätzung der Deutschen durch Adenauer: Er habe sie nach den katastrophalen Erfahrungen mit der souveränen deutschen Großmachtpolitik nicht für stark genug gehalten, eine eigenständig-freie Mitte-Stellung in Europa, und das hieß unter den gegebenen Umständen: zwischen den Giganten in Ost und West, zu wahren.
Da kaum damit zu rechnen ist, daß die Sowjetunion ihre Archive der freien Forschung öffnet, sind nach den von Graml vorgetragenen Ergebnissen seiner Archivstudien in Amerika kaum neue Elemente zu erfassen. Hingegen muß man, wie Karl Dietrich Bracher hervorhob, davon deutlich die Wirkungsgeschichte der Vorgänge von 1952 unterscheiden. Wie im Falle des deutsch-sowjetischen Rapallo-Vertrages von 1922, bei dem der realgeschichtliche Vorgang und der sich darum herumrankende Rapallo-Mythos weit auseinanderklaffen, stellt auch bei der Stalin-Note von 1952 die Zerstörung der Legende von der verpaßten Chance zur Wiedervereinigung nur die Lösung eines Teilaspektes, nicht das Wichtigste dar.
Zur Verhärtung einer Legende zu einem geschichtsmächtigen Mythos kommt es in der Regel dann, wenn es sich um ein unbewältigtes zentrales Problem handelt, mit dem große Teile einer Nation nicht fertig werden. Meist handelt es sich um solche, bei denen sich die daran geknüpften Erwartungen nicht erfüllt haben. Gewendet auf die Entscheidung von 1952: Weder wurde die Integration Westeuropas erreicht noch das von der „Politik der Stärke“ erwartete „Roll back“. Folglich behält die 1952 verworfene „vage, kleine Hoffnung“, als vermeintlich fortbestehende und in näherer oder fernerer Zukunft erneut gestellte Möglichkeit, stimmungsmäßig auf- und abschwellend, ihre Aktualität. Das Thema „Stalin-Note von 1952“ gehört nicht zu einer abgeschlossenen Epoche der deutschen Geschichte.
▶ **Quelle:** Prof. Andreas Hillgruber, Köln, in: FAZ vom 4. April 1981 in einem Tagungsbericht.

Die Pariser Verträge

In der Bundesrepublik Deutschland begann nach der Unterzeichnung des EVG-Vertrages eine heftige Auseinandersetzung um die Ratifizierung. Sie spielte sich vor dem Hintergrund bedeutsamer weltpolitischer Veränderungen ab. In erster Linie ist Stalins Tod am 5. März 1953 zu nennen, der Erwartungen auf eine Auflockerung der sowjetischen Politik auslöste.
In der Tat schlug Stalins Nachfolger Malenkow zusammen mit Berija einen „Neuen Kurs“ in der DDR ein, der allerdings infolge des Volksaufstands vom 17. Juni 1953 nur kurzlebig war.
Im Juli 1953 wurde schließlich der Koreakrieg durch einen Waffenstillstand beendet.
Am 19. März 1953 wurden der EVG-Vertrag und der Deutschlandvertrag in dritter Lesung vom Bundestag verabschiedet.
Nach dem großen Wahlsieg der Regierungskoalition bei der Bundestagswahl im September 1953, der ihnen eine Zweidrittelmehrheit verschaffte, konnte das Grundgesetz um Artikel zu Verteidigung und Wehrpflicht (Art. 12 a, 115 a–l GG) erweitert werden.
Am 27. März 1954 war die Ratifizierung endgültig abgeschlossen.
Auch in Frankreich hatte es Auseinandersetzungen

um den EVG-Vertrag gegeben. Da sich Großbritannien nicht an der Europäischen Verteidigungsgemeinschaft beteiligte, hätte von den Großmächten lediglich Frankreich wichtige Teile seiner Souveränität aufgeben sollen. Die Befürworter der EVG verloren immer mehr an Boden. Schließlich wurde der Vertrag am 30. August 1954 in der Französischen Nationalversammlung zu Fall gebracht. Adenauer sprach von einem „schwarzen Tag für Europa".

Innerhalb weniger Wochen wurde eine neue Konzeption des westlichen Verteidigungssystems unter Einschluß der Bundesrepublik entwickelt, die an die Stelle der gescheiterten EVG-Lösung treten sollte. Schon am 23. Oktober 1954 war eine Reihe von Vereinbarungen und Abkommen ausgearbeitet, die später als **Pariser Verträge** bezeichnet wurden:

1) **Deutschlandvertrag**

Bei der Neufassung des Vertrages vom 28. Mai 1952, der die Ablösung des Besatzungsstatuts und die Wiederherstellung der Souveränität der Bundesrepublik enthielt, war ein Artikel gestrichen worden, der eine gesamtdeutsche Regierung an die von der Bundesrepublik geschlossenen Verträge gebunden hätte. Dazu kamen Verträge über die Rechte und Pflichten der ausländischen Truppen, jetzt Stationierungsstreitkräfte genannt, über die Höhe des deutschen Verteidigungsbeitrages und andere.

2) **Westeuropäische Union (WEU)**

Deutschland (und Italien) treten dem Brüsseler Vertrag bei, einem Abkommen zwischen Frankreich, Großbritannien und den Benelux-Ländern, der damit aus einem Bündnis gegen Deutschland zu einem westeuropäischen Verteidigungspakt wird.

3) **Beitritt der Bundesrepublik Deutschland zur NATO**

4) **Saarstatut**

Das Saarland sollte bis zum Abschluß eines Friedensvertrages einen europäischen Status erhalten. Als in der vereinbarten Volksabstimmung mehr als zwei Drittel der Stimmberechtigten das Statut ablehnten, wurde das Saarland am 1. Januar 1957 Bestandteil der Bundesrepublik. Die Pariser Verträge wurden rasch ratifiziert und traten am 5. Mai 1955 in Kraft.

Kontroverse vor Ratifizierung der Pariser Verträge

Auch nach der Stalinnote vom März 1952 hatten die Sowjetunion und die Westmächte eine Reihe von Noten zum Problem der Wiedervereinigung gewechselt, die jedoch nur die bekannten Standpunkte wiederholten.

Auch eine Viermächtekonferenz in Berlin Anfang 1954 hatte ergebnislos geendet. Unmittelbar vor der Ratifizierung der Pariser Verträge unternahm die Sowjetregierung einen letzten Versuch, die Westintegration der Bundesrepublik zu verhindern. Eine TASS-Erklärung sprach von noch „ungenutzten Möglichkeiten" für eine deutsche Wiedervereinigung und stellte freie Wahlen in Aussicht, falls das Vertragswerk vom Bundestag abgelehnt würde. Wenig später erklärte die Sowjetregierung den Kriegszustand mit Deutschland für beendet.

Unter dem Eindruck dieser sowjetischen Vorstöße bildete sich eine – allerdings kurzlebige – Protestbewegung außerhalb des Bundestages, der eine Reihe von bekannten Persönlichkeiten angehörten, darunter auch führende SPD-Vertreter. In einem Manifest, das bei einer Versammlung in der Frankfurter Paulskirche angenommen wurde, wandten sie sich gegen die Ratifizierung der Pariser Verträge, die die Spaltung Deutschlands besiegeln würden.

Die unterschiedlichen Standpunkte von Regierung und Opposition wurden in dem fast gleichzeitigen **Briefwechsel zwischen Bundeskanzler Adenauer und Oppositionsführer Ollenhauer** deutlich herausgestellt (vgl. Gfm).

Ollenhauer ist der Meinung, daß zu diesem Zeitpunkt noch eine reale Chance für die deutsche Wiedervereinigung bestehe. Nach der Ratifizierung der Pariser Verträge werde es keine Verhandlungen mehr geben. Infolgedessen verlangt er die Aussetzung des Ratifizierungsprozesses und die Aufnahme von Viermächteverhandlungen. Er setzt voraus, daß die Westmächte der Einheit Deutschlands unter sowjetischen Bedingungen zustimmen werden.

Adenauer bestand darauf, konsequent auf dem einmal eingeschlagenen Wege der Westintegration fortzuschreiten und ihr – jedenfalls zeitlich – den Vorrang vor der Wiedervereinigung zu geben. Er weist darauf hin, daß eine Wiedervereinigung (und die damit verbundene Neutralisierung) Deutschlands nicht allein von der Sowjetunion abhinge, sondern, daß ihr auch die westlichen Besatzungsmächte zustimmen müßten. Dies war jedenfalls von seiten Frankreichs und auch Großbritanniens, die die Idee eines neutralen Deutschlands mit eigenen Streitkräften an die Verhältnisse zwischen den beiden Weltkriegen erinnerte, schwerlich zu erwarten.

Adenauer konnte sich, wie Umfragen zeigen (vgl. Gfm), bei seiner Politik auf eine breite Mehrheit der westdeutschen Bevölkerung stützen, die der Sicherheit Vorrang vor der eventuell zu erreichenden Einheit einräumten.

44.0.4.2. Der wirtschaftliche und soziale Aufbau der Bundesrepublik Deutschland

Die Währungsreform

Die entscheidende Voraussetzung für eine wirtschaftliche Gesundung Westdeutschlands war die Beseitigung des Mißverhältnisses zwischen der riesigen

Menge umlaufenden Geldes und dem minimalen Warenangebot, kurz eine Währungsreform. Die Geldmenge war von 56,4 Mrd. Reichsmark Ende 1938 auf 300 Mrd. RM 1945 und schätzungsweise 400 Mrd. RM 1948 angewachsen. Mit Reichsmark konnten nur Mieten, Steuern, elektrischer Strom, Gas, Wasser und rationierte Lebensmittel bezahlt werden. Alle übrigen Waren waren nur im Tauschhandel zu erhalten. Die Funktion des Geldes hatten zeitweilig Zigaretten übernommen (1 Zigarette = 7–10 RM).
Am 21. Juni 1948 trat die Währungsreform in Kraft. Jedermann erhielt eine „Kopfquote" von 40 DM, später noch weitere 20 DM. Alle privaten Forderungen erfuhren eine Abwertung auf $^1/_{10}$. Bargeld und Bankguthaben wurden in einem komplizierten Verfahren umgetauscht, letztlich im Verhältnis 6,5:100. Hypotheken und andere private Schulden wurden ebenfalls 1:10 umgestellt.
Die Währungsreform benachteiligte die Sparer, deren Guthaben auf 6,5 % des ursprünglichen Wertes zusammengeschmolzen war und begünstigte Besitzer von Sachwerten, z. B. Aktien, gehorteten Gütern, Grundbesitz etc. Die negativen Folgen dieser Neuordnung sollten durch ein Lastenausgleichsgesetz kompensiert oder wenigstens gemildert werden. Es kam jedoch erst Jahre später zustande und führte keine durchgreifende Kompensation der Ungerechtigkeiten herbei.
Anderseits bestand kein Zweifel, daß die Beseitigung des ungeheueren Geldüberhangs durch einen radikalen „Währungsschnitt" Voraussetzung für die wirtschaftliche Gesundung war.

Währungsreform in der SBZ
Auch für die Sowjetische Besatzungszone verkündete die Sowjetische Militäradministration eine Währungsreform. Die Bedingungen waren ähnlich wie in den Westzonen. Jeder Bürger erhielt ein Kopfgeld von 70 Ostmark, Bargeld wurde im Verhältnis 1:10 umgetauscht, Guthaben wurden gestaffelt umgestellt (bis 100 RM 1:1, bis 1000 RM 5:1 und bis 5000 RM 10:1). Nach dem 9. Mai 1945 entstandene Guthaben wurden gesperrt und in eine staatliche Zwangsanleihe umgewandelt.
Die getrennten Geldreformen in West und Ost, die zu zwei unterschiedlichen Währungen führten, machten die Spaltung Deutschlands deutlich sichtbar und vertieften sie zugleich.

Die Soziale Marktwirtschaft
Zugleich mit der Entscheidung über die Währungsreform mußte die Entscheidung über die künftige Wirtschaftsordnung getroffen werden. Während in der Sowjetischen Besatzungszone die Zwangswirtschaft mit staatlich festgelegten Löhnen, Preisen, Produktionsplänen und einem Rationierungs- und Bezugscheinsystem beibehalten wurde, ging Westdeutschland zur Marktwirtschaft über.
Diese nur angesichts der späteren Erfolge selbstverständlich erscheinende Entscheidung war unter den Bedingungen der Jahre 1948/49 ein äußerst riskantes Experiment.
Nach dem Kriege war in weiten Kreisen der Bevölkerung die Überzeugung verbreitet, daß man wegen des katastrophalen Zustandes der Wirtschaft ohne ein gewisses Maß von Planung und Lenkung nicht auskommen werde und daß überdies aus Gründen der sozialen Gerechtigkeit eine mehr oder minder weitgehende Vergesellschaftung der Grundstoffindustrien und anderer Produktionsmittel wünschenswert sei. Für eine sozialistische Wirtschaft mit staatlicher Lenkung und Vergesellschaftung traten insbesondere die SPD und auch die Gewerkschaften ein. Auch die CDU in der Britischen Zone forderte in ihrem Ahlener Programm von 1947 Planung und Lenkung der Wirtschaft sowie die Vergesellschaftung des Kohlebergbaus und der eisenschaffenden Industrie, wandte sich jedoch entschieden gegen einen Staatskapitalismus. Die FDP trat für eine marktwirtschaftliche Ökonomie ein.
Ludwig Erhard, seit März 1948 Direktor der Verwaltung für Wirtschaft und damit „Wirtschaftsminister" der Bizone, war ein Anhänger der Neoliberalen Schule der Volkswirtschaftslehre, auch „Freiburger Schule" genannt. Ihre Theorie war die Grundlage des Konzepts der **Sozialen Marktwirtschaft,** das Erhard als die Maxime der westdeutschen Wirtschaftspolitik durchsetzte.

Prinzipien der Sozialen Marktwirtschaft
Die Soziale Marktwirtschaft soll die Ziele Freiheit und Gerechtigkeit kombinieren. Zur wirtschaftlichen Freiheit gehören folgende Prinzipien:
- Konsumfreiheit (Jeder Verbraucher kann Güter beliebiger Wahl kaufen.)
- Gewerbefreiheit, freie Berufs- und Arbeitsplatzwahl, Freiheit der Eigentumsnutzung
- Produktions- und Handelsfreiheit (Die Unternehmer können selbst entscheiden, was sie produzieren und absetzen wollen.)
- Wettbewerbsfreiheit (Jedem Käufer und Verkäufer von Gütern oder Leistungen ist es frei, so günstig wie möglich zu kaufen und zu verkaufen).

Als „sozial" soll sich die Marktwirtschaft erweisen, indem sie möglichst großen „Wohlstand für alle" produziert, wobei die Marktfreiheit aus sozialen Gründen beschränkt und korrigiert werden soll, wenn gesellschaftlich unerwünschte Ergebnisse entstehen.
Die soziale Marktwirtschaft strebt an: möglichst großen wirtschaftlichen Wohlstand durch geordneten Wettbewerb (z. B. Unterbindung von Monopolen und Kartellen), Vollbeschäftigung, Außenhandelsfreiheit

und freie Austauschbarkeit der Währungen, soziale Sicherheit und gerechte Einkommens- und Vermögensverteilung.
Unter dem Einfluß Erhards ging die CDU unmittelbar nach der Währungsreform von dem Ahlener Programm ab, das sich die Union in der amerikanischen und in der französischen Zone ohnehin nie zueigen gemacht hatte, und bekannte sich zur wirtschaftlichen Freiheit. Die „Düsseldorfer Leitsätze" zur Wirtschaftspolitik vom 15. Juli 1949 enthielten ein klares Bekenntnis zur Sozialen Marktwirtschaft.

Bewirtschaftung aufgehoben

In rascher Folge wurden nach der Währungsreform Bewirtschaftung und Preisvorschriften aufgehoben. Von den Lebensmitteln waren zuerst Kartoffeln frei verkäuflich (Oktober 1948). Zuletzt wurde Zucker freigegeben (April 1950). Wichtige industrielle Rohstoffe, öffentliche Versorgungsleistungen und Mieten unterlagen weiterhin staatlichen Kontrollen.
Nach dem Wunder der vollen Schaufenster und dem ersten Kaufrausch der Bevölkerung kam es bald zu problematischen Erscheinungen, die den Kritikern recht zu geben schienen. Preissteigerungen, die bis Dezember 1948 17 % erreichten, ließen die Lebenshaltungskosten emporschnellen. Die Arbeitslosigkeit stieg wegen der Rückkehr zur Konkurrenzwirtschaft, die zur Rationalisierung zwang, und vor allem durch den ständigen Zustrom von Flüchtlingen und Vertriebenen rasch an: von 424000 im Juni 1948 auf 963000 im Januar 1949 bis zu einem Höchststand von mehr als 2 Millionen Arbeitslosen im Februar 1950.
Diese kritische Situation ließ die Debatte über die wirtschaftspolitische Grundentscheidung erneut aufleben. Sie wurde vor allem im Wahlkampf vor der Wahl zum ersten Deutschen Bundestag geführt, aber auch danach noch fortgesetzt. Adenauer und sein Wirtschaftsminister Erhard hielten an ihrer wirtschaftlichen Linie konsequent fest.
In der Tat setzte schon in der zweiten Hälfte des Jahres 1950 ein Aufwärtstrend ein, der durch den einsetzenden weltweiten „Korea-Boom" noch verstärkt wurde.
Die Kritik an der Wirtschaftspolitik der Bundesregierung verstummte allmählich und hörte ganz auf, als nicht zuletzt das „Wirtschaftswunder" der CDU/CSU bei der Bundestagswahl 1953 einen überwältigenden Wahlsieg brachte.

Das System der sozialen Sicherung

Die Bundesrepublik Deutschland übernahm die Tradition eines Systems von sozialen Leistungen, das in seinen Grundzügen auf die Bismarcksche Sozialgesetzgebung zurückging und Deutschland in der Welt die führende Stellung auf dem Gebiet der sozialen Sicherung verschafft hatte.
Es blieb nach 1945 weiterhin in Kraft. Seine Leistungen waren aber natürlich abhängig von der Leistungskraft der Volkswirtschaft, die nach der Währungsreform sich vorerst nur zögernd zu erholen begann und noch nicht sonderlich leistungsfähig war. Dennoch wurde schon sehr früh eine Reihe von Gesetzgebungswerken verabschiedet, die den durch den Krieg und seine Folgen besonders geschädigten Bevölkerungsgruppen Hilfe bringen sollte. Dazu gehörten 1950 das Bundesversorgungsgesetz, das Heimkehrergesetz, das Entschädigungen für **Kriegsgefangene** und ihre Angehörigen vorsah, und 1952 das **Lastenausgleichsgesetz,** das die Verluste der Vertriebenen und Flüchtlinge sowie die Schäden durch Kriegsereignisse in Westdeutschland wenigstens partiell ausgleichen sollte. Opfer der nationalsozialistischen Verfolgung erhielten Ansprüche auf **Wiedergutmachung** durch das Bundesentschädigungsgesetz. Mit dem Staat **Israel** schloß die Bundesrepublik Deutschland ein Wiedergutmachungsabkommen, das pauschale Zahlungen von 3,45 Mrd. DM vorsah; individuelle Entschädigungen jüdischer Opfer der Verfolgung waren vielfach unmöglich, weil die Familien völlig ausgerottet und keine Erben mehr vorhanden waren.

Neuregelung der Rentenversicherung

Im Jahre 1955 begannen die Vorarbeiten für eine grundlegende Reform der **Sozialversicherung.** Die Neuregelung der Rentenversicherung der Arbeiter und Angestellten sowie der Bergleute trat rückwirkend zum 1. Januar 1957 in Kraft. Der Kern der Neuordnung war der Übergang von der statischen zur **dynamischen Rente.**
Bisher wurde die Rente aus einem allgemeinen „Grundbetrag" und einem von der erbrachten individuellen Beitragsleistung abhängigen Steigerungsbetrag ein für allemal berechnet und blieb während der gesamten Laufzeit auf dieser Höhe, es sei denn, das Rentenniveau wurde per Gesetz allgemein erhöht. Vor allem in Zeiten wirtschaftlichen Aufschwunges stiegen die Arbeitsverdienste ständig an, die Renten blieben immer weiter zurück.
Nunmehr wurden die Renten der Entwicklung der Löhne und Gehälter angeglichen, die Neurenten automatisch bei der Rentenfestsetzung, die laufenden Renten (Bestandsrenten) jährlich durch Gesetz. Die Rentner wurden ebenso wie die Arbeitenden an der Entwicklung des Sozialprodukts beteiligt. Die Renten wurden überdies sofort beträchtlich erhöht, bei den Arbeiterrenten um 58 %, den Angestelltenrenten um 65 % und bei den entsprechenden Witwenrenten um 73 bzw. 87 %. Die Rentenreform wurde von der „Neuen Zürcher Zeitung" als ein „spektakulärer Schritt in sozialpolitisches Neuland, als das wichtigste soziale Reformwerk seit der Bismarck-Ära" bezeichnet.

44.0.4.3. Gründung und Entwicklung der DDR

Von der KPD zur SED

Schon am 10. Juni 1945 erließ die Sowjetische Militäradministration den Befehl Nr. 2, wonach „auf dem Territorium der sowjetischen Besatzungszone . . . die Bildung und Tätigkeit aller antifaschistischen Parteien zu erlauben" ist. Bereits am folgenden Tage wurde die **KPD** gegründet (s. auch S. 15). Laut Programm strebte sie „ein antifaschistisches, demokratisches Regime, eine parlamentarisch-demokratische Republik mit allen demokratischen Rechten und Freiheiten für das Volk" an. Dieses Programm glich in nichts dem Programm, das die KPD in der Weimarer Republik und in der Illegalität vertreten hatte.

Die führenden Männer der neugegründeten KPD waren **Walter Ulbricht,** ZK-Mitglied seit 1923, und **Wilhelm Pieck,** ebenfalls ZK-Mitglied und seit 1933 nomineller Führer der illegalen KPD. Schon vor der Gründung der Partei, im Mai 1945, hatten sich auf Anweisung der aus Moskau nach Berlin gekommenen Emigrantengruppe, der Gruppe Ulbricht, die Kommunisten Schlüsselstellungen in den neugebildeten Verwaltungen gesichert, vor allem die Dezernate für Personal, Volksbildung und Polizeiangelegenheiten.

Unter dem Eindruck des gemeinsamen Leidens von Sozialdemokraten und Kommunisten in den nationalsozialistischen KZ gab es zunächst auch bei Sozialdemokraten eine verbreitete Stimmung für die **„Einheit der Arbeiterklasse",** einen organisatorischen Zusammenschluß mit den Kommunisten. Die KP-Führung sperrte sich zunächst gegen diese Wünsche. Spontane Zusammenschlüsse wurden wieder aufgelöst. Die organisatorische und ideologische Festigung der kommunistischen Kader und die Besetzung der Machtpositionen in der Verwaltung hatten zunächst Vorrang.

Ende 1945 änderte sich die kommunistische Taktik. In realistischer Einschätzung der Haltung der deutschen Bevölkerung und angesichts der vernichtenden Niederlage der KP bei den Wahlen vom 25. November 1945 in Österreich (85 Christlich-Soziale, 76 SPÖ, 4 KPÖ) wurde die Vereinigung mit der SPD betrieben.

Die **SPD** in der SBZ unter Führung von **Otto Grotewohl,** der zunächst einer Vereinigung gewogen gewesen war, wegen des Zusammenspiels der Kommunisten mit der sowjetischen Besatzungsmacht aber wie viele andere „Zweifel an der Ehrlichkeit des Bekenntnisses der KPD zur Demokratie" (Memorandum vom 20. Dezember 1945) hegte, widersetzte sich der Vereinigung, mußte sich aber schließlich unter sowjetischem Druck dem Verlangen der KPD beugen.

In **Berlin** verlangte die SPD-Führung eine **Urabstimmung** der Mitglieder. Sie konnte nur in den Westsektoren durchgeführt werden. 74 % der Mitglieder nahmen an ihr teil, 82 % sprachen sich gegen die Vereinigung, 12,4 % dafür aus. In der SBZ wurde auf dem **„Vereinigungsparteitag"** am 21./22. April 1946 die **SED** gegründet. Ihre Vorsitzenden wurden Wilhelm Pieck und Otto Grotewohl.

Wahlen in der SBZ/DDR

Ein entscheidender Einfluß auf die künftige Politik der SED ging von den ersten Wahlen in der Sowjetischen Besatzungszone (Gemeindewahlen im September 1946, Landtagswahlen im Oktober 1946) sowie von den gleichzeitigen Wahlen zum Berliner Magistrat aus. Bei den **Gemeindewahlen** war die SED begünstigt, weil die anderen Parteien noch nicht überall Ortsgruppen gebildet hatten, ohne die sie nicht zur Wahl antreten konnten. Die SED erhielt 57,1 % der abgegebenen gültigen Stimmen, die LDP 21,1 % und die CDU 18,8 %, „Massenorganisationen" 3 %.

In den meisten Städten, auch solchen mit Arbeitermehrheiten, übertraf die Zahl der LDP- und CDU-Stimmen die der SED-Wähler. Bei den Wahlen in (ganz) Berlin, wo auch die SPD auftrat (48,7 %), erzielte die SED das katastrophale Ergebnis von 19,8 %.

Bei den **Landtagswahlen** in der SBZ schnitten die bürgerlichen Parteien noch besser ab als bei den Gemeindewahlen. Die SED fiel auf 47,5 % zurück, die CDU erhielt 24,6 %, die LDP 24,5 % und „Massenorganisationen" 3,4 %. Nach der Konstituierung der DDR am 7. Oktober 1949 hätten laut Verfassung Wahlen zur Volkskammer stattfinden müssen. Sie wurden auf den Herbst 1950 verschoben. Schon der Deutsche Volkskongreß, der die Verfassung verabschiedet hatte, war nach einer Einheitsliste gewählt worden, doch bestand noch die Möglichkeit, mit Nein zu stimmen (die sehr vielen ungültigen Stimmen wurden als Ja-Stimmen gezählt). Die Wahlen vom 15. Oktober 1950 zeigten die typischen Merkmale von Volksbefragungen unter Zwangsherrschaft: fast lückenlose Beteiligung, offene Stimmabgabe, keine Möglichkeit einer alternativen Entscheidung. 98,44 % der Wahlberechtigten gaben ihre Stimme ab, 99,7 % von ihnen stimmten für die Einheitsliste.

Die drei DDR-Verfassungen (1949, 1968, 1974)

Die Verfassung von 1949 wurde 1968 durch eine neue Verfassung ersetzt, die die in den abgelaufenen zwei Jahrzehnten vollzogene Umwandlung der „antifaschistisch-demokratischen Ordnung" in einen „sozialistischen Staat deutscher Nation" widerspiegelte. Diese Verfassung wurde 1974 erneut modifiziert.

Wie das Grundgesetz, das in seiner Präambel feststellt, „das gesamte deutsche Volk" bleibe aufgefordert, „in freier Selbstbestimmung die Einheit und Freiheit Deutschlands zu vollenden", erhob auch die DDR-Verfassung von 1949 den Anspruch, eine Verfassung für Gesamtdeutschland zu sein. In ihrer Präambel hieß es, „das deutsche Volk" habe sich

diese Verfassung gegeben. Art. 1 begann mit dem Satz „Deutschland ist eine unteilbare demokratische Republik; sie baut sich auf den deutschen Ländern auf." Auch in der Präambel der Verfassung von 1968 war noch von der Verantwortung für die „ganze deutsche Nation" die Rede. Art. 1 Satz 1 lautet: „Die Deutsche Demokratische Republik ist ein sozialistischer Staat deutscher Nation." In der Fassung von 1974 sind alle Hinweise auf Gesamtdeutschland und die deutsche Nation eliminiert worden. Die Präambel spricht nur noch vom „Volk der Deutschen Demokratischen Republik", und in Art. 1 ist die DDR nunmehr ein „sozialistischer Staat der Arbeiter und Bauern".
Während laut Präambel von 1949 „das Gemeinschafts- und Wirtschaftsleben in sozialer Gerechtigkeit zu gestalten" sei, sieht die Verfassung von 1968 in der Präambel das Volk der DDR „fest gegründet auf den Errungenschaften . . . der sozialistischen Umwälzung der gesellschaftlichen Ordnung" und versteht sich als eine „sozialistische Verfassung".
Die Präambel von 1974 sieht das Volk der DDR schon als eine „entwickelte sozialistische Gesellschaft" „unbeirrt" auf dem „Weg des Sozialismus und Kommunismus".
(Sämtliche deutschen Verfassungen von der Paulskirchenverfassung bis zum Grundgesetz sowie die DDR-Verfassungen von 1949, 1968 und 1974 enthält Goldmann Taschenbuch 8020. In den Texten der DDR-Verfassungen sind wichtige Änderungen, Abweichungen und Zusätze gegenüber den vorangegangenen Fassungen durch Kursivdruck hervorgehoben, so daß ein Vergleich außerordentlich erleichtert wird. Teile der Präambel und der Art. 1 aller drei Verfassungen sind auch in Gfm abgedruckt.)

SED und Massenorganisationen

Die SED verstand sich zunächst als eine Massenpartei. Alle wichtigen Positionen waren paritätisch mit früheren KPD- und SPD-Mitgliedern besetzt. 1948/49 begann unter der Parole „Entwicklung der SED zu einer **leninistischen Partei neuen Typus**" die Umwandlung von einer Massenpartei zu einer Kaderpartei nach dem Vorbild der KPdSU. Voraussetzung für die Mitgliedschaft wurde die Anerkennung der führenden Rolle der Sowjetunion und der KPdSU. Mehrmals wurde die Mitgliederschaft überprüft und „gesäubert". Seitdem ist das Organisationsprinzip der SED der „demokratische Zentralismus". Danach wird die Partei von der Spitze aus geführt; die Beschlüsse übergeordneter Organe sind unbedingt verbindlich; „Fraktionsbildung", d. h. Minderheitsmeinungen, sind verboten. Leitungspositionen in allen Bereichen der Gesellschaft werden vom Parteiapparat mit zuverlässigen Funktionären (Kadern) besetzt.
Die übrigen Parteien und die **„Massenorganisationen"** wurden vollständig gleichgeschaltet. Besonders wichtig war die Umgestaltung des **„Freien Deutschen Gewerkschafts-Bundes" (FDGB).** Auf einer Konferenz in Bitterfeld wurde die Abkehr von den „überholten gewerkschaftlichen Traditionen in der Lohn- und Tarifpolitik" proklamiert. Die Gewerkschaften hätten nicht länger die Aufgabe, „Arbeiter gegenüber den Unternehmern zu vertreten", sondern vielmehr „ihre Aufmerksamkeit der Arbeitsdisziplin und der Steigerung der Arbeitsproduktivität" zuzuwenden. Die gewählten Betriebsräte wurden aufgelöst und durch Betriebsgewerkschaftsleitungen als unterste Organe des FDGB ersetzt.
Die **„Freie Deutsche Jugend" (FDJ)** entstand aus den „Antifaschistischen Jugendausschüssen" im März 1946 als eine relativ überparteiliche Organisation. 1948/49 wurde auch sie in eine „sozialistische Massenorganisation" umgewandelt. Sie bekannte sich zur führenden Rolle der SED und zum Marxismus-Leninismus. Der FDJ gehören Jugendliche und junge Erwachsene von 14 bis 25 Jahren an. Ihr angeschlossen ist die **„Pionierorganisation Ernst Thälmann"** für die 6- bis 14jährigen. 1977 waren 70 % aller jungen Menschen zwischen 14 und 25 Jahren in der DDR Mitglieder der FDJ. Am höchsten ist der Organisationsgrad bei Schülern und Studenten. So gut wie alle Schüler sind FDJ-Mitglieder. Von der „werktätigen Jugend", das heißt von den Berufstätigen und Lehrlingen, gehörten 1978 nur 52 % der FDJ an. Dennoch wird die Arbeiterjugend als „Kern" des Verbandes angesehen. In der Pionierorganisation „Ernst Thälmann" waren 1978 99 % aller Kinder in der DDR organisiert.
Die 10 Gebote der jungen Pioniere enthalten unter anderem ein Bekenntnis zur DDR und zur UdSSR sowie Verpflichtungen zu Fleiß, Disziplin, Ordnung, Sauberkeit, gegenseitiger Hilfe und zur Liebe zu den Eltern.

Der Volksaufstand des 17. Juni 1953

Im Sommer 1952 hatte in der DDR unter der Parole „Aufbau des Sozialismus" ein neuer verschärfter Kurs begonnen, der der Bevölkerung neue zusätzliche Entbehrungen auferlegte. Während die Sowjetunion nach dem Tode Stalins (5. März 1953) einen „Neuen Kurs" proklamierte und damit auch in der DDR Hoffnungen auf Erleichterungen auslöste, verfügte die SED-Führung eine Normerhöhung von 10 % und löste damit unter den betroffenen Arbeitern Erbitterung aus.
Der Aufstand begann am 16. Juni mit Arbeitsniederlegungen auf Baustellen in der Ost-Berliner Stalinallee, griff auf andere Teile Ost-Berlins über und erfaßte am 17. Juni die anderen Großstädte und industriellen Zentren der DDR. Die Forderungen waren anfangs primär wirtschaftlicher Natur (Herabsetzung der Normen, Hebung des Lebensstandards), nahmen jedoch

sehr schnell einen politischen Charakter an. Die Aufständischen forderten den Rücktritt der Regierung, Wiederherstellung der Einheit Deutschlands und freie und geheime Wahlen. Die Erhebung, die im wesentlichen von der Arbeiterschaft getragen wurde, verlief spontan, ohne organisatorischen Zusammenhang; in den wenigen Stunden konnte sich keine überörtliche Führung bilden und kein gemeinsames Programm entwickelt werden.

Der Aufstand wurde überall von der Sowjetarmee niedergeschlagen (an 121 Orten wurde sowjetisches Militär eingesetzt).

Der Westen reagierte überrascht und zurückhaltend. Westliche Rundfunksender trugen durch ihre Meldungen vom Geschehen natürlich zur Informierung der Bevölkerung überall in der DDR bei, doch mahnte der Bundesminister für gesamtdeutsche Fragen, Jakob Kaiser, „Besonnenheit zu wahren" und sich nicht „zu unbedachten Handlungen hinreißen zu lassen".

In der **DDR-Geschichtsschreibung** wird der Volksaufstand als konterrevolutionärer Putschversuch bezeichnet, der unter „operativer Anleitung" durch „imperialistische Geheimdienste und Agentenzentralen" in Berlin und in der Bundesrepublik ausgelöst worden sei („Geschichte der SED", 1978).

Bodenreform und Kollektivierung

Die Struktur der Landwirtschaft in der SBZ war bis 1945 gekennzeichnet durch das Vorherrschen kleinerer und mittlerer Betriebe im Süden (Sachsen, Thüringen) und mittlerer und großer Betriebe sowie von Großgrundbesitz im nördlichen Teil (Provinz Sachsen, Brandenburg, Mecklenburg). Der Anteil des Großgrundbesitzes (über 100 ha) betrug in Thüringen 10 %, in Mecklenburg 48 %.

Die Bodenreform vom 3. September 1945 enteignete die Betriebe mit mehr als 100 ha Betriebsfläche sowie den Besitz von aktiven Mitgliedern der NSDAP und „Kriegsverbrechern", insgesamt 35 % der landwirtschaftlichen Nutzfläche der SBZ.

Zwei Drittel davon wurden an 600000 Kleinbauern, Landarbeiter und „Umsiedler" (vertriebene Bauern) verteilt, der Rest kam an volkseigene Güter.

Die zweite Phase auf dem Wege zu einer sozialistischen Agrarverfassung, der „Aufbau des Sozialismus auf dem Lande", begann 1952 mit der Bildung von **Landwirtschaftlichen Produktionsgenossenschaften (LPG).** Bis Ende 1957 waren 26 % der Nutzfläche kollektiviert. 1958 beschloß die SED die Vollkollektivierung, die unter Gewaltanwendung und -androhung bis 1960 abgeschlossen wurde.

Die Abriegelung der DDR

Ende 1960 hatte die Kollektivierung der Landwirtschaft zu einer drastischen Verschlechterung der Versorgungslage geführt. Die Unzufriedenheit der Bevölkerung hatte wiederum einen härteren Kurs der SED zur Folge. Schließlich verstärkten sich durch den Druck Chruschtschows auf Berlin und die Forderungen Ulbrichts nach einem separaten Friedensvertrag zwischen der Sowjetunion und der DDR, der ihm die Kontrolle über die Zugangswege nach West-Berlin und damit die Möglichkeit der Abschnürung der Stadt gegeben hätte, die internationalen Spannungen. Angesichts der Zuspitzung der kritischen Situation gewann die Bevölkerung den Eindruck, daß der Fluchtweg über Berlin, der bis dahin ein gefahrloses Verlassen der DDR ermöglicht hatte, nicht mehr lange offen sein werde. Daher nahmen die Flüchtlingszahlen, die schon 1960 mit 199000 gegenüber 1959 (144000) stark angestiegen waren, erneut drastisch zu (Januar bis Juli 1961 134000). Da 50 % der Flüchtlinge Jugendliche unter 25 Jahren und 60 % Erwerbstätige waren (DDR-Bevölkerung 47 %), hatte der Flüchtlingsstrom verheerende wirtschaftliche Auswirkungen.

Die Mauer

Die SED-Führung war nicht bereit, die Fluchtbewegung wie 1957–59 durch Erleichterungen für die Bevölkerung (Lockerung des politischen Drucks, Hebung des Lebensstandards) einzudämmen. Die Alternative war die Abriegelung der Grenzen. Sie erfolgte in der Nacht vom 12. zum 13. August 1961.

Die Westmächte ergriffen keine militärischen oder anderen Maßnahmen gegen die Grenzsperrung; sie beschränkten sich auf Proteste. Die Abgrenzung Ost-Berlins berührte nicht die von Präsident Kennedy formulierten unverrückbaren Grundsätze der Berlin-Politik: Recht der Alliierten auf Anwesenheit in West-Berlin, Recht auf Zugang, Recht auf Selbstbestimmung der West-Berliner.

Die Mauer wurde ein Symbol des Versagens der SED-Führung, die es nicht vermocht hatte, in 15jähriger Herrschaft die Loyalität der Bevölkerung für ihren Staat zu erreichen. Unter machtpolitischen Gesichtspunkten war die Mauer der endgültige Abschluß der Teilung Deutschlands. Aus der Sicht der SED-Führung war die Mauer ein Wendepunkt der inneren Entwicklung der DDR, von dem aus sich eine Konsolidierung ihrer Herrschaft anbahnte.

Die Wirtschaft der DDR

In der Sowjetischen Besatzungszone wurde schon sehr früh das **System der zentralgelenkten Wirtschaft** nach sowjetischem Muster eingeführt. Die entscheidenden Strukturmerkmale dieses Wirtschaftssystems sind das „sozialistische Eigentum" und die zentrale Planung. Im Juni 1945 wurden die Banken und Sparkassen, im Oktober etwa 10000 gewerbliche Unternehmungen enteignet und letztere in **Volkseigene Betriebe** umgewandelt. Schon 1950 wurden 67 % der Industrieproduktion und 62 % des

Bruttosozialproduktes in volkseigenen und genossenschaftlichen Betrieben erzeugt, 1960 waren es schon 84 % und 1977 96 % des Bruttosozialproduktes.

Zentrale Wirtschaftsplanung

1948 wurde die zentrale Wirtschaftsplanung eingeführt. Alle wirtschaftlichen Einzeldispositionen werden über zentrale Pläne gelenkt und koordiniert.

In einer zentralgeplanten Wirtschaft ist der Preismechanismus einer Marktwirtschaft außer Kraft gesetzt. Auch die Preise werden durch den Plan festgelegt. Es gibt zwei Preisebenen: Die Industriebetriebe kaufen Rohstoffe und Maschinen, sofern sie vom Ausland abhängig sind, zu real kalkulierten Preisen. Die Verbraucher zahlen unechte, d. h. durch den Plan bestimmte Preise. Sie können entweder künstlich niedriggehalten sein (Subventionen des Staates) oder, teils um ein Vielfaches, überhöht sein (Akzisen = staatliche Abschöpfungsaufschläge).

Auch die Außenhandelspreise sind unecht, Exporte werden häufig subventioniert, um Devisen zu erhalten, Importgüter werden manchmal subventioniert (Getreide, Energie), manchmal mit hohen Akzisen belegt (hochwertige Verbrauchsgüter).

Daraus erklären sich in erster Linie die teilweise großen Differenzen zwischen den verschiedenen Preisen in der DDR und in der Bundesrepublik (siehe Preise und Kaufkraft 1976, Gfm). Ein sinnvoller Vergleich ist nur möglich, wenn man nicht die jeweiligen Preise, sondern die zum Kauf erforderliche Arbeitszeit berechnet, weil die Löhne der Arbeitnehmer in der DDR nur etwas über die Hälfte der Löhne in der Bundesrepublik Deutschland betragen (die der Rentner nur knapp ein Viertel).

Als entscheidende Mängel der zentralgelenkten Wirtschaft erweist sich, daß vielfach am Bedarf der Bevölkerung vorbeigeplant wird, daß die Pläne nicht flexibel genug sind und zahlreiche Fehlerquellen enthalten und daß die Planerfüllung oder -überfüllung Vorrang vor der Qualität der Produkte hat.

Innerhalb des Ostblocks nimmt die DDR im Pro-Kopf-Einkommen eine deutliche Spitzenstellung ein, eine Quelle des Selbstbewußtseins für die Bevölkerung:

Land	Bevölkerung (in Mio)	BSP 1977 (Mrd. $)	Pro-Kopf-Eink.($)1979
DDR	17	83	6440
Tschechoslowakei	15	62	5280
Polen	35	110	3870
Sowjetunion	263	780	3660
Ungarn	10	28	3790
Bulgarien	8,8	23	3670
Rumänien	22	35	1990

44.0.4.4. Ost- und Deutschlandpolitik der sozial-liberalen Bundesregierung

Anfänge

Den Anfang einer Ostpolitik bildete der Besuch Bundeskanzler Adenauers in Moskau am 13. September 1955, bei dem die Aufnahme diplomatischer Beziehungen zwischen der Bundesrepublik Deutschland und der Sowjetunion vereinbart wurde. Im Zuge der von Kennedy eingeleiteten Annäherung der beiden Supermächte leitete auch die Bundesregierung eine Öffnung nach Osten ein (Friedensnote 1966), wobei die DDR ausgeklammert blieb. Die Regierungserklärung der „Großen Koalition" knüpfte an die Friedensnote an und ging insofern über sie hinaus, als sie Kontakte mit der DDR anbot.

1967 wurden diplomatische Beziehungen zu Rumänien, 1968 zu Jugoslawien aufgenommen. Die DDR wandte sich sofort entschieden gegen diese Politik und wurde darin bald von der Sowjetunion unterstützt. Die Tschechoslowakei, Ungarn und Bulgarien, die sich dem rumänischen Schritt anzuschließen erwogen hatten, mußten davon Abstand nehmen.

Wandel durch Annäherung

Richard Löwenthal erklärt die geringen Erfolge dieser Phase der Ostpolitik damit, daß das zugrunde liegende Konzept des „Wandels durch Annäherung" – die Erwartung, daß das wachsende Verlangen nach Reformen in Osteuropa durch das Schwinden der Furcht vor dem „deutschen Revanchismus" verstärkt und zu humaneren Formen des Kommunismus in Osteuropa, einschließlich am Ende auch der DDR, führen werde – sich letztlich als illusionär erwies.

„Die Führungsmacht des Ostblocks erwies sich als entschlossen und stark genug, sich diesen Tendenzen zu widersetzen, so daß ihre Gegner sich im entscheidenden Moment stets auf Moskau stützen konnten." („Vom kalten Krieg zur Ostpolitik", in Richard Löwenthal/Hans-Peter Schwarz, Die Zweite Republik, S. 674.)

Bedingungen des Ostblocks

Die Bedingungen des Ostblocks für eine „Normalisierung" der Beziehungen zur Bundesrepublik Deutschland waren auf einer Konferenz des Warschauer Paktes im Juli 1966 festgelegt worden:

- Anerkennung der bestehenden Grenzen in Europa, insbesondere Anerkennung der Oder-Neiße-Linie als polnische Westgrenze,
- völkerrechtliche Anerkennung der DDR,
- Anerkennung der Ungültigkeit des Münchener Abkommens von Anfang an,
- Anerkennung West-Berlins als selbständige politische Einheit.

In der Regierungserklärung der sozialliberalen Koalition bildete die Entspannungspolitik nach Osten den wichtigsten außenpolitischen Schwerpunkt. Die staatliche Existenz der DDR wurde anerkannt, indem von „zwei Staaten in Deutschland" gesprochen wurde.
Auf dieser Basis kam es zu einer Reihe von Vertragswerken, und zwar mit der Sowjetunion (vgl. Gfm), Polen (vgl. Gfm), der DDR und der Tschechoslowakei. Dazu gehört auch das Viermächteabkommen über Berlin (vgl. Gfm).
Die Zeittafel nennt die wichtigsten Daten der Verhandlungen und Verträge sowie ihre wesentlichen Inhalte.

Die Kontroverse um die Ostpolitik
Die neue Ostpolitik der Regierung Brandt/Scheel löste eine lang andauernde und außerordentlich heftige Kontroverse zwischen der Regierung und den sie tragenden Parteien und der Opposition im Deutschen Bundestag aus.
Die CDU/CSU-Opposition warf der Regierung vor, sie habe

- die Verträge unter selbst auferlegtem Zeitdruck übereilt ausgehandelt und den bestehenden Verhandlungsspielraum nicht ausgeschöpft,
- einseitige und unnötige Zugeständnisse gemacht,
- die Hegemonie der Sowjetunion über Osteuropa und ihren dortigen Besitzstand anerkannt,
- bei Zugeständnissen der anderen Seite nicht auf eindeutigen Formulierungen bestanden und, statt auf vertraglichen Absicherungen zu bestehen, teilweise bloße Absichtserklärungen in Kauf genommen, so daß einseitigen und willkürlichen Maßnahmen der anderen Seite, die zumindest gegen den Geist der Verträge verstießen, Tür und Tor geöffnet sei.

Die Regierung wandte gegen diese Kritik ein, sie habe

- unter einem objektiven Zeitdruck gestanden, da die bisherige deutsche Position auch in den verbündeten Ländern des Westens zunehmend auf Widerspruch gestoßen sei und die Gefahr einer Isolierung der Bundesrepublik gedroht habe,
- nur solche Positionen aufgegeben, die ohnehin nicht mehr zu halten gewesen wären,
- für den Abbau von Mißtrauen und Spannungen gesorgt.
- einen Modus vivendi mit der Sowjetunion, der DDR und den übrigen osteuropäischen Ländern erreicht.

Die Verträge mit der Sowjetunion und Polen wurden schließlich in einer Patt-Situation im Deutschen Bundestag (je 248 Abgeordnete für Regierungskoalition und Opposition) bei Stimmenthaltung und einigen Nein-Stimmen der Opposition angenommen. Die Opposition wollte eine Ablehnung der Verträge mit den daraus erwachsenden Folgen für die internationale Position der Bundesrepublik, insbesondere auch für das durch ein Junktim mit den Ostverträgen verknüpfte Viermächteabkommen über Berlin, vermeiden. In einer Entschließung aller Fraktionen des Bundestages (vgl. Gfm), deren Verabschiedung von der Opposition als Bedingung gestellt worden war, wurde betont, daß die Ostverträge keine Vorwegnahme eines Friedensvertrages für ganz Deutschland seien, das Recht auf Selbstbestimmung für alle Deutschen und die friedliche Wiedervereinigung nicht ausschlössen.
Zwei angesehene Gelehrte, der sozialdemokratische Politikwissenschaftler Professor **Richard Löwenthal** und der (der Opposition nahestehende) Professor für Ostrecht, **Boris Meissner,** beurteilen die Ostverträge wie folgt:
„Es war unvermeidlich, daß eine Politik, die im Effekt mit einer zwanzigjährigen Tradition der ostpolitischen Fiktionen brach, die Öffentlichkeit der Bundesrepublik tief aufwühlte. Nach innen gesehen handelte es sich ja um nicht weniger als um das Bewußtwerden einer Verschiebung der Legitimationsgrundlage der Bundesrepublik, die sich freilich im stillen seit langem vorbereitet hatte – um die Akzeptierung des ‚Provisoriums' in seinen tatsächlichen Grenzen als bleibender Staat der freien Deutschen . . .
Mit Ratifikation, Wahl und Grundvertrag und mit dem Antrag auf Aufnahme in die Vereinten Nationen war Ende 1972 die Umstellung der deutschen Politik gegenüber dem Osten im wesentlichen abgeschlossen . . .
Um die Befreiung von einem jahrzehntealten Sonderkonflikt mit dem Osten war es gegangen, und sie war nun im großen und ganzen gelungen. Gewiß, keine Diplomatie konnte die Fakten der Geographie und Geschichte beseitigen: Die Lage Berlins und die gemeinsame Herkunft der Deutschen in Ost und West würden auch in Zukunft Probleme schaffen. Doch im Rahmen der neuen Ost-West-Entspannung in der Weltpolitik und in Mitteleuropa würden diese Probleme einen begrenzteren Charakter haben und leichter friedlich zu lösen sein.
Auch für die allgemeine Stellung der Bundesrepublik in der Welt hat diese Wendung befreiend gewirkt. Sie hat an Bewegungsfreiheit außerhalb des Ostens, auch gegenüber ihren Verbündeten, und damit an weltpolitischem Gewicht und Ansehen wesentlich gewonnen."
(Richard Löwenthal, a. a. O., S. 691 f.)
„Insgesamt stellt der Vertrag, wenn man die deutschen Vorleistungen bedenkt, zu denen auch die Unterzeichnung des Vertrages über die Nichtverbreitung von Kernwaffen am 28. November 1969 gehört, einen bemerkenswerten Erfolg der Sowjetdiplomatie dar. Mit den Grenzbestimmungen des Vertrages ist der Besitzstand der Sowjetunion, der 1955 von Adenauer nicht anerkannt worden war, besser abgesichert und der Status quo in Europa verfestigt worden. In den Nebenabreden ist den Vorstellungen der sowjetischen Außenpolitik, soweit sie Osteuropa, die DDR und die Europäische Sicherheitskonferenz betrafen, weit entgegen-

gekommen worden. Außerdem ist durch das Vertragswerk die Ausgangslage der Sowjetunion für eine schrittweise Ausdehnung ihres Einflusses in Westeuropa wesentlich verbessert worden.
Auf der anderen Seite ist nicht zu übersehen, daß der Moskauer Vertrag aufgrund seiner Gewaltverzichtsbestimmungen und der ‚Unberührtheitsklausel' des Artikels 4 in Verbindung mit dem Brief zur deutschen Einheit den Charakter eines Modus-vivendi-Vertrages aufweist, der der deutschen Seite die Möglichkeit gibt, ihn in erster Linie als einen Gewaltverzichtsvertrag auszulegen. Dies hat aufgrund der gemeinsamen Bundestagsentschließung vom 17. Mai 1972 nach einer heftigen Auseinandersetzung über die Ostverträge die Ratifizierung des Moskauer Vertrages unter weitgehender Stimmenthaltung der Opposition ermöglicht. Die Gemeinsame Entschließung ist zusammen mit Bemerkungen der Bundesregierung der Sowjetregierung notifiziert worden. Ihr kommt damit völkerrechtlich der Charakter eines Interpretationsvorbehalts zu." (Boris Meissner, Westdeutsche Ostpolitik: Die deutsch-sowjetischen Beziehungen, in: Handbuch der deutschen Außenpolitik, a. a. O., S. 291)

Der Grundlagenvertrag

Die schon seit 1971 geführten Verhandlungen über einen Vertrag mit der DDR standen Ende 1972 vor dem Abschluß. Wenige Tage vor den Bundestagswahlen, die nach dem gescheiterten Mißtrauensvotum der CDU/CSU vom 27. April 1972 anberaumt worden waren, wurde am 8. November 1972 der Grundlagenvertrag paraphiert und am 31. Dezember 1972 unterzeichnet (Textauszug Gfm).
Das **Bundesverfassungsgericht,** vom Freistaat Bayern angerufen, entschied nach einem Normenkontrollverfahren, daß der Grundlagenvertrag nicht im Widerspruch zum Wiedervereinigungsgebot des Grundgesetzes stehe. In der Begründung stellt das Gericht fest, das „Deutsche Reich" habe den Zusammenbruch 1945 überdauert, es existiere fort und besitze weiterhin Rechtsfähigkeit, sei allerdings als Gesamtstaat mangels Organisation nicht handlungsfähig. Die Bundesrepublik Deutschland sei als Staat identisch mit dem Staat „Deutsches Reich", in bezug auf seine räumliche Ausdehnung allerdings „teilidentisch", Ihre Hoheitsgewalt sei auf den „Geltungsbereich des Grundgesetzes" beschränkt, sie fühle sich aber verantwortlich für das ganze Deutschland. Die Wiedervereinigung sei verfassungsrechtliches Gebot, alle Verfassungsorgane seien verpflichtet, in ihrer Politik auf dieses Ziel hinzuwirken.
Richard Löwenthal bewertet den Grundlagenvertrag wie folgt:
„Dieser Vertrag . . . ist im ganzen wohl das für beide Seiten am wenigsten befriedigende Ergebnis der neuen Politik des Ausgleichs im Herzen Europas. Stärker als irgendwo sonst hat der Fortbestand des allgemeinen Konflikts der Systeme zwischen Ost und West sich hier, durch das besondere Bedürfnis der DDR nach ideologischer Abgrenzung von dem anderen deutschen Staat, im Sinne der Erhaltung eines Restbestands des deutschen Sonderkonflikts ausgewirkt.
. . . Der Vertrag (bietet) der DDR die Anerkennung ihrer Gleichberechtigung und die Preisgabe des ‚Alleinvertretungsanspruchs' der Bundesrepublik: Er legt fest, daß keiner der beiden Staaten den anderen international vertreten kann, daß jeder nur auf seinem Staatsgebiet die Hoheitsgewalt ausübt und die Unabhängigkeit des anderen in inneren und äußeren Angelegenheiten respektiert.
Der praktisch potentiell wichtigste Punkt des Vertrages ist der von solchen geplanten Abkommen zur Regelung praktischer und humanitärer Fragen handelnde Artikel 7, dem eine lange Liste weiterer Verhandlungsthemen beigefügt ist, sie reicht von Handel, wissenschaftlich-technischer Zusammenarbeit und Verkehr über Rechtsschutz, Post- und Fernmeldewesen und Zahlungsverkehr bis zu Gesundheitswesen, Umweltschutz und Sport und erwähnt auch die kulturelle Zusammenarbeit und sogar die Erweiterung des gegenseitigen Bezugs von Büchern, Zeitschriften, Rundfunk- und Fernsehproduktionen; besonders wichtig für Bonn ist ein Briefwechsel über Erleichterung von Familienzusammenführung und kleinem Grenzverkehr. Bei all dem handelt es sich jedoch nicht etwa um den Beginn einer besonders engen Kooperation, sondern um die Herstellung des Minimums an normaler Kooperation, das sonst auch zwischen Staaten verschiedener Systeme seit langem besteht." (Die Zweite Republik, a. a. O., S. 690)

Zeittafel zur Ost- und Deutschlandpolitik

1945	
5. Juni	Die vier Siegermächte übernehmen die oberste Gewalt in Deutschland. Aufteilung Deutschlands in vier Besatzungszonen.
17. Juli– 2. August	Potsdamer Konferenz, Errichtung eines Alliierten Kontrollrates, der für Deutschland als Ganzes zuständig sein sollte.
1947	
1. Januar	Vereinigung der britischen und amerikanischen Besatzungszone (Bizone).
6.–8. Juni	Münchener Konferenz aller deutschen Ministerpräsidenten scheitert.
1948	
20. März	Der sowjetische Vertreter verläßt den Alliierten Kontrollrat, der damit de facto seine Tätigkeit einstellt.
20. Juni	Währungsreform in den drei westlichen Besatzungszonen.

23. Juni — Beginn der Blockade Berlins durch die Sowjetunion.

1952

23. März — Erste „Stalin-Note“ schlägt Vorbereitung eines Friedensvertrages und Neutralisierung Gesamtdeutschlands vor.

1955

5. Mai — Souveränität der Bundesrepublik Deutschland.

23. September — Souveränität der DDR.

10. Dezember — „Hallstein-Doktrin“: keine diplomatischen Beziehungen zu Staaten, die die DDR anerkennen.

1958

27. November — Chruschtschows Berlin-Ultimatum: Abzug der Westmächte aus Berlin innerhalb von sechs Monaten gefordert.

1959

11. Mai — Beginn der letzten Viermächtekonferenz über die Deutschland-Frage in Genf. Endgültiges Scheitern am 5. August.

1961

13. August — Abriegelung der Grenze zwischen Ost- und West-Berlin (Beginn des Baus der Mauer).

1966

25. März — Friedensnote der Bundesregierung (Bundeskanzler Erhard, Außenminister Schröder): Angebot an die osteuropäischen Staaten, Gewaltverzichtsabkommen zu schließen.

13. Dezember — Regierungserklärung der neuen Bundesregierung der „Großen Koalition“ (Bundeskanzler Kiesinger, Außenminister Brandt): Wunsch nach Herstellung diplomatischer Beziehungen zu den osteuropäischen Staaten, Bereitschaft zu Verhandlungen auch mit der DDR.

1969

28. Oktober — Regierungserklärung der neuen SPD/FDP-Bundesregierung (Bundeskanzler Brandt, Außenminister Scheel): Verständigung mit dem Osten ein außenpolitisches Ziel. Verhandlungen mit der DDR auf der Basis der Gleichberechtigung und der Anerkennung als zweitem deutschem Staat.

1970

19. März — Erstes Zusammentreffen von Bundeskanzler Brandt und DDR-Ministerpräsident Stoph in Erfurt.

21. Mai — Zweites Treffen in Kassel.

12. August — Vertrag zwischen der Bundesrepublik Deutschland und der Sowjetunion (Moskauer Vertrag): Gewaltverzicht, Normalisierung der Beziehungen, Anerkennung aller Grenzen in Europa. „Brief zur Deutschen Einheit“: Bundesregierung stellt fest, daß der Vertrag der Wiedervereinigung nicht entgegenstehe.

7. Dezember — Vertrag zwischen der Bundesrepublik Deutschland und der Volksrepublik Polen (Warschauer Vertrag): Anerkennung der Oder-Neiße-Linie als polnische Westgrenze. Polen sagt Ausreise aller Deutschen zu.

1971

3. September — Unterzeichnung des Viermächteabkommens über Berlin. Auf der Grundlage des fortbestehenden Viermächtestatus werden Rechte und Verantwortung der drei Mächte für West-Berlin und Bindungen zur Bundesrepublik Deutschland von der Sowjetunion bestätigt.

1972

17. Mai — Verträge mit der Sowjetunion und Polen vom Bundestag ratifiziert. Gemeinsame Entschließung aller Fraktionen: Ostverträge keine Vorwegnahme des Friedensvertrages für ganz Deutschland und keine Rechtsgrundlage für die bestehenden Grenzen.

21. Dezember — Grundlagenvertrag mit der DDR: Unverletzlichkeit der Grenzen, Hoheitsgewalt jedes der beiden Staaten auf sein Staatsgebiet beschränkt. Austausch „ständiger Vertreter“.

1973

11. Mai — Bundestag billigt Grundlagenvertrag.

31. Juli — Das Bundesverfassungsgericht entscheidet auf eine Normenkontrollklage Bayerns, daß der Grundlagenvertrag mit dem Grundgesetz vereinbar sei. Das Deutsche Reich bestehe rechtlich fort, sei aber nicht handlungsfähig. Die Bundesrepublik Deutschland müsse anderen Teilen Deutschlands den Beitritt offenhalten.

11. Dezember — Vertrag zwischen der Bundesrepublik Deutschland und der CSSR: Münchener Abkommen von 1938 wird für nichtig erklärt.

1975

7. Juli — Das Bundesverfassungsgericht entscheidet über Verfassungsbeschwerden gegen den Moskauer und den Warschauer Vertrag. Durch die Verträge sei der rechtliche und territoriale Status Deutschlands nicht endgültig festgestellt.

44.1. Die Gründung der Bundesrepublik Deutschland

44.1.1. Wissensziele

1948 begann der Parlamentarische Rat mit der Arbeit am Grundgesetz, das am 23. Mai 1949 in Kraft trat. Damit war die Bundesrepublik Deutschland gegründet.
Erster Bundespräsident wurde Professor Theodor Heuss, erster Bundeskanzler Dr. Konrad Adenauer.
Mit dem Deutschlandvertrag von 1952 und dem Beitritt zur NATO 1954 fügte sich die Bundesrepublik Deutschland in das westliche Bündnis ein.

44.1.2. UE-Ziele

(1) Die Bedeutung der „Frankfurter Dokumente" im Rahmen der geänderten Deutschlandpolitik und im Hinblick auf die Gründung der Bundesrepublik Deutschland 1949
(2) Die kontroversen Positionen in der Bundesrepublik in der Frage der Wiederbewaffnung
(3) Die unterschiedlichen Konzeptionen der Deutschlandpolitik: Westintegration oder Wiedervereinigung?
(4) Die Zielvorstellung hinter dem sowjetischen „Wiedervereinigungsangebot" von 1952 und die kontroverse Beurteilung der Stalin-Note

44.1.3. Einstieg

- **Fotos:** Führende deutsche Politiker im Bundestag oder Parlamentarischer Rat (Gfm)
- **Fotos:** Informationen 157, S. 14 ff.

44.1.4. Schwerpunkte

In dieser Unterrichtseinheit soll erarbeitet werden, daß die Gründung der Bundesrepublik Deutschland und das Grundgesetz nicht das Ergebnis autonomer politischer Willensentscheidungen der Deutschen sind, sondern ein Kompromiß zwischen den Wünschen der Alliierten und den Zielvorstellungen deutscher Politiker.

44.1.4.1. Schwerpunkt: Gründung der Bundesrepublik Deutschland

Die Frankfurter Dokumente
Mitte 1948 hatten sich die Regierungen der USA, Großbritanniens, Frankreichs und der Beneluxländer auf der Londoner Konferenz über die Prinzipien ihrer Deutschlandpolitik verständigt.
Am 1. Juli 1948 wurden den Ministerpräsidenten der westdeutschen Länder die drei Frankfurter Dokumente übergeben. Sie bestimmten die Bildung einer verfassunggebenden Versammlung, die eine Verfassung ausarbeiten sollte. Die Ministerpräsidenten erhoben bei grundsätzlicher Bejahung Einwände, weil sie fürchteten, daß damit die Teilung zementiert würde. Sie setzten durch, daß statt der Nationalversammlung ein Parlamentarischer Rat geschaffen wurde. Er sollte statt einer Verfassung ein „Grundgesetz für eine einheitliche Verwaltung des Besatzungsgebietes der Westmächte" ausarbeiten. Dieses sollte auch nicht einem Volksentscheid unterworfen sein, sondern in den Länderparlamenten abgestimmt werden.
Die Befugnisse der Besatzungsmächte sollten durch ein Besatzungsstatut klar geregelt werden. Es sollte nach den Vorstellungen der Ministerpräsidenten schon vor Beginn der Beratungen des Parlamentarischen Rates erlassen werden. Dieser hätte dann eine klare Arbeitsgrundlage. Den deutschen Organen sollten alle Befugnisse zustehen, die ihnen nicht durch das Besatzungsstatut vorenthalten waren.

Text 1: Frankfurter Dokument I
„In Übereinstimmung mit den Beschlüssen ihrer Regierungen autorisieren die Militärgouverneure . . . die Ministerpräsidenten der Länder ihrer Zonen, eine Verfassunggebende Versammlung einzuberufen, die spätestens am 1. September 1948 zusammentreten sollte. . . . Die Gesamtzahl der Abgeordneten zur Verfassunggebenden Versammlung wird bestimmt, indem die Gesamtzahl der Bevölkerung nach der letzten Volkszählung durch 750 000 . . . geteilt wird . . .
Die Verfassunggebende Versammlung wird eine demokratische Verfassung ausarbeiten, die für die beteiligten Länder eine Regierungsform des föderalistischen Prinzips schafft, die am besten geeignet ist, die gegenwärtige zerrissene deutsche Einheit schließlich wiederherzustellen und die Rechte der beteiligten Länder schützt, eine angemessene Zentralinstanz schafft und Garantien der individuellen Rechte und Freiheiten enthält . . ."

Dokument Nr. III (Grundzüge des Besatzungsstatuts)
„Die Schaffung einer verfassungsmäßigen deutschen Regierung macht eine sorgfältige Definition der Beziehungen zwischen dieser Regierung und den alliierten Behörden notwendig . . .
A. Die Militärgouverneure werden den deutschen Regierungen Befugnisse der Gesetzgebung, der Verwaltung und Rechtsprechung gewähren und sich . . . Zuständigkeiten vorbehalten . . . Solche Zuständigkeiten sind . . .
a) Deutschlands auswärtige Beziehungen vorläufig wahrzunehmen und zu leiten.

b) Das Mindestmaß der notwendigen Kontrollen über den deutschen Außenhandel . . . auszuüben . . ."

▶ **Quelle:** Die Entstehung des Grundgesetzes 1948/49 – Materialien für den Unterricht, Hrsg. W. Gagel u. a. Stuttgart 1976, S. 12.

Text 2: Interview mit Carlo Schmid

„Frage: Die ‚Empfehlungen', die an die deutschen Ministerpräsidenten damals herangetragen wurden, haben in Deutschland zunächst keine rechte Begeisterung ausgelöst.

Schmid: . . . Für die einen war es ein freudiges Ereignis, endlich kriegen wir wieder einen Staat. Man kann ihn gar nicht stark genug haben, denn wir müssen doch unsere Sachen in Ordnung bringen. Gedanken, wie sich das auswirken könne, sind müßig, das wird so oder so doch geschehen . . .

Frage: Ihre Partei, die SPD, sprach damals sogar von einem förmlichen Verrat an Ostdeutschland, wenn man diese westdeutsche Verfassung machen werde.

Schmid: Nicht alle Sozialdemokraten haben das gesagt . . . Ich selber sagte: So wenig Staat wie möglich; was wir hier im Westen brauchen, ist ein Regime, das uns die Möglichkeit gibt, . . . dieses Land ordentlich zu verwalten; regieren, wenn regieren mehr als verwalten heißen soll, können wir es nicht, denn die Besatzungsmächte werden uns nicht die Souveränität geben. Die eigentliche Verfassung Deutschlands wird das Besatzungsstatut sein, wir werden nur das tun können, was uns die Besatzungsmächte tun lassen. Wir werden keine Außenpolitik betreiben können, wir werden uns nicht selber verteidigen können . . .

Die andere Frage war: Wie kommt dieses Gebilde zustande? Soll das aus einem Vertrag der Länder hervorgehen oder . . . durch einen Akt des Volkes? Und da sagte ich: Eine Verfassung im eigentlichen Sinn des Wortes . . . setzt voraus, daß hier wirklich die Volkssouveränität sich verwirklichen kann. Es gibt aber nur **ein** deutsches Volk, und das sind wir alle miteinander – und nicht nur wir Westdeutschen. Also bitte keine ‚Verfassung' . . . Das, was wir brauchen, . . . ist ein Organisationsstatut . . .

Vor allen Dingen dürfen wir nichts tun, was so aussehen könnte, als gingen wir davon aus, daß es eine eigene westdeutsche Staatsnation gebe. Deswegen muß das Ganze ein Provisorium werden, etwas, das für eine Übergangszeit gilt und, wenn einmal die Möglichkeit besteht, daß alle Deutschen zusammen sich eine Verfassung geben, nicht mehr gilt . . ."

▶ **Quelle:** Wie kam es zur Bundesrepublik? Hrsg. A. Wucher. Herder-Bücherei 324, Freiburg 1968, S. 127

Text 3: Ernst Reuter über die Auswirkungen der „Frankfurter Dokumente"

„Wir können eines in Berlin und im Osten nicht ertragen – das Verbleiben des Westens in seinem bisherigen unentschiedenen Status. Wir sind der Meinung, daß die politische und ökonomische Konsolidierung des Westens eine elementare Voraussetzung für die Gesundung auch unserer Verhältnisse und für die Rückkehr des Ostens zum gemeinsamen Mutterland ist . . . Deshalb bin ich der Auffassung, daß eine schnelle Entscheidung im Sinne einer positiven Regelung gefunden werden muß."

▶ **Quelle:** J. Jaenecke, Die deutsche Teilung, a. a. O., S. 199

Arbeitsaufgaben	denkbare Formulierungen
1. Erklärt, inwiefern die Anordnungen der drei westlichen Militärgouverneure („Frankfurter Dokumente") einen Wandel der Politik der Westalliierten deutlich machen.	– Die Einberufung einer „Verfassunggebenden Versammlung" innerhalb von zwei Monaten verdeutlicht, daß die Gründung eines Weststaates beschlossen worden ist. – Die Westmächte kündigen an, daß der neuen deutschen Regierung weitgehende Souveränitätsrechte übertragen würden. Sie grenzen dabei jedoch nicht deutlich ab, welche Rechte sie sich selbst vorbehalten wollen. (Dokument III)
2. Warum unterbreiten die Westmächte diesen Vorschlag?	Im Rahmen der „Eindämmungspolitik" wollte sich der Westen gegen die sowjetische Expansion behaupten. Dazu brauchte man ein wirtschaftlich und politisch stabiles Westdeutschland.
3. Versucht, die Konsequenzen, die sich aus den „Frankfurter Dokumenten" I und III für die Ministerpräsidenten der deutschen Länder ergaben, zu ermitteln.	– Die Gründung eines Weststaates mußte die Wiedervereinigung in weite Ferne rücken. Die Hoffnungen auf eine gesamtdeutsche Einigung zerrannen mehr und mehr. – Andererseits: Es würde wieder einen Staat geben, der schrittweise seine Souveränität zurückgewinnen konnte. Jedoch stand zu befürchten, daß die Sowjets einen Oststaat gründen.
4. Wodurch unterschieden sich Carlo Schmid und Ernst Reuter in ihren Auffassungen?	**Carlo Schmid:** keine frühzeitige staatsrechtliche Verfestigung, sondern Betonung des Provisoriums, des Übergangscharakters der zu erarbeitenden Verfassung. **Ernst Reuter:** Der bisherige politische Status der drei Westzonen ist unbefriedigend und unklar; Vorschlag der Gründung eines westdeutschen Staates, der wie ein „Magnet" die sowjetische Zone zum Westen hinüberziehen werde.

Arbeitsaufgaben	denkbare Formulierungen
5. Diskutiert darüber, was geschehen wäre, wenn die Ministerpräsidenten der Aufforderung der „Frankfurter Dokumente“ nicht nachgekommen wären.	– Die Westmächte hätten in ihren Zonen wie bisher ohne deutsche Mitwirkung die Souveränität ausgeübt. – Die Westmächte hätten sich theoretisch aus den Westzonen zurückziehen und die Deutschen ihrem Schicksal überlassen können. – Die Westmächte einigen sich mit den Sowjets auf Kosten der Deutschen.

Das nachfolgende Tafelbild macht die Zusammenhänge deutlich:

T **Die Gründung eines deutschen Weststaates – Ziele und Folgen**

Westmächte streben an:
Eindämmung des Kommunismus

↕

Mittel:

- Schaffung eines politisch und wirtschaftlich stabilen Westzonenstaates ⟶ **„Frankfurter Dokumente“**
- Londoner Konferenz bringt Einigung der drei Westmächte und der Beneluxländer

Folgen für Westzonen:
- eigener Staat, der schrittweise souverän werden könnte
- Spaltung Deutschlands vertieft, Wiedervereinigung Deutschlands voraussichtlich auf absehbare Zeit ausgeschlossen

↓

Phasen des Entscheidungsprozesses:
- Ministerpräsidenten machen Veränderungsvorschläge (Verfassung soll provisorischen Charakter haben, Besatzungsstatut vor der Beratung des Grundgesetzes)

↓

Militärgouverneure weichen von ihren Instruktionen nicht wesentlich ab

↘ ↙

Einigung auf folgender Basis

- ein „Parlamentarischer Rat“ arbeitet eine vorläufige Verfassung („Grundgesetz“) aus. Ratifizierung durch Länderparlamente oder Referendum
- Besatzungsrechte werden bei Inkrafttreten des Grundgesetzes neu geregelt.

Abschließend seien die wichtigsten Ereignisse, die die Gründung der Bundesrepublik kennzeichneten, aufgeführt und ihr Zusammenhang in einem Tafelbild entwickelt.

T **Vom „Parlamentarischen Rat“ zum Grundgesetz**

„Parlamentarischer Rat“ nimmt den Entwurf des GG an (53 Stimmen dafür, 12 dagegen)

Alliierte Vorbehaltsrechte festgelegt.

Landtage in den Westzonen ratifizieren (mit Ausnahme Bayerns) die Verfassung

↓

Inkrafttreten des GG

↓

Bundestagswahlen

↓

Adenauer wird Bundeskanzler, Heuss Bundespräsident

T **Welche politischen Kräfte beeinflussen das Grundgesetz?**

„Frankfurter Dokumente“

↓

Parlamentarischer Rat
(65 Vertreter westzonaler Länderparlamente)

↓ arbeiten aus

alliierte Militärgouverneure — beeinflussen ⟶ GRUNDGESETZ ⟵ unterstützen, hohen Einfluß — politische und gesellschaftliche Gruppen (Parteien, Gewerkschaften, Wirtschaft, Kirchen, Beamte)

↑ beeinflußt

Besatzungsstatut

44.1.4.2. Schwerpunkt: Westintegration und deutscher Wehrbeitrag

● In den Anfangsjahren der Bundesrepublik Deutschland gab es heftige Auseinandersetzungen um die Frage, wie die von allen politischen Kräften erstrebte Wiedervereinigung zu erreichen sei.
● Sollte die Westintegration Vorrang haben und die Wiedervereinigung auf dem Umweg über die Einbindung in einen starken Westen erreicht werden?
● Sollte man auf die Westintegration und die damit verbundene Wiedergewinnung der politischen Handlungsfähigkeit verzichten, um die Wiedervereinigung nicht zu blockieren?
Die Auseinandersetzungen verschärften sich, als die Frage eines deutschen Verteidigungsbeitrages zur Debatte stand. Eine militärische Integration in das westliche Bündnis, so schien es vielen, würde die Wiedervereinigung vollends blockieren.
Die nachstehenden Quellen sollen einen Einblick in die Auseinandersetzungen jener Jahre ermöglichen. Bei der Unterrichtsplanung stellt sich dem Lehrer die Frage, wie er über das Vermitteln von Fakten und Grundzügen hinaus die Offenheit der Situation, die Kontroversen über Ziele und Möglichkeiten sowie die Ursachen und Begründungen für eine bestimmte Entscheidung aus der Sicht von damals herausarbeiten kann. Dazu eignen sich vorzüglich Parlamentsdebatten, in denen die gegensätzlichen Ansichten pointiert hervortreten, aber auch Bekundungen der Öffentlichkeit (Leserbriefe, Plakate, Zeitungsberichte, Wochenschauen, Interviews u. ä.).

Bundeskanzler Adenauer: Interview mit der New York Times, 17. 8. 1950

„Baut man eine Verteidigung auf oder nicht? Bis jetzt hat das deutsche Volk seine Haltung gegen die Drohung des Kommunismus durch sein Vertrauen auf die bewaffneten Streitkräfte der Vereinigten Staaten bewahrt. Die Ereignisse in Korea haben aber eine merkliche Auswirkung gehabt, und es besteht ein Gefühl der Hilflosigkeit, daß die Russen eines Tages die Macht ergreifen werden.
Die Volkspolizeiarmee in der Sowjetzone bildet offensichtlich die Grundlage für eine echte Angriffsmacht. Ihre Aufgaben sind nicht auf reine Polizeiarbeit begrenzt. Sie besteht getrennt neben der allgemeinen Polizei, ist in Kasernen untergebracht und erhält militärische Ausbildung . . .
Wir müssen die Notwendigkeit der Schaffung einer starken deutschen Verteidigungskraft erkennen. Ich will nicht von einer Armee oder Waffen sprechen, aber diese Streitmacht muß stark genug sein, um jede mögliche, den Vorgängen in Korea ähnelnde Aggression der Sowjetzonenvolkspolizei abzuwehren. So stark wie diese Volkspolizei ist, müssen auch wir sein. Das Ausmaß der Bewaffnung und Ausbildung muß dem Ausmaß der Bewaffnung und Ausbildung der Volkspolizei entsprechen . . .
Unsere Beteiligung an westeuropäischen Armeen sollte schnell entschieden werden, ebenso wie konkrete Maßnahmen für die allgemeine westeuropäische Verteidigung getroffen werden sollten. Ebenso ist jedoch eine starke amerikanische Einwirkung auf die europäische Politik notwendig, um auf eine politische und soziale Einigung Westeuropas zu drängen, so wie die Vereinigten Staaten bereits erfolgreich auf die wirtschaftliche Integration Westeuropas hingewirkt haben."

▶ **Quelle:** Hohlfeld, a. a. O., Band 6, S. 531 ff.

Memorandum des Innenministers Gustav Heinemann, 9. 10. 1950:

„Die Sicherheit gegen Angriffe von außen liegt nicht in unserer Hand. Sie ist Sache der Besatzungsmächte. Seit dem Konflikt der Besatzungsmächte untereinander und dem Kampf um Berlin ist die Sicherheit der Bundesrepublik gegen einen Angriff von außen Gegenstand besonderer Sorge geworden. Auch sie kann heute nur von den Besatzungsmächten der Bundesrepublik, das heißt den Westmächten, gewährleistet werden.
Es ist nicht unsere Sache, eine deutsche Beteiligung an militärischen Maßnahmen nachzusuchen oder anzubieten. Wenn die Westmächte unserer Mitwirkung zu bedürfen glauben, so mögen sie an uns herantreten und dabei verbindlich sagen, welches die Grundlagen einer etwa von ihnen gewünschten deutschen Mitwirkung sein sollen. Nachdem es eines der vornehmsten Kriegsziele der Alliierten gewesen ist, uns zu entwaffnen und auch für die Zukunft waffenlos zu halten, nachdem die Alliierten in fünfjähriger Besatzungszeit alles darauf angelegt haben, das deutsche Militär verächtlich zu machen, unsere Wehrmöglichkeiten unter Einschluß sogar von Luftschutzbunkern zu zerstören und das deutsche Volk zu einer jedem Militärwesen abholden Geisteshaltung zu erziehen, haben wir allen Anlaß, auf gegenteilige Aufforderungen so zurückhaltend wie nur möglich zu reagieren. Dies wird für unsere Nachbarvölker im Westen wie im Osten der eindrücklichste und immer noch notwendige Beweis für die doch unleugbare Gesinnungsänderung des deutschen Volkes sein. Wenn wir anders handeln, kann nur der alte Verdacht gegen unseren Militarismus und die aus ihm folgende Mißachtung unseres Volkes verhängnisvoll belebt werden . . .
Besonders bedeutungsvoll ist die Frage, ob eine westdeutsche militärische Beteiligung auf Rußland provozierend wirken würde. Der Marxist glaubt ohnehin an kapitalistische Einkreisung . . . Wenn das Wiedererstehen des deutschen Soldaten in Frankreich ein tiefes Mißbehagen auslöst, was wird es in Rußland auslösen, das den furor teutonicus in besonderem Maße erlebt und ebenfalls nicht vergessen hat?"

▶ **Quelle:** Hohlfeld, a. a. O., Band 3, S. 542 ff.

Bundeskanzler Adenauer, Rundfunkerklärung, 18. 9. 1951:
„Seit dem Zusammenbruch Deutschlands, seit 1945, ist Sowjetrußland der einzige Staat gewesen, der ständig weiter gerüstet hat. Die Westalliierten haben nach dem Zusammenbruch Deutschlands im Gegensatz zu Rußland abgerüstet. Erst, seit im vorigen Jahre Korea der Welt die Absichten Sowjetrußlands enthüllte, rüsten die Westalliierten und die Völker des Nordatlantikpaktsystems. Erst seit diesem Krieg in Korea hat man klar erkannt, was Sowjetrußland in Wirklichkeit will ...
Die Bundesrepublik Deutschland ist zur Zeit politisch und militärisch ein Niemandsland. Sie ist völlig entwaffnet. Sie ist nicht souverän. Sie schwebt zwischen dem Ostblock und den Westalliierten, ohne jede Möglichkeit sich zu schützen und sich zu verteidigen. Dieser Zustand ist auf die Dauer unmöglich. Ein Abschluß von Verträgen mit den Westalliierten, wie es in den oben erwähnten Veröffentlichungen vom 14. September vorgesehen ist, würde diesem, wie ich nochmals betone, auf die Dauer unmöglichen und untragbaren Zustand ein Ende machen. Die Bundesregierung würde alsdann Vertragspartner der Westalliierten zur gegenseitigen Verteidigung gegen jeden Angriff auf Deutschland oder Europa werden. Sie würde gleichzeitig ihre volle Souveränität wiedererhalten. Damit würde Sowjetrußland eine ebenso vernichtende Niederlage seiner Politik im Westen erfahren, wie es sie in San Francisco durch den Friedensschluß mit Japan im Osten erfahren hat. Das Ziel der sowjetrussischen Westpolitik ist völlig klar. Sie will den politischen und militärischen Schwebezustand Deutschlands verewigen, weil damit eine Integration Westeuropas unmöglich gemacht wird. Sowjetrußland rechnet damit, daß die Vereinigten Staaten an einem zerbröckelnden Westeuropa – ohne Zusammenfassung und Integration ist Westeuropa im Zustand des Zerbröckelns, sind die westeuropäischen Staaten mehr oder weniger machtlos —, ich wiederhole: Sowjetrußland rechnet damit, daß die Vereinigten Staaten an einem schwachen Europa kein Interesse mehr haben und sich aus Europa zurückziehen würden. Sowjetrußland würde dann nicht nur die Bundesrepublik, sondern auch die übrigen westeuropäischen Länder ohne Krieg in seine Einflußsphäre ziehen und schließlich Herr von ganz Europa werden. Was dann unser Los sein würde, wissen wir ..."

▶ **Quelle:** Hohlfeld, a. a. O., Band 7, S. 106 ff.

SPD-Abgeordneter Luetkens, Rede im Bundestag, 16. 10. 1951:
„Die Politik meiner Fraktion ist immer davon ausgegangen, daß die Wiederherstellung der deutschen Einheit nicht nur für die Existenz unseres Volkes geboten sei, sondern auch die Voraussetzung bleibt für die erfolgreiche Integrierung eines freien Europas. In dieser Erkenntnis haben wir immer bei allen politischen Überlegungen Priorität für die Wiedervereinigung gefordert und uns solchen Plänen widersetzt, welche die Erreichung dieses Ziels gefährden könnten.
Wir haben die enge Zusammenarbeit mit den westlichen Völkern Europas immer begrüßt. Aber gerade auch im Interesse dieser anderen Völker und Europas haben wir uns widersetzt, wenn die Integration nach Westen über den Punkt hinausgetrieben werden sollte, wo sie automatisch die Wiedervereinigung mit der sowjetischen Besatzungszone gefährden muß ...
Alle Verträge, die der Herr Bundeskanzler abzuschließen plant, werden Barrieren aufrichten, die die deutsche Wiedervereinigung hemmen, erschweren, wenn nicht noch schwerere Wirkungen und Konsequenzen für die Wiedervereinigung haben ...
Die Frage ist nicht, ob die Einheit Deutschlands das höchste Ziel der Politik und Ihrer Politik, Herr Bundeskanzler, ist, sondern die Frage ist, ob Sie um dieses Zieles willen fähig sind, Verzicht zu leisten auf das, was Sie bisher angestrebt haben, nämlich eine Form der westlichen Integration, welche die Integration Deutschlands zu blockieren droht. Das ist Ihr Dilemma, und das ist nunmehr unser aller Dilemma."

▶ **Quelle:** Verhandlungen des Deutschen Bundestages, 1. Wahlperiode 1948–1950. 168. Sitzung, 16. 10. 1951

Bundeskanzler Adenauer, Rede im Bundestag, 9. 7. 1952:
„Wie ich bereits ausgeführt habe, handelt es sich um eine politische Entscheidung, die zu treffen ist. Wir können, lassen Sie mich die theoretischen Möglichkeiten klarlegen, wählen zwischen folgenden Möglichkeiten:
1. Bejahung der Verträge und damit Anschluß an den Westen,
2. Ablehnung der Verträge, um damit zu erreichen: Anschluß an den Osten oder Neutralisierung Deutschlands und
3. Herauszögern einer Entscheidung, um eventuell neu zu verhandeln ...
Welche Fortschritte werden nun die Verträge nach ihrem Inkrafttreten gegenüber dem heutigen Zustand für Deutschland bringen?
Das Besatzungsstatut fällt fort.
Alle wirtschaftlichen Beschränkungen hören auf.
Wir erhalten die Unterstützung der Vereinigten Staaten.
Wir erhalten ein Defensiv-Bündnis mit Großbritannien.
Die europäische Föderation beginnt auf dem neuralgischen Gebiet, nämlich dem militärischen Gebiet.
Europäische Kriege sind in Zukunft ausgeschlossen.
Durch den Einbau in das größte Verteidigungssystem der Geschichte erhalten wir die denkbar größte Sicherheit. Wir sind nicht mehr Objekt politischer und strategischer Überlegungen, sondern wir werden Mithandelnde."

▶ **Quelle:** Hohlfeld, a. a. O., Band 7, S. 361 ff.

SPD-Abgeordneter Carlo Schmid, Rede im Bundestag, 9. 7. 1952:
„Sie sagen: Wir machen durch die Verträge uns und den Westen stark, und nur, wenn wir den Westen stark machen – in einer früheren Debatte wurde einmal gesagt: militärisch stark machen –, kann man den Russen gegenüber eine offensive Deutschland-Politik betreiben, denn sie verstehen nur die Sprache der Macht. Dazu sagen wir Ihnen: Die Macht, die wir dazu brauchten, schaffen diese Verträge nicht. Keiner unserer Partner ist durch diese Verträge zu konkreten politischen Maßnahmen für die Einheit Deutschlands verpflichtet. Jeder einzelne bleibt in jedem einzelnen Fall Herr seiner Entscheidung . . .
Es sollte das vornehmste Nahziel unserer Politik sein, auf die Abhaltung einer Viermächtekonferenz hinzuwirken, auf der der Osten und der Westen klipp und klar zum Ausdruck bringen sollen, wie man sich dort, wo man noch Geschichte machen kann, die Lösung unserer Schicksalsfrage vorstellt und welche Voraussetzungen von der einen oder von der anderen Seite für das Verständnis verlangt werden. Einen anderen Weg gibt es schlechthin nicht!“

▶ **Quelle:** Hohlfeld, a. a. O., Band 7, S. 370 ff.

	Gruppe 1	Gruppe 2	Gruppe 3	Gruppe 4	Gruppe 5	Gruppe 6
	Bundeskanzler Adenauer Interview mit der „New York Times“ 17. 8. 1950	Innenminister Gustav Heinemann Memorandum Okt. 1950	Bundeskanzler Adenauer Rundfunk 18. 9. 1951	SPD-Bundestagsabgeordneter Luetkens Bundestagsdebatte 16. 10. 1951	Bundeskanzler Adenauer Bundestagsdebatte 9. 7. 1952	SPD-Abgeordneter Carlo Schmid Bundestagsdebatte 9. 7. 1952
politische Forderung(en)	Notwendigkeit einer starken deutschen Verteidigungskraft; politische und soziale Einigung Westeuropas.	keine westdeutsche Beteiligung an militärischen Maßnahmen	Abschluß von Verträgen mit den Westmächten, die die Integration der Bundesrepublik in eine europäische Gemeinschaft bei voller Gleichberechtigung zum Ziele haben.	Ablehnung des Vertragswerkes (Deutschlandvertrag)	Deutschland- und EVG-Vertrag müssen vom Bundestag ratifiziert werden.	Verträge ablehnen; Viermächtekonferenz soll Voraussetzungen für Wiedervereinigung klären.
Begründung	Aufbau einer Angriffsstreitmacht in der Sowjetzone Gefahr einer Aggression wie in Korea	Abwehr von Angriffen von außen ist Sache der Besatzungsmächte – westdeutsche militärische Beteiligung provoziert Rußland – Belastung der jungen Demokratie durch das Militär	Die Bundesrepublik ist politisch u. militärisch ein Niemandsland. Die Sowjetunion will den Schwebezustand Deutschlands verewigen u. die Integration Westeuropas verhindern. Die USA würden sich aus einem zerbröckelnden Westeuropa zurückziehen. Dies würde die SU zum Herrn ganz Europas machen.	Die Verträge hemmen automatisch die deutsche Wiedervereinigung. Wiederherstellung der deutschen Einheit muß dem europäischen Zusammenschluß vorausgehen.	Vorteile: Besatzungsstatut fällt fort; wirtschaftliche Beschränkungen hören auf; Unterstützung der USA; europäische Föderation auf militärischem Gebiet; mehr Sicherheit; Bundesrepublik wird aktiv beteiligt sein.	Der EVG-Vertrag wird die Russen nicht zur politischen Kapitulation bewegen. Die Verträge schaffen allerdings nicht die Macht, die man braucht; die Russen werden mit anderen Machtmitteln antworten. Die Meinung, man könne den Russen gegenüber nur eine offensive Deutschlandpolitik betreiben, wenn der Westen stark ist, ist irrig.

Im Unterrichtsgespräch können nun die Pro-und-Contra-Argumente gegenübergestellt werden:

Argumente für die Wiederbewaffnung	**Argumente gegen die Wiederbewaffnung**
● Schock durch Angriff auf Südkorea	● Die Deutschen haben Millionen von Toten zu beklagen. Die Besatzungsmächte haben die deutschen Soldaten verächtlich gemacht.
● Gefahr für die Sicherheit der Bundesrepublik durch sowjetzonale Streitkräfte	● Für den militärischen Schutz Deutschlands sind ausschließlich die Besatzungsmächte verantwortlich.
● Deutsche Mitwirkung an der europäischen Verteidigung im Rahmen der europäischen Integration soll die Westmächte veranlassen, sich das Ziel der deutschen Wiedervereinigung zu eigen zu machen.	● Eine auch militärische Westintegration wird die Wiedervereinigung erschweren oder unmöglich machen.

▶ **Material:** Informationen 157, S. 13 ff.
Die in diesem Text vermittelten Informationen geben den Schülern Auskunft über den historischen Hintergrund der heftig geführten Diskussion. Danach kann das nachfolgende Tafelbild erarbeitet werden:

T **Kontroverse um den deutschen Wehrbeitrag**

Westmächte	**Frankreich**	**Bundesrepublik**
(insbesondere USA und Großbritannien): Die Deutschen müssen dazu beitragen, daß Europa wirksam gegen Sowjetbedrohung geschützt wird. („Eindämmung", Korea-Krieg, „roll back") ↓ Gegenleistung: Abbau des Besatzungsstatuts als Schritt zur Souveränität der Bundesrepublik ↓	hat Bedenken gegen ein wirtschaftlich und militärisch erstarkendes Westdeutschland ↓ „Pleven"-Plan (supranational organisierte und geführte Armee mit deutschen Kontingenten in Bataillonsstärke) ↓	Pro-und-Contra-Diskusion um deutschen Wehrbeitrag
„Deutschland"-Vertrag vom 26. 5. 1952	EVG-Vertrag französisches Parlament lehnt ab	Bundestag ratifiziert (gegen die Stimmen der Opposition)

44.1.4.3. Schwerpunkt: Das sowjetische „Wiedervereinigungsangebot"

Eine besonders wichtige Rolle in der Auseinandersetzung um die deutsche Wiedervereinigung spielte der Notenwechsel zwischen der Sowjetunion und den Westmächten im Jahre 1952.
Die Schüler werden zunächst über den Inhalt der Note Stalins vom 10. März 1952 informiert:
▶ **Quelle:** GiQ VI, Nr. 197 und Gfm

Arbeitsaufgaben	denkbare Formulierungen
1. Was war auf den ersten Blick an diesen Vorschlägen verlokkend?	– Wiedervereinigung scheint in greifbare Nähe gerückt. – Deutschland soll ein souveräner „demokratischer" Staat werden. – Deutschland soll über eigene Streitkräfte verfügen dürfen.
2. Welche Bedenken wurden hinsichtlich des Zeitpunktes der Veröffentlichung geäußert?	Das sowjetische Angebot wurde als Störmanöver betrachtet, da zur selben Zeit die Unterzeichnung des EVG- und des Deutschlandvertrages als Zeichen der Westintegration der Bundesrepublik in greifbare Nähe rückte.

Aus den Vorschlägen der sowjetischen Note soll beispielhaft das Angebot nationaler Streitkräfte herausgegriffen und unter Heranziehung zweier kommunistischer Verlautbarungen analysiert werden.

Text 1: Walter Ulbricht, stellv. Ministerpräsident der DDR, am 4. Mai 1952 („Neues Deutschland"):
„. . . Militär ist also nicht einfach Militär. Entscheidend ist das Wesen der Staatsmacht, ob das Volk bestimmt, oder, wie in Westdeutschland, die Rüstungsmillionäre und Wehrwirtschaftsführer Hitlers. Von großer Bedeutung ist es auch, wer die bewaffneten Kräfte führt. Sind es, wie in Westdeutschland, die alten Militaristen, oder sind es in einem künftigen einigen demokratischen Deutschland die besten Söhne des werktätigen Volkes, die als Offiziere der nationalen Armee ihre Heimat schützen. Von großer Bedeutung ist es, mit wem der Staat verbunden ist. Gehört er dem großen Weltfriedenslager an oder gehört er zur Staatengruppe des Atlantikpaktes?"

Text 2: Kommentar von V. Veselý (Tschechoslowakei):
„. . . Damit auch in Westdeutschland dem Arbeiter es ermöglicht wird, mit dem deutschen Faschisten und Monopolisten abzurechnen, um die Sache des Friedens in die eigene Hand nehmen zu können, ist es erforderlich, daß die Amerikaner Westdeutschland verlassen, die hier die reaktionären Kräfte künstlich an der Macht

halten. Das wäre eine unumgängliche Folge des Friedensvertrages gemäß des Vorschlages der Sowjetunion, demzufolge Deutschland nach der Vereinigung die Möglichkeit hat, sich als unabhängiger, demokratischer und friedliebender Staat zu entwickeln."

▶ **Quelle:** J. Weber, Das sowjetische Wiedervereinigungsangebot vom 10. März 1952. in: Aus Politik und Zeitgeschichte, Nr. 50/69, S. 12 ff.

Arbeitsaufgaben	denkbare Formulierungen
3. Welche Bedingungen nennt Ulbricht für das Zugeständnis nationaler Streitkräfte?	Ulbricht nennt drei Voraussetzungen für die nationalen Streitkräfte: – Das Volk müsse im Staat bestimmen. – Offiziere müßten die „besten Söhne des werktätigen Volkes" werden. – Der Staat müsse dem „Weltfriedenslager" angehören. Solche Streitkräfte würden nicht geduldet, wenn – im Staat die „Rüstungsmillionäre" bestimmten, – die Offiziere die „alten Militaristen" seien, – der Staat zur Staatengruppe des Atlantikpaktes gehöre. (Vesely̌ fügt eine weitere Bedingung hinzu: Die Amerikaner müßten Westdeutschland verlassen.)
4. Was bedeuten die von Ulbricht formulierten Bedingungen im Lichte der marxistisch-leninistischen Ideologie?	– In marxistisch-leninistischer Interpretation herrscht das „Volk" durch die (kommunistische) Partei. – Die „besten Söhne des werktätigen Volkes" sind in dieser Sicht die Kommunisten. – Eindeutig ist die Aussage, der Staat müsse dem „Weltfriedenslager" angehören. – Die staatliche Ordnung der Bundesrepublik wird entschieden abgelehnt: dort herrschten Rüstungsmillionäre und Militaristen.
5. Worin bestand der Unterschied zwischen Zielvorstellungen der Westmächte und denen der Sowjetunion?	– Westmächte: souveränes Deutschland, mit dem Recht, Bündnisse einzugehen, in der Erwartung, daß es sich dem Westen zugehörig fühlen würde. – Sowjetunion: Abzug aller Besatzungstruppen und Neutralisierung Deutschlands mit der Absicht, es auf längere Sicht in das sowjetische Lager hinüberziehen zu können.

Der auf die Sowjetnote vom 10. März 1952 folgende Notenwechsel kreist im wesentlichen um die Frage der „freien Wahlen". Daher soll dieses Problem im Unterricht thematisiert werden. Welche Vorstellungen hatten beide Seiten von „freien Wahlen"? Eine Gegenüberstellung von Plakaten („Freie Wahlen in ganz Deutschland" und „Deutsche an einen Tisch", Gfm) läßt den entscheidenden Unterschied sichtbar werden: Hinter den beiden Forderungen verbirgt sich der Konflikt über die **Reihenfolge** der vorzunehmenden Maßnahmen.

Die sowjetische Seite schlägt folgende Reihenfolge vor: Aushandlung eines Friedensvertrages zusammen mit Vertretern der Bundesrepublik und der DDR („Deutsche an einen Tisch"), dann erfolgt die Bildung einer provisorischen Regierung, die dann erst gesamtdeutsche Wahlen durchführen läßt.

Die Westmächte forderten als **ersten** Schritt freie Wahlen, worauf eine Nationalversammlung einberufen, ein Friedensvertrag ausgearbeitet und eine Regierung gebildet werden soll.

Eine weitere Frage ist, ob die Vorstellungen, die beide Seiten von Wahlen hatten, identisch waren?

„. . .Selbstredend kann unter solchen Umständen in Westdeutschland von freien Wahlen nicht die Rede sein, solange nicht alle diejenigen Kräfte von der Vorbereitung und der Durchführung der Wahlen ausgeschaltet sind, die keineswegs ein Interesse daran haben, daß die wirkliche Volksmeinung durch die Wahlen zum Ausdruck kommt, sondern nur das eine Interesse, daß durch diese Wahlen ihre Herrschaft ein scheinbar demokratisches Gepräge erhält. Der demagogische Charakter der westdeutschen Wahlen ist für jeden, der hinter die Kulissen sieht, offenbar . . . In der Deutschen Demokratischen Republik können wir von derartigen Entstellungen der freien Meinungsäußerung anläßlich von Wahlen nicht sprechen. Durch die Enteignung des Großgrundbesitzes und die Entmachtung der Kriegsverbrecher und des Monopolkapitals ist die Grundlage zu wirklich freien Wahlen geschaffen . . . Wenn die Garantie gegeben ist, daß das deutsche Volk wirklich so wählt, wie es seinen Interessen entspricht, wenn die deutschen Menschen wahrhaft frei wählen, dann kann es keinem, der sein deutsches Vaterland von ganzem Herzen liebt, um das Wahlresultat bange sein. Diese Wahlen allerdings werden anders ausfallen, ganz anders als diejenigen, die Herr Adenauer und der deutsche Imperialismus für wünschenswert halten."

▶ **Quelle:** Kultusminister der DDR Johannes R. Becher: Wie freie Wahlen aussehen müssen, vom 15. Februar 1954. Zit. in: J. Weber, a. a. O., S. 23.

Arbeitsaufgaben	denkbare Formulierungen
6. Wie charakterisiert Johannes R. Becher die Wahlen in der DDR und in der Bundesrepublik Deutschland?	– Wirklich freie Wahlen gibt es nur in der DDR, weil dort die Großgrundbesitzer, Kriegsverbrecher und Monopolkapitalisten ausgeschaltet sind. – Daher kann das Volk so wählen, wie es seinen Interessen entspricht. – Unter diesen Umständen kann es niemandem um das Wahlergebnis bange sein. – In der Bundesrepublik haben Wahlen die Funktion, der Herrschaft der Monopolkapitalisten ein demokratisches Gepräge zu geben. – Die wirkliche Volksmeinung kommt in den Wahlen nicht zum Ausdruck. – Diese Wahlen (bzw. die Forderung nach ihnen) sind demagogisch.
7. Welche Aussage trifft Stalin in seiner Note vom 10. März 1952 über politische Parteien und Organisationen? Welche Konsequenzen können sich daraus ergeben?	– Demokratische Parteien und Organisationen dürfen sich frei betätigen. – Organisationen, die der Demokratie und der Sache des Friedens feindlich sind, sollen verboten werden. – Welche Parteien und Organisationen demokratisch sind, definiert die Sowjetunion oder die SED. – In Erklärungen von SED-Politikern (Ulbricht, Becher) wird behauptet, in der Bundesrepublik herrsche nicht das Volk, sondern die Monopolkapitalisten. Daraus ergibt sich, daß die SED die Parteien der Bundesrepublik Deutschland für nicht in ihrem Sinne demokratisch ansieht. Daraus folgt, daß sie zu verbieten wären.
8. Warum konnten die Sowjetunion und die Westmächte keine Einigung über freie Wahlen erzielen?	Freie Wahlen, wie sie der Westen verstand, hätten das Ende der kommunistischen Herrschaft in der DDR zur Folge gehabt.

Das sowjetische Angebot vom 10. März 1952 ist bis heute Gegenstand heftiger Auseinandersetzungen in der politischen Diskussion geblieben. Der eigentliche Streitpunkt liegt nach wie vor darin, ob Stalins Angebot nicht doch die Chance der Wiedervereinigung enthielt. Hat die Bundesrepublik 1952 die Wiedervereinigung „verschenkt"?
In den Diskussionen des Jahres 1952 kam es zu Meinungsverschiedenheiten über den Charakter und die Zielsetzung der Note. War sie nur ein Störmanöver, das die in diesen Monaten anstehende Unterzeichnung des EVG- und des „Deutschlandvertrages" verhindern sollte? Oder war das sowjetische Angebot ernstgemeint? Dann sollte man es prüfen und in Verhandlungen eintreten.
Es steht zu erwarten, daß die Schüler von sich aus der Frage, ob denn die Wiedervereinigung 1952 „verschenkt" worden sei, Stellung nehmen wollen. Es muß allerdings bedacht werden, daß darüber nur Spekulationen angestellt werden können. Niemand weiß, was geschehen wäre, wenn die Bundesregierung und die Westmächte in Verhandlungen mit der Sowjetunion eingetreten wären.
Die Argumente werden nochmals in der 1958 geführten parlamentarischen Diskussion ausgetauscht.
▶ **Quellen:** Entscheidungen in Deutschland 1949–1955. Reihe Kontrovers. Hrsg. von der Bundeszentrale für politische Bildung, Bonn, S. 81 ff.

Argumentation Dehlers (FDP):
Die Verhandlungsmöglichkeiten seien 1952 nicht ausgeschöpft worden – mit der Annahme sowjetischer Vorschläge wäre der Verzicht auf die EVG verbunden gewesen, die von Frankreich ohnehin abgelehnt worden ist –, heute, 1958, wisse man, daß Stalin sich 1952 in einer verzweifelten innenpolitischen Lage befunden habe, und das hätte man ausnützen müssen.

Argumentation Heinemanns (SPD):
Damals habe es auch in den Reihen der CDU/CSU zu den Stalin-Vorschlägen (deutsche Einheit, Freiheit, freie wirtschaftliche Entwicklung, nationale Streitkräfte für ein wiedervereinigtes Deutschland, Aufnahme in die UN, gesamtdeutsche Regierung – hervorgegangen aus freien Wahlen –, falls Deutschland sich nicht an Militärbündnissen beteiligt) Zustimmung gegeben. Kritik am Standpunkt Adenauers: erst Stärkung des Westens, dann Verhandlungen, die mit dem Anspruch verbunden gewesen seien: „Wiedervereinigung Deutschlands sowie . . . Neuordnung im Osten."

Argumentation Höcherls (CDU/CSU):
Der Vorwurf, das Angebot der Sowjetunion sei „verludert" worden, eröffnet die Gefahr der historischen Legendenbildung:

– wenn man damals auf das sowjetische Angebot eingegangen wäre, wäre das „der Anfang vom Ende gewesen", weil das Angebot folgende Punkte enthalten habe:

1. Neutralisierung Deutschlands,
2. Anerkennung des Potsdamer Abkommens,
3. Anerkennung der Oder-Neiße-Linie,
4. Verbot aller politischen Parteien, die von der Sowjetunion nicht als demokratisch anerkannt waren,
5. Verbot aller Organisationen, die in den Augen der Sowjetunion nicht als friedliebend und demokratisch bezeichnet werden konnten.

Am Schluß dieser Unterrichtseinheit sollen zwei Äußerungen von Adenauer und Ollenhauer aus dem Jahre 1955 stehen, nachdem die Bundesrepublik Deutschland ihre Souveränität erhalten hatte und fest in den Westen integriert war.

▶ **Quelle:** Briefwechsel zwischen dem SPD-Vorsitzenden Ollenhauer und Bundeskanzler Adenauer, in: Adenauer, Erinnerungen 1945–1953. Stuttgart 1965. (Gfm)

	Arbeitsaufgaben	denkbare Formulierungen
	1. Worüber sind sich beide Politiker, Ollenhauer und Adenauer, einig?	– Wiedervereinigung vordringlichste Aufgabe der deutschen Politik – Wiedervereinigung kann nur über die vier Besatzungsmächte erfolgen.
	2. In welchen Punkten bestehen Gegensätze?	
	Ollenhauer	**Adenauer**
Folgen der Pariser Verträge	Verhärtung der deutschen Spaltung	Die Westmächte haben in diesem Vertragswerk einer Wiedervereinigung in Frieden und Freiheit zugestimmt.
Politik gegenüber der Sowjetunion	Die Sowjetunion wird nach der Ratifizierung der Pariser Verträge nicht mehr für Verhandlungen zu gewinnen sein. Deswegen sind noch vor der Ratifizierung Viermächteverhandlungen einzuleiten.	Die Sowjetunion muß zu einer Änderung ihrer negativen Haltung in der deutschen Frage gebracht werden; keine Viermächtekonferenz vor der Ratifizierung, da dann Deutschland ohne Freunde sein könnte und in Unfreiheit bleibt, bis sich die vier Mächte geeinigt haben.

44.2. Der wirtschaftliche und soziale Aufbau der Bundesrepublik Deutschland

44.2.1. Wissensziele

Die Währungsreform leitete die wirtschaftliche Aufwärtsentwicklung der drei Westzonen und später der Bundesrepublik Deutschland ein.
Prof. Ludwig Erhard setzte die Soziale Marktwirtschaft durch, die eine liberale Wirtschaft mit sozialer Verantwortung verbinden will. Auf ihr beruht das „Wirtschaftswunder" der fünfziger Jahre. An sozialen Leistungen dieser Zeit sind zu nennen: die Kriegsopferversorgung, die Heimkehrerentschädigung, der Lastenausgleich und die Reform der gesetzlichen Rentenversicherung.

44.2.2. UE-Ziele

(1) Der wirtschaftliche Wiederaufbau in den Westzonen
(2) Die Auseinandersetzung um die Wirtschaftsordnung und die Entscheidung für die soziale Marktwirtschaft

44.2.3. Einstieg

- Vergleich von Zeitungsberichten 1949 und 1955 (Informationen 168, S. 2/3 und 28/29)
- **Fotovergleich:** Warenangebot 1949 und 1955 (Informationen 168, S. 20)
- **Grafik:** Soziale Marktwirtschaft (Erich-Schmidt-Verlag, Gfm)

44.2.4. Schwerpunkt

Thema der Unterrichtseinheit ist die Entwicklung der Wirtschaft und der sozialen Ordnung der Bundesrepublik. Als Ausgangs- und Anknüpfungspunkt schlagen wir den Einsatz von Filmen oder Fotos vor, die die Erscheinungsformen des „Wirtschaftswunders" prägnant und anschaulich dokumentieren. („Der Wiederaufbau der deutschen Wirtschaft 1945–1948", Nr. 323028.)
Eine instruktive Gegenüberstellung bieten die beiden Doppelseiten in Informationen 168, S. 2/3 und 28/29. Sie enthalten Zeitungsberichte, Fotos, Zeitungsanzeigen und Grafiken über den Alltag 1949 und 1955.
Es empfiehlt sich, eine Auswahl von Materialien in Gruppenarbeit zu erarbeiten. Das Arbeitsergebnis könnte folgendermaßen festgehalten werden:

	Alltag 1949	Alltag 1955
Ernährungslage	Lebensmittel rationiert – Sonderzuteilungen – Freigabe „gewisser Zuckerwaren“ – Erhöhung von Fleischrationen.	enorme Steigerung im Nahrungsmittelangebot – verfeinerte „Freßwelle“
Heizung und Wohnung	Wohnungen werden Handwerkern angeboten, die beim Bau mitarbeiten sollen. Kohlen für viele zu teuer.	500 000 Neubauwohnungen gebaut – Wohnungstausch nach wie vor genehmigungspflichtig – Kohle knapp
Lage auf dem Arbeitsmarkt	Demontagestopp freudig begrüßt – Sicherung von Arbeitsplätzen – trotzdem noch viele Arbeitsuchende.	Löhne steigen langsam an.
Soziale Aufgaben	Umsiedlung von Flüchtlingen – Versorgung und Unterbringung heimkehrender Kriegsgefangener – Wohlfahrtsunterstützung.	Spenden für Kriegsheimkehrer – Pakete für Kriegsgefangene.

Arbeitsaufgaben	denkbare Formulierungen
1. Inwieweit hat der Marshallplan zu dieser wirtschaftlichen Aufwärtsentwicklung beigetragen?	Die Bundesrepublik Deutschland erhielt Warenkredite (Nahrungsmittel, Maschinen, Rohstoffe). Erlöse aus dem inländischen Verkauf wurden auf „Gegenwertkonten“ angesammelt. Aus diesem Sondervermögen erhielt die Wirtschaft Kredite.
2. Welche weiteren Ursachen sind anzuführen?	– Es stand ein wachsendes Arbeitskräftepotential zur Verfügung (Kriegsgefangene und Flüchtlinge) mit guter Qualifikation und hoher Leistungsbereitschaft. – Der Binnenmarkt war nahezu unbegrenzt aufnahmefähig, die Industrie mit neuen und modernen Maschinen wieder aufgebaut. Hochkonjunktur, Steigerung des Lebensstandards
3. Interpretiert die Grafiken, die die wirtschaftliche Entwicklung veranschaulichen.	– starke Steigerung des Volkseinkommens bei sinkender Arbeitszeit – Arbeitslosigkeit abgebaut, Schaffung neuer Arbeitsplätze, Vollbeschäftigung

In der nun folgenden Phase sollen die Schüler anhand der Texte in Informationen 168, S. 18 (Gfm), die Entstehung des „Wirtschaftswunders“ erarbeiten.

Was sagen die Parteiprogramme über die Wirtschaftsordnung aus?
▶ **Quellen:** Informationen 157, S. 15, 16, 18 mit dazugehörigen Texten. Kontrovers – Entscheidungen in Deutschland 1949–1955, S. 110 ff.

	Programm der SPD (1946)	Ahlener Programm der CDU (1947)	Programm der FDP
Lenkung und Planung	Ziel ist die Schaffung einer sozialistischen Wirtschaft „durch planmäßige Lenkung und gemeinwirtschaftliche Gestaltung“.	Planung und Lenkung der Wirtschaft wird auf lange Sicht notwendig sein; Warnung vor einem „Staatskapitalismus“.	Wiedereinschaltung der freien Initiative; keine Planwirtschaft, die zum Selbstzweck wird.
Eigentumsverhältnisse	Keine „privatkapitalistische Profitwirtschaft“; die derzeit noch vorhandenen Eigentumsverhältnisse sind „Hemmnisse“ auf dem Weg des Fortschritts; Forderung nach Sozialisierung der Großbetriebe; Forderung nach Enteignung der Großgrundbesitzer.	Forderung nach Vergesellschaftung von Bergbau und eisenschaffenden Großindustrien.	Persönliches Eigentum ist eine wesentliche Grundlage gesunder Wirtschaft.
Mitbestimmung der Arbeitnehmer	„Wirtschaftliche Selbstverwaltung unter stärkster Beteiligung der Arbeiter und Verbraucher.“	Sicherstellung eines „Mitbestimmungsrechtes der Arbeitnehmer an den grundlegenden Fragen der wirtschaftlichen Planung und sozialen Gestaltung“.	„Recht derer, die ihr Leben nicht in Selbständigkeit, sondern als Mitarbeiter in großen und kleinen Betrieben verbringen“, muß gesichert werden.

Die Parteiprogramme lassen in den Jahren 1945/46 noch eine deutliche Tendenz zur planmäßigen Lenkung und staatlichen Gestaltung erkennen, was angesichts der ungeheuren Probleme des Aufbaus gar nicht verwunderlich erscheint. Tatsächlich erfolgte keine Sozialisierung der Wirtschaft. Die in einigen Landesverfassungen enthaltenen Verstaatlichungsgebote wurden später von den Alliierten aufgehoben.

Gruppe 1
▶ **Material:** Informationen 168, S. 20 ff.
Aufgabe: Beschreibt das Modell der sozialen Marktwirtschaft.

marktwirtschaftliche Elemente	soziale Elemente
– Angebot und Nachfrage bestimmen Umfang und Art der Produktion sowie Konsum und Investitionen. – Der freie Wettbewerb reguliert Produktion, Angebot und Nachfrage. – Vorteil gegenüber der Planwirtschaft: optimale Ausnutzung der Produktionskapazitäten, starker Anreiz zur Weiterentwicklung des technischen Fortschritts.	– Möglichst gerechte Beteiligung aller am wirtschaftlichen Wohlstand. – Staat verhindert Einschränkung von Wettbewerb (Monopole, Kartelle), um Benachteiligung der Verbraucher zu verhindern. – gerechte Einkommensverteilung, Bildung von Vermögen in breiten Schichten – Ausbau des Systems der sozialen Sicherung (Krankenversicherung, Rentenversicherung, Arbeitslosenversicherung)

Gruppe 2
▶ **Material:** Kontrovers, a. a. O., S. 136 f.
Aufgabe: Wie beurteilen Adenauer und Schumacher die Wirtschaftspolitik vor 1949?

Adenauer	Schumacher
– Charakterisierung der sozialen Marktwirtschaft: freie Unternehmerinitiative; Teilnahme des Arbeiters am Gewinn – Sozialistische Wirtschaft: Staat setzt Lohn und Preise fest; Zwangswirtschaft; Bedeutung des einzelnen, nicht der Masse wird hervorgehoben. – Die Konzeption der sozialen Marktwirtschaft, nicht der Marshallplan oder der milde Winter hätten den Aufschwung bewirkt.	– Entwicklung zu einem Staat der „Verdiener und Nutznießer" – Preisdiktatur der großen „Warenhorter" und Sachwertbesitzer hat sich durchgesetzt. – Löhne nur gering, Preise gegenüber 1936 stark gestiegen. – Die „kleinen Leute" haben die größten Nachteile. – Arbeitslosigkeit, Produktionsstagnierung
– Zusammenfassung A.: Wirtschaftspolitik bisher erfolgreich durch das System der sozialen Marktwirtschaft	– Zusammenfassung S.: Wirtschaftliche Entwicklung entscheidend gefährdet. Schuld daran sei das Wirtschaftssystem.

Gruppe 3
▶ **Material:** Kontrovers, a. a. O., S. 145
Aufgaben: 1. Wie argumentieren Adenauer und Schumacher in der Frage, wie das Verhältnis zwischen dem Recht auf Eigentum und dem Recht auf Vertretung und Mitbestimmung aussehen soll?

Adenauer	Schumacher
– Neuordnung des Verhältnisses zwischen Arbeitnehmer und Arbeitgeber – Koalitionsfreiheit – Verbände müssen in freier Selbstverwaltung aushandeln, damit Arbeitgeber und Arbeitnehmer zu einer Verständigung gelangen. – Neuordnung der Besitzverhältnisse in den Grundindustrien	– Sozialisierung ist nicht nur ein ökonomisches, sondern auch ein politisches Problem. Geld kann nicht über die politische Macht verfügen, daher sind die „geheiligten Prinzipien des Eigentums" in Frage zu stellen. – Mitbestimmung nicht nur im Betrieb, sondern im gesamten Wirtschaftsleben

2. Wie sind die Meinungen verschiedener gesellschaftlicher Gruppen zur Verstaatlichung/Sozialisierung bzw. Mitbestimmung gewesen?

	Eigentum	Mitbestimmung
Kath. Kirchentag	– Einrichtung echten Eigentums – Auch Arbeitern muß durch gerechten Lohn Eigentumsbildung ermöglicht werden.	– Mitbestimmung ist natürliches Recht – Forderung nach gesetzlicher Festlegung der Mitbestimmung
DGB	– Vergesellschaftung der gewerblichen Urproduktion und anderer Wirtschaftszweige – Überführung in Gemeineigentum nur in Ausnahmefällen	– Forderung nach Demokratisierung der Wirtschaft, Forderung nach sozialer, personeller und wirtschaftlicher Mitbestimmung – Vertreter der Arbeitnehmerschaft in die Aufsichts- und Verwaltungsorgane

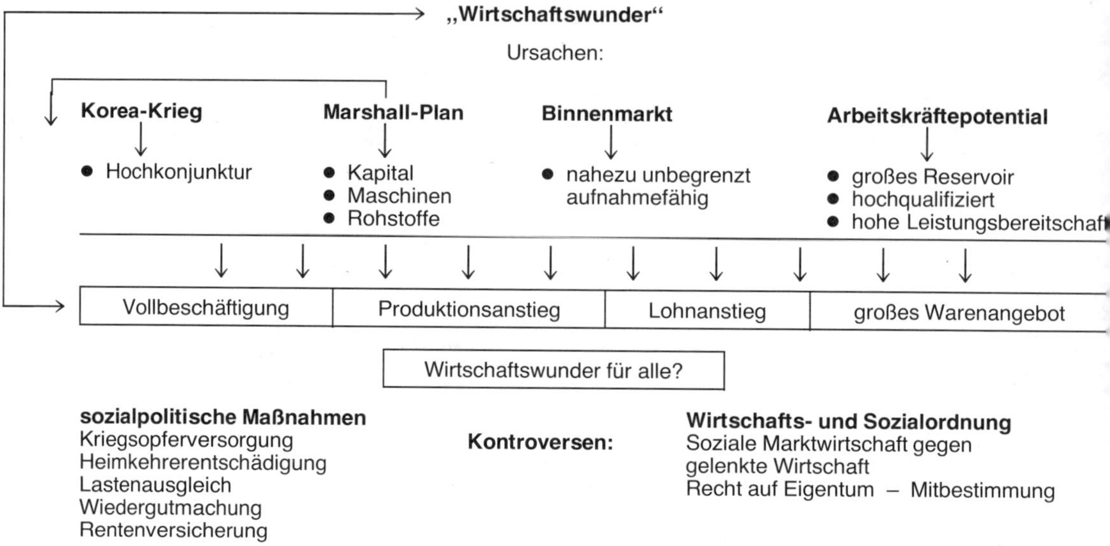

44.3. Gründung und Entwicklung der DDR

44.3.1. Wissensziele

Nach Kriegsende wurde in der SBZ die kommunistische Planwirtschaft eingeführt. Empörung über den politischen Druck von seiten der SED und die Verschlechterung der wirtschaftlichen Lage (Normerhöhung) führten zum Volksaufstand vom 17. Juni 1953. Die Fluchtbewegung steigerte sich, als 1960 die Zwangskollektivierung der Landwirtschaft durchgeführt wurde. Durch die zunehmende Abwanderung ihrer Fachkräfte erlitt die Wirtschaft der DDR schwere Einbußen. Daher wurde am 13. August 1961 die Grenze vollständig gesperrt. Die Flucht ist seitdem nur noch unter Lebensgefahr möglich. Die Wiedervereinigung ist kein Ziel der SED mehr. Die DDR ist heute vor allem auf Abgrenzung zur Bundesrepublik Deutschland bedacht.

44.3.2. UE-Ziele

(1) Die Vereinigung von SPD und KPD in der sowjetischen Besatzungszone
(2) Ursachen und Verlauf des Volksaufstandes am 17. Juni 1953 und seine Beurteilung in der Bundesrepublik Deutschland und in der DDR
(3) Die Bedeutung des Baus der Berliner Mauer für die Deutschlandpolitik.

44.3.3. Einstieg

● **Kassettentonband:** Gegen 99,8-Prozent-Opposition in der DDR, CTb 5
● **Kassettentonband:** Wie kam es zur Gründung der SED? CTb 6

44.3.4. Schwerpunkte

44.3.4.1. Schwerpunkt: Vereinigung von SPD und KPD zur SED

In dieser Unterrichtseinheit sollen die Schüler erarbeiten, unter welchen Bedingungen und mit welchen Auswirkungen sich die Gründung und Entwicklung des anderen deutschen Teilstaates vollzog.

Das Tonband CTb 6, Spur 1, vermittelt einen anschaulichen Einblick in die Problematik der politischen Neuordnung im sowjetisch besetzten Teil Deutschlands. Der Lehrer kann sich in erster Linie auf die Aussagen des Tonbandes stützen. Es empfiehlt sich, das Tonband abschnittweise vorzuspielen und ergänzendes und erklärendes Quellenmaterial einzuschieben.

Das Tonband beginnt mit einer Rede Ulbrichts:

„Die Gründung der Sozialistischen Einheitspartei Deutschlands bedeutete eine entscheidende Wende in der Geschichte der deutschen Arbeiterbewegung. Durch die Vereinigung erfüllten die Kommunisten und Sozialdemokraten den Schwur, den sie im illegalen Kampf gegen den Hitler-Faschismus und in den Konzentrationslagern geleistet hatten, alles in ihren Kräften Stehende zu tun für die Einigung der Arbeiterklasse. Das war die wichtigste Lehre, die sie aus der Vergangenheit zogen. Die Beschlüsse des Vereinigungsparteitages brachten eine entscheidende Wende in der Geschichte Deutschlands."

Die Schüler wissen, daß die Kommunisten und Sozialdemokraten ihre gemeinsame Wurzel in der Arbeiterbewegung hatten. Sie wissen überdies, daß sie in der Weimarer Republik aufgrund verschiedener Zielvorstellungen Gegner waren: Die SPD strebte einen Reformsozialismus in einer bürgerlich-parlamentarischen Demokratie, die KPD die Diktatur des Proletariats an. Ulbricht hebt in seiner Rede hervor, daß beide Parteien Gegner des Nationalsozialismus gewesen und ihre Mitglieder verfolgt worden sind und leitet daraus die Forderung nach der „Einigung der Arbeiterklasse" ab, die er mit dem Zusammenschluß beider Parteien zur SED im April 1946 als erfüllt sah, aus seiner Sicht eine „entscheidende Wende in der Geschichte Deutschlands".

Im anschließenden Tonbandkommentar wird dagegen ausgeführt, daß der Sache der Demokratie mit dieser Einigung eine erste große Niederlage nach 1945 zugefügt wurde. Es wird die Frage aufgeworfen, wie es kam, daß die von vielen herbeigesehnte „Einheit der Arbeiterklasse" nicht zu einem neuen Anfang, sondern zu einer erneuten Diktatur führte.

Gruppe 1: Aufruf der KPD vom 11. Juni 1945

„Wir sind der Auffassung, daß der Weg, Deutschland das Sowjetsystem aufzuzwingen, falsch wäre, denn der Weg entspricht nicht den gegenwärtigen Entwicklungsbedingungen in Deutschland.

Wir sind vielmehr der Auffassung, daß die entscheidenden Interessen des deutschen Volkes in der gegenwärtigen Lage einen anderen Weg vorschreiben, und zwar den Weg der Aufrichtung eines antifaschistischen, demokratischen Regimes, einer parlamentarisch-demokratischen Republik mit allen demokratischen Rechten und Freiheiten für das Volk. In der gegenwärtigen historischen Wende rufen wir Kommunisten alle Werktätigen ... zu diesem Kampf für die demokratische Erneuerung Deutschlands, für die Wiedergeburt unseres Landes auf!

Die unmittelbarsten und dringendsten Aufgaben auf diesem Wege sind gegenwärtig vor allem:

1. Vollständige Liquidierung der Überreste des Hitler-Regimes ...
2. Kampf gegen Hunger, Arbeitslosigkeit, Obdachlosigkeit ... Völlig ungehinderte Entfaltung des freien Handels und der privaten Unternehmerinitiative auf der Grundlage des Privateigentums ...
3. Herstellung der demokratischen Rechte und Freiheiten ...
4. Wiederaufrichtung der auf demokratischer Grundlage beruhenden Selbstverwaltungsorgane ...
5. Schutz der Werktätigen gegen Unternehmerwillkür und unbotmäßige Ausbeutung ...
6. Enteignung des gesamten Vermögens der Nazibonzen und Kriegsverbrecher
7. Liquidierung des Großgrundbesitzes ... und Übergabe an die Provinzial- bzw. Landesverwaltungen zur Zuteilung an die durch den Krieg ruinierten und besitzlos gewordenen Bauern ...
8. Übergabe aller jener Betriebe, die lebenswichtigen öffentlichen Interessen dienen ... in die Hände der Selbstverwaltungsorgane der Gemeinden ...
9. Friedliches ... Zusammenleben mit anderen Völkern
10. Anerkennung der Pflicht zur Wiedergutmachung für die durch die Hitler-Aggression den anderen Völkern zugefügten Schäden ..."

▶ **Quelle:** Die DDR – Staat, Gesellschaft Wirtschaft. Hrsg. H. Grünert/E. P. Siegert. Diesterweg, Frankfurt, [7]1976, S. 12 f.

Arbeitsaufgaben	denkbare Formulierungen
1. Welche Forderungen zielen auf eine Umgestaltung der Wirtschafts- und Gesellschaftsordnung ab?	– Liquidierung des Großgrundbesitzes – Verstaatlichung der Betriebe, die lebenswichtigen öffentlichen Interessen dienen.
2. Vergleicht diesen Aufruf mit den Aufrufen und Programmen anderer Parteien!	Die Forderungen hätten zu jener Zeit so auch in anderen Aufrufen und Programmen stehen können.

Arbeitsaufgaben	denkbare Formulierungen
3. Welche Passagen lassen fast vergessen, daß es sich um einen Aufruf von Kommunisten handelt?	– Herstellung demokratischer Rechte und Freiheiten – Errichtung einer parlamentarisch-demokratischen Republik – Entfaltung des freien Handels; private Unternehmerinitiative; Privateigentum
4. Worin könnten die Absichten, die die Kommunisten mit diesem Aufruf hegten, bestanden haben?	Die KPD glaubte, mit einem gemäßigten Programm bei den Wahlen eine Mehrheit gewinnen zu können.

Gruppe 2: Interview mit W. Leonhard über das Konzept der Kommunisten beim Aufbau der neuen Ordnung in der sowjetischen Besatzungszone.

„**Frage:** Können Sie das Konzept kurz charakterisieren?

Leonhard: In den Vorträgen vom Januar 1945 wurde etwa folgendes gesagt: In Deutschland hat es keine nennenswerte Widerstandsbewegung gegeben, so daß die Aufgabe der deutschen Kommunisten und ihrer Verbündeten darin bestehen müßte, die Tätigkeit der Besatzungsmächte zu unterstützen. Vor allem bei der Vernichtung des Nazismus und in der Durchführung der demokratischen Reformen. Eigentümlicherweise wurde uns damals immer wieder gesagt, die Besatzung werde langfristig sein, es werde auf Jahre hinaus keine politischen Parteien in Deutschland geben. Unter diesen Umständen durfte man also nicht daran denken, eine kommunistische Partei aufzubauen, sondern höchstens, wie es damals hieß, einen Block der kämpferischen Demokratie mit der Zielsetzung, die demokratischen Reformen zu unterstützen. Wir wurden damals davor gewarnt, irgendwelche sozialistischen Forderungen zu stellen ... Es komme darauf an, die bürgerlich-demokratische Revolution von 1848 zu vollenden.

Frage: Es war nicht davon die Rede, daß man aus den Fehlern von 1932 und 1933 Konsequenzen ziehen und etwa das ... Zusammenwirken von KP und SPD nachträglich jetzt vollziehen wollte?

Leonhard: Man wollte ... eine viel breitere Front aufstellen. Darum sprach man von der Revolution von 1848, die nun zu vollenden sei. Es wurde ferner gesagt, daß die Anti-Hitler-Koalition ... eine langfristige Sache sei. Wir sollten die Einheit der Anti-Hitler-Koalition unterstützen; die Nazis würden versuchen, einen Keil zwischen die Westmächte und die Sowjetunion zu treiben; wir aber sollten diese Versuche rücksichtslos unterbinden.

Interessant war auch noch der Hinweis, daß man ... für eine Bodenreform eintreten werde ...

Frage: Der Gründungsaufruf der KP hat damals – aufgrund seines gemäßigten Tones – großes Aufsehen erregt.

Leonhard: Es war ein sehr zahmer Text. Marx, Engels, Lenin wurden nicht genannt ... Das Wort Sozialismus kam nicht vor. Keine Sozialisierung, hingegen Förderung des Privateigentums ... Und dann das entscheidende Versprechen, Deutschland nicht das Sowjetsystem aufzuzwingen ... Einige alte Kommunisten waren ziemlich erstaunt ...

Frage: Das Programm verhieß: Aufrichtung eines antifachistisch-demokratischen Regimes ... Wie wirkte das z. B. auf die SPD, die den Neuanfang in der Einigung und Einheit der Arbeiterbewegung gewährleistet sehen wollte?

Leonhard: ... Wir dürfen nicht vergessen: zwölf Jahre Nationalsozialismus. Die aktivsten Gegner Hitlers waren in Konzentrationslagern: Kommunisten, Sozialdemokraten, Zentrumsleute. Sie haben gemeinsam gelitten, und aus diesem Schicksal erwuchs naturgemäß der Wunsch, ... eine einheitliche sozialistische Partei zu bilden ...“

▶ **Quelle:** Wie kam es zur Bundesrepublik? a. a. O., S. 38 ff.

Arbeitsaufgaben	denkbare Formulierungen
1. Welches Konzept verfolgte die sowjetische Besatzungsmacht nach den Worten Leonhards?	– Zunächst keinen Aufbau einer kommunistischen Partei, sondern Unterstützung der Besatzungsmächte bei der Vernichtung des Nazismus und demokratischen Reformen – Parole: Fortsetzung der Revolution von 1848
2. Worin bestand die Funktion und Aufgabe des neugegründeten „antifaschistischen Blockes“?	– Zunächst bestanden zwischen den 4 Parteien (SPD, KPD, LDP und CDU) keine wesentlichen programmatischen Unterschiede, Meisterung der chaotischen Lage durch vereinte Bemühungen – Hoffnung, es werde der KPD gelingen, eine entscheidende Machtposition zu erringen.

Gruppe 3: Rede Kurt Schumachers vom 5. Oktober 1945 über das Verhältnis der KPD zur SPD.

Bei einer Auseinandersetzung, die uns durch das Verhalten einer Partei aufgezwungen wird, können wir nicht zurückweichen, wenn diese von uns nicht gesuchte Frontstellung die zwangsläufige Aufdeckung der außenpolitischen Abhängigkeit dieser Partei bedeutet. Im Grundsatz bekennen wir uns zur Einheitspartei aller Schaffenden. Aber wir sehen auch, daß nirgends sonst in der Welt sich dieser Gedanke durchgesetzt hat, sich unter den gegebenen Voraussetzungen dieser histori-

schen Epoche auch nicht durchsetzen kann. Das hat bei uns wie in anderen Ländern seinen Grund darin, daß die Kommunistische Partei sich nicht nach den Bedürfnissen und Erkenntnissen der Arbeitenden ihres Landes richtet.
Wir deutschen Sozialdemokraten sind nicht britisch und nicht russisch, nicht amerikanisch und nicht französisch. Wir sind die Vertreter des deutschen arbeitenden Volkes und damit der deutschen Nation. Wir sind als bewußte Internationalisten bestrebt, mit allen internationalen Faktoren im Sinne des Friedens, des Ausgleichs und der Ordnung zusammenzuarbeiten. Aber wir wollen uns nicht von einem Faktor ausnützen lassen.
Im Sinne der deutschen Politik ist die Kommunistische Partei überflüssig. Ihr Lehrgebäude ist zertrümmert, ihre Linie durch die Geschichte widerlegt. Nachdem ihre Hoffnung, sich als führende Arbeiterpartei etablieren und zur einzigen Arbeiterpartei entwickeln zu können, von den Tatsachen so völlig unmöglich gemacht wird, muß sie nach dem großen Blutspender suchen. Das Rezept ist die Einheitspartei, die einen Versuch darstellt, der Sozialdemokratischen Partei eine kommunistische Führung aufzuzwingen. Eine sozialdemokratische Partei unter kommunistischer Führung wäre aber eine kommunistische Partei.

▶ **Quelle:** Informationen 157, S. 15

Arbeitsaufgaben	denkbare Formulierungen
1. Schumacher nimmt Front gegen die Kommunistische Partei. Was wirft er den Kommunisten vor?	– Die Ideologie der KP ist durch die Geschichte widerlegt, ihr Lehrgebäude ist zertrümmert. – Die KP hat nicht die Interessen der Arbeitenden ihres Landes im Auge, sie verficht die Interessen der Sowjetunion. – Die Hoffnungen der KPD, sich als führende Arbeiterpartei zu etablieren, haben sich zerschlagen. – Eine Einheitspartei liefe darauf hinaus, der Sozialdemokratischen Partei eine kommunistische Führung aufzuzwingen. – Die SPD würde nur als großer „Blutspender" der KP fungieren.
2. Wer ist mit dem Ausdruck „großer Blutspender" gemeint?	– Bei den Wahlen in Österreich hatten die Kommunisten eine vernichtende Niederlage erlitten.

Arbeitsaufgaben	denkbare Formulierungen
	– Es gab viele Anzeichen dafür, daß angesichts der Stimmung der deutschen Bevölkerung Wahlen in Deutschland ein ähnliches Ergebnis haben würden. Daher konnten die Kommunisten nur zusammen mit den Sozialdemokraten (die sie in einer Einheitspartei beherrschen würden) hoffen, Mehrheiten zu gewinnen.

Gruppe 4: Ulbrichts Weisungen an seine Mitarbeiter in Berlin

▶ **Quelle:** W. Leonhard, Die Revolution entläßt ihre Kinder. Krepenheuer & Witsch, Köln/Berlin 1963, S. 293 und Gfm

Arbeitsaufgabe	denkbare Formulierungen
Welche Taktik sollen die Mitglieder der Gruppe Ulbricht bei ihrer Personalpolitik verfolgen?	– An der Spitze der Verwaltungen soll (als Aushängeschild) ein Nicht-Kommunist stehen (Sozialdemokrat, Bürgerlicher), jedoch ein Mann, „mit dem wir gut zusammenarbeiten können". – Auch die übrigen Funktionäre sollen zur Hälfte Sozialdemokraten und Bürgerliche sein. – Alle Schlüsselstellungen sind mit Kommunisten zu besetzen, vor allem der Personaldezernent (um die Personalpolitik im Sinne der Kommunisten zu steuern), der Dezernent für Volksbildung (um die Erziehung der Jugend im kommunistischen Sinne zu gewährleisten), der Verantwortliche für die Polizei (um die einzige bewaffnete Macht zu kontrollieren), der Stellvertreter des Bürgermeisters (um diesen zu kontrollieren).

T **Die kommunistische Taktik in der SBZ**

Ulbricht: „Es muß demokratisch aussehen, aber wir müssen alles in der Hand behalten."

↓	↓
Es sah demokratisch aus: ● Bürgermeisterposten an Sozialdemokraten und Bürgerliche ● KPD-Aufruf vom 11. 5. 1945 kündigt die Fortsetzung der bürgerlichen Revolution von 1848 und die Errichtung einer parlamentarisch-demokratischen Republik an, Block antifaschistischer Parteien (SPD, KPD, LDP, CDU).	Sie behielten alles in der Hand ↓ ● Führungsanspruch der Kommunisten ● Schlüsselpositionen von Kommunisten besetzt ● Unterstützung der Kommunisten durch die sowjetische Besatzungsmacht
↓	↓
SPD in den Westzonen erteilt Absage an das Ansinnen der KPD (Schumacher). SPD in der Sowjetzone muß nach anfänglichem Widerstand (Grotewohl) auf sowjetischen Druck zustimmen.	Zunächst Absage der Kommunisten an die Einheit der Arbeiterklasse ↓ Änderung der kommunistischen Haltung unter dem Eindruck der Wahlen.
↓	↓

Vereinigung von KPD und SPD zur SED 21./22. April 1946.

Es stellt sich nun die Frage, welche Haltung die Bevölkerung in der sowjetisch besetzten Zone einnahm. Ein wichtiges Indiz dafür sind die Wahlen, die die Besatzungsmächte in den jeweiligen Zonen 1946/47 durchführen ließen. Die Frage der „freien Wahlen" ist bereits im Zusammenhang mit der Unterrichtseinheit „Die Gründung der Bundesrepublik Deutschland" angesprochen worden, als es um das sowjetische „Wiedervereinigungsangebot" (1952) ging.
Über die historische Analyse der Wahlen im Jahr 1946 hinaus soll die Frage der Wahlen, der Opposition und der Verfassung aufgegriffen und besprochen werden, um an diesem Beispiel zu demonstrieren, welche grundlegenden Unterschiede in der Interpretation zentraler Begriffe bestehen.
Wir empfehlen erneut den Einsatz eines Tonbandes, und zwar CTb 5 (vgl. 44.3.3.).
Dieses Tonband weist eine Fülle von Beispielen auf, in denen in Liedern, Gedichten, Interviews, Reden und Zitaten aufgezeigt wird, daß Wahlen, Opposition usw. in der DDR eine grundsätzlich andere Bedeutung als bei uns haben.
Angesichts der Länge des Tonbandes (ca. 60 Minuten) schlagen wir vor, Schwerpunkte zu setzen.

Folgende Leitfragen sollen dazu führen, daß die Schüler beim Abspielen des Tonbandes eine Gliederung und Strukturierung vornehmen, um nachfolgend einzelne Schwerpunkte herauszugreifen und zu bearbeiten.

Arbeitsaufgaben	denkbare Formulierungen	
1. Worin besteht der Unterschied in der Auffassung von Opposition?	Opposition . . . nach westlichem Verständnis Kräfte, die nicht die Regierungsmacht stützen und eine andere Position vertreten; Grundvoraussetzung: Meinungsfreiheit	 nach östlichem Verständnis Opposition ist keine legale Alternative zur Regierung
2. Welche Formen der Opposition gibt es in der DDR?	– Protestlieder (Biermann) – Gedichte (Huchel) – Bücher (Heym) – Reduktion der politischen Meinungsäußerung auf Symbole, spontane Proteste und Sympathiekundgebungen	
3. Wie behandelt der Staat bzw. die Partei die Oppositionellen?	– Publikationsverbote, Bücherverbote – Ausweisungen – Zensur, strenge Strafen – Maßregelungen von Dichtern und Schriftstellern	

Was Pressefreiheit aus der Sicht der DDR bedeutet, belegt nachdrücklich die im Tonband enthaltene Äußerung des Vorsitzenden des Staatlichen Komitees für Rundfunk, Singer:
„Singer: Natürlich begreifen wir die Pressefreiheit als eine Klassenfrage. Jeder, der bereit ist, mit uns am Sozialismus zu bauen, auch wenn er Fragen und Probleme hat, kann sich bei uns frei äußern. Kein Pardon geben wir denen, die sich gegen den Sozialismus oder etwa für den Krieg aussprechen. Ich glaube, das muß ich nicht noch näher erläutern, das ist die Voraussetzung für ihre Verwirklichung . . .
Aus ganz persönlichen Erfahrungen kann ich sagen: Die Pressefreiheit war nie so groß, so umfassend wie in unserer sozialistischen Gesellschaft. Prüfen wird das, lassen wir Fakten sprechen. Die Journalisten bei uns, das sind, zum Unterschied von den imperialistischen Ländern, nicht mehr jene vom Kapital abhängigen und deshalb käuflichen Leute, die vorwiegend aus schwankenden Mittelschichten stammen, es sind die Söhne und Töchter der Arbeiter, der Genossenschaftsbauern und der sozialistischen Intelligenz. Sie schreiben und sprechen im Auftrag und im Interesse der herrschenden Arbeiterklasse und ihrer Bündnispartner. Es gehört

sogar zu ihren obersten Prinzipien, ... jedem Bürger deutlich zu machen, sich mit seinen Überlegungen und Gedanken zu unserem Leben und zu unserer Politik öffentlich zu äußern. Ganz bewußt stellen wir Zeitungsspalten und Mikrofone allen Werktätigen zur Verfügung ..."

▶ **Quelle:** CTb 4

Arbeitsaufgaben	denkbare Formulierungen
1. Womit begründet Singer seine Behauptungen, Pressefreiheit sei in der DDR gewährleistet?	Die Pressefreiheit ist gewährleistet, sofern sie sich nicht gegen den Sozialismus richtet. Sobald sich die Kritik nicht mehr ihm Rahmen des von der Partei- und Staatsführung definierten Sozialismus befindet, gilt sie als Angriff auf die sozialistische Gesellschaftsordnung und auf ihre Errungenschaften. Jeder Kritiker wird damit in die Nähe des imperialistischen Kriegstreibers gestellt oder als abhängig vom Kapital betrachtet.
2. Warum kann die Einheitswahl in der DDR nicht als Zeichen der Loyalität aller Bürger aufgefaßt werden?	Opposition, die sich im Anmelden von Zweifeln an der Politik der Partei äußert, ist in der DDR ein schlimmes Vergehen, der Andersdenkende ist ein Staatsfeind. Bei den Wahlen hat der Wähler keine Alternative, wie ein Stimmzettel für die Wahl zur „Volkskammer" ausweist.

44.3.4.2. Schwerpunkt: 17. Juni 1953

In Brandenburg

Am Abend des 16. Juni hörten wir im RIAS von dem Berliner Aufstand. Meine Familie konnte es kaum glauben, und wir waren voller Erwartung. Im Betrieb sprachen alle von dem, was wir im RIAS gehört hatten. Überall bildeten sich Gruppen, in denen einzelne Arbeiter die Frage aufwarfen, ob unser Werk nicht auch streiken müsse. Zunächst wagte noch keiner zu sagen: „Wir wollen streiken."

Wir Arbeiter beratschlagten, was zu tun sei, und beschlossen, daß einer von uns zum Stahlwerk fahren sollte, um zu sehen, was dort los war. Nach einiger Zeit kam dieser dann wieder zurück und bestätigte uns alles. Die Straßen seien voller Arbeiter und alles in Bewegung zur Stadt. Einige Arbeitskameraden, zu denen ich besonderes Vertrauen hatte, und ich beschlossen, die anderen „reif" zu machen. Zunächst verteilten wir uns auf die Hallen und sprachen mit Arbeitern, von denen wir wußten, daß sie mutig genug waren, die Streikparole weiterzugeben. Nach einer halben Stunde konnten wir damit rechnen, daß unsere Parolen herum waren. Zwei meiner Kameraden und ich ließen nun einfach unsere Maschinen stehen. Das mußte sofort auffallen, denn es waren große Maschinen, die im Arbeitsgang laufen. Geräuschvoll nahmen wir unsere Werkzeuge und schmissen sie beim Magazin auf den Tisch. Die Kollegen verstanden das Kommando und taten alle nach und nach dasselbe. Die wenigen, die noch arbeiteten, forderten wir auf, Schluß zu machen. Innerhalb von wenigen Minuten war kein Mann mehr in der Maschinenhalle. Wir versammelten uns auf dem Hof, wo heftig diskutiert wurde. Einige konnten die Nachrichten noch gar nicht glauben – es war zu schön, um wahr zu sein. Andere wieder wollten gleich losstürzen, um ja bei allem dabeizusein. Aber wir wollten, daß die ganze Firma mitkam.

Inzwischen erschienen „Genossen" und Funktionäre und auch der Werkleiter; sie fragten, was los sei. „Was los ist, werdet ihr ja besser wissen als wir", war unsere Antwort. „Könnt ihr uns vielleicht sagen, was im Stahlwerk los ist?" fragte einer die Genossen, und ein anderer rief: „Das Stahlwerk streikt." Nun wußten die Genossen auf einmal, was los war. Einer erwiderte: „Das Stahlwerk streikt nicht, sondern es demonstriert. Es sind auch nicht alle Stahlwerker, die demonstrieren, sondern nur die Bauarbeiter, und zwar nur wegen Gehaltsforderungen für Ortsklasse A." Darauf wir: „Gut, dann demonstrieren wir auch für Bezahlung nach Ortsklasse A." Nun wurde hin und her diskutiert, und die Funktionäre versuchten, uns dazu zu überreden, unsere Forderungen protokollarisch festzulegen und sie dann vom Werkleiter weiterleiten zu lassen. Unsere Forderungen seien gerechtfertigt und müßten berücksichtigt werden, sagte der linientreue Vertreter der Betriebsgewerkschaftsleitung (BGL). Eine halbe Stunde wurde so debattiert. Wir wußten, was Aufschub bedeutete. Schließlich machte ein Kollege den Vorschlag, darüber abzustimmen, ob demonstriert oder gearbeitet werden solle. Der BGL-Sprecher, der noch immer die Versammlung zu beherrschen schien, formulierte: „Wer ist dafür, daß alles protokolliert und die Arbeit wiederaufgenommen wird?" Keiner, nicht einmal die „Genossen" hoben die Hand. Brausendes Gelächter. Der BGL-Vertreter wußte nichts zu sagen. Aus der Menge kam der Zuruf: „Der andere Vorschlag!" Nun war der BGL-Sprecher gezwungen, auch über diesen Vorschlag abstimmen zu lassen. Etwa 90 Prozent der Hände gingen hoch. Es wurde die Gegenprobe gemacht, und keine einzige Hand wurde erhoben. „Das wird der schönste Tag meines Lebens", sagte neben mir einer.

In Leipzig

„Die Wut und Verzweiflung ist beispiellos. Das große Scherengitter vor dem Amtsgericht wurde mit bloßen

Händen aufgebrochen und buchstäblich in Stücke gerissen. Akten und Einrichtungsgegenstände fliegen zum Fenster hinaus, das Tor wird eingedrückt. Da schießen unsere Volksbehüter aus den Fenstern. Die Wut wird zum Orkan. Die Menge geht zum Sturm über, es gibt Tote und Verwundete. Ein junges Mädchen bekommt einen Bauchschuß und schreit fürchterlich."

An anderen Stellen der Stadt gab es keinen Widerstand: Am Hauptbahnhof schossen Polizisten die Magazine ihrer Pistolen leer, indem sie auf Transparente zielten, und warfen dann Waffen und Koppel fort. Die Feuerwehr, die die Brände der „Aufklärungspavillons" und Transparente löschen wollte, wurde von Demonstranten zurückgeschickt; die Straßenbahnen wurden angehalten und mit Sprüchen bemalt. So fuhr ein Wagen zwei Stunden lang mit dem Vers „Spitzbart, Bauch und Brille sind nicht des Volkes Wille" in der Stadt herum.

Statt der SED-Plakate waren neue Aufschriften zu lesen: „Freie Wahlen!", „Fort mit der Regierung!", die Bevölkerung glaubte, die Regierung stehe unmittelbar vor dem Sturz und war deshalb in einer Stimmung, die sich bis zur Ausgelassenheit steigerte. Vor dem Hauptbahnhof montierten Köche mit Tranchiergabeln und großen Küchenmessern die Spruchbänder ab, die sie zum Zeichen des Abscheus weit von sich hielten; auf dem Altplatz hatte man ein Klavier mitten auf den Platz gestellt, irgend jemand machte laute Jazzmusik, und viele tanzten um das Klavier herum. Dagegen fand am Völkerschlachtdenkmal eine Kundgebung statt, bei der das Deutschlandlied gesungen wurde.

In den Mittagsstunden änderte sich das Bild, als sowjetische Truppen auftauchten und die Vopo überall zu schießen begann. Während in der Ritterstraße noch zwei Polizeiwagen umgeworfen und die Waffen der Insassen am Rinnstein zerschlagen wurden, feuerte am Reichsgericht die Vopo scharfe Schüsse ab. Als die Menge das Gebäude zu stürmen versuchte, fuhren sieben sowjetische Lastkraftwagen auf. Die Soldaten hielten ihre Gewehre senkrecht in die Luft und schossen; als die Wagen weiterfuhren, wurden sie von den Demonstranten mit Beifall bedacht. Dann aber schoß die Volkspolizei in die Menschenmenge.

Der Humor des Vormittags war verflogen; auf einem Straßenbahnwagen las man jetzt: „Die Vopo schießt auf deutsche Arbeiter, nieder mit der Regierung!". Vor dem Polizeipräsidium, wo Arbeiter mit einer schwarzrotgoldenen Fahne in Sprechchören die Freilassung der politischen Gefangenen forderten, fielen den Schüssen der Polizei zwei Demonstranten zum Opfer. Es wurde beobachtet, wie Volkspolizisten die Leichen, ehe man sie auf Bahren abtransportierte, mit Fußtritten bedachten.

„Etwa um 16 Uhr stand ich vor dem Hauptbahnhof. In der Nähe wurde gerade ein HO-Geschäft gestürmt und ein Zeitungsstand demoliert. Die Russen drängten die Demonstranten zurück und schossen wahllos in die Menge. Neben mir stand ein Siebzehnjähriger, der einen Bauchschuß erhielt und zusammenbrach. Als er in einem Wagen abtransportiert wurde, war er schon tot. Wo er gelegen hatte, dehnte sich eine große Blutlache, und die Demonstranten bildeten einen weiten Kreis um die Stelle. Einige gingen zur Grünanlage, holten Stiefmütterchen und legten sie auf dem Bürgersteig nieder. Ein Mann, der still danebengestanden hatte, zog sein SED-Parteibuch aus der Tasche, zerriß es und warf es weg. Darauf tat ein anderer dasselbe."

▶ **Quelle:** K. Jahn (Hrsg.), Deutsche jenseits von Mauer und Stacheldraht. Hirschgraben, Frankfurt 1964, S. 28 ff.

Die eine Sichtweise: subversive Elemente und Agenten versuchen, Unzufriedenheit zu schüren, um die Bevölkerung zum Sturz des „Arbeiter- und Bauernstaates" zu veranlassen. Sowjetsoldaten und die bewaffneten Kräfte der DDR sorgten für den raschen Zusammenbruch des Putsches.

Die andere Sichtweise: Arbeiter protestieren gegen eine Normerhöhung. Ihr Aufstand ist als Mißtrauensvotum gegen das eigene Regime zu sehen. Hintergründe: Sozialisierung der Landwirtschaft und Industrie, Fluchtbewegung, Stalins Tod und die damit verbundene Erwartung eines „neuen Kurses".

Entschließung der 15. Tagung des Zentralkomitees der SED vom 26. Juli 1953:

„Die Generallinie der Partei war und bleibt richtig. Trotz dieser richtigen Generallinie hat die Partei in der letzten Zeit eine Reihe Fehler begangen . . .

a) Die Partei . . . beschritt den falschen Weg der beschleunigten Lösung ohne entsprechende Berücksichtigung der realen inneren und äußeren Voraussetzungen. Das führte zu einem überspitzten Entwicklungstempo der Wirtschaft, besonders in der Schwerindustrie, zu falschen Versuchen der Verdrängung und Liquidierung des städtischen Mittel- und Kleinbürgertums sowie der Großbauernschaft auf dem Lande . . .

b) Es war richtig, daß die Parteiorganisationen die in der DDR auf Initiative der werktätigen Bauern entstandene Bewegung von Landwirtschaftlichen Produktionsgenossenschaften unterstützten. Die Parteiorganisationen haben jedoch in einigen Kreisen die Verletzung des Prinzips der strengsten Freiwilligkeit bei der Bildung solcher Produktionsgenossenschaften geduldet, haben versucht, ihr zahlenmäßiges Wachstum zu forcieren . . .

Die Tatsache der Spaltung Deutschlands . . . macht den Kampf um die Wiedervereinigung Deutschlands auf demokratischer und friedlicher Grundlage zur Hauptaufgabe der Partei. Darum ist es notwendig, die ganze Arbeit in der DDR so durchzuführen, daß sie der Einheit Deutschlands dient und auch von den Werktäti-

gen in Westdeutschland verstanden wird. Dabei ist zu beachten, daß große Teile der Bevölkerung Westdeutschlands infolge der ständigen Beeinflussung durch die bürgerliche Presse und den Rundfunk unter starkem reaktionärem Einfluß stehen und an einer aktiven demokratischen Bewußtseinsbildung gehindert werden ..."
(Dokumente der SED, Bd. IV. Berlin (Ost) 1954, S. 468)

Arbeitsaufgaben	denkbare Formulierungen
1. Welche konkreten Gründe nennt das ZK der SED sechs Wochen nach den Ereignissen für den Aufstand vom 17. Juni?	– überhasteter Aufbau des Sozialismus – zu schnelle Entwicklung der Schwerindustrie – Verdrängung und Liquidierung des Bürgertums – zwangsweise Bildung landwirtschaftlicher Produktionsgenossenschaften – Maßnahmen, die die Spaltung Deutschlands vertiefen.
2. Wovon verspricht sich das ZK der SED Abhilfe?	– Verlangsamung des Tempos der Veränderungen – Kollektivierung nur noch auf freiwilliger Basis
3. Welche Position bezieht das ZK der SED im Hinblick auf die Einheit Deutschlands?	– Wiedervereinigung auf „demokratischer und friedlicher Grundlage" wird zur Hauptaufgabe der Partei erklärt. – Auf die „unter starkem reaktionärem Einfluß" stehende Bevölkerung Westdeutschlands ist Rücksicht zu nehmen. – Die Werktätigen Westdeutschlands sollen den Eindruck haben, daß die Arbeit der SED der Einheit Deutschlands dient.
4. Bewertet diese Analyse des ZK der SED!	– Die SED gibt sich selbstkritisch. – Der Aufstand wird primär auf Fehler der SED zurückgeführt. – Die „Generallinie" der Partei darf jedoch nicht in Zweifel gezogen werden.
5. Wie beschreibt das DDR-Geschichtsbuch die Ereignisse des 17. Juni?	– Ein kleiner Teil der Werktätigen legt zeitweilig die Arbeit nieder und demonstriert. – Gruppen von Provokateuren und Kriminellen plündern, legen Brände, mißhandeln und ermorden Funktionäre der Arbeiterbewegung.

Arbeitsaufgaben	denkbare Formulierungen
	– Der Putsch wird durch das entschlossene Handeln der fortschrittlichen Arbeiter im Verein mit sowjetischen Streitkräften und bewaffneten Organen der DDR niedergeschlagen.
6. Worauf wird der Aufstand in dem DDR-Geschichtsbuch zurückgeführt?	Agenten verschiedener westdeutscher Geheimdienste seien von West-Berlin massenhaft in die DDR eingeschleust worden und hätten die Werktätigen zu den Handlungen verleitet.
7. Wie beschreibt das sowjetische Geschichtsbuch die Ereignisse des 17. Juni?	– Bewaffnete Banden hätten Ost-Berlin und andere Städte zu erobern und die DDR an Westdeutschland anzugliedern versucht. – Die konterrevolutionären Aktionen seien durch Regierung und Bevölkerung der DDR niedergeschlagen worden.
8. Welche unterschiedlichen Gründe nennen die Verlautbarungen des ZK der SED und das spätere DDR-Geschichtsbuch für die Ereignisse des 17. Juni?	– ZK der SED: Fehler der Partei – DDR-Geschichtsbuch: Provokationen von Agenten westdeutscher Geheimdienste
9. Welche Unterschiede gibt es zwischen den Darstellungen in den Geschichtsbüchern der DDR und der Sowjetunion?	– Im DDR-Buch ist von Streiks und Demonstrationen eines Teils der DDR-Werktätigen und von Forderungen nach Sturz der Arbeiter- und Bauernmacht die Rede. – Das sowjetische Buch spricht von „bewaffneten Banden", (deren Herkunft nicht beschrieben wird, die aber wohl von außen kamen), eine Beteiligung von Werktätigen der DDR wird nicht erwähnt. – Laut DDR-Buch wird der Putsch außer durch Arbeiter und DDR-Organe durch sowjetische Streitkräfte niedergeschlagen; im sowjetischen Buch wird die Sowjetarmee nicht erwähnt.

Arbeitsaufgaben	denkbare Formulierungen
10. Warum wurde der 17. Juni zum nationalen Gedenktag in der Bundesrepublik Deutschland erklärt?	– Am 17. Juni 1957 erhoben sich spontan weite Teile der Bevölkerung der DDR, insbesondere der Arbeiterschaft, gegen eine von außen auferlegte Zwangsherrschaft; es war eine der ganz wenigen Volkserhebungen in der deutschen Geschichte. – Die Bevölkerung der Bundesrepublik sollte alljährlich an diesem Tag des Aufstandes und seiner Opfer gedenken und sich für die Wiedervereinigung Deutschlands einsetzen („Tag der deutschen Einheit").
11. Mit welchen Argumenten fordern viele Bürger, ihn wieder in einen Werktag zu verwandeln?	Der Gedenktag werde nicht mehr in der damals gedachten Form begangen; die meisten Bürger der Bundesrepublik betrachteten ihn nur als einen arbeitsfreien Tag, an dem sie ihren Vergnügungen nachgehen.

Die Schüler können nun in einer Art Zwischenbilanz die Entwicklung in der Bundesrepublik Deutschland und in der DDR seit 1945 gegenüberstellen.

T **Bundesrepublik Deutschland**	**DDR**
1945–1949	
1945: Deutschland in seinem territorialen Bestand geschmälert, aufgeteilt in 4 Besatzungszonen. Siegermächte üben dort politische Macht aus; Zusammenarbeit im Kontrollrat, Konferenzen der alliierten Außenminister.	
● Aufbau einer parlamentarischen Demokratie ● im wirtschaftlichen Bereich beginnende Westintegration (Truman-Doktrin und Marshall-Plan)	● Aufbau einer „sozialistischen Republik"; beginnende Sowjetisierung; SED: gesellschaftliche Umstrukturierung, staatliche Etablierung
1948: Ende der Viermächteregierung über Deutschland	
● Londoner Empfehlungen ● Frankfurter Dokumente: drei westliche Besatzungszonen sollen in einen westdeutschen Staat umgewandelt werden.	● Sowjetunion versucht, diese Entwicklung zu verhindern: Berliner Blockade; forciert die Gründung eines von ihr abhängigen ostdeutschen Staates.
● Grundgesetz für die Bundesrepublik Deutschland, provisorischer Charakter, Wiedervereinigungsangebot; Wahl des Bundestages, Bildung der Bundesregierung	● Verfassungsentwurf vom „Deutschen Volksrat" gebilligt, Volksrat konstituiert sich als „Provisorische Volkskammer der DDR".
Beide Verfassungen erheben den Anspruch, für ganz Deutschland zu gelten; Teilung politisch vollzogen.	
1949–1955	
● Alleinvertretungsanspruch der Bundesregierung ● Eingliederung erst auf wirtschaftlichem, dann auf militärischem Gebiet; Konzeption: Politik der Stärke, dann Wiedervereinigung; EVG, Deutschlandvertrag ● 1955 Bundesrepublik Deutschland souverän, Mitglied der NATO und der WEU	● wirtschaftliche und militärische Eingliederung in den Ostblock ● Note der Sowjetunion 1952: Friedensvertrag, Neutralisierung Deutschlands vorgeschlagen ● wirtschaftliche Schwierigkeiten: Fluchtbewegung nach Westen ● Aufstand vom 17. Juni: Mißtrauensvotum gegen das Regime ● 1954: DDR souverän; 1956 Mitglied des Warschauer Paktes

44.3.4.3. Schwerpunkt: Bau der Berliner Mauer am 13. 8. 1961

Zunächst steht das nächste einschneidende Ereignis im Mittelpunkt des Unterrichts: der Mauerbau in Berlin vom 13. August 1961. Die Schüler sollen die unmittelbaren Reaktionen auf dieses Ereignis untersuchen und die Ursachen, die zum Bau der Mauer führten, analysieren.

▶ **Fotos:** Informationen 176, S. 11 ff. (Gfm)
Diese Fotos belegen eindrucksvoll die hermetische Abriegelung an der Grenze zwischen der Bundesrepublik und der DDR. Ergänzt werden kann die Betrachtung der Fotos durch eine Chronik der Ereignisse im August 1961.

▶ **Material:** Informationen 181, S. 24. Ebenso instruktiv wirken die Tagebuchaufzeichnungen, in denen die Ereignisse vom 11.–22. August beschrieben werden.

Sonntag, den 13. August 1961:
Es ist fünf Uhr morgens. Eine Tür geht auf und schlägt zu. Eine Stimme dringt in meinen Schlaf.
„Sie müssen aufstehen, sofort."
Ich öffne die Augen. Der Fischer Kollow steht an meinem Bett. Sein Gesicht ist leicht verstört.
„Ulbricht hat die Sektorengrenze geschlossen. Mit Polizei, Volksarmee, Stacheldraht und Panzern. Sie müssen abfahren. Es wird Krieg geben. Das können sich die Westmächte nicht gefallen lassen."
Krieg? Krieg? Ich bin mit einem Sprung aus meinem Bett. Es ist wie im Sommer 1939. Der helle Augustmorgen steht vor den Fenstern. Verschlafen betrete ich das Wohnzimmer. Die Tochter Kollows sitzt vor dem Radioapparat. Ihr Sohn ist vor einem halben Jahr nach dem Westen geflohen, ihr Mann ist im Augenblick draußen auf dem Wasser.
„Was soll nur werden?" fragt sie. „Wird es Krieg geben? Dann kommt ja mein Junge auch noch dran!"
Der Radioapparat summt leise. Er ist auf Zimmerlautstärke gestellt. Der Sender Freies Berlin meldet sich. Ein paar Gäste aus dem Haus kommen herein. Kollow hat sie aus den Betten getrommelt. Es sind Ostberliner, Sachsen und ein älterer Mann aus Thüringen. Er sagt:
„Also hat er es doch gewagt, der Spitzbart. Jetzt will er Berlin haben."
Wir hören die Nachrichten. Schützenpanzer am Brandenburger Tor. Panzer in Ostberlin, Infanterieeinheiten an der Sektorengrenze. Dann: Der Regierende Bürgermeister von Berlin, Willy Brandt, ist bereits im Flugzeug nach Berlin unterwegs. Seine Ankunft wird für acht Uhr erwartet. Der Senat tritt zu einer Sondersitzung zusammen. Schweigend sitzen alle um den Radioapparat herum. Die Aufregung steigt, wie die Hoffnung gleichzeitig sinkt.
„Werden die Westmächte eingreifen?"
„Wenn sie eingreifen wollen, dann müssen sie es gleich tun", sagt Kollow.
„Aber noch sind die alliierten Truppen nicht alarmiert."
„Sie müßten", sagt Kollow, „den Stacheldraht mit ihren Panzern gleich wieder wegräumen. Es wird nicht ein Schuß dabei fallen. Die Volkspolizei hat bestimmt keinen Schießbefehl. Wenn sie es jetzt nicht tun, werden sie es später nicht mehr können."
Kollow ist ein erfahrener Mann. Er hat zwei Kriege mitgemacht und hört täglich alle Nachrichtensendungen, die er bekommen kann. Er schaltet den Deutschlandsender ein. Jubelnde Marschmusik . . . preußisch, siegesgewisse Klänge. Grußbotschaften an die Soldaten der Volksarmee und -polizei an der Sektorengrenze.
„Bald", sagt ein Sprecher, „werden die roten Fahnen über ganz Deutschland wehen."
Zwei Stunden später sitzen noch immer alle in Kollows Wohnzimmer zusammen. Verwandte und Bekannte sind dazugekommen. In jeder vollen Stunde hören sie Nachrichten. Eine hellblonde, etwas füllige Frau, sie ist aus Erkner bei Berlin, weint. Niemand achtet auf ihre Tränen. Sie reden alle durcheinander: „Der Westen, Adenauer, Strauß, Kennedy, die NATO, sie können uns ja nicht allein lassen. Sie haben es doch versprochen. Sie werden uns helfen."
„Wer hat es versprochen?" frage ich.
„Adenauer", sagt der eine.
„Strauß", sagt der andere.
„Kennedy", der dritte.
Ich schüttle ungläubig den Kopf, aber schon dringen alle Stimmen aufgeregt auf mich ein. Sie zitieren Sätze von Adenauer, Sätze von Strauß, Sätze von Kennedy. Jedes Wort der vielen westlichen Reden sitzt wie ein Versprechen in ihren Köpfen. Sie haben es im Sender RIAS und Freies Berlin fast täglich gehört. Jetzt, so meinen sie, müßte es eingelöst werden.
„Was ist denn mit eurer Politik der Stärke? Wozu habt ihr denn aufgerüstet? Wenn ihr jetzt nicht mit der traurigen Armee von Walter Ulbricht fertig werdet, dann könnt ihr gleich einpacken."
„Das bedeutet Krieg", sage ich, „Atomkrieg."
„Das ist uns egal. Lieber im Atomkrieg zugrunde gehen als unter Walter Ulbricht weiterleben."
Ich schweige. Der gefährliche Satz steht wie ein kommendes Unheil im Raum. Hysterie und Angst sind in allen Gesichtern. Haß auf das System und die Verzweiflung der Ausgesetzten. Aus dem Radioapparat kommen wieder Nachrichten. Brandt ist in Berlin eingetroffen. Wir hören seine Stimme auf dem Flugplatz. Sie ist heiser, klingt gepreßt und doch ruhig. Alle spüren, wie groß der Druck ist, der jetzt auf diesem Mann lastet.
Ich gehe trotzdem zum Strand hinunter. Der starke Nordwest röhrt heiser in den hohen Buchenbäumen, heiser wie Brandts Stimme auf dem Flugplatz von Tempelhof. Die Zeltler haben das Lager noch nicht geräumt. Sie werden erst gehen, wenn die Polizei sie vertreibt.
„Das mit der Ruhr ist alles gelogen", sagen sie, „es gibt keine Ruhr. Sie wollen uns nur veranlassen, nach Hause zu fahren, damit es jetzt hier nicht zum Aufstand kommt. Jede Menschenansammlung ist für die gefährlich."
Motorräder und die Zweitaktmotoren der DDR-Autos knattern im Wald. Sie lassen blaue, nach Öl stinkende Auspuffgase zurück. Am Nachmittag sind wieder alle im Wohnzimmer von Kollow versammelt. Die Sitzung des Berliner Senats wird übertragen. Brandt spricht: Er sagt: „Und wenn die Welt voll Teufel wär . . . wir weichen hier keinen Schritt zurück." Seine Rede ist ergreifend. Tränen stehen in den Augen der zuhörenden Frauen. Sie halten ihre Taschentücher vor die Lippen.
Aber es ist immer nur die Stimme von Brandt . . . Brandt, der nur über ein paar tausend Mann ziviler Polizei verfügt.

„Wo bleibt Adenauer?“ fragt Kollow, „warum spricht er nicht? Warum ist er noch nicht in Berlin? Und Kennedy?“
„Wochenendferien“, sage ich.
„Und Macmillan?“
„Er spielt wahrscheinlich Golf.“
„Und Strauß?“
Ich antworte nicht. Woher soll ich wissen, wo der Verteidigungsminister sich gerade aufhält und was er zur Zeit treibt? Aber immer mehr spüre ich, daß auch ich, der Bürger der Bundesrepublik, hier für alles mitverantwortlich gemacht werde, was der Westen jetzt tut oder zu tun unterläßt. Es ist ein unbehagliches Gefühl. Doch erst am Abend wächst es sich fast zur Anklage aus. Amerika hat sich gemeldet. Außenminister Rusk hat von Verhandlungen gesprochen. Verhandlungen? Sie begreifen es nicht. Was sollen denn jetzt Verhandlungen? „Nur keine Panik“, soll Adenauer in Bonn gesagt haben. Keine Panik? Wieso keine Panik? Wenn dies kein Anlaß zur Panik ist, was ist dann ein Anlaß? Dies ist doch nur der erste Schritt! Begreift man das bei euch denn nicht? Und plötzlich spüre ich, daß alle in panischer Angst vor dem Morgen sind, nicht vor dem Krieg, sondern vor dem kommenden Terror des Ulbricht-Regimes. Kein noch so beruhigendes Wort aus Bonn wird sie aus dieser Panik befreien können. Ich sage:
„Vielleicht hat man in Washington und in Bonn schon von dieser Aktion gewußt, bevor sie begann.“
Eine Welle der Empörung schlägt mir entgegen. Alle sprechen durcheinander. Ihre Stimmen werden lauter und lauter: „Das ist unmöglich. Das wäre Wortbruch. Nein, nein, das wäre ja Verrat.“
„Es wird sicherlich nur Proteste geben“, sage ich. Bewußt versuche ich, ihnen die Illusionen zu nehmen. Es ist, so denke ich, vielleicht die beste Therapie gegen den Zusammenbruch der Widerstandskraft, der sich hier ankündigt. Es wird sehr still. Der alte Kollow stützt seine Ellbogen auf den Tisch und sieht mich fragend an:
„Dann haben sie uns also abgeschrieben?“
„So meine ich es nicht. Aber was sollen sie tun? Krieg wegen der Sektorengrenze? Einen dritten Weltkrieg?“
„Dann hätten sie nicht soviel reden dürfen. Kein Wort von Wiedervereinigung, das wäre besser gewesen. Dann war also alles nur leeres Gerede?“
„Nein, nein“, sage ich.
Die Blondine aus Erkner beginnt wieder zu weinen.
„Natürlich haben sie uns abgeschrieben. Die da drüben denken doch nur an ihre eigene Sicherheit. Für die ist der Wohlstand alles. Wer denkt denn von denen an uns. Für die können wir bezahlen ... den ganzen verlorenen Krieg. Jetzt zahlen wir schon sechzehn Jahre lang und müssen schon wieder den Buckel hinhalten.“
Niedergeschlagen gehe ich nach oben.

Die Nacht über der See ist dunkel. Straußsche Walzermusik kommt aus einem HO-Restaurant. Feiert dort jemand den Sieg oder die endgültige Niederlage der Deutschen, die mit diesem schwarzen Sonntag, dem 13. August 1961, beginnt?

▶ **Quelle:** Hans Werner Richter, Der 13. August in der SBZ. Rowohlt, Hamburg 1962. Hier zit. nach: K. Jahn, a. a. O., S. 69 ff.

Arbeitsaufgaben	denkbare Formulierungen
1. Wie beschreibt der Verfasser der Tagebuchaufzeichnungen die Stimmung unmittelbar vor dem 13. August?	– Gerüchte kursieren, Gefühle der Angst und der Spannung. – Indizien für Aktionen: Sondersitzung der Volkskammer; Ansteigen des Flüchtlingsstromes – Ahnungen, daß die Grenzen geschlossen werden („Ulbricht macht die Klappe zu“). – Zweifel, wie sich der Westen verhält, dann Enttäuschung
2. Warum richten die Menschen in der DDR nach seiner Meinung Vorwürfe gegen den Westen?	– Der Westen unternimmt nichts, er läßt sie im Stich. – Sie kommen sich verraten vor. – Es werden Zweifel an der Konzeption der „Politik der Stärke“ deutlich. – Die westdeutsche Wiedervereinigungspolitik ist gescheitert.
3. Worauf ist die Zurückhaltung der Westmächte zurückzuführen?	– US-Außenminister interpretiert den Mauerbau und die Absperrung als „Vorgang innerhalb des sowjetischen Machtbereichs“. – Der freie Zugang der Westmächte nach Berlin wurde nicht berührt. – Man hatte eine solche Reaktion erwartet, da „Ostdeutschland auszubluten“ drohte: Der Flüchtlingsstrom ließ die DDR an den Rand ihrer Existenz geraten, da es sich namentlich um jüngere Leute mit beruflichen Qualifikationen handelte.
4. Was bedeutete der Mauerbau im Hinblick auf die Wiedervereinigungspolitik?	– Die Westmächte greifen nicht in Vorgänge innerhalb der sowjetischen Einflußsphäre ein. – Die „Politik der Stärke“ hat nicht zur Wiedervereinigung geführt. – Die Wiedervereinigung ist für vorerst nicht absehbare Zeit zurückgestellt.

Arbeitsaufgaben	denkbare Formulierungen
5. Wie wird der Bau der Mauer im Osten und im Westen beurteilt?	Westen: Das DDR-Regime hat damit sein Versagen auf der ganzen Linie indirekt eingestanden. Osten: Mauer ist eine wirksame Schutzmaßnahme gegen „imperialistische Aggressionen“ („Friedensmauer“, „antifaschistischer Schutzwall“).

T **Wiedervereinigungskonzeptionen**

Westmächte/ Bundesrepublik	**Sowjetunion/DDR**
Modell: – freiheitlich – freie Betätigung aller Parteien – freie, allgemeine, direkte, geheime, gleiche Wahlen . . . – zur verfassungsgebenden Nationalversammlung	**Modell:** – sozialistisch – Bildung einer „nationalen Front“ der „antikapitalistischen Kräfte“ – führende Rolle der kommunistischen Partei – Wahlen nach der Einheitsliste
Ziel: „Freiheit des Westens“ muß auch in der Sowjetzone zur Geltung kommen	**Ziel:** Ausdehnung des Einflusses auf die Westzonen, „sozialistische Errungenschaften“ in Gesamtdeutschland

Sowjetnote 1952/Viermächtekonferenzen

↓

Konfliktpunkte:

- unterschiedliche Auffassungen über die Methode der Wiedervereinigung
- unterschiedliche Meinung über die politische Struktur eines wiedervereinigten Deutschland
- unterschiedliche Auffassungen über den außenpolitischen Status

↓

keine Einigung, Krisen

– Alleinvertretungsanspruch der Bundesrepublik – „Hallstein-Doktrin“	● Aufbau eines sozialistischen Staates Deutschland und internationale Anerkennung ● Abgrenzung DDR–Bundesrepublik

↓ ↓

Bau der Mauer 1961

44.4. Die Bundesrepublik Deutschland 1955–1979

44.4.1. Wissensziele

Nach dem Rücktritt von Bundeskanzler Adenauer folgte Erhard als Regierungschef. 1966 wurde unter Bundeskanzler Kiesinger eine Regierung der Großen Koalition aus CDU/CSU und SPD gebildet. Sie verabschiedete die „Notstandsgesetze“. 1969 schlossen SPD und FDP eine Koalition mit Bundeskanzler Brandt an der Spitze (seit 1974 Helmut Schmidt). Außenpolitisch strebte die sozialliberale Koalition eine Neuordnung des Verhältnisses zu den Ostblockstaaten an. Sie schloß Verträge mit der Sowjetunion, Polen und der CSSR. Ein Viermächteabkommen regelt den Status von Berlin. Mit der DDR wurde der Grundlagenvertrag abgeschlossen.

44.4.2. UE-Ziele

(1) Neue Konzeptionen der Deutschlandpolitik auf dem Hintergrund des sich wandelnden Verhältnisses zwischen der Sowjetunion und den USA
(2) Die Ostpolitik der sozialliberalen Koalition
(3) Bewertung der Ostpolitik durch Regierung und Opposition nach 10 Jahren (Bundestagsdebatte 20. 3. 1980)
(4) Innenpolitische Probleme der Bundesrepublik

44.4.3. Einstieg

● Karikatur H. E. Koehler: „Die Spaltung des deutschen Volkes“ (Gfm)

44.4.4. Schwerpunkte

44.4.4.1. Schwerpunkt: Die Ostpolitik

In dieser UE sollen die Leitlinien der Deutschlandpolitik weiter verfolgt werden. Die Schüler sollen insbesondere die Veränderungen und die kontrovers geführten Diskussionen um die neue „Ostpolitik“ verfolgen und sich mit den Positionen auseinandersetzen. Die Karikatur „Die Spaltung des deutschen Volkes“ deutet Veränderungen an:

Bildaussagen in der Karikatur	Probleme
Die beiden anfangs noch gleich aussehenden deutschen Michel verändern sich in Erscheinung und Verhalten	Welche Ereignisse und Entwicklungen haben zu der wachsenden Entfremdung der Menschen in den beiden deutschen Staaten geführt?

Bildaussagen in der Karikatur	Probleme
Der trennende Drahtzaun wird zunehmend höher und dicker, die Kommunikation unpersönlicher, die Anreden und Bezeichnungen ebenso.	Wie hat sich das Verhältnis der Deutschen zueinander geändert?
Die Kopfbedeckungen lassen auf der einen Seite die amerikanische Flagge und auf der anderen Seite den Sowjetstern erkennen.	Inwiefern beeinflußt die Politik der Supermächte das Verhältnis der deutschen Staaten?

Die Karikatur zeigt die Entwicklung der deutschen Frage von 1945 bis 1965. In drei Stationen wird aufgezeigt, in welchen Etappen die wachsende Entfremdung erfolgte: 1945, zur Zeit des Potsdamer Abkommens wurde ausdrücklich die Beibehaltung eines ungeteilten Deutschland gefordert, das Jahr 1955 brachte den Abschluß der Integration der beiden deutschen Staaten in eines der Blocksysteme, 1965 ist die Entfremdung und getrennte Entwicklung so weit gediehen, daß die Wiedervereinigung in weite Ferne gerückt zu sein scheint.

Um dieselbe Zeit, in der ersten Hälfte der sechziger Jahre, leitete die Bundesregierung eine Politik der Verbesserungen ihrer Beziehungen zu Osteuropa ein. Sie wurde als „Politik der kleinen Schritte" bezeichnet. Parallel dazu wurden andere Konzeptionen der Deutschlandpolitik gedanklich entwickelt, von denen eine später Bedeutung erlangen sollte: Egon Bahrs Idee des „Wandels durch Annäherung".

▶ **Material:** Informationen 176, S. 12 f.

Hier werden einige Ausschnitte aus Reden der Jahre 1963/64 zitiert.

Arbeitsaufgaben	denkbare Formulierungen
1. Inwieweit hat sich das Konzept der Bundesregierung nach Adenauers Rücktritt verändert?	Außenminister Schröder: Verbesserung der deutsch-sowjetischen Beziehungen, Wirtschaftsabkommen, Kulturaustausch, bessere Beziehungen zu den osteuropäischen Völkern und Staaten Kanzler Erhard: Friedensvertrag legt endgültige Grenzen fest, von einer frei gewählten gesamtdeutschen Regierung US-Professor Brzezinski: Politik der Isolation Ostdeutschlands; Politik des friedlichen Engagements gegenüber Osteuropa
2. Wie läßt sich diese neue Konzeption zusammenfassend bezeichnen? Inwieweit hat sich die Deutschlandpolitik gegenüber früher verändert?	– Das wichtigste Ziel blieb nach wie vor die Wiederherstellung eines Gesamtdeutschland. – Verbesserung der Beziehungen zur Sowjetunion und vor allem zu den Ländern Osteuropas, um die DDR von dem übrigen Osteuropa zu trennen; vorsichtige Öffnung nach Osten.
3. Was bedeutet die Formel „Wandlung durch Annäherung"?	– Abstand nehmen von der Politik des „Alles oder Nichts", Wiedervereinigung als Prozeß „mit vielen Schritten und vielen Stationen" auffassen. – Den kommunistischen Regimen die Angst nehmen (daß der Westen ihren Sturz betreibe), um so langfristig die Humanisierung der Regime und dadurch eine Öffnung der Grenzen zu erreichen.
4. Wie sieht die Bilanz der „Politik der kleinen Schritte" in der Regierungserklärung von Bundeskanzler Erhard 1964 aus?	Passierscheinübereinkunft, Verwandtenbesuche in der Bundesrepublik für ältere Rentner, Abkommen über Bau der Saale-Brücke, Absprachen über Amnestie für politische Häftlinge, Verbesserung der Beziehungen zu osteuropäischen Ländern
5. Inwieweit kommt in der Regierungserklärung der „Großen Koalition" im Jahre 1966 die neue Linie der Außenpolitik zum Ausdruck?	Verbesserung der kulturellen und wirtschaftlichen Beziehungen, Aufnahme diplomatischer Beziehungen zu den Ostblockländern geplant, Aussöhnung mit Polen und der CSSR, Kontakte zwischen beiden Teilen Deutschlands, um ein weiteres Auseinanderleben zu verhindern.

Die neue Richtung in der Wiedervereinigungspolitik muß auf dem Hintergrund der Veränderungen in der Weltpolitik gesehen werden (vgl. UR 45–49).

Die von Präsident Kennedy entwickelte „Strategie des Friedens" wird in seiner Rede vor der American University in Washington vom 10. 6. 1963 deutlich:

„. . . Lassen Sie uns zunächst unsere Haltung gegenüber dem Frieden selbst überprüfen . . . Der Weltfriede wie auch der Friede in Stadt und Land erfordern nicht, daß jeder seinen Nachbarn liebt. Er erfordert lediglich, daß man in gegenseitiger Toleranz miteinander lebt . . . Und die Geschichte lehrt uns, daß Feindschaften zwischen Nationen wie zwischen einzelnen nicht ewig dauern . . .
Lassen Sie uns zweitens unsere Haltung gegenüber der Sowjetunion überprüfen . . . Sollte heute – wie auch immer – ein totaler Krieg ausbrechen, dann würden unsere beiden Länder die Hauptziele darstellen . . . Beide, die Vereinigten Staaten und ihre Verbündeten, haben ein gemeinsames tiefes Interesse an einem gerechten und wirklichen Frieden und einer Einstellung des Wettrüstens. Abkommen, die zu diesem Ziel führen, sind im Interesse der Sowjetunion wie auch im unsrigen . . .
Lassen Sie uns drittens unsere Einstellung zum Kalten Krieg überprüfen . . . Wir müssen unsere Politik so betreiben, daß es schließlich das eigene Interesse der Kommunisten wird, einem echten Frieden zuzustimmen. Vor allem müssen die Atommächte . . . solche Konfrontationen vermeiden, die einem Gegner nur die Wahl zwischen einem demütigenden Rückzug oder einem Atomkrieg lassen . . . Die Waffen Amerikas sollen daher keine Herausforderung darstellen, sie unterliegen einer sorgfältigen Kontrolle, sind für die Abschreckung bestimmt und für den selektiven Einsatz geeignet . . ."

▶ **Quelle:** Der neue Kurs – Amerikas Außenpolitik unter Kennedy 1961–1963. Hrsg. von K. Schoenthal, dtv-Dokumente Nr. 264, München 1964, S. 145 ff.

Arbeitsaufgaben	denkbare Formulierungen
1. Durch welche Elemente ist Kennedys „Strategie des Friedens" gekennzeichnet? 2. Stellt die Unterschiede zum „Kalten Krieg" heraus!	– Friedenssicherung durch verbesserte Rüstungskontrolle – Gesprächsbereitschaft, Kooperation – Berücksichtigung von Einflußsphären – Anerkennung des Status quo – Zusammenleben in gegenseitiger Toleranz – Einstellung des Wettrüstens; Rüstungskontrolle – Abbau der Konfrontation zwischen den Weltmächten

Arbeitsaufgaben	denkbare Formulierungen
3. Inwieweit besteht ein Zusammenhang zwischen der amerikanischen Konzeption und der Neuorientierung in der Deutschlandpolitik?	Die kommunistische Herrschaft soll nicht beseitigt, sondern verändert werden. Die dadurch bedingte Veränderung des Ost-West-Verhältnisses dient der Überwindung des festgefahrenen Status quo. Da die Wiedervereinigung gegen die Sowjetunion nicht zu erreichen war, sollten – über eine Verbesserung der Beziehungen zu Osteuropa – Erleichterungen für die Bewohner der DDR erreicht werden.

Die Vertragstexte bedürfen einer ausführlichen Interpretation. Welche Streitfragen werden ausgeräumt? Wo kam es zu Kompromissen?
Welche Probleme bleiben nach wie vor ungelöst?
In dieser Zielvorstellung bestand Einigkeit zwischen der sozialliberalen Regierung und der Opposition. Der Gegensatz entzündet sich an der Frage, wieweit man bei derartigen Vereinbarungen gehen dürfe. Die Opposition fürchtete, daß die erforderlichen vertraglichen Regelungen die deutsche Spaltung zementieren würden.
Bevor die Analyse der „Ostverträge" erfolgt, muß den Schülern klar sein, wie sich in den 60er Jahren die Weltpolitik und damit auch die Deutschlandpolitik veränderte.
Um das Problem in das Bewußtsein der Schüler zu bringen, könnten die Schüler darüber diskutieren, wie sie das vierte Bild in der Karikatur „Die Spaltung des deutschen Volkes" zeichnen würden. Folgende Leitfragen könnten die Diskussion anregen und strukturieren helfen:

- Wie würdet ihr die Personen selbst und ihre Haltung zueinander ins Bild setzen?
- Wie würdet ihr die Trennungsgrenze gestalten?
- Läßt sich die Kopfbedeckung weiterhin so wie auf den Bildern 2 und 3 gestalten?

Die Schüler sollten ihre Kenntnisse vom gegenwärtigen Stand der deutsch-deutschen Beziehungen zusammentragen und sie verwerten. Es steht zu erwarten, daß es Diskussionen darüber geben wird, ob sich die Teilung vertieft hat oder nicht, ob sich die neue Ostpolitik bewährt hat oder nicht.
Um die Ergebnisse der neuen Ostpolitik zu erarbeiten, empfiehlt es sich, zunächst eine Inhaltsanalyse der Vertragstexte (Gfm) vorzunehmen.

Moskauer Vertrag (12. 8. 1970)	Brief zur deutschen Einheit	Warschauer Vertrag (7. 12. 1970)
Achtung der territorialen Integrität aller Staaten in Europa; Unverletzlichkeit der Grenzen, einschließlich der Oder-Neiße-Linie und der Grenze zur DDR	Das Ziel der Wiedervereinigung wird von der Bundesrepublik nachhaltig unterstrichen.	Oder-Neiße-Linie ist die Westgrenze Polens; Achtung der territorialen Integrität, keine Gebietsansprüche

Viermächteabkommen über Berlin (3. 9. 1971)	Grundlagenvertrag (21. 12. 1972)	Schlußakte von Helsinki (1975)
Abkommen der vier Siegermächte: Verzicht auf Anwendung oder Androhung von Gewalt; Sowjetunion garantiert Transitverkehr nach Berlin ohne Behinderungen; Bindungen zwischen den Westsektoren Berlins und der Bundesrepublik	Entwicklung „normaler“ gutnachbarlicher Beziehungen; Hoheitsgewalt jedes der beiden Staaten beschränkt sich auf sein Hoheitsgebiet; Austausch „ständiger Vertretungen“.	Garantie der Unverletzlichkeit der Grenzen aller Staaten Europas; Achtung der Menschenrechte und Grundfreiheiten

	Moskauer Vertrag	**Warschauer Vertrag**	**Viermächte-Abkommen über Berlin**	**Grundlagen-Vertrag**
ausgeräumte Streitfragen	Grenzen werden nicht mehr in Frage gestellt.	Oder-Neiße-Grenze Westgrenze Polens, keine Gebietsansprüche an Polen	Status von (West-)Berlin gesichert, unbehinderter Zugang garantiert.	Beziehungen auf der Grundlage der Gleichberechtigung. Verzicht der Bundesrepublik auf Alleinvertretungsanspruch und Hallstein-Doktrin („Hoheitsgewalt jedes der beiden Staaten auf sein Staatsgebiet beschränkt“).
Kompromißlösungen	friedliche (einvernehmliche) Grenzveränderungen nicht ausgeschlossen; damit Option der Wiedervereinigung offengehalten; Brief zur deutschen Einheit: Bundesrepublik spricht nur für sich, nicht aber für ein später wiedervereinigtes Deutschland.	endgültige Regelung einem Friedensvertrag vorbehalten	Bindungen (West-) Berlins an die Bundesrepublik nicht näher definiert.	Keine völkerrechtliche Anerkennung der DDR, sie ist daher nicht Ausland; Bundesrepublik besteht gegen DDR auf gemeinsamer deutscher Staatsangehörigkeit, keine Anerkennung einer DDR-Staatsangehörigkeit.
ungelöste Fragen	Politisch-ideologischer Gegensatz dauert an; Rüstungswettlauf wurde nicht gestoppt.	humanitäre Probleme (Ausreise von Deutschen aus Polen): später geregelt. In der Folge Streit über Schulbuchvereinbarungen, Landkarten etc.	Unbestimmte Formulierung „Bindungen“ führt zu ständigem Streit bei Folgevereinbarungen zwischen der Bundesrepublik und den Ostblockstaaten um die Einbeziehung Berlins. Nichtübereinstimmung darüber, wieweit Ost-Berlin dem Viermächteabkommen unterliegt (Ost: Abkommen gilt nur für Westsektoren; West: ganz Berlin)	Wiedervereinigung; Mauer, Schießbefehl; Respektierung der Menschenrechte in der DDR

44.4.4.2. Schwerpunkt: Innenpolitische Probleme der Bundesrepublik Deutschland

Die zentralen innenpolitischen Themen der Bundesrepublik in den Jahren 1955–1979 können im Unterricht in ihrer Vielfältigkeit nicht aufgearbeitet werden. Wir greifen die wirtschaftspolitische Problematik heraus, weil sie auch in den vorangegangenen Unterrichtseinheiten im Mittelpunkt stand.
Eine Analyse der beiden Grafiken „Wachstumswellen laufen aus" und „50 Jahre Arbeitslosigkeit", die bis zur Gegenwart fortgeschrieben werden sollten, zeigt, daß schon seit Ende der sechziger Jahre eine neue Situation in der wirtschaftlichen Entwicklung einsetzt.
▶ **Material:** Globus-Grafiken 2647 und 2560 (Gfm)
Die Grafik 1 macht deutlich, daß die Wachstumswellen auslaufen, d. h., während in den 50er und 60er Jahren hohe Zuwachsraten zu verzeichnen waren, nimmt das Wachstum seit 1967 drastisch ab, in der Rezessionszeit 1974/75 ist sogar ein Abstieg von 2,5 % des Sozialproduktes gegenüber dem Vorjahr zu verzeichnen.
Ein weiteres Indiz für die Probleme, die sich für die Wirtschaftsentwicklung der Bundesrepublik ergeben, wird durch die Arbeitslosenentwicklung dargestellt (s. Grafik 2).
Eine vertiefende Analyse wirtschaftlicher Daten wird sich mit Hilfe der zahlreichen Grafiken und der erläuternden Texte in den Informationen 177 „Wirtschaft 3" Konjunktur–Wachstum–Strukturwandel evt. im Zusammenhang mit dem Wirtschaftslehreunterricht vornehmen lassen.
Einen weiteren Schwerpunkt könnte die Diskussion um den politischen Extremismus bilden. Auch hier bieten die Informationen 179 „Streitbare Demokratie" reichhaltiges Material.
Im Bericht zur „Lage der Nation" vom 20. März 1980 stellte Bundeskanzler Schmidt die Deutschlandpolitik in den weltpolitischen Zusammenhang. Als Bewertungsmaßstab verwendete er die 20-Punkte-Erklärung, die der damalige Bundeskanzler Brandt in Kassel beim Treffen mit Stoph am 20. 5. 1970 formulierte. Der Kanzlerkandidat der Union, Ministerpräsident Franz Josef Strauß, stellte aus der Sicht der Opposition im Bundestag eine Gegenbilanz dar.
▶ **Quelle:** Das Parlament, 30. Jg./Nr. 13, Ausgabe vom 29. 3. 1980, S. 1 ff.
Schmidt: „. . . Ich nehme die 20 Punkte heute zum Maßstab einer Zwischenbilanz zu den Fragen: Was ist erreicht worden? Was bleibt zu tun? . . ."
Wir fassen im folgenden die Ausführungen Schmidts zusammen, indem wir in einer Tabelle die Vorschläge Brandts und die Bewertung Schmidts gegenüberstellen.

Die 20 Punkte finden sich in:
▶ **Quelle:** Zehn Jahre Deutschlandpolitik. Hrsg. Bundesministerium für innerdeutsche Beziehungen. Bonn 1980, S. 138 f.

Brandts 20-Punkte-Programm	Schmidts Bewertung
1. Brandt schlug einen Vertrag vor, der „die Verbindung zwischen der Bevölkerung in beiden Staaten verbessert".	Die Isolierung und Abschnürung der Deutschen ist beseitigt, d. h., es wurde die Voraussetzung für eine Politik geschaffen, die den Zusammenhalt der Deutschen ermöglicht.
2. Der Vertrag soll den Parlamenten „zur Zustimmung zugeleitet werden".	Der Bundestag hat im Juni 1973 seine Zustimmung gegeben. Das Bundesverfassungsgericht hat festgestellt, „daß der Grundlagenvertrag dem Grundgesetz nicht zuwiderläuft".
3. Absicht, die Beziehungen „auf der Grundlage der Menschenrechte, der Gleichberechtigung, des friedlichen Zusammenlebens . . . zu ordnen".	„Der Grundlagenvertrag enthält . . . diese Elemente."
4. Gewaltverzicht, friedliche Beilegung des Streites, Achtung der territorialen Integrität und der Grenzen.	„All dies ist in den Grundlagenvertrag aufgenommen worden. Diese Prinzipien sind Kern unserer Friedenspolitik."
5. Respektierung der Unabhängigkeit und Selbständigkeit der DDR.	Übernahme in den Grundlagenvertrag, . . . „und wir stehen dazu".
. . .	
7./8. Es darf niemals wieder Krieg von deutschem Boden ausgehen; beide Staaten unterlassen alles, was das friedliche Zusammenleben der Völker stören kann.	„Dies entspricht der Präambel unseres Grundgesetzes." Ist als „Maxime der deutschen Politik . . . akzeptiert worden". Von Schmidt und Honecker übereinstimmend unterstrichen.
9. Bemühen um Abrüstung und Rüstungskontrolle unterstützen, um der Verbesserung der Sicherheit zu dienen.	Dieser Grundsatz ist in Art. 5 des Vertrages weiterentwickelt worden. Beide Staaten haben auf den Erwerb von Kernwaffen verzichtet (Nichtverbreitungsvertrag); ferner Beteiligung an Wiener Verhandlungen über eine gleichgewichtige Verminderung der Streitkräfte.

Brandts 20-Punkte-Programm	Schmidts Bewertung
10. „Der Vertrag muß ... von der besonderen Lage Deutschlands und der Deutschen ausgehen, die in zwei Staaten leben und sich dennoch als Angehörige einer Nation verstehen."	Darüber gibt es grundsätzliche Meinungsverschiedenheiten; die Bundesregierung hat ihre Überzeugung in den „Briefen zur deutschen Einheit" und ihre Auffassung rechtsverbindlich dokumentiert.
11. Rechte und Verantwortlichkeit der vier Mächte in Berlin und auf Deutschland als Ganzes.	Im Grundlagenvertrag wird anerkannt, daß die Vorbehaltsrechte der vier Mächte nicht berührt werden. Dadurch ist die deutsche Frage offengehalten.
12. Respektierung der Bindungen zwischen West-Berlin und der Bundesrepublik, Normalisierung der Lage in Berlin.	Durch das spätere Viermächteabkommen, das der Grundlagenvertrag vorbereitet hat, wurde die Lebensfähigkeit Berlins gestärkt, die Zufahrtswege wurden gesichert, die Bindungen zur Bundesrepublik gestärkt, die Bewegungsfreiheit der Berliner wurde vergrößert.
13. Kollisionen zwischen der Gesetzgebung in beiden Staaten müssen beseitigt werden.	Ist geschehen, allerdings sind Staatsangehörigkeitsfragen durch den Vertrag nicht geregelt worden. („Ob ein Deutscher, der aus der DDR kommt, seine Rechte bei uns in Anspruch nehmen will, ist allein seine freie Entscheidung.")
14. Erweiterung des Reiseverkehrs, Freizügigkeit.	Freizügigkeit ist erheblich erweitert worden, Verwandtenbesuche in der DDR und in Ost-Berlin; Reiseverkehr in der Gegenrichtung unbefriedigend.
15. Familienzusammenführung.	Seit 1970 konnten 26500 Deutsche aus der DDR in die Bundesrepublik übersiedeln.
16. Probleme an der Grenze nachbarschaftlich lösen.	Grenzkommission hat den Grenzverlauf festgelegt, Zahl der Zwischenfälle deutlich zurückgegangen, Frage der Elbegrenze noch offen.
17. Zusammenarbeit im Verkehr, im Post- und Fernmeldewesen, Informationsaustausch, Wissenschaft, Erziehung, Kultur, Sport.	Verbindungswege nach Berlin erheblich verbessert (Autobahn Berlin–Hamburg in Vorbereitung), Ausbau der Telefonverbindungen, Informationen verbessert, allerdings lassen die Arbeitsmöglichkeiten der Journalisten viel zu wünschen übrig, Austausch in den Bereichen Sport, Wissenschaft noch nicht befriedigend.
18. Ausbau des Handels.	Handelsverkehr mehr als verdreifacht.
19. Beide Regierungen ernennen Bevollmächtigte im Ministerrang.	1974 Aufnahme der amtlichen Beziehungen („Ständige Vertretungen"): Meinungs- und Informationsaustausch zwischen den Regierungen.
20. Mitgliedschaft und Mitarbeit in der UN.	Seit 1973 verwirklicht; Erklärung der vier Mächte, daß ihre Rechte und ihre Verantwortlichkeit nicht berührt werden.

Franz Josef Strauß:

„... Sie haben einzelne Verträge erwähnt ... Sie haben hervorgehoben, daß ihn (den Grundlagenvertrag) das Bundesverfassungsgericht als mit dem Grundgesetz für vereinbar erklärt hat ... Sie wissen ganz genau, welche Prozeßargumentation die Bundesregierung angewandt hat ... Sie hat in dem Prozeß damit argumentiert, daß für den Fall einer Erklärung der Unvereinbarkeit die Bundesrepublik Deutschland Gefahr liefe, daß dann die DDR allein Mitglied der UN sei – ein falsches Argument ... Aus diesem Grunde kam ein Urteil zustande, dessen Begründung nur bei großer intellektueller Beweglichkeit ... mit dem Urteil selber in Verbindung gebracht ... werden kann.

... Ich bin kein Utopist und kein Träumer, der glaubt, daß man geschichtliche Ereignisse von der Gewalt des Zweiten Weltkrieges und der daraufhin erfolgten Ausnutzung der militärischen Situation durch eine Großmacht lediglich durch eine Rechtsposition aus der Welt schaffen kann ... Aber Rechtspositionen sind wirksame Waffen, und sie müssen für den Fall, daß einmal diese Übergangsverträge durch einen Friedensvertrag abgelöst werden, nachdrücklich zur Geltung gebracht werden. (Beifall bei der CDU/CSU.)

In dieser Begründung ist auch davon die Rede, daß es Grenzen innerhalb Deutschlands gebe, aber diese Grenzen hätten grundsätzlich keine verschiedene

Rechtsqualität. Man sieht doch gerade daran, daß die Grenze zwischen, sagen wir, Bayern und Baden-Württemberg einerseits und die Grenze zwischen Bayern und Sachsen andererseits eine vergleichbare Rechtsqualität haben soll, den erschütternden Unterschied zwischen Verfassungsrecht und politischer Wirklichkeit – wenn man an die Zustände an diesen beiden ‚Grenzen' denkt . . .
Der Bundeskanzler hat nachdrücklich die eine Staatsbürgerschaft, die alle Deutschen haben . . ., hervorgehoben. Er hat auf ein besonderes Papier hingewiesen, in dem die Staatsbürgerfrage ausgeklammert worden ist. Aber das hindert den anderen Vertragspartner nicht, nach wie vor die Forderung auf Einführung zweier Staatsbürgerrechte zu erheben . . .
Etwas wenig ist über die Verpflichtung zur Wiedervereinigung gesagt worden. Das Grundgesetz spricht von der Vollendung der Einheit. Das würde heißen, daß wir auf dem Wege der Einheit schon weit fortgeschritten seien und daß es nur noch gelte, diesen Prozeß abzuschließen . . . Darf ich Sie darauf hinweisen, daß das Grundgesetz in einer Situation entstanden ist, in der die Väter des Grundgesetzes aus gutem Grunde von der Einheit Deutschlands ausgegangen sind . . . Ihre Politik der letzten zehn Jahre hat erheblich dazu beigetragen, daß trotz der von uns anerkannten Erfolge – . . . Rentnerreisen, Telefonverkehr und Wirtschaftsverkehr – wir staatsrechtlich und politisch gesehen von dem Zustand 1949 heute weit entfernt sind. (Beifall der CDU/CSU.)
Sie sprechen davon, daß die Menschenrechte in der DDR . . . noch nicht voll hergestellt seien . . . Darf ich einmal darauf hinweisen, daß das, was Sie als Ergebnisse der neuen Ostpolitik hier in leuchtenden Farben geschildert haben, eigentlich das Minimum des Selbstverständlichen ist, was zwischen zivilisierten Nationen und kultivierten Staaten bestehen sollte? (Beifall bei der CDU/CSU.)
Warum haben Sie denn nicht davon gesprochen, daß entgegen den damals geäußerten Erwartungen . . . der Schießbefehl und alles, was damit zusammenhängt, nicht nur nicht eingeschränkt . . ., sondern noch verschärft . . . worden ist? . . .
Sie haben hier dem Begriff Offenhaltung der deutschen Frage einen Sinn gegeben . . ., der nicht im Mittelpunkt stehen kann . . .: daß nämlich die Gemeinsamkeit der Sprache . . ., die Gemeinsamkeit unserer Kultur, die verstärkte Begegnung der Menschen und alles, was damit zusammenhängt, . . . offenhalten. Das bestreite ich nicht, aber was mit der Offenhaltung der deutschen Frage gemeint war, ist etwas ganz anderes: die klare politische Ankündigung, daß wir uns mit der Teilung Deutschlands nie abfinden und die Wiedervereinigung der beiden Teile und damit der Zusammenführung unseres Volkes mit allen legitimen friedlichen Mitteln unserer Politik betreiben werden. (Lebhafter Beifall bei der CDU/CSU.) Denn wenn Ihre Kriterien . . . zuträfen, wären wir der Wiedervereinigung mit Österreich schon wesentlich näher als mit dem anderen Teil Deutschlands . . ." (Heiterkeit bei der CDU/CSU.)

Arbeitsaufgaben	denkbare Formulierungen
1. Was ist nach der Auffassung Bundeskanzler Schmidts in der Politik für Deutschland seither erreicht worden?	– Die Bundesregierung hat die „Lage der Trennung erleichtert und die Härte der Trennung gemildert". – Die deutsche Frage wird offengehalten, Ziel der Einheit ist geblieben. – Die „Lasten der Vergangenheit" im Verhältnis zu den osteuropäischen Ländern sind weitgehend „abgetragen" – Einbettung der deutschen Frage in den weltweiten Entspannungsprozeß. – Internationale Isolierung verhindert. – Ostpolitik hat zur Stärkung des Gleichgewichts in Europa und zur Sicherheit beigetragen.
2. Wie beurteilt die Opposition die Deutschlandpolitik der sozialliberalen Koalition?	– Rechtspositionen sind ohne angemessene Gegenleistung aufgegeben worden. – Die menschlichen Erleichterungen sind unzureichend und völkerrechtlich unzulänglich abgesichert. – Verzicht auf eine Politik der Wiedervereinigung mit allen legitimen friedlichen Mitteln – Verbindungen zwischen den beiden Teilen Deutschlands weit entfernt vom Zustand 1949 (relativ freie Reisemöglichkeiten). – Keine Fortschritte hinsichtlich der Menschenrechte in der DDR, des Schießbefehls etc. – DDR erhebt Forderungen, die durch Kompromißlösungen ausgeklammert worden waren (Frage der Staatsangehörigkeit).

T **Die deutsche Frage und die Wiedervereinigung**

1945
Aufteilung in Besatzungszonen

Gründung der DDR → Integration in den kommunistischen Machtbereich → Aufstand des 17. Juni 1953 → Aufbau des Sozialismus → Bau der Mauer

„Kalter Krieg" → Konferenzen der Siegermächte scheitern → Krisen im Weltmaßstab: Berlin-Krise, Kuba-Krise

Gründung der Bundesrepublik → Westintegration → parlamentarische Demokratie, soziale Marktwirtschaft, Alleinvertretungsanspruch

nach 1963: Entspannungpolitik

Berlin-Abkommen der vier Siegermächte Kompromiß?

Moskauer Vertrag → Vertrag mit Polen

Grundvertrag ← → **Grundvertrag**

KSZE

Kontroverse in der Bundesrepublik:

Bundesregierung:

- Politik der schrittweisen Normalisierung
- menschliche Erleichterungen
- Entspannung im Vordergrund

Opposition:

- keine Rechtspositionen aufgeben
- Leistung und Gegenleistung in einem ausgewogenen Verhältnis
- Wiedervereinigung nicht aus dem Auge verlieren
- Sicherheit im Vordergrund

44.4.4.3. Schwerpunkt: Innenpolitische Probleme (1955–1979)

Die Fülle der innenpolitischen Probleme im Zeitraum von 1955 bis zur Gegenwart erfordert eine unterrichtliche Schwerpunktsetzung. Wir schlagen vor, innenpolitische Probleme in den einzelnen Wahlperioden aufzulisten, um anschließend am Beispiel eines Problemfeldes, das den Schülern wichtig erscheint, unter Beachtung des historischen Aspektes die kontroversen Argumentationen zu untersuchen und sich mit ihnen auseinanderzusetzen.

▶ **Material:** Informationen 176, S. 20 ff.; Wahlplakate in Informationen 185, S. 4 ff.

Wahlperiode 1957–1961	
Wahlparolen	„Konrad Adenauer CDU" (CDU) – „Sicherheit mit Ollenhauer" (SPD) – „Weiter aufwärts mit der CSU" (CSU) – „Auf dich kommt's an" (FDP).
Wahlergebnis/ Regierung	CDU/CSU: 54,3 % — SPD: 34,0 % – FDP: 8,3 % – DP: 3,4 %, 5 Direktmandate CDU/CSU-DP-Koalition
Innenpolitik	Kontroverse um wehrpolitisches Konzept; Verzicht auf Atomwaffen? Streit um die Kanzlernachfolge und die Besetzung des Bundespräsidentenamtes 1959 „Godesberger Programm" der SPD: Revisionen von bisher eingenommenen Positionen; Wehner 1960: Sicherheit hat Vorrang vor Wiedervereinigung; Auseinandersetzung der Deutschen mit ihrer „unbewältigten Vergangenheit"; Wiedergutmachung nationalsozialistischen Unrechts
Wirtschaftliche Entwicklung	Arbeitslosenquote sinkt von 3,5 % (1957) auf 0,9 % (1961); Preissteigerung: von 2,2 % (1957) bis 1,4 % (1961) Wachtumsrate des Bruttosozialproduktes: 5,7 % (1957), 9,0 % (1960)
Sozialpolitik	Rentengesetze, Sozialversicherungsgesetze, Schwerbeschädigtengesetz, wirtschaftliche Sicherung im Krankheitsfall, Kindergeld, Soldatenversorgungsgesetz

Wahlperiode 1961–1965	
Wahlparolen	„Deutschland wählt Adenauer" (CDU) – „Deutschland - SPD" (SPD) – „Ein freies Volk braucht Freie Demokraten" (FDP)
Wahlergebnis/ Regierung	CDU/CSU: 45,3 % – SPD: 36,2 % – FDP: 12,8 % Koalition: CDU/CSU-FDP 1963: Erhard Bundeskanzler
Innenpolitik	„Spiegel-Affäre" führt zur Regierungsumbildung; Diskussion um „Notstandsgesetze"; Gründung der NPD (1964)
Wirtschaftliche Entwicklung	Arbeitslosenquote sinkt auf 0,7 %; jährliche Preissteigerungen: 2,3 bis 3,1 %; Wachstumsrate: 4,7–3,0 %
Sozialpolitik	Rentenanpassungsgesetze, Mindesturlaubsgesetz, Verbesserungen des Lastenausgleichs, Verbesserung der Kriegsopferversorgung

Wahlperiode 1965–1969	
Wahlparolen	„Deutschland Ja" (SPD) – „Unsere Sicherheit CDU" (CDU) – „In seinem Geist mit neuer Kraft" (FDP) (gemeint ist Heuss) – „Es geht um Deutschland" – (CSU)
Wahlergebnis/ Regierung	CDU/CSU: 47,6 % – SPD: 39,3 % – FDP: 9,5 % Koalition: CDU/CSU-FDP 1966: „Große Koalition"; (CDU/CSU-SPD) Kanzler: Kiesinger
Innenpolitik	„Starfighter-Krise": Koalitionswechsel; Diskussion um Notstandsgesetze („Osterunruhen"); wirtschaftliche Rückschläge (Rezession); Mitbestimmung
Wirtschaftliche Entwicklung	Arbeitslosenquote steigt auf 2,7 % (1967); Preissteigerungen zwischen 3,5 und 1,3 %; Wachstumsrate: 1967 –0,2 %; 1969 8,2 %
Sozialpolitik	Änderungen der Lastenausgleichsgesetze und der Rentenanpassungsgesetze

Wahlperiode 1969–1972	
Wahlparolen	„Wir schaffen das moderne Deutschland" (SPD) – „Auf den Kanzler kommt es an" (CDU) – „Wir schaffen die alten Zöpfe ab" (FDP)
Wahlergebnis/ Regierung	CDU/CSU: 46,1 % – SPD: 42,7 % – FDP: 5,8 % – (NPD: 4,3 %) „sozial-liberale Koalition"; Kanzler: Brandt

Wahlperiode 1969–1972	
Innenpolitik	Atomwaffensperrvertrag, Ostverträge, Debatte über innere Reformen, währungspolitische Debatten, Mitbestimmung der Arbeitnehmer, Betriebsverfassungsgesetz, Mißtrauensvotum, Neuwahlen
Wirtschaftliche Entwicklung	Arbeitslosenquote zwischen 0,7 und 1,1 % Preissteigerungen bis 5,3 % (1972) Wachstumsrate 3,6 % (1972)
Sozialpolitik	Ergänzung sozialer Maßnahmen in der Landwirtschaft; Ergänzungen in den Rentenversicherungsgesetzen

Wahlperiode 1972–1976	
Wahlperioden	„Deutsche, wir können stolz sein auf unser Land" (SPD) – „Wir bauen den Fortschritt auf Stabilität" (CDU) – „Vorfahrt für Vernunft" (FDP)
Wahlergebnis/ Regierung	CDU/CSU: 44,9 % – SPD: 45,8 % – FDP: 8,4 % sozial-liberale Koalition, Kanzler Brandt, ab 1974 Schmidt
Innenpolitik	Energieprobleme, „Ölkrise", Verfassungsdebatte, Debatte über den § 218 StGB, Rücktritt Bundeskanzler Brandts, Scheel Bundespräsident (1974), Terrorismus und innere Sicherheit, Debatte um Kernenergie
Wirtschaftliche Entwicklung	Arbeitslosenquote 4,7 % (1975) Preissteigerungen: 6,7 % (1974) Wachstumsrate: –1,8 % (1975)
Sozialpolitik	weitere Rentenanpassungsgesetze, Änderungen zum Lastenausgleichsgesetz

Wahlperiode 1976–1980	
Wahlparolen	„Weiter arbeiten am Modell Deutschland" (SPD) – „Freiheit statt Sozialismus" (CDU) – „Leistung wählen" (FDP)
Wahlergebnis/ Regierung	CDU/CSU: 48,6 % – SPD: 42,6 % – FDP: 7,9 % sozial-liberale Koalition, Kanzler Schmidt
Innenpolitik	Terrorismus und innere Sicherheit, Kernenergie
Wirtschaftliche Entwicklung	Arbeitslosenquote 4,6 % (1976), 3,8 % (1978) Preissteigerungen 2,5 % (1978) und 5,5 % (1980) Wachstumsrate zwischen 4,5 % (1978) und 2,0 % (1980)

45. Die europäische Einigung

45.0.1. Literaturangaben

Handbuch: Bracher 313 ff.; Schieder.

Spezialliteratur:
Die Europäische Gemeinschaft. Quellenhefte für den Geschichtsunterricht, Nr. 474. Hirschgraben, Frankfurt.
Frowein, Jochen, Die Grundrechte in der Europäischen Gemeinschaft. Nomos, Baden-Baden 1978.
Gilessen, Günther, Sieben Argumente für Europa. Europa-Union Verlag, Bonn 1977.
Grabitz, Eberhard/Läufer, Thomas, Das Europäische Parlament. Europa-Union Verlag, Bonn 1980.
Hellmann, Rainer, Das Europäische Währungssystem. Kritische Einführung mit Dokumentation. Nomos, Baden-Baden 1979.
Heumann, Hans-Dieter, Europäische Integration und nationale Interessenpolitik. Hochschulschriften Sozialwissenschaft, Bd. 17. Athenäum-Hain, Meisenheim 1980.
Heumann, Hans-Dieter/Karnofsky, Eva, Der Wahlkampf zum Europa-Parlament. Europa-Union Verlag, Bonn 1980.
Janssen, Bernd, Europäische Integration. Grundlagen, Modelleinheiten und Materialien für die Erwachsenenbildung. Europa-Union Verlag, Bonn 1979.
Kujath, Karl, Bibliographie zur Europäischen Integration. Europa-Union Verlag, Bonn 1977.
Lipgens, Walter, Die Anfänge der Europäischen Einigungspolitik 1945–1950, 1. Teil 1945–1947. Klett, Stuttgart 1977 (Standardwerk).
Medefind, Heinz, Organisation Europa. Aufbau, Chancen, Grenzen der europäischen Institutionen. Europa-Union Verlag, Bonn 1978.
Müller-Roschach, Herbert, Die deutsche Europapolitik von 1949 bis 1977. Europa-Union Verlag, Bonn 1980.
Priebe, Hermann, u. a., Die Agrarwirtschaftliche Integration Europas. Nomos, Baden-Baden 1980.
Renner, Günter, Europa im Unterricht der Sekundarstufe I. Didaktische Einführung und Unterrichtsvorschläge. Europa-Union Verlag, Bonn 1979.
Schöndube, Claus (Hrsg.), Europa – Gesetze und Verträge. Europa-Union Verlag, Bonn ^{4}1977.
Schöndube, Claus, Europa-Taschenbuch. Europa-Union Verlag, Bonn, ^{7}1980. (Enthält eingehende Grundinformationen zur Geschichte der Europäischen Einigung, ein Europa-BC, Zeittafel und ausführliche Bibliographie, sehr empfehlenswert.)
Weber, Jürgen (Hrsg.), Die Zukunft der europäischen Integration. Olzog, München 1978.

Zeitschriften: Politische Bildung 3/1978, „Europa"; Materialien für den Unterricht: Wolfgang W. Mickel, Europäische Integrationspolitik.

Informationsmaterial erhältlich bei:

Europäische Gemeinschaften
Presse- und Informationsbüro
Zitelmannstraße 22
5300 Bonn 1
Telefon (0228) 238041

Deutscher Rat der
Europäischen Bewegung
Bachstraße 32
5300 Bonn 1
Telefon (0228) 631297

Europa-Union Deutschland e. V.
Bachstraße 32
5300 Bonn 1
Telefon (0228) 631561

Junge Europäische Föderalisten
Berliner Platz 1
5300 Bonn 1
Telefon (0228) 639328

45.0.2. UR-Ziele

(1) Die Zielvorstellung des „Vereinten Europa" und die Realität der Europäischen Gemeinschaft
(2) Der Beitrag der Europäischen Gemeinschaft zu einer gesamteuropäischen Friedensordnung
(3) Fortschritte und Hindernisse auf dem Weg zur europäischen Integration
(4) Das Verhältnis zwischen wirtschaftlicher Integration und politischer Integration

45.0.3. Medien

Wandkarten: Flemmings, Europa nach dem 2. Weltkrieg 1945–1953 – Putzger, Europa nach dem 2. Weltkrieg – Westermann, Europa, Staaten – Westermann, Europa, politisch.
Atlas: dtv II 244 Die europäische Integrationspolitik nach 1945, 276 Wirtschaftsmacht EG, 284 De Gaulles Europapolitik und Europamodell.
Filme: Institut FT 10 Europa blickt vorwärts – Dokumentation über die wirtschaftlichen Auswirkungen des Marshall-Planes, FT 303 Professor Hallstein: Die Integration Europas (9 Min.), FT 304 Direktwahl nach Europa – Eine neue Chance (22 Min.), FT 305 Probleme Europas, z. B. der Rhein (21 Min.), FT 306 Probleme Europas, Regionalpolitik (32 Min.), FT 307 EG-Bewerber auf dem Prüfstand (Griechenland) (30 Min.), 32 3045 Agrarprobleme in der Europäischen Gemeinschaft (17 Min.).

45.0.4. Vorbemerkungen

Europa im Unterricht

Zur Behandlung Europas im Unterricht hat die Kultusministerkonferenz am 8. 6. 1978 einen Beschluß gefaßt, der alle Unterrichtsfächer verpflichtet, einen Beitrag zur Vorbereitung des jungen Menschen auf seine Aufgaben als Bürger in der Europäischen Gemeinschaft zu leisten. Neben der Sozialkunde hat insbesondere die Geschichte die Aufgabe, europäische Fragestellungen einzubeziehen.

Im einzelnen sind laut Beschluß unter anderem Kenntnisse und Einsichten zu vermitteln über:

- „die prägenden geschichtlichen Kräfte in Europa; ...
- die Entwicklung des europäischen Rechts-, Staats- und Freiheitsdenkens;
- die Entwicklungen im Sinne der Neuordnung und der Integrationsbestrebungen nach 1945; . . .
- die Bedeutung der Zusammenarbeit der Europäischen Gemeinschaft mit anderen Staaten der Welt;
- die Wertvorstellungen und Interessen, die den Entscheidungen in Europa zugrunde liegen."

Die Idee der europäischen Einigung

Die Anfänge der Idee eines europäischen Zusammenschlusses reichen weit zurück in die europäische Geschichte. Eine reale Chance ihrer Verwirklichung bot sich erstmals in den Jahren nach dem Zweiten Weltkrieg. Paradoxerweise war die entscheidende Voraussetzung für den Erfolg der europäischen Einigungsbestrebungen gerade die vollständige Ohnmacht Europas als Folge des Krieges.

Walter Lipgens, der Historiker der Europäischen Einigungspolitik von 1945–50, nennt drei Faktoren, die schon 1945/46 als Grundelemente der europäischen Situation gegeben waren:

● **Der Niedergang Europas,** der Machtverlust der europäischen Nationalstaaten, die drei Jahrhunderte die Welt dominiert hatten. Einheiten von der Größe der europäischen Staaten waren nicht einmal mehr in der Lage, Sicherheit vor fremder Eroberung zu geben.

● **Wirtschaftliche Schwäche.** Die durch Zollbarrieren abgeschotteten europäischen Staaten hatten zwischen 1919 und 1939 einen Zuwachs der industriellen Produktion von 40% erzielt, die USA im gleichen Zeitraum hingegen 150%. Die Perspektiven des zerstörten Europas von 1945 waren noch viel düsterer.

● **Die deutsche Frage.** Wie konnte eine Wiederholung einer deutschen Aggression verhindert werden, ohne daß man erneut in den Fehler von 1919 verfiele, Deutschland ständig mit Gewalt niederhalten, demütigen und in wirtschaftlichem Notstand halten zu müssen.

„Nur ein vereintes Europa, anstelle balkanisch zersplitterten Zwischenraums, könne zwischen den Weltmächten noch einmal Mitspracherecht gewinnen. Dieser Antwort, in ihrer Grundlinie die einzige positive und produktive politische Idee der europäischen Nachkriegsgeschichte, ist im Prinzip unzählige Male zugestimmt, eine andere ernsthaft diskutierbare nicht geäußert worden. Selbst Politiker, die ihre Verwirklichung hemmen, tun dies unter oratorischen Bekenntnissen zu ihr" (Walter Lipgens, Europäische Integration, in: Löwenthal/Schwarz, a. a. O., S. 521).

Lipgens wendet sich gegen die Auffassung, der Ost-West-Konflikt habe den entscheidenden Anstoß zum europäischen Zusammenschluß gegeben. Der Konflikt zwischen den beiden Weltmächten entschied lediglich über die geographische Begrenzung der Einigung. Die Sowjetunion verhinderte die Einbeziehung Osteuropas und versuchte, die Einigung Westeuropas zu stören, indem sie die kommunistischen Parteien Westeuropas auf einen antieuropäischen Nationalismus festlegte. Die USA, die an einer Stabilisierung Westeuropas interessiert waren, unterstützten – zumindest ab 1947 („Truman-Doktrin") – den (west-)europäischen Zusammenschluß.

„Die Idee des europäischen Zusammenschlusses (hätte) wohl keine Chance gehabt, irgendeinen Einfluß auf die reale, von den Weltmächten bestimmte Politik zu erlangen, wenn sie nicht wenigstens von einer der beiden Mächte aufgenommen, anerkannt und gefördert worden wäre" (Lipgens, a. a. O., S. 522).

Die Europäische Bewegung

Die Programme der Widerstandsbewegungen gegen den Nationalsozialismus enthielten fast durchweg eine Absage an das nationalstaatliche System Europas und die Forderung nach einem föderalen Zusammenschluß der europäischen Völker.

In einer Rede vor jungen Menschen in Zürich am 19. 9. 1946 forderte der bedeutendste europäische Staatsmann dieser Zeit, **Winston Churchill,** die „Vereinigten Staaten von Europa". Als erster Schritt sollte ein „Europarat" gebildet werden. Frankreich und Deutschland sollten die Führung übernehmen. Gleichzeitig trafen in **Hertenstein** am Vierwaldstätter See Vertreter von zumeist unter Führung ehemaliger Widerstandskämpfer stehenden Gruppen europäischer Föderalisten zusammen, die sich spontan an zahlreichen Orten in Europa gebildet hatten, und beschlossen ein Aktionsprogramm. Wenig später schlossen sich all diese Gruppen in Paris zusammen. Aus diesem Zusammenschluß ging 1948 die **„Europäische Bewegung"** hervor. Die Europabegeisterung, die vor allem von der Jugend getragen wurde, erreichte 1950 ihren Höhepunkt, ging aber von da an zurück, als die ersten europäischen Institutionen gegründet wurden, die in ihrer Realität keineswegs den Vorstellungen engagierter Europäer entsprachen.

Der Europarat
Parlamentarische Initiativen in mehreren westeuropäischen Ländern, die die Einberufung einer „Europäischen Verfassunggebenden Versammlung" gefordert hatten, führten zu Regierungsverhandlungen, aus denen wegen des Widerstandes Großbritanniens und der skandinavischen Länder lediglich der „Europarat" hervorging. Erstmals gab es eine Art Europäisches Parlament, die „Beratende Versammlung" des Europarates, aber sie war aus Delegierten der Parlamente der Mitgliedsländer zusammengesetzt, und sie war von vornherein politisch ohnmächtig. Sie konnte und kann nur einstimmig „Empfehlungen" an die Regierungen richten. Der „Ministerrat" kann ebenfalls nur einstimmig beschließen, und seine Beschlüsse sind nicht bindend.

Modelle des europäischen Zusammenschlusses
● Das **föderalistische Konzept,** die Bildung eines Europäischen Bundesstaates, das der Europäischen Bewegung vorschwebte, war vorerst gescheitert.
● Das **Konzept der Zusammenarbeit souveräner Einzelstaaten,** das vor allem Großbritannien befürwortete, wurde im Europarat und in der OEEC (s. Seite 14) realisiert, erwies sich aber als ineffizient.
● Die Staaten Westeuropas begannen daher seit 1950 ein **Konzept einer supranationalen Integration** in die Tat umzusetzen. Es beruhte auf der „Schaffung gemeinsamer ökonomischer Grundbedingungen" und „neuer Autoritäten, die von den nationalen Souveränitäten anerkannt werden" (Jean Monnet).
Ein erster Schritt war die Gründung der **„Europäischen Gemeinschaft für Kohle und Stahl" (EGKS,** auch **Montanunion**) im Jahre 1951. Sie war von ihren Initiatoren als Stufe zu einem umfassenderen nicht nur wirtschaftlichen, sondern auch politischen Zusammenschluß gedacht. Ihre Organe stellten das Grundmuster aller späteren supranationalen europäischen Institutionen dar.
Die weltpolitische Situation führte dazu, daß als nächster Sektor die **Verteidigung** zur Integration anstand. Die Integration des militärischen Bereichs erwies sich jedoch als ungleich schwieriger als die eines Wirtschaftssektors. Sie rief heftige Emotionen hervor, und sie warf das Problem der politischen Autorität auf, die die integrierten Streitkräfte kontrollieren sollte. Neben dem „Vertrag über die Europäische Verteidigungsgemeinschaft" (EVG) wurde daher auch schon – verfrüht – die Schaffung einer politischen Gemeinschaft vorbereitet. Unter veränderten politischen Bedingungen (Auflockerung im Ost-West-Verhältnis nach Stalins Tod) scheiterte der EVG 1954 in der Französischen Nationalversammlung.
Die Integration der Wirtschaft nahm jedoch ihren Fortgang. 1957 wurden die Europäische Wirtschaftsgemeinschaft (EWG) und die Europäische Atomgemeinschaft (EURATOM) gegründet. Damit war die gesamte Wirtschaft der sechs westeuropäischen Mitgliedsländer integriert, wie sich rasch erweisen sollte mit durchschlagendem Erfolg.
Die wirtschaftliche Integration würde, so hoffte man, auf andere Bereiche (Sozial-, Außen-, Verteidigungspolitik) übergreifen („spill over") und schließlich zu einer Politischen Union führen. Der erwartete Durchbruch fand nicht statt, in erster Linie weil Frankreichs neuer Staatspräsident de Gaulle (seit 1958/59) in den sechziger Jahren jeden Fortschritt in Richtung auf einen europäischen Zusammenschluß blockierte. Für ihn hatten die nationalen Interessen Frankreichs, die für ihn mit der Wiederherstellung der französischen Großmachtrolle identisch waren, absoluten Vorrang. Am französischen Veto scheiterte nicht nur jedwede – über die planmäßig ablaufende Vergemeinschaftung der Wirtschaft hinausgehende – Integration weiterer Bereiche, sondern auch die Erweiterung der Gemeinschaft (die Aufnahmeanträge Großbritanniens 1963 und 1967 stießen auf das Veto Frankreichs).

Die EG der Neun
Erst nach dem Rücktritt de Gaulles im April 1969 wurde die Haltung der französischen Regierung flexibler. Im Dezember 1969 beschlossen die Staats- und Regierungs-Chefs der sechs EG-Länder die Aufnahme von Verhandlungen mit allen beitrittswilligen Ländern und die stufenweise Einführung der vollständigen Wirtschafts- und Währungsunion bis 1980. Nach harten Verhandlungen wurden Beitrittsabkommen mit Großbritannien, Dänemark und Irland geschlossen, die seit dem 1. 1. 1973 Vollmitglieder der EG sind.
Die in Stufen bis 1980 zu verwirklichende Wirtschafts- und Währungsunion (nach dem „Werner-Plan") scheiterte an den Wirtschaftskrisen der 70er Jahre. 1973 wurden im Weltwährungssystem die festen Wechselkurse zugunsten flexibler Wechselkurse (Floating) aufgegeben. Einige EG-Mitgliedsstaaten vereinbarten, untereinander feste Wechselkurse beizubehalten; sie durften von einem Leitkurs nur 2,25 % nach oben und unten abweichen. Das System wurde zum Vorbild des Europäischen Währungssystems, das nach einem Beschluß des Rates der EG im März 1979 in Kraft trat.

Direktwahl zum Europäischen Parlament
Obwohl der EGKS-Vertrag von 1951 und der EWG-Vertrag von 1957 in Art. 138 schon Direktwahlen zur „Gemeinsamen Versammmlung" vorsahen, beschlossen erst 1974 die Staats- und Regierungschefs, die erste direkte Wahl im Jahre 1978 zu veranstalten. Sie fand schließlich am 7. bzw. am 10. 6. 1979 in allen Mitgliedstaaten der Neuner-EG statt. An das direkt gewählte Parlament knüpfen viele Europäer Hoffnungen, andere sind skeptisch.

● Argumente: Das Europäische Parlament wird keine wirklichen Befugnisse haben und letztlich machtlos bleiben.
● Gegenargumente: Alle Parlamente waren anfangs machtlos und mußten ihre Rechte einer widerstrebenden Obrigkeit abtrotzen. Das EP kann aufgrund seiner Legitimation durch die Wähler Ansprüche auf Erweiterung seiner Befugnisse gegenüber den nationalen Regierungen und den EG-Institutionen (Rat, Kommission) mit größerem Gewicht erheben. Die EG wird überdies demokratisiert. Entscheidungen, die ohne öffentliche Debatte getroffen wurden, werden künftig transparenter. Das EP kann hier auch eine Aufklärungsfunktion gegenüber der Bevölkerung übernehmen.

45.1. Pläne und Probleme

45.1.1. Wissensziele

Die Notwendigkeit einer Einigung Europas zeigte sich besonders nach dem Zweiten Weltkrieg. Es wurde deutlich, daß neben den beiden Weltmächten nur ein enger wirtschaftlicher Zusammenschluß die Staaten Westeuropas auf dem Weltmarkt konkurrenzfähig machen würde. Dieser Gedanke fand eine breite Zustimmung bei den Völkern Westeuropas. Als viel schwieriger erwies es sich, eine politische Union zu schaffen. Die europäischen Staaten, in erster Linie Frankreich, waren nicht bereit, staatliche Souveränitätsrechte an eine zu bildende Gemeinschaft abzugeben. Die USA unterstützten die europäische Einigung. Die Sowjetunion befürchtete von ihr negative Auswirkungen auf ihre Politik.

45.1.2. UE-Ziele

(1) Die Motive der westeuropäischen Staaten für den Zusammenschluß zu einer Gemeinschaft
(2) Die deutsch-französischen Beziehungen als Kern der europäischen Integration
(3) Die einzelnen Etappen des europäischen Integrationsprozesses
(4) Die europäische Integration und die Supermächte

45.1.3. Einstieg

● Presseberichte über den gegenwärtigen Stand der europäischen Integration
● Deutsch-französische Jugendbegegnungen nach dem deutsch-französischen Vertrag

45.1.4. Schwerpunkte

Die im Lernzielkatalog des KMK-Beschlusses (vgl. 45.0.4.) aufgeführten affektiven und kognitiven Lernziele bleiben ziemlich unverbindlich. Im Rahmen der nachfolgend vorzunehmenden Konkretisierung sollen die noch ungelösten Probleme und Schwierigkeiten im europäischen Integrationsprozeß auf die historischen Wurzeln hin untersucht werden.
Die gegenwärtigen europäischen Probleme können die Schüler erfassen, wenn sie über einen längeren Zeitraum hinweg Zeitungsmeldungen sammeln, in denen über europäische Themen berichtet wird. Eine weitere Möglichkeit der Problematisierung bietet die Darbietung von Filmen, die einen begrenzten Teilbereich europäischer Einigung darstellt (vgl. 45.0.3.). Sie sind auch deswegen geeignet, weil sie die Auswirkungen europäischer Einigungsbestrebungen auf das Leben der Menschen aufzeigen. In ihnen kommen allerdings in erster Linie die positiven Auswirkungen zum Ausdruck, die Schwierigkeiten und Hemmnisse treten zurück.
Die Ergebnisse von Meinungsbefragungen über die europäische Einigung können genutzt werden, um im Zeitablauf die sich ändernde Haltung der Bevölkerung zur europäischen Einigung zu untersuchen.

Umfrage 1950
Auf die Frage: „Sind Sie ganz allgemein für oder gegen eine Westeuropäische Union, oder haben Sie sich noch nicht entschieden?" wurden folgende Antworten gegeben:

	dafür %	dagegen %	ohne Meinung %
Belgien	57	6	37
Dänemark	43	6	51
Bundesrepublik Deutschland	55	7	38
England	51	9	40
Frankreich	56	12	32
Holland	57	6	37
Italien	52	9	39
Luxemburg	60	5	35
Norwegen	39	9	52
Österreich (nur Westteil des Landes)	67	3	30
Schweden	51	13	36
Schweiz	51	9	40
Gesamtdurchschnitt	53,25	7,83	38,75

Umfrage 1962
Auf die Frage: „Wieweit sind Sie für oder gegen die Bemühungen, Europa zu vereinigen. Sind Sie sehr dafür, eher dafür, eher dagegen, sehr dagegen?“ wurde wie folgt geantwortet:

	sehr dafür %	eher dafür %	eher dagegen %	sehr dagegen %	ohne Angabe %
Belgien	31	34	4	1	30
Bundesrepublik Deutschland	50	31	3	1	15
Frankreich	28	44	6	2	20
Italien	36	24	3	1	36
Luxemburg	11	16	3	2	68
Niederlande	62	25	3	1	9
Europäischer Mittelwert	40	32	4	1	23

Umfrage 1970
Auf die Frage: „Sind Sie dafür oder dagegen, daß sich die EWG, also die Europäische Wirtschaftsgemeinschaft, zur politischen Gemeinschaft eines Vereinigten Europas weiterentwickelt?“ wurde wie folgt geantwortet:

	dafür %	dagegen %	unentschieden %
Belgien	60	10	30
Bundesrepublik Deutschland	69	9	22
Frankreich	67	11	22
Italien	60	7	33
Luxemburg	75	5	20
Niederlande	64	17	19
Mittelwert für die EWG-Staaten	65	10	25
Großbritannien	30	48	22

▶ **Quelle:** Claus Schöndube, Europa-Taschenbuch 1980, S. 419 ff.

Die Schüler können bei einer Analyse zu folgenden Ergebnissen kommen:
- In allen Befragungen ergab sich eine überwiegende Mehrheit für die europäische Einigung; gegen die europäische Einigung war immer nur knapp ein Zehntel der Befragten.
- Überraschend hoch war in allen Befragungen der Anteil der Unentschiedenen, im EG-Durchschnitt 23–40 %.
- Beträchtliche nationale Unterschiede sind zuweilen festzustellen, z. B. in der Umfrage von 1962. In der Bundesrepublik Deutschland sprechen sich 81 % für eine Einigung aus, in Luxemburg nur 27 %. (1970 hingegen sprechen sich 75 % der Luxemburger für eine Einigung aus.) Lediglich Großbritannien sprach sich 1970 mit Mehrheit dagegen aus, im Unterschied zu 1950.

45.1.4.1. Schwerpunkt: Montanunion

Im ersten Schwerpunktthema sollen die Schüler die Beweggründe für die europäischen Einigungsbestrebungen, insbesondere die Bedeutung des deutsch-französischen Verhältnisses, erarbeiten und sie in den Zusammenhang der sich abzeichnenden Zweiteilung der Welt stellen. Folgende Quellentexte können hierfür genutzt werden:

Aus dem Memorandum von Jean Monnet vom 3. Mai 1950
Wohin man sich auch immer wendet, die derzeitige Lage in der Welt ist allenthalben durch ernste Gefahren gekennzeichnet: die um sich greifende Hinnahme eines als unvermeidlich angesehenen Krieges, das Deutschland-Problem, der Fortgang des französischen Wiederaufschwungs, die Gestaltung Europas, der Platz Frankreichs in Europa und in der Welt.
Aus einer derartigen Situation gibt es nur einen einzigen Ausweg: eine konkrete und entschlossene Aktion in einem begrenzten, aber entscheidenden Bereich, die in diesem Bereich einen grundlegenden Wandel herbeiführt und nach und nach die Art der gesamten Problematik verändert . . .
In naher Zukunft wird schon jetzt für den Frieden und für Frankreich die Lage Deutschlands zu einem gefährlichen Krebsgeschwür, wenn die Entwicklung für die Deutschen nicht in die Richtung der Hoffnung und der Zusammenarbeit mit den freien Völkern umgelenkt wird . . .
Der Wiederaufschwung Frankreichs wird zum Stillstand kommen, wenn das Problem der deutschen industriellen Produktion und ihrer Wettbewerbskapazität nicht schnell gelöst wird. Der Grund für die Überlegenheit, die die französische Industrie den Deutschen seit jeher zugesteht, ist die deutsche Stahlproduktion zu Preisen, mit denen Frankreich nicht konkurrieren kann. Daraus wird gefolgert, daß dies für die gesamte französische Produktion Nachteile mit sich bringt . . .
Mit der vorgeschlagenen Lösung wird das Problem der beherrschenden Stellung der deutschen Industrie ausgeräumt, deren Fortbestand in Europa Furcht verbreiten würde, eine Quelle ständiger Unruhe wäre, schließlich die europäische Einigung vereiteln und abermals den Untergang Deutschlands selbst bewirken müßte . . .

Für den künftigen Frieden ist die Schaffung eines dynamischen Europa unerläßlich. Ein Zusammenschluß der „freien" Völker unter Beteiligung der USA schließt die Schaffung Europas nicht aus . . .

▶ **Quelle:** Informationen 154/155, S. 6.

Die Erklärung des französischen Außenministers Robert Schuman vom 9. Mai 1950

Der Friede der Welt kann nicht gewahrt werden ohne schöpferische Anstrengungen, die der Größe der Bedrohung entsprechen.

Der Beitrag, den ein organisiertes und lebendiges Europa für die Zivilisation leisten kann, ist unerläßlich für die Aufrechterhaltung friedlicher Beziehungen. Frankreich, das sich seit mehr als zwanzig Jahren zum Vorkämpfer eines Vereinten Europa macht, hat immer als wesentliches Ziel gehabt, dem Frieden zu dienen. Europa ist nicht zustande gekommen, wir haben den Krieg gehabt.

Europa läßt sich nicht mit einem Schlage herstellen und auch nicht durch eine einfache Zusammenfassung: es wird durch konkrete Tatsachen entstehen, die zunächst eine Solidarität der Tat schaffen. Die Vereinigung der europäischen Nationen erfordert, daß der jahrhundertealte Gegensatz zwischen Frankreich und Deutschland ausgelöscht wird. Das begonnene Werk muß in erster Linie Deutschland und Frankreich erfassen.

Zu diesem Zweck schlägt die französische Regierung vor, in einem begrenzten, doch entscheidenden Punkt sofort zur Tat zu schreiten.

Die französische Regierung schlägt vor, die Gesamtheit der französisch-deutschen Kohlen- und Stahlproduktion einer gemeinsamen Hohen Behörde zu unterstellen, in einer Organisation, die den anderen europäischen Ländern zum Beitritt offensteht.

Die Zusammenlegung der Kohlen- und Stahlproduktion wird sofort die Schaffung gemeinsamer Grundlagen für die wirtschaftliche Entwicklung sichern – die erste Etappe der europäischen Föderation – und die Bestimmung jener Gebiete ändern, die lange Zeit der Herstellung von Waffen gewidmet waren, deren sicherste Opfer sie gewesen sind.

Die Solidarität der Produktion, die so geschaffen wird, wird bekunden, daß jeder Krieg zwischen Frankreich und Deutschland nicht nur undenkbar, sondern materiell unmöglich ist. Die Schaffung dieser mächtigen Produktionsgemeinschaft, die allen Ländern offensteht, die daran teilnehmmen wollen, mit dem Zweck, allen Ländern, die sie umfaßt, die notwendigen Grundstoffe für ihre industrielle Produktion zu gleichen Bedingungen zu liefern, wird die realen Fundamente zu ihrer wirtschaftlichen Vereinigung legen.

Diese Produktion wird der gesamten Welt ohne Unterschied und Ausnahme zur Verfügung gestellt werden, um zur Hebung des Lebensstandards und zur Förderung der Werke des Friedens beizutragen. Europa wird dann mit vermehrten Mitteln die Verwirklichung einer seiner wesentlichsten Aufgaben verfolgen können: die Entwicklung des afrikanischen Erdteils.

So wird einfach und rasch die Zusammenfassung der Interessen verwirklicht, die für die Schaffung einer Wirtschaftsgemeinschaft unerläßlich ist und das Ferment einer weiteren und tieferen Gemeinschaft der Länder einschließt, die lange Zeit durch blutige Fehden getrennt waren.

Durch die Zusammenlegung der Grundindustrien und die Errichtung einer neuen Hohen Behörde, deren Entscheidungen für Frankreich, Deutschland und die anderen teilnehmenden Länder bindend sein werden, wird dieser Vorschlag den ersten Grundstein einer europäischen Föderation bilden, die zur Bewahrung des Friedens unerläßlich ist.

Um die Verwirklichung der so umrissenen Ziele zu betreiben, ist die französische Regierung bereit, Verhandlungen auf den folgenden Grundlagen aufzunehmen:

Die der gemeinsamen Hohen Behörde übertragene Aufgabe wird sein, in kürzester Frist sicherzustellen:

die Modernisierung der Produktion und die Verbesserung der Qualität,

die Lieferung von Stahl und Kohle auf dem französischen und deutschen Markt sowie auf dem aller beteiligten Länder zu den gleichen Bedingungen,

die Entwicklung der gemeinsamen Ausfuhr nach den anderen Ländern,

den Ausgleich im Fortschritt der Lebensbedingungen der Arbeiterschaft dieser Industrien.

Um diese Ziele zu erreichen, müssen in Anbetracht der sehr verschiedenen Produktionsbedingungen, in denen sich die beteiligten Länder tatsächlich befinden, vorübergehend gewisse Vorkehrungen getroffen werden, und zwar: die Anwendung eines Produktions- und Investitionsplanes, die Einrichtung von Preisausgleichsmechanismen und die Bildung eines Konvertierbarkeits-Fonds, der die Rationalisierung der Produktion erleichtert. Die Ein- und Ausfuhr von Kohle und Stahl zwischen den Teilnehmerländern wird sofort von aller Zollpflicht befreit und darf nicht nach verschiedenen Frachttarifen behandelt werden. Nach und nach werden sich so die Bedingungen herausbilden, die dann von selbst die rationellste Verteilung der Produktion auf dem höchsten Leistungsniveau gewährleisten.

Im Gegensatz zu einem internationalen Kartell, das nach einer Aufteilung und Ausbeutung der nationalen Märkte durch einschränkende Praktiken und die Aufrechterhaltung hoher Profite strebt, wird die geplante Organisation die Verschmelzung der Märkte und die Ausdehnung der Produktion gewährleisten.

Die Grundsätze und wesentlichen Vertragspunkte, die hiermit umrissen sind, sollen Gegenstand eines Vertrages werden, der von den Staaten unterzeichnet und durch die Parlamente ratifiziert wird. Die Verhandlun-

gen, die zur Ausarbeitung der Ausführungsbestimmungen unerläßlich sind, werden mit Hilfe eines Schiedsrichters geführt werden, der durch ein gemeinsames Abkommen ernannt wird. Dieser Schiedsrichter wird darüber zu wachen haben, daß die Abkommen den Grundsätzen entsprechen, und hat im Falle eines unausgleichbaren Gegensatzes die endgültige Lösung zu bestimmen, die dann angenommen werden wird.
Die gemeinsame Hohe Behörde, die mit der Funktion der ganzen Verwaltung betraut ist, wird sich aus unabhängigen Persönlichkeiten zusammensetzen, die auf paritätischer Grundlage von den Regierungen ernannt werden. Durch ein gemeinsames Abkommen wird von den Regierungen ein Präsident gewählt, dessen Entscheidungen in Frankreich, in Deutschland und den anderen Teilnehmerländern bindend sind. Geeignete Vorkehrungen werden Einspruchsmöglichkeiten gegen die Entscheidungen der Hohen Behörde gewährleisten. Ein Vertreter der Vereinten Nationen bei dieser Behörde wird damit beauftragt, zweimal jährlich einen öffentlichen Bericht an die Organisation der Vereinten Nationen zu erstatten, der über die Tätigkeit des neuen Organismus, besonders was die Wahrung seiner friedlichen Ziele betrifft, Rechenschaft gibt.
Die Einrichtung einer Hohen Behörde präjudiziert in keiner Weise die Frage des Eigentums an den Betrieben. In Erfüllung ihrer Aufgabe wird die gemeinsame Hohe Behörde die Vollmachten berücksichtigen, die der Internationalen Ruhrbehörde übertragen sind, ebenso wie die Verpflichtungen jeder Art, die Deutschland auferlegt sind, solange diese bestehen.

▶ **Quelle:** Die Europäische Gemeinschaft. Quellentexte zur Zeitgeschichte. Hirschgraben, Frankfurt 1976, S. 8 ff.

Angesichts des großen Umfangs der beiden Quellen schlagen wir den Einsatz von Gruppenarbeit vor.

a) Arbeitsaufgaben	denkbare Formulierungen
1. Welche Gefahren für die Welt und besonders für Frankreich nennt Jean Monnet?	– Gefahr eines Krieges – Deutschland-Problem – Gestaltung Europas – Frankreichs Platz in Europa und in der Welt
2. Warum erblickt Monnet in der „deutschen Frage" eines der wesentlichsten Probleme?	Deutschland darf nicht in Hoffnungslosigkeit versinken, es würde sonst für Frankreich und den Frieden zu einem „gefährlichen Krebsgeschwür".
3. Worin liegen seiner Meinung nach die wirtschaftlichen Vorteile für Frankreich?	Deutschland ist bislang immer ein überlegener Konkurrent auf dem Gebiet der Stahlproduktion und damit der gesamten Industrieproduktion gewesen.

a) Arbeitsaufgaben	denkbare Formulierungen
4. Welche Motive für die europäische Einigung lassen sich den Erklärungen der beiden französischen Staatsmänner entnehmen?	– Die europäische Einigung soll eine Aussöhnung zwischen Deutschland und Frankreich bewirken. – Sie soll einen wirtschaftlichen Aufschwung (West-) Europas herbeiführen. – Sie soll (West-)Europa stärken und so den Frieden sichern. – Sie soll schließlich zu einer politischen Integration führen.

b) Arbeitsaufgaben	denkbare Formulierungen
1. Warum mißt Schuman der Beseitigung des Gegensatzes zwischen Deutschland und Frankreich eine so große Bedeutung zu?	Deutschland und Frankreich haben sich in den letzten Jahrzehnten dreimal in Kriegen gegenübergestanden. Da beide Länder benachbart sind, und zwar im Kern Europas, ist der künftige Friede davon abhängig, ob es zwischen den beiden „Erzfeinden" zur friedlichen Zusammenarbeit kommt.
2. Wie lautet der Kernpunkt des „Schuman-Planes"?	Die gesamte Kohle- und Stahlproduktion Deutschlands und Frankreichs soll einer gemeinsamen Organisation unterstellt werden.
3. Welche Befugnisse sollte die „Hohe Behörde" erhalten? Worum sollte sie sich zuerst kümmern?	Ihre Entscheidungen sollen bindend für alle Mitglieder sein. Ziele: Modernisierung der Produktion, Lieferung von Kohle und Stahl auf den Märkten der beteiligten Länder zu den gleichen Bedingungen und ohne Zollbelastung, Entwicklung der gemeinsamen Ausfuhr nach anderen Ländern, Lebensbedingungen der Arbeiter angleichen.
4. Faßt zusammen, welche Vorteile dieser Plan aus der Sicht Schumans aufweist.	– Deutschland und Frankreich versuchen nach jahrzehntelanger Feindschaft und drei Kriegen wieder zusammenzuarbeiten. – Die nach dem Krieg zerstörte Wirtschaft wird gemeinsam wieder aufgebaut. – Es wird ein gemeinsamer Markt für Kohle und Stahl ohne Zollschranken geschaffen. – Die Zusammenarbeit auf wirtschaftlicher Ebene soll später die politische Einigung Europas ermöglichen.

In Ausweitung und Ergänzung dieser Aspekte kann mit Hilfe des folgenden Tafelbildes versucht werden, eine Verknüpfung der europäischen Integration mit dem Prozeß der Souveränitätsentwicklung der Bundesrepublik Deutschland herzustellen:

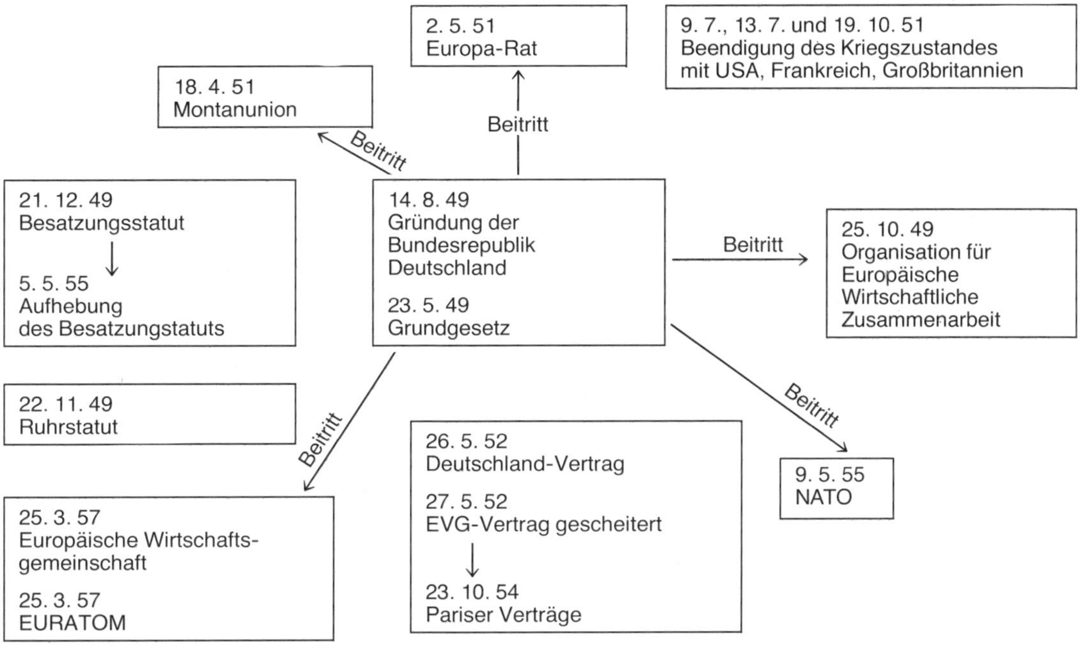

Adenauer auf einer Pressekonferenz zum Schuman-Plan:

Schumans Plan entsprach voll und ganz meinen seit langem vertretenen Vorstellungen einer Verflechtung der europäischen Schlüsselindustrien. Ich teilte unverzüglich Robert Schuman mit, daß ich seinem Vorschlag aus ganzem Herzen zustimme.

Ich ging dann auf den Beschluß des französischen Ministerrates ein, der an diesem Vormittag des 9. Mai 1950 gefaßt worden war. Ich betonte nachdrücklich, daß ich ihn als einen großherzigen Schritt Frankreichs und seines Außenministers Schuman gegenüber Deutschland und gegenüber der europäischen Frage betrachte. Er sei zweifellos von der denkbar größten Bedeutung für die Beziehungen zwischen Deutschland und Frankreich und für die ganze europäische Entwicklung. Der Beschluß enthalte nicht allgemeine Redensarten, sondern konkrete und präzise Vorschläge über eine Zusammenfassung der Produktionen von Kohle, Eisen und Stahl Frankreichs und Deutschlands unter ausdrücklicher Betonung, daß alle anderen Staaten diesem Abkommen beitreten könnten. Ich hob hervor, der französische Vorschlag beruhe auf der Basis der Gleichberechtigung. Es sei vorgesehen, falls die Deutschen und die Franzosen sich in dem vorgesehenen Gremium nicht einigen könnten, daß ein Schiedsrichter, der von beiden Seiten gewählt würde, die Entscheidung über strittige Fragen fällen solle. Ich betrachtete den Vorschlag Schumans als einen sehr wichtigen Fortschritt in den deutsch-französischen Beziehungen, dessen Bedeutung nicht nachdrücklich genug unterstrichen werden könne. Ich fügte hinzu, daß auch die Saarproduktion unter diesen Plan falle und daß dadurch ein wesentliches Moment der Entfremdung zwischen Frankreich und uns beseitigt werde. Ich erklärte, die Zusammenlegung der Grundproduktion von Kohle, Eisen und Stahl schaffe eine echte Voraussetzung dafür, daß zwischen Frankreich und Deutschland in Zukunft jeder Konflikt ausgeschaltet sein werde.

▶ **Quelle:** Konrad Adenauer, Erinnerungen 1945–1953. Deutsche Verlags-Anstalt, Stuttgart 1965, S. 328 ff.

Schumachers Argumente gegen die Montanunion in einer Rede vom 24. 3. 1951:

Der Schuman-Plan ist, da er nur sechs Länder umfaßt, nicht ein europäischer Plan, sondern ein regionaler Spezialpakt innerhalb Europas. Er umfaßt die Länder eines gewissen kulturellen, politischen und wirtschaftlichen Typs. Dieser Typ ist konservativ und klerikal, er ist kapitalistisch und kartellistisch. Er ist bei der großen Auseinandersetzung der Prinzipien restaurativ und liegt nicht im Sinne der modernen Arbeiterbewegung. Er birgt, weil er nur eine bestimmte Gruppe von bestimmter Prägung umfaßt, mehr noch die Gefahr der Absonderung dieser Gruppe von den anderen europäischen Faktoren in sich als die Chance des Auswachsens zu einem Ganzen der Demokratie in Europa. Angesichts der Tatsache, daß mit Hilfe der amerikanischen ERP-Mittel speziell die Stahlindustrie der Nationalwirtschaft in Frankreich, in den Beneluxländern und in Italien übermäßig ausgebaut worden ist, bedeutet dieses Verhältnis von Kohle und Stahl eine Hypothek auf die zukünftige deutsche Produktion. Mit dem Schuman-Plan wird eine Marktordnung geschaffen, die Frankreich und den anderen Ländern die Konkurrenz der deutschen Stahlindustrie vom Halse schafft, aber den Zugriff auf die deutsche Kohle aus bevorzugter Position heraus ermöglicht . . . Im Rat der Außenminister stellt die deutsche Bundesrepublik von sechs Vertretern einen. Das sind 16 Prozent. In der „Hohen Behörde" stellen wir zwei von neun Vertretern, das sind 22 Prozent. In der gemeinsamen Versammlung sollen wir 18 von 78 Delegierten, gleich 23 Prozent, haben. Das vergleiche man mit den 45 Prozent, die wir im Produktions- und Umsatzwert stellen.

▶ **Quelle:** Hohlfeld, a. a. O., Band 7, S. 81 ff.

Von den Unterrichtsreihen 43 und 44 her wissen die Schüler, daß die Westintegration und die damit gekoppelte europäische Integration nicht unumstritten in der Bundesrepublik war. Dies wurde am Beispiel des deutschen Wehrbeitrages dargestellt. Aber auch der Beitritt zur Montanunion war durchaus umstritten, wie aus einer Gegenüberstellung von Adenauers und Schumachers Position deutlich wird:

▶ **Quellen:** Kontrovers – Entscheidungen in Deutschland 1949–1955. Hrsg. v. d. Bundeszentrale für politische Bildung. S. 41 ff.

Arbeitsaufgabe	denkbare Formulierungen
Wie stellt sich der Schuman-Plan in den Augen Adenauers und Schumachers (SPD) dar?	
Adenauer (stimmt zu) – Schuman-Plan „großherziger Schritt . . . gegenüber Deutschland"	Schumacher (lehnt ab) – Da der Schuman-Plan nur für 6 Länder gilt, kann man ihn nicht als europäischen Plan bezeichnen.

Arbeitsaufgabe	denkbare Formulierungen
– Fortschritt in der europäischen Einigung – Konkrete Maßnahmen sollen in die Wege geleitet werden. – Alle Vorschläge beruhen auf der Basis der Gleichberechtigung. – Strittige Fragen sollen durch einen von allen Seiten anerkannten Schiedsrichter geregelt werden. – Die „Saarfrage" ist durch den französischen Vorschlag als Streitpunkt zwischen Frankreich und Deutschland ausgeschaltet.	– In den 6 Ländern herrscht – kulturell, politisch und wirtschaftlich gesehen – „konservatives und klerikales" Denken vor. Sie liegen nicht auf der Linie der modernen Arbeiterbewegung. – Schuman-Plan birgt die Gefahr der Absonderung dieser 6 Länder in sich. – Der Plan löst Frankreich und die anderen Länder aus dem Druck der deutschen Konkurrenz auf dem Stahlmarkt und ermöglicht ihnen den günstigen Zugriff zur deutschen Kohle. – Die Bundesrepublik Deutschland ist in den Gremien unterrepräsentiert. – Das „paritätische Mitbestimmungsrecht" erleidet eine starke Einbuße.

Um diese Argumente zu würdigen, sollte die politische Lage in den Jahren 1950/51 rekapituliert werden. Dazu ist ein Rückgriff auf die Erkenntnisse und Einsichten, die innerhalb der UR 43 und 44 erzielt worden sind, vonnöten.

Folgende Aspekte sind herauszustellen:

- Die Bundesrepublik Deutschland verfügte noch nicht über die volle Souveränität, die „Hohen Kommissare" konnten in die Politik der Bundesrepublik eingreifen.
- Das „Ruhrstatut" beließ das Ruhrgebiet unter weitgehender Kontrolle der Alliierten.
- Das Saargebiet war aus der französischen Besatzungszone herausgelöst und verselbständigt worden.
- Die Ziele der deutschen (Adenauerschen) Außenpolitik waren:
  a) Erringung der vollen Souveränität,
  b) Aussöhnung mit dem „Erzfeind" Frankreich,
  c) Einigung Europas,
  d) Wiedervereinigung Deutschlands.
- Wegen dieser Ziele gab es harte Auseinandersetzungen zwischen der Regierung und der Opposition, die behauptete, eine zu starke Westintegration verhindere die Wiedervereinigung.
- Die weltpolitische Lage war durch den „Kalten Krieg" gekennzeichnet.

Schuman-Plan und Montanunion

Inhalt:
- Französische und deutsche Stahlproduktion wird einer gemeinsamen Organisation unterstellt.
- Aufforderung zum Beitritt anderer europäischer Staaten.
- Integration zunächst im wirtschaftlichen Bereich als Grundstein einer europäischen Föderation.

Motive:
- Sicherung des Friedens nach zwei Weltkriegen
- Sicherheit Westeuropas vor der Sowjetunion
- Europäischer wirtschaftlicher Zusammenschluß, um mit Hilfe der USA den Aufschwung herbeizuführen.

Motive für Zustimmung:	*Gegengründe:*
Bundesrepublik Deutschland	
Erlangung der Souveränität (Aufhebung des Besatzungs- und des Ruhrstatuts)	Westintegration erschwert oder verhindert Wiedervereinigung.
wirtschaftlicher Wiederaufbau	Benachteiligung Deutschlands
Frieden und Zusammenarbeit mit Frankreich	
Frankreich	
Sicherheitsbedürfnis Frankreichs nach zwei Kriegen	Aufgabe nationaler Souveränitätsrechte
Aussöhnung mit Deutschland	
Kontrolle der Kohle- und Stahlproduktion des deutschen Konkurrenten	

45.1.4.2. Schwerpunkt: Warum bisher keine politische Integration?

Schon 1949 war der Europarat gegründet worden mit einem Komitee der Außenminister der Mitgliedstaaten und einer Parlamentarischen Versammlung aus Abgeordneten aller Mitglieder. Der Anfang einer politischen Union schien gemacht. Doch 30 Jahre lang gab es keine Fortschritte auf dem Wege zur politischen Vereinigung. Erst 1979 konnte wenigstens die Direktwahl zum Europa-Parlament stattfinden.

Die grundlegenden Divergenzen über die Form der politischen Integration werden in Erklärungen Adenauers (1950) und de Gaulles (1962) sichtbar (Gfm). Zu beachten ist, daß zwischen den beiden Äußerungen 12 Jahre liegen und daß sie auf dem Hintergrund der jeweiligen Gesamtsituation zu sehen sind.

Arbeitsaufgaben	denkbare Formulierungen
1. Worin unterscheiden sich die Auffassungen de Gaulles und Adenauers?	Adenauer plädiert für einen wirtschaftlichen und politischen Zusammenschluß Europas; er dürfe nicht an kleinlichen Interessen einzelner Nationen scheitern. De Gaulle plädiert dafür, die Entscheidungsbefugnisse in den Händen der einzelnen Staaten zu belassen.
2. Auf welche Weise soll nach Adenauer die Einigung Europas geschaffen werden?	– Unabhängige Männer und Sachverständige sollen einen umfassenden Plan ausarbeiten. – Solch ein großer Wurf würde die Europäer begeistern. – Eine Verzettelung durch viele einzelne Schritte würde nur Verwirrung stiften. – Dennoch sind Gefühle allein nutzlos, auf dem Wege zu einer Neuordnung sind Beharrlichkeit und Geduld erforderlich.
3. Womit begründet de Gaulle die Ablehnung einer föderalistisch organisierten Europäischen Gemeinschaft?	– Für de Gaulle ist allein der souveräne Staat Realität. – Ein Zusammenschluß dieser Staaten zu einer Föderation ist nur ein Produkt der Phantasie, ein Mythos. – Die einzelnen Staaten haben die Wirtschaftsgemeinschaft geschaffen; sie machen sie funktionsfähig. – Wirtschaftliche Maßnahmen sind überdies politische Akte.

Von großer Bedeutung war auch die Haltung der USA zu den europäischen Integrationsbestrebungen.

▶ **Quellen:** Kennedys Rede in der Paulskirche 1963: C. Gasteyger, Einigung und Spaltung Europas. Frankfurt/M. 1966, S. 384 ff. Kissinger-Rede in New York 1973: Amerikadienst der US-Botschaft Bonn. Nixon-Rede 1974 in New York: FAZ vom 19. 3. 1974. Artikel in der „Iswestija" 1971: Europäische Gemeinschaft 10/1971, alle in Gfm.

Arbeitsaufgaben	denkbare Formulierungen
1. Wie wünschte sich US-Präsident John F. Kennedy 1963 das Verhältnis zwischen den Vereinigten Staaten und Europa?	– Er beschwört die „atlantische Partnerschaft". Er weist auf die „Kette großer Leistungen" hin, die seit dem Kriegsende in diesem „System der Zusammenarbeit, der wechselseitigen Abhängigkeit" erbracht wurden. – Die Leistungen sollen ein Ansporn sein, die Zusammenarbeit noch zu verstärken.

Arbeitsaufgaben	denkbare Formulierungen
2. Stellt Vermutungen darüber an, wie de Gaulle zu diesen Ansichten stehen würde!	De Gaulle war für ein „Europa der Vaterländer". Er fürchtete eine Bevormundung durch die Amerikaner.
3. Welche Konflikte zwischen den USA und Europa werden aus den Äußerungen Kissingers und Nixons deutlich? Beachtet die allgemeine Weltlage zum Zeitpunkt dieser Äußerungen.	– Die Amerikaner beklagten sich darüber, daß die Lasten, vor allem im militärischen Bereich, nicht gerecht verteilt waren. Sie forderten, daß die Europäer einen angemessenen Anteil an den Verteidigungslasten tragen sollten. – Nixon erhob den Vorwurf, daß die Europäer im sicherheitspolitischen Bereich die Hilfe der USA erbeten und auch erhalten haben, im wirtschaftlichen Bereich hingegen als Konkurrenten der USA aufträten.
4. Wie sieht die Sowjetunion das Verhältnis der USA zu Europa?	– Die USA wollen Einfluß auf Europa behalten und verhindern den Dialog zwischen dem „sozialistischen" und dem „kapitalistischen" Europa. – Sie nutzen Europa aus und benutzen es als Brückenkopf für den Kampf gegen den Sozialismus.
5. Welches Interesse hat die Sowjetunion an der Verhinderung der europäischen Einigung? Welches Interesse hat sie an einem zwar wirtschaftlich vereinigten, aber politisch neutralen Europa?	– Ein vereinigtes Europa wäre stärker als die Summe der einzelnen europäischen Staaten. Die Sowjetunion könnte auch die einzelnen Staaten nicht gegeneinander ausspielen. – Ein wirtschaftlich starkes, vereinigtes Europa wäre in der Lage, die Sowjetunion und die anderen sozialistischen Länder mit Krediten und Lieferungen hochwertiger Industriegüter zu unterstützen (und hat dies auch getan). – Die Sowjetunion versucht Europa von den USA zu trennen. Sie schlägt daher ein „System kollektiver Sicherheit" anstelle der „Spaltung in Militärblöcke" vor. Das bedeutet die Auflösung der NATO.

Abschließend können die Schüler eine Übersicht erstellen. In ihr sollen die Etappen des Integrationsprozesses, die Fortschritte und Hemmnisse zusammengefaßt werden. Die Rolle Europas in der Weltpolitik soll ebenfalls zur Geltung gebracht werden.

Integrationsschritte	Maßnahmen	Fortschritte	Hindernisse
Montanunion, 1950 Schuman-Plan 1952	Zusammenlegung der westeuropäischen Produktion von Kohle und Stahl	Die wirtschaftliche Integration Europas wird eingeleitet. Die Hohe Behörde erhält übernationale Befugnisse	Aufstellung einer Europa-Armee scheitert am französischen Widerspruch.
Europäische Wirtschaftsgemeinschaft 1957	– Ausweitung: die gesamte Wirtschaft in den 6 Ländern wird zusammengelegt. – Abbau der Zölle und Handelsschranken; einheitlicher Außenzoll; gemeinsame Agrarpolitik.	große wirtschaftliche Erfolge	Schwierigkeiten im Agrarbereich, Frankreich steuert einen nationalen Kurs.

Europa und die USA – Partner oder Rivalen?	Kooperation oder Konfrontation mit dem Ostblock?
– nach 1945: starke Anlehnung Westeuropas an die USA – Schutz vor sowjetischer Expansionspolitik	– heftige Bekämpfung des Gemeinsamen Marktes, Konfrontation
– USA unterstützen den wirtschaftlichen Zusammenschluß Europas, was auch die Gefahr einer USA-Hegemonie mit sich bringt. – Änderung der US-Außenpolitik, die Rolle des Weltpolizisten ist vorbei. USA wollen nur noch dort helfen, wo die Staaten nicht imstande sind, sich selbst zu helfen. – Forderung an Europäer, höhere Lasten zu übernehmen.	– Entspannung – Handel zwischen den beiden Blöcken

45.2. Die Institutionen

45.2.1. Wissensziele

Die Europäische Gemeinschaft (der Neun) hat Organe geschaffen, die die gemeinsame europäische Politik in die Tat umsetzen. Oberstes Organ ist der Rat, in dem die Regierungen der Mitgliedstaaten vertreten sind. Die Kommission bereitet die Beschlüsse des Rates vor und führt sie später aus. Mit dem Europäischen Parlament verfügt die EG über ein von der Bevölkerung der Mitgliedsländer demokratisch gewähltes Organ.
Besonders wichtig, aber problematisch ist die Entwicklung eines europäischen Agrarmarktes und einer Währungsunion. Eine wichtige Aufgabe liegt darin, die regionalen wirtschaftlichen Unterschiede innerhalb der EG zu verringern.

45.2.2. UE-Ziele

(1) Die Schaffung des Europäischen Währungssystems
(2) Aufgaben und Rechte des europäischen Parlaments im Vergleich zu den nationalen Parlamenten
(3) Die wichtigsten Institutionen und ihre Aufgaben bzw. Funktionen (Beispiel: aktueller Konflikt)

45.2.3. Einstieg

● Wahlplakate verschiedener Parteien zu den Europa-Wahlen (Gfm)
● **Film** Institut 304 „Direktwahl nach Europa – Eine neue Chance“

45.2.4. Schwerpunkte

45.2.4.1. Schwerpunkt: Die Entwicklung der Währungsunion

Innerhalb dieser Unterrichtseinheit soll untersucht werden, welche weiteren Ursachen für die Rückschläge im europäischen Einigungsprozeß verantwortlich zu machen sind. Am Beispiel der Wirtschafts- und Währungspolitik sowie der europäischen Wahlen sollen die Schüler erkennen, welche Schwierigkeiten weiteren Fortschritten der Integration entgegenstehen und wie sie überwunden werden. Diese beiden Komplexe werden deswegen für die Behandlung im Unterricht vorgeschlagen, weil das Inkrafttreten des „Europäischen Währungssystems“ (EWS) und die Direktwahlen zum europäischen Parlament in den letzten Jahren die wichtigsten Marksteine im europäischen Einigungsprozeß darstellen.

▶ **Material:** Informationen 154/155, S. 18 ff. und Gfm – Die Europäische Gemeinschaft, Frankfurt/Main 1976, S. 32 ff.
Mit Hilfe dieser Materialien sollen die wichtigsten Etappen in der Entwicklung zum Europäischen Währungssystem (EWS) charakterisiert werden. In diesem Zusammenhang sollte auch auf die früheren gescheiterten Versuche einer Währungsunion hingewiesen sowie die Gründe des Scheiterns herausgearbeitet werden. Am Beispiel des „Werner-Plans“ von 1970 soll aufgezeigt werden, in welchen Etappen die Wirtschafts- und Währungsunion angestrebt wurde. Darüber hinaus sollen die Schüler einzuschätzen versuchen, inwieweit die Schaffung einer Wirtschafts- und Währungsunion bei der großen Bedeutung der Wirtschaftspolitik eine Automatik in Richtung einer politischen Integration in Gang setzen könnte.
Wir schlagen dazu eine Zweiteilung der Lerngruppe vor. Gruppe 1 befaßt sich mit dem Einkommensgefälle in der EG und zieht dafür vor allem die einschlägigen Globusgrafiken heran (Gfm). Gruppe 2 erläutert Verlautbarungen verschiedener Politiker zur Wirtschafts- und Währungsunion.
▶ **Quellen:** Informationen 154/155, S. 19

Gruppe 1

Arbeitsaufgaben	denkbare Formulierungen
1. In welchen Bereichen gibt es innerhalb der EG Unterschiede?	– Einkommensgefälle – Arbeitslosenquote, Preisanstieg – Löhne und Arbeitszeit
2. Worin mögen die Gründe für die regionalen Unterschiede zu suchen sein?	– Vernachlässigung in der Vergangenheit (historische Gründe) – klimatische Faktoren – geografische Randlage – hoher Anteil der Landwirtschaft – kaum Industrie, daher weniger Arbeitsplätze – Abwanderung qualifizierter Arbeitskräfte
3. Formuliert Fragen, die sich aus den bestehenden regionalen Unterschieden innerhalb der EG ergeben.	– Welche Folgen würden sich ergeben, wenn eine Angleichung innerhalb der EG vorgenommen werden würde? – Wie können diese Unterschiede beseitigt werden, ohne daß die „Reichen“ Europas schwere Opfer bringen, zu denen sie nicht ohne weiteres bereit sind? – Welche Folgen hat bzw. hätte in dieser Hinsicht der Beitritt weiterer Staaten zur EG (Griechenland, Portugal, Spanien)?

Gruppe 2:

Arbeitsaufgaben	denkbare Formulierungen
1. Welche Auffassungen hinsichtlich der möglichen Folgen einer Wirtschafts- und Währungsunion kommen in den Äußerungen der Politiker zum Ausdruck?	– Eine der wichtigsten Voraussetzungen für die europäische Einigung ist eine einheitliche europäische Währung. – Die nationale Stabilität ist wichtiger als die EG.
2. Faßt zusammen, wie die Bereitschaft dieser Politiker zu einer Wirtschafts- und Währungsunion einzuschätzen war!	In den Äußerungen wird Skepsis sichtbar. Die nationale Stabilitätspolitik hat offenbar Vorrang vor der europäischen Wirtschafts- und Währungspolitik.

Im Oktober 1970 legte eine Sachverständigengruppe einen Plan zum Aufbau einer Wirtschafts- und Währungsunion vor, nach dem Vorsitzenden, dem luxemburgischen Premierminister Werner, als „Werner-Plan" bezeichnet.

▶ **Material:** Informationen 154/155, S. 21 u. 23

Arbeitsaufgaben	denkbare Formulierungen
1. Faßt kurz zusammen, welche Maßnahmen und Ziele im „Werner-Plan" genannt wurden.	
Maßnahme	**Ziel/Absicht**
a) Abstimmung der nationalen Haushalte	– Sicherung der Stabilität in allen Mitgliedstaaten
b) Festlegung von Orientierungsdaten für die Geld- und Kreditpolitik	– Die nationalen Notenbanken und die Regierungen sollen sich in bezug auf Geldumlauf, Kreditpolitik und Zinsgestaltung einer europäischen Gesamtpolitik unterwerfen, damit eine europäische Stabilität erreicht wird.
c) gemeinsame Währungspolitik gegenüber Nicht-EG-Staaten	– Die europäischen Währungen sollten untereinander feste Wechselkurse haben, so daß den Nicht-EG-Staaten ein EG-Währungssystem gegenübersteht.
d) Institutionalisierung der gemeinschaftlichen Währungspolitik	– Währungspolitische Entscheidungen durch EG-Ministerrat, daher Machtzuwachs des Ministerrats, infolgedessen parlamentarische Kontrolle notwendig, folglich Direktwahl eines europäischen Parlaments.

Arbeitsaufgaben	denkbare Formulierungen
2. Diskutiert darüber, worauf es zurückzuführen sein könnte, daß es bei der Realisierung des Planes zu Widerständen kam. Denkt dabei insbesondere an die wirtschaftliche Entwicklung in den Jahren 1970 bis 1980 sowie an das Kernproblem der europäischen Integration!	– Bei der Realisierung des „Werner-Planes" wären wichtige Hoheitsrechte (eigene Wirtschaftspolitik und das Recht, den Wert des eigenen Geldes zu steuern) auf die Europäische Gemeinschaft verlagert worden. – Die wirtschaftspolitischen Entscheidungen müßten verbindlicher abgesprochen werden. Die Finanz- und Haushaltspolitik müßte angeglichen werden. – In den Jahren zwischen 1970 und 1980 kam es zu Wirtschaftskrisen, die die Planungen entscheidend zurückgeworfen haben.
3. Welche Schwierigkeiten im EWS weist die Globusgrafik „Die Kluft in der EG" aus (Gfm)?	In den neun verschiedenen EG-Ländern entwickeln sich die Preise und die Arbeitslosenquoten sehr unterschiedlich. Die Hoffnung, durch das EWS die Inflationsraten zu senken, hat sich durch den Ölpreisschub nicht erfüllt.
4. Erläutert die Globusgrafiken „Löhne und Arbeitszeit in der EG" und „Arm und reich in der EG" (Gfm).	Sie zeigen die regionalen Unterschiede in Europa auf: Es läßt sich ein Nord-Süd-Gefälle ebenso feststellen wie Unterschiede innerhalb der einzelnen Länder.

45.2.4.2. Schwerpunkt: Europawahl

Im Rahmen der europäischen Integrationsbemühungen kommt der von Beginn an geforderten Volkswahl zum Europäischen Parlament eine besondere Bedeutung zu. Die erste europäische Direktwahl im Juni 1979 wird als bedeutsamer Meilenstein im Integrationsprozeß angesehen. Es erhebt sich angesichts der positiven Bekundungen der Bevölkerung für Europa die Frage, warum die Direktwahlen zum Europäischen Parlament erst so spät durchgeführt werden konnten.

Einige Aspekte können die Schüler bereits anführen: Die wirtschaftliche Integration brachte nicht automatisch die politische Integration mit sich, die nationalen Interessen behielten Vorrang.

Plakate zur Europawahl 1979 können die Beantwortung der Fragen erleichtern (Gfm).

Arbeitsaufgaben	denkbare Formulierungen
1. Vergleicht die vier Wahlplakate. Wodurch unterscheiden sich diese Plakate von Wahlplakaten, die zu nationalen Wahlen aufrufen? Worin gleichen sie diesen Plakaten?	– Auf allen Plakaten wird auf Europa hingewiesen. – Die Plakate für die Europawahl enthalten fast dieselben Wahlkampfparolen wie die für die nationalen Wahlen. – Die SPD wirbt mit ihren beiden Spitzenpolitikern Brandt und Schmidt. – CDU und CSU stellen ihr „freies und soziales Europa" dem „sozialistischen Europa" gegenüber. – Das FDP-Plakat verdeutlicht optisch am deutlichsten den europäischen Aspekt: Die Umrisse einer Europakarte werden sichtbar, die „Markenzeichen" der europäischen liberalen Bruderparteien tauchen auf.
2. Wie kommt in diesen Wahlplakaten ein Stück von der Problematik der europäischen Integration zum Ausdruck?	Es wird deutlich, daß mit nationalen Politikern, mit nationalen Parolen und nationalen Parteien für ein europäisches Parlament geworben werden soll.
3. Was trägt die Europawahl zur Förderung des Integrationsprozesses bei?	– Bislang entsandten nur die nationalen Parlamente Abgeordnete ins europäische Parlament, so daß die Verbindung zur Basis weithin fehlte. Es gab keinen Wahlkampf, der Bevölkerung war kaum ein Bezug zum europäischen Parlament möglich. – Jetzt besteht die Möglichkeit der Einflußnahme durch direkte Wahlen.

Wie lassen sich europäische Direktwahlen mit der nationalen Souveränität vereinbaren? Diese Frage soll untersucht werden, indem die Schüler einige Passagen des EWG-Vertrages daraufhin prüfen, welche Befugnisse den Institutionen des „Europäischen Parlaments" und des „Ministerrats" zugewiesen wurden.

Vergleicht die Befugnisse des Europäischen Parlaments und des Deutschen Bundestages:

Europäisches Parlament	Deutscher Bundestag
– begrenztes Mitspracherecht beim EG-Haushalt – Diskussion der Ministerratsbeschlüsse, ohne Einfluß darauf zu haben – Kontrolle der Kommission – Das Recht, die Kommission zum Rücktritt zu zwingen.	– Budgetrecht – Gesetzgebungsrecht – Recht der Ratifizierung von Verträgen – Recht der Regierungsbestellung

Es stellt sich die Frage, welche Funktionen und Aufgaben das direkt gewählte Europäische Parlament hat. Darüber hinaus sollen die Schüler herausfinden, wie die einzelnen Institutionen des Europa-Parlaments, der Europäischen Kommission und des Ministerrats an den politischen Entscheidungen in Europa beteiligt sind. Auf dieser Grundlage sollen die Schüler anhand eines aktuellen „Falles" analysieren, inwieweit diese Institutionen an der Lösung einer bestimmten Problematik beteiligt sind.

Traktoren blockieren Elsaß

STRASSBURG, 25. März (Reuter). Tausende von Traktoren blockierten am Dienstag die rund ein Dutzend Zufahrtsstraßen zum Elsaß. Allein auf der Europa-Brücke zwischen Straßburg und Kehl waren alle sechs Fahrbahnen von rund 200 landwirtschaftlichen Fahrzeugen gesperrt. Mit dieser Aktion protestierten landwirtschaftliche Verbände Frankreichs gegen die Preisvorschläge der Brüsseler EG-Kommission, die mit 2,4 Prozent weit unter den Forderungen der Bauernverbände von rund acht Prozent liegen . . . (FR 26. 3. 80)

Europa-Parlament unter Druck der Bauern

Zu Beginn der Beratungen nur wenige Abgeordnete auf seiten der „Grünen Front"

Was im Europäischen Parlament in Straßburg der Vorsitzende des Landwirtschaftsausschusses, Sir Henry Plumb, als unabdingbare Voraussetzung für eine „dynamische Landwirtschaft" hielt – 7,9 Prozent Erzeugerpreis-Steigerung –, bezeichnete für den Verbraucherausschuß Lieselotte Seibel-Emmerlind (SPD) als „ungeheuerlich und verantwortungslos gegenüber dem Verbraucher". Die Hortung von Überschußprodukten wie Butter und Milchpulver hätte rein gar nichts zu tun mit den von der Bauern-Lobby immer wieder beschworenen Vorsorge für Krisenzeiten.

EG-Landwirtschaftskommissar Finn Olav Gundelach verteidigte die von der Kommission vorgeschlagene Anhebung der Erzeugerpreise um durchschnittlich 2,4 Prozent mit vergleichsweise beschwörenden Worten. Der „Mißbrauch des gemeinsamen Agrarmarktes auf dem Milchsektor müsse unter Kontrolle" und die Landwirtschaftspolitik wieder auf „sicheren Grund"

gebracht werden. Den acht Millionen Landwirten gab Gundelach zu bedenken, daß ihnen mehr als sechs Millionen Arbeitslose gegenüberstünden. Die Erzeugerpreise dürften nicht isoliert, sondern müßten im wirtschaftlichen Zusammenhang gesehen werden.
Als einzige Gruppe im Europäischen Parlament hat sich der Landwirtschaftsausschuß die Forderung der Bauernverbände nach 7,9 Prozent Anhebung der Erzeugerpreise zu eigen gemacht, weil die Einkommen der Landwirte denen anderer Berufsgruppen „hinterherhinken". Der Haushaltsausschuß dagegen unterstützte in der Montag um 20 Uhr begonnenen und am Dienstag fortgesetzten Debatte die Vorschläge der EG-Kommission, wies aber die Unterstellung zurück, er wolle die Agrarpolitik demolieren. Bei den Fraktionen der Christdemokraten und Liberalen zeichnet sich eine Kompromißforderung von fünf Prozent ab.
An die Adresse der Bauernverbände gerichtet, erklärte Martin Bangemann (FDP), es werde so lange keine soziale Landwirtschaftspolitik geben, „wie man nicht aufhört, auf dem Rücken der kleinen und mittleren Bauern die großen Agrar-Industriebetriebe zu begünstigen". Die sozialistische Fraktion nannte keine Prozentzahlen, ließ aber durch ihren Sprecher Rudi Arndt erklären: Hauptaufgabe ist eine bessere Strukturpolitik. Die Landwirte sollten die jährliche Festsetzung der Erzeugerpreise nicht mit einer Tarifrunde verwechseln.
Arndt: „Die EG ist nicht der Arbeitgeber der Landwirte. Ich hoffe, daß begriffen wird, daß der große Vorteil der Landwirtschaft in ihrer Selbstverantwortung besteht und wir sie nicht als unselbständige Arbeitnehmer ansehen." Norbert Paul Engel (Straßburg)
(FR 26. 3. 80)

Arbeitsaufgaben	denkbare Formulierungen
1. Wofür demonstrierten laut Zeitungsbericht die französischen Bauern?	– Sie fordern 8 % Preiserhöhungen, während die Brüsseler EG-Kommission lediglich 2,4 % vorschlägt.
2. Welche Institutionen werden in dem Zeitungsbericht genannt, und was wird über sie ausgesagt?	– Brüsseler EG-Kommission schlägt Preise vor für landwirtschaftliche Produkte. – Europa-Parlament diskutiert die Preisgestaltung. – Europäische Bauernverbände fordern stärkere Preiserhöhungen.
3. Welche Positionen werden in den Gremien der EG hinsichtlich der Frage der Preisgestaltung nach dem Bericht vom 26. 3. 80 vertreten?	– Der Vorsitzende des Landwirtschaftsausschusses: 7,9 % Erzeugerpreissteigerung seien „unabdingbare Voraussetzung für eine dynamische Landwirtschaft". – Verbraucherausschuß: 7,9 % seien „ungeheuerlich und verantwortungslos gegenüber dem Verbraucher". – EG-Landwirtschaftskommissar: Anhebung der Erzeugerpreise um durchschnittlich 2,4 %; die Erzeugerpreise müßten im wirtschaftlichen Zusammenhang gesehen werden. – Haushaltsausschuß: unterstützte Vorschläge der EG-Kommission. – Fraktionen der Christdemokraten und Liberalen: Kompromißforderung um 5 %; sozialistische Fraktion: Landwirte sollten die jährliche Festsetzung der Erzeugerpreise nicht mit einer Tarifrunde verwechseln.
4. Erläutert, welche Stationen der politische Entscheidungsprozeß durchlaufen muß.	– Die EG-Kommission hat das Vorschlags- und Initiativrecht: Sie schlägt 2,4 % Preiserhöhung vor. – Das Europa-Parlament berät über die Vorschläge der Kommission. Im Parlament gibt es verschiedene Fraktionen, die zum Problem der Anhebung der Mindestpreise unterschiedlich Stellung beziehen. Auch die verschiedenen Ausschüsse des Parlaments (Verbraucherausschuß, Landwirtschaftsausschuß, Haushaltsausschuß usw.) nehmen unterschiedliche Positionen ein. – Das entscheidende Gremium ist der Ministerrat, in diesem Falle der Rat der Landwirtschaftsminister der EG (Agrarministerrat).

Der hier dargestellte aktuelle Konflikt verdeutlicht das vielleicht wichtigste Problem der Europäischen Gemeinschaft, nämlich das der Agrarpolitik.
▶ **Film:** Institut 323045, Agrarprobleme der EG.
Dieser Film macht zunächst deutlich, worin die Vor- und Nachteile der EG-Agrarpolitik bestehen und vermittelt sodann Einblicke in die Ursachen.

Arbeitsaufgaben	denkbare Formulierungen
1. Wer ist mit der EG unzufrieden? Worin liegt die Unzufriedenheit begründet?	– In der EG werden zu viele Nahrungsmittel produziert, namentlich Butter, Getreide, Milch und Rindfleisch. EG garantiert den Bauern die Abnahme ihrer Produkte zu den festgelegten Preisen. Andererseits: Die Existenz der Landwirte in der EG kann nur gewährleistet werden, wenn ihre Erzeugnisse subventioniert werden.

Arbeitsaufgaben	denkbare Formulierungen
	– Der Verbraucher ist über die hohen Preise und über die Tatsache, daß die garantierten Agrarmindestpreise aus Steuermitteln bezahlt werden, verärgert.
2. Welche Aussagen werden im Film über die Ursachen dieser Entwicklung gemacht?	– Die Bauern versuchen, durch Mehrproduktion Einkommenssteigerungen zu erzielen („Butterberg“). – Bei der Agrarproduktion spielen folgende Faktoren eine Rolle: Boden (Qualität, Flächenbedarf), Transportkosten, Wetterabhängigkeit, Anpassung an sich verändernde Verbrauchergewohnheiten, Grenzen der Marktaufnahmefähigkeit. – Bei der Gründung der EWG mußte folgender Sachverhalt berücksichtigt werden: die einzelnen Staaten hatten zum Schutz der nationalen Landwirtschaften Zollmauern gegen die Einfuhr billiger Agrarprodukte errichtet. Es gab überdies Interessengegensätze zwischen den Staaten, die Agrargüter und denen, die Industriegüter exportierten. – Lösung der EG: Festsetzung gemeinsamer Erzeugerpreise durch die EG, Preise billiger Agrarimporte aus Drittländern werden durch Abgaben („Abschöpfungen“) auf EG-Niveau angehoben.

In einem Tafelbild können die Leistungen und die ungelösten Probleme des dreißigjährigen (west-) europäischen Integrationsprozesses zusammengestellt werden.

Leistungen	Probleme
Aussöhnung der europäischen Völker	Regionale Unterschiede
wirtschaftlicher Aufschwung durch Großwirtschaftsraum	Agrarproblem
Schaffung eines europäischen Währungssystems	unterschiedliche Beiträge der Mitglieder zur Verteidigung
Sicherung des Friedens durch Zusammenwirken im Bündnis	Stagnieren der politischen Integration
enge Verflechtung auf politischem Gebiet	keine Währungsunion (mit gemeinsamer Währung)

46. Die Vereinten Nationen

46.0.1. Literaturangaben

Handbuch: Bracher 296 ff., Schieder.

Spezialliteratur
Die Bundesrepublik Deutschland, Mitglied der Vereinten Nationen. Siegler, Bonn 1973.
Doeker, Günter, Die Vereinten Nationen. System und Funktion in der internationalen Politik. Fink UTB 294, München 1976.
Hüfner, Klaus/Naumann, Jens, Das System der Vereinten Nationen. Droste, Düsseldorf 1974.
Unser, Günter, Die UNO – Aufgaben und Struktur der Vereinten Nationen. Olzog (Geschichte und Staat TB 133/133 a), München ²1978.
Die Vereinten Nationen im Unterricht. Deutsche UNESCO-Kommission, Bonn. Saur, München 1978.

Zeitschriften: Politische Bildung 3/1967. „Möglichkeiten der Friedenssicherung heute"; Materialien für den Unterricht: Leo Haupts, Die Vereinten Nationen und die Sicherung des Weltfriedens; Geschichtsdidaktik 1/80: Annette Kuhn, 10 Jahre Friedensforschung – Ein Rückblick aus fachdidaktischer Sicht.

Informationsmaterial erhält bei: Deutsche Gesellschaft für die Vereinten Nationen, Simrockstr. 23, 5300 Bonn 1
Deutsche UNESCO-Kommission, Cäcilienstr. 42–44, 5000 Köln 1

46.0.2. UR-Ziel

Die Bedeutung der Vereinten Nationen für die Sicherung des Weltfriedens

46.0.3. Medien

Wandkarte: Westermann, Die Staaten der Erde.
Atlas: Westermann 158/159 Die Welt der Gegenwart – dtv II 222, Die Organisationen der Vereinten Nationen, 224 Die Vereinten Nationen (beide Stand 1965).
Dias: Institut 100439, Aus der Arbeit der UNESCO (18 B).
Film/Videokassette: Institut 410072, Die UNO – 30 Jahre alt, Arbeit und Organisation.

46.0.4. Vorbemerkungen

Vorgeschichte und Gründung der UN
Die Vereinten Nationen (United Nations – UN) sind aus der Kriegsallianz gegen das nationalsozialistische Deutschland und seine Verbündeten hervorgegangen. In der **Atlantik-Charta** vom 14. 8. 1941 hatten Roosevelt und Churchill die Prinzipien einer Nachkriegsordnung formuliert. Ihr Kern war die Errichtung eines umfassenden und dauerhaften Systems kollektiver Sicherheit. Konkrete Vorschläge für die Gründung einer internationalen Organisation wurden auf einer Konferenz im Herbst 1944 in Dumbarton Oaks ausgearbeitet, und noch im Kriege, am 25. 4. 1945, begann in San Franzisco die Gründungskonferenz der Vereinten Nationen. An ihr nahmen 51 Staaten teil. Sie verabschiedeten am 26. 6. 1945 einstimmig die **Charta der Vereinten Nationen.**

Die Sowjetunion und das Vetorecht
Der Beitritt der Sowjetunion konnte nur durch eine Reihe von Zugeständnissen seitens der Westmächte erkauft werden. So hatte Stalin gefordert, daß alle 16 Sowjetrepubliken Mitglieder werden sollten. Die USA und Großbritannien gestanden zu, daß die Ukraine und Weißrußland neben der Sowjetunion Sitz und Stimme in der Weltorganisation erhielten. Hinsichtlich des Abstimmungsverfahrens im Sicherheitsrat wurde festgelegt, daß für Beschlüsse eine Mehrheit von sieben Stimmen (von damals elf) erforderlich sei, einschließlich der Stimmen aller ständigen Mitglieder (USA, Sowjetunion, Großbritannien, Frankreich, China). Diese „Jalta-Formel" (nach dem auf der Konferenz von Jalta beschlossenen Kompromiß) verankerte das sogenannte Vetorecht.

Wandel der UN durch den Ost-West-Konflikt
Die Idee einer Weltorganisation der Vereinten Nationen beruhte auf dem Prinzip der Einmütigkeit der fünf Großmächte. Die Aufrechterhaltung des Status quo und damit des Weltfriedens sollte von ihnen garantiert und – notfalls auch mit militärischen Mitteln – sichergestellt werden (Art. 23 und 42). Statt dessen brach die Kriegskoalition schon kurz nach der Beendigung der Kampfhandlungen in zwei rivalisierende Machtblöcke auseinander, der Kalte Krieg begann. Die **Handlungsfähigkeit** der Organisation war weitgehend **gelähmt.** Die Sowjetunion legte in zahlreichen Fällen ihr Veto gegen Beschlüsse des Sicherheitsrates ein. Die USA nutzten die Mehrheit der westlich orientierten Staaten in der Vollversammlung, um sich

in Resolutionen der Zustimmung zu ihrer Politik zu versichern.

Wandel der UN durch die Entkolonialisierung

Art. 73 der Charta verpflichtet die Mitglieder, die Völker der von ihnen verwalteten (Kolonial-)Gebiete zur Selbstregierung zu führen. Der Prozeß der Entkolonialisierung kam nach 1960 sehr rasch in Gang und hat die Organisation der Vereinten Nationen nachhaltig verändert. Zu den 51 Gründungsmitgliedern von 1945 waren bis Ende 1968 75 weitere gekommen, zumeist ehemalige Kolonien. Ende 1981 gehörten den Vereinten Nationen 157 Staaten an. Diese neuen Mitglieder veränderten nachhaltig den Charakter der Organisation:

- Die Mehrheitsverhältnisse in der Vollversammlung änderten sich. Die überwiegende Mehrheit besteht jetzt aus Staaten der Dritten Welt.
- Die Vereinten Nationen in all ihren Organen und Unterorganisationen sind immer mehr zum Forum der Probleme der Dritten Welt geworden. Schwerpunkt ihrer Tätigkeit ist nicht mehr die Friedenssicherung, sondern es sind Aufgaben auf dem Gebiet der Entwicklungspolitik. An die Stelle des Ost-West-Konflikts ist der Nord-Süd-Gegensatz getreten.
- In den letzten Jahren macht sich eine zunehmende Tendenz zur Blickverengung und Radikalisierung bemerkbar. Die Mehrheit der Mitglieder ignoriert die Idee der Menschenrechte nach westlichem Verständnis (Individualrechte, Schutz von Minderheiten, religiöse Freiheit) und verstößt in eklatanter Weise gegen sie. Sie setzt den Kampf um Menschenrechte mit dem Kampf gegen rassische Diskriminierung gleich (hier wieder fast ausschließlich gegen die Apartheid in Südafrika gewendet). Unter dem Einfluß der arabischen Länder wird neuerdings Israel in diese Kampagne einbezogen, zuerst mit der „Zionismus-Resolution" Ende 1975, die den Zionismus als „eine Form von Rassismus und Rassendiskriminierung" verurteilte.

Die Rolle der UN in den Krisen seit 1945

Ursprünglich sollte die Aufgabe der Friedenssicherung durch Streitkräfte der Großmächte wahrgenommen werden. Der Ost-West-Konflikt verhinderte das. Statt dessen bestanden und bestehen die UN-Truppen aus Kontingenten kleinerer neutraler Staaten, die militärisch nicht eingreifen dürfen, sondern in einem Krisengebiet zwischen den Fronten postiert werden, um die streitenden Parteien zu trennen.

Der Erfolg einer solchen friedensstiftenden Mission hängt von einer Reihe von Bedingungen ab (nach Wolfgang Mallmann):

- Die Supermächte USA und Sowjetunion dürfen nicht direkt beteiligt sein und müssen der Aktion zustimmen.
- Die beteiligten Mächte, auf deren Territorium die UN-Truppen operieren, müssen einverstanden sein.
- Nichtbeteiligte Mächte müssen bereit sein, Truppenkontingente zur Verfügung zu stellen.
- Der Konflikt muß ein Stadium erreicht haben, in dem die streitenden Parteien an seiner Fortsetzung nicht mehr interessiert oder dazu nicht mehr imstande sind.

Infolgedessen sind die Vereinten Nationen in keinen der Konflikte, in die eine der beiden Supermächte oder beide verwickelt waren, eingeschaltet worden **(Berlin-Krise, Kuba-Krise, Vietnam).** Dies gilt auch für die Disziplinierungsmaßnahmen der Sowjetunion innerhalb ihres Blocksystems **(Ungarn** 1956, **Tschechoslowakei** 1968).

Einen Sonderfall stellt der **Korea-Konflikt** dar. Als im Sicherheitsrat über die Aggression Nordkoreas gegen Südkorea verhandelt wurde, boykottierte die Sowjetunion gerade seit geraumer Zeit die Sitzungen des Rates. Der Sicherheitsrat erklärte, ohne durch das sowjetische Veto behindert zu werden, mit den Stimmen der übrigen vier ständigen Mitglieder Nordkorea zum Aggressor und schuf damit die Grundlage für das Eingreifen der UN in den Konflikt. Als die Sowjetunion daraufhin wieder an den Sitzungen teilnahm und weitere Aktionen durch ihr Veto behinderte, faßte die Generalversammlung den Beschluß, daß sie im Fall einer Bedrohung des Friedens geeignete Maßnahmen treffen könne, wenn die Sicherheit durch die Uneinigkeit der fünf ständigen Mitglieder gelähmt sei (Resolution „Uniting for Peace" vom 3. 11. 1950). Dies wurde von nun an zur Regel, obwohl sich die Sowjetunion dagegen wehrte, weil die Mehrheitsverhältnisse zunächst die USA begünstigten. Inzwischen kann die Sowjetunion mit Mehrheiten in ihrem Sinne rechnen und befürwortet daher die Einschaltung der Vollversammlung.

In der **Kongo-Krise** 1960 wurden die UN-Truppen von der amtierenden Regierung zur Hilfe gerufen, um den Bürgerkrieg im Lande zu beenden und die Sezession eines Teils des Staatsgebietes (Katanga) zu verhindern. Hier mischte sich die UN erstmalig in die inneren Angelegenheiten eines Landes ein.

Im **Nahostkonflikt** hat die UN von Anbeginn eine bedeutende Rolle gespielt. Der Teilungsplan von 1947 war von einem von der Vollversammlung eingesetzten Ausschuß ausgearbeitet worden. In der Suezkrise 1956 waren die israelischen Truppen bis zum Suezkanal vorgestoßen. In dieser Krise wirkten die USA und die Sowjetunion zusammen und zwangen Israel zum Rückzug. Eine UN-Streitmacht überwachte elf Jahre lang die Grenze zwischen Israel und Ägypten. Als die ägyptische Regierung 1967 den sofortigen Abzug dieser UN-Friedenstruppe von ägyptischem Staatsgebiet forderte, kam der Generalsekretär U Thant dieser Forderung sogleich nach –

eine der beteiligten Mächte hatte ihre Zustimmung zurückgezogen. Als Ägypten nun die Seeverbindungen Israels ins Rote Meer sperrte, war dies der Auftakt zum dritten Nahostkrieg.
Nach dem Sieg Israels standen sich Isralis und Ägypter am Suezkanal gegenüber – diesmal ohne einen Puffer von UN-Truppen. Dies setzte Ägypten 1973 in die Lage, die israelischen Stellungen in einem Überraschungsschlag zu überrennen. Der vierte Nahostkrieg wurde schließlich beendet, als die USA und die Sowjetunion sich in einer gemeinsamen Friedensinitiative im Sicherheitsrat zusammenfanden. Seitdem überwacht wieder eine UN-Truppe den Frieden auf der Sinaihalbinsel und an der Grenze zwischen Israel und Syrien.

Die Sonderorganisationen
Aufgaben in verschiedenen Bereichen werden von internationalen Organisationen wahrgenommen, die mit den UN zusammenarbeiten, jedoch auf ihrem speziellen Arbeitsgebiet eigenverantwortlich sind und beispielsweise auch einen eigenen Etat haben. Es gibt insgesamt 13 solcher Sonderorganisationen, von denen einige besonderes Interesse beanspruchen:
ILO (International Labour Organization) = Internationale Arbeitsorganisation. Aufgaben: Förderung der sozialen Gerechtigkeit in der Welt durch Verbesserung der Arbeitsbedingungen und der sozialen Sicherheit.
FAO (Food and Agricultural Organization) = Organisation für Ernährung und Landwirtschaft. Aufgaben: Bekämpfung von Unterernährung und Armut durch Programme materieller und personeller Hilfe.
UNESCO (UN Educational, Scientific, and Cultural Organization) = Organisation der UN für Erziehung, Wissenschaft und Kultur. Aufgaben: Austausch von Informationen, Veranstaltung von Kongressen und Ausarbeitung von Konventionen zur Förderung der Zusammenarbeit zwischen den Völkern in diesem Bereich.
WHO (World Health Organization) = Weltgesundheitsorganisation. Aufgaben: Weltweite Bekämpfung von Seuchen und Krankheiten.
IBRD (International Bank for Reconstruction and Development) = Internationale Bank für Wiederaufbau und Entwicklung, auch Weltbank. Aufgaben: Gewährung von Krediten zur Finanzierung vor allem von Infrastrukturprojekten in den Entwicklungsländern.
Außer den Sonderorganisationen gibt es auch noch **Unterorganisationen** der UN, so die **UNCTAD** (UN Conference on Trade and Development) = Welthandelskonferenz und die **UNICEF** (UN Children's Fund) = Weltkinderhilfswerk.

46.1.1. Wissensziele

Die Vereinten Nationen sind nach dem Zweiten Weltkrieg gegründet worden, um durch ein System kollektiver Sicherheit den Frieden in der Welt zu garantieren. Wegen des Zerfalls der Welt in zwei feindliche Blöcke konnten sie ihre friedensstiftende Aufgabe nur in begrenztem Maße erfüllen.

46.1.2. UE-Ziele

(1) Grundsätze und Ziele der Vereinten Nationen und ihre Realisierung
(2) Die Kompetenzen der wichtigsten Organe der Vereinten Nationen
(3) Der Stellenwert der Menschenrechte im Wirken der Vereinten Nationen
(4) Möglichkeiten und Grenzen der Vereinten Nationen

46.1.3. Einstieg

- Symbol der Vereinten Nationen
- Zeitungsberichte über Aktionen der Vereinten Nationen

46.1.4. Schwerpunkte

Die Schüler kennen die Flagge der Vereinten Nationen und versuchen, das Symbol zu deuten: Auf blauem Grund, seit dem Zweiten Weltkrieg zur Symbolfarbe für internationale Friedensbündnisse geworden, erblickt der Betrachter eine von zwei silbernen Palmenzweigen umrahmte Weltkugel. Die Palmzweige symbolisieren den Frieden. Damit wird auf den Hauptzweck des weltweiten Zusammenschlusses hingewiesen: Es sollen überall in der Welt Anstrengungen unternommen werden, um ein Leben in Frieden und Sicherheit zu garantieren.
Es ist bei der Planung der Unterrichtsreihe davon auszugehen, daß die Schüler über die Tätigkeit der Vereinten Nationen informiert sind und anläßlich aktueller Ereignisse mehrfach von der Arbeit der Institutionen der Vereinten Nationen Kenntnis erhalten haben. Es ist weiterhin zu erwarten, daß die Schüler die Wirkung der Vereinten Nationen kritisch sehen und dem im Flaggensymbol sichtbar werdenden Anspruch mit Skepsis gegenüberstehen.
Folgende Einwände könnten vorgebracht werden:
- Die Vereinten Nationen können den Weltfrieden nicht garantieren, weil sie nicht über die notwendigen Machtmittel verfügen.

- Die Vereinten Nationen haben es nicht verhindern können, daß seit ihrer Gründung zahlreiche Kriege geführt wurden.
- Die USA und die Sowjetunion sind die eigentlich Verantwortlichen, wenn es um den Weltfrieden geht.

Diese oder ähnliche Aussagen bieten einen Ansatzpunkt, um folgende Fragenkomplexe zu thematisieren:

a) Welche Aufgaben haben die Vereinten Nationen?
b) Können sie den bei der Gründung ausgesprochenen Erwartungen entsprechen?

Der Lehrer sollte die Videokassette „Die UNO – 30 Jahre alt, Arbeit und Organisation" (vgl. 46.0.3.) beschaffen. Sie enthält zwei Aufzeichnungen zum Thema Vereinte Nationen. In der ersten Aufzeichnung („30 Jahre alt") wird gezeigt, wie die Organisation dazu beigetragen hat, die weltweiten Probleme wie Krieg, Rüstung, Hunger, Naturkatastrophen, Bevölkerungswachstum usw. zu entschärfen. Die zweite Aufzeichnung informiert über den Aufbau und die Organisation der UNO. Dabei sind folgende Organe berücksichtigt worden: Sicherheitsrat, Generalversammlung, Internationaler Gerichtshof, Treuhandrat, Sekretariat, Wirtschafts- und Sozialrat.

Es empfiehlt sich, den Unterricht nach diesen beiden Schwerpunkten zu strukturieren.

Der erste Teil gibt Impulse zur Bearbeitung folgender Fragen:

1. Wie war die Situation nach dem Zweiten Weltkrieg, in der die Gründung der Vereinten Nationen erfolgte? Welche Absichten verfolgten dabei die an der Gründung beteiligten Staaten?
2. Welche Probleme waren es, die die Welt in den letzten 30 Jahren bestimmt haben, und welchen Beitrag haben die Vereinten Nationen zu ihrer Lösung geleistet?

▶ **Quellen/Material:** dtv II 222 und Gfm

Arbeitsaufgaben	denkbare Formulierungen
1. Welche Bemühungen gab es schon während des Zweiten Weltkrieges, um den Frieden für die Zukunft zu sichern?	– Interalliierte Erklärung vom 12. 6. 1941: Absichtserklärung von 14 Staaten, dauerhaft zusammenzuarbeiten, um die Welt vor Aggressionen zu schützen. – Atlantikcharta: Alle Nationen sollen auf Gewaltanwendung verzichten (14. 8. 1941). – Moskauer Konferenz (30. 10. 1943): USA, Großbritannien, UdSSR, China wollen eine internationale Organisation schaffen zur Wahrung der internationalen Sicherheit und des internationalen Friedens. – Konferenz von Dumbarton Oaks (Oktober 1944): Konzept der Vereinten Nationen wird entworfen – Gründung der Vereinten Nationen (Frühjahr 1945).
2. Wie war die weltpolitische Situation, als nach dem Krieg die Vereinten Nationen gegründet wurden?	Während des Zweiten Weltkrieges hatten die Sowjetunion und die Westmächte zusammengearbeitet, obwohl sie ideologisch sehr unterschiedliche Standpunkte vertraten. Diese Kooperation wurde mit der Gründung der Vereinten Nationen fortgesetzt. Bald machten sich unterschiedliche Interessen bemerkbar. Sowohl die USA als auch die UdSSR fürchteten die Vormachtstellung des anderen.
3. Was erhofften sich die Staaten, die der Organisation der UNO beitraten?	– Wahrung des Weltfriedens, Verhinderung von künftigen Kriegen – Bekämpfung von Hunger und Armut in weltweiter Zusammenarbeit

46.1.4.1. Schwerpunkt: Menschenrechte

Einen besonderen Schwerpunkt soll das Thema „Menschenrechte" bilden, nicht zuletzt auch wegen des Stellenwertes dieses Themas in der öffentlichen Diskussion.

▶ **Quelle:** „Bürgerrechtspakt" von 1966 (Gfm)

Arbeitsaufgaben	denkbare Formulierungen
1. Welche Veranlassung bestand, den Schutz der Menschenrechte 1945 in der Satzung der Vereinten Nationen zu verankern und 1948 in der „Allgemeinen Erklärung der Menschenrechte" festzulegen?	Vor 1945 ist in eklatanter Weise gegen die Menschenrechte verstoßen worden. In totalitären Systemen waren sie zeitweilig völlig außer Kraft gesetzt.

Arbeitsaufgaben	denkbare Formulierungen
2. Welche Berichte von Menschenrechtsverletzungen gibt es aus jüngster Zeit?	– Folterungen von politischen Gegnern in Südamerika (Argentinien, Chile, Kuba, Nicaragua, El Salvador u. a.) – willkürliche Verhaftung und „psychiatrische Behandlung" im Ostblock (Sowjetunion u. a.) – Massentötungen und Versuche zur Ausrottung ganzer Völkerstämme in Afrika (Uganda, Zentralafrikanische Republik u. a.) – Rassismus in Südafrika – Einschränkungen der Grundfreiheiten in Asien (Indonesien, Südkorea u. a.) – Geiselnahme im Iran – Völkermord in Kambodscha
3. Was können die Vereinten Nationen tun, wenn ein Staat gegen die Menschenrechte verstößt?	– Die Vereinten Nationen verfügen über keine Machtmittel, um gegen Menschenrechtsverletzungen einzuschreiten. – Nur in einigen Mitgliedstaaten der Vereinten Nationen sind die Menschenrechte (innerstaatliches) Recht, so in der Bundesrepublik Deutschland. – Verletzungen der Menschenrechte können vor dem Forum der Vereinten Nationen angeprangert werden. Damit kann auf die Regierungen moralischer Druck ausgeübt werden.

Arbeitsaufgaben	denkbare Formulierungen
4. Sind die Auffassungen von Menschenrechten bei allen Völkern, Kulturen und Gesellschaften gleich?	– In den sozialistischen Ländern gibt es keine angeborenen ursprünglichen Rechte des Individuums gegen den Staat. Der Mensch hat Rechte als Glied seiner Klasse, im Rahmen des vorherbestimmten Geschichtsverlaufs (Übergang zum Kommunismus). – Religionsfreiheit wird z. B. im westlichen Kulturkreis anders gedeutet als in islamischen Ländern. – In afrikanischen Stammesgesellschaften haben die Rechte der Angehörigen des eigenen Stammes absoluten Vorrang vor denen der Nicht-Stammesangehörigen.
5. Welche Probleme ergeben sich aus Art. 2 Abs. 1 und 7 für die Durchsetzung der Menschenrechte?	– Wenn gegen Mitgliedstaaten der Vereinten Nationen Anklage wegen Verletzung der Menschenrechte erhoben wird, erklären sie dies als eine Einmischung in ihre inneren Angelegenheiten. – Da in den meisten Mitgliedstaaten Menschenrechte verletzt werden, scheut sich die Mehrheit, solche Verletzungen in irgendeinem Staat anzuprangern oder zu verurteilen.

Der 2. Teil des Films „Die UNO 30 Jahre alt, Arbeit und Organisation" befaßt sich mit der Zusammensetzung, den Aufgaben und der Arbeitsweise der Vereinten Nationen.

Organe	Zusammensetzung	Aufgaben/Funktionen
Generalversammlung, Vollversammlung	Alle Mitgliedstaaten, 157 (Ende 1981). Jeder Mitgliedstaat hat eine Stimme (Sowjetunion drei: SU, Ukraine, Weißrußland).	Tritt nur ein- oder zweimal im Jahr zusammen, tagt mehrere Monate. Sie kann Resolutionen ausarbeiten und Empfehlungen beschließen, hat aber keine Exekutivgewalt. Wahl der Mitglieder für die verschiedenen Ausschüsse. Entscheid über die Aufnahme neuer Mitglieder.
Sicherheitsrat	5 ständige Mitglieder: USA, UdSSR, China, Großbritannien, Frankreich; 6 nichtständige Mitglieder: Sie werden von der Vollversammlung jeweils für 2 Jahre gewählt.	Der Sicherheitsrat kann beschließen, „welche Maßnahmen zu ergreifen sind, um seinen Beschlüssen Wirksamkeit zu verleihen". Er kann die Mitglieder der UNO auffordern, diese Maßnahmen durchzuführen. Er kann die Anwendung von Zwangsmaßnahmen beschließen.
Generalsekretär	Sicherheitsrat und Vollversammlung wählen ihn für 5 Jahre.	Kompetenzen sind nicht genau fixiert; die anderen Organe können ihm Kompetenzen übertragen, z. B. in Konfliktsituationen. Darüber hinaus soll er bei der Bedrohung des Friedens von sich aus tätig werden und den Sicherheitsrat auf Gefahren aufmerksam machen.

Möglichkeiten und Grenzen macht ein Auszug aus dem Buch von Wolfgang Mallmann, Möglichkeiten zur Friedenssicherung, Düsseldorf 1979, S. 81 (Gfm) sichtbar.

Arbeitsaufgaben	denkbare Formulierungen
1. Welche Bedingungen müssen erfüllt sein, damit die Vereinten Nationen ihrer Aufgabe gerecht werden können?	a) Einverständnis der Supermächte USA und UdSSR mit der Aktion. b) Die unmittelbar Beteiligten müssen ihr Einverständnis erklären. c) Einverständnis der Nichtbeteiligten, die Truppenkontingente zur Verfügung zu stellen. d) Der Konflikt muß sich in einem solchen Stadium befinden, daß alle Beteiligten die nicht-gewaltsame Lösung vorziehen.

Arbeitsaufgaben	denkbare Formulierungen
2. Wie sind danach die Möglichkeiten der Friedenserhaltung der Vereinten Nationen einzuschätzen?	– In einem Konflikt der beiden Supermächte sind die Vereinten Nationen ohnmächtig. – Auch die übrigen ständigen Mitglieder des Sicherheitsrates können Maßnahmen gegen sich durch ihr Veto unterbinden. – Auch die am Konflikt beteiligten Mächte müssen willens sein (oder von den Supermächten dazu gezwungen werden), eine Schlichtung zu akzeptieren. – Die friedenserhaltende Funktion der Vereinten Nationen besteht letztlich darin, eine Art geregeltes Verfahren bereitzustellen, dessen sich die Gegner in einem Konflikt bedienen können, um den Frieden wiederherzustellen.

	Anlaß zum Eingreifen der Vereinten Nationen.	Maßnahmen der Vereinten Nationen	Verhalten der Supermächte	Erfolge oder Mißerfolge der UN-Aktionen
Korea	Angriff Nordkoreas auf Südkorea	Sicherheitsrat erklärt Nordkorea zum Aggressor.	Sowjetunion durch ihren Auszug aus dem Sicherheitsrat an Veto gehindert; USA tragen Hauptlast der Aktion.	Aggression abgewehrt, Selbständigkeit Südkoreas bewahrt.
Palästina	1947: Britische Mandatsmacht bringt das Palästina-Problem vor die Vereinten Nationen.	1947: Vereinte-Nationen-Teilungsplan 1948: Vereinte Nationen vermitteln im arabisch-israelischen Krieg.	USA und Sowjetunion stimmen zu.	Palästina geteilt; Waffenstillstand, kein Friedensvertrag
	1956: Einmarsch Israels in die Sinaihalbinsel	Vollversammlung fordert sofortige Feuereinstellung, UN-Truppen trennen Konfliktparteien.	USA und Sowjetunion stimmen gemeinsam für UN-Resolution.	Frieden und Status quo ante wiederhergestellt Unterhalt der Flüchtlinge aus Palästina durch Hilfswerk der Vereinten Nationen
	1967: Erneuter Konflikt zwischen Israel und Ägypten/Syrien/Jordanien	Ägypten verlangt Rückzug der UN-Streitkräfte. U Thant kommt der Forderung sofort nach. Während des Krieges verlangt Sicherheitsrat Feuereinstellung. UN-Beobachter am Suezkanal	USA unterstützen Israel, Sowjetunion unterstützt Ägypten.	Waffenstillstand kommt ohne wesentliches Zutun der UN zustande
	1973: Krieg Ägypten/Syrien – Israel	Sicherheitsrat ordnet Feuereinstellung an (wirkungslos). Nach Waffenstillstand UN-Truppen in den Pufferzonen	USA unterstützen Israel, Sowjetunion unterstützt Ägypten/Syrien; später gemeinsamer Druck auf Israel und Ägypten/Syrien, Waffenstillstand zu schließen.	Waffenstillstand auf Druck der Supermächte; 1975 Friedensvertrag Israel–Ägypten unter Vermittlung der USA

	Anlaß zum Eingreifen der Vereinten Nationen.	Maßnahmen der Vereinten Nationen	Verhalten der Supermächte	Erfolge oder Mißerfolge der UN-Aktionen
Kongo	1960: Chaos im Kongo nach der Unabhängigkeit von Belgien, Abfall der reichsten Provinz Katanga; Regierung ruft UN-Truppen zur Hilfe.	UN-Truppen können erst nach schweren Kämpfen den Bürgerkrieg beenden.	Sowjetunion mit Verlauf der UN-Aktion nicht einverstanden; sie (und Frankreich) weigern sich, ihren Anteil an den Kosten zu übernehmen.	Ordnung wiederhergestellt; Einheit des Landes erhalten

T

Möglichkeiten der Vereinten Nationen	Grenzen
Ausweitung von Konflikten verhindern Stabilisierung des Status quo Auseinanderhalten der kämpfenden Parteien moralischer Druck des Welt-Forums Hilfeleistungen der Unterorganisationen	Respektierung der Souveränität der Mitgliedstaaten keine Einmischung in die „inneren Angelegenheiten“ kein Eingreifen in Konflikte mit Beteiligung der Supermächte keine eigenen Streitkräfte

47. Die USA nach dem Zweiten Weltkrieg

47.0.1. Literaturangaben

Handbuch: dtv 4007, 4011; Fischer FWG 30.

Spezialliteratur
Adam, Robert, Die USA, Band 1: Geschichte und Verfassungsordnung, 1964. Band 2: Wirtschaft und Sozialordnung, 1965. Band 3: Das kulturelle Leben und die Minderheiten. Olzog, München 1965.
Fraenkel, Ernst, Das amerikanische Regierungssystem. Eine politologische Analyse. Westdeutscher Verlag, Opladen, [3]1976.
Guggisberg, Hans Rudolf, Geschichte der USA. Kohlhammer, Stuttgart 1976. Auch als Urban TB 209 u. 210.
Helms, Erwin, USA. Staat und Gesellschaft. Fackelträger Verlag, Hannover [4]1978.
Kleinsteuber, Hans J., Die USA – Politik, Wirtschaft, Gesellschaft. Eine Einführung. Hoffmann & Campe, Hamburg 1974.
Menze, Ernest A., Land der begrenzten Möglichkeiten. Eine Amerikakunde. Quelle & Meyer, UTB 270, Heidelberg 1975.
Riege, Helmut, Nordamerika, Band 1: Geographie, Geschichte, politisches System, Recht. Band 2: Wirtschaft, Gesellschaft, Religion, Erziehung. Beck, München 1978.
Sautter, Udo, Geschichte der Vereinigten Staaten von Amerika. Kröners Taschenausgabe 443, Stuttgart 1976.
Die Vereinigten Staaten von Amerika. Quellenhefte für den Geschichtsunterricht 475. Hirschgraben, Frankfurt.
Die Vereinigten Staaten von Amerika. Geschichte, Probleme, Perspektiven (USA – Ploetz). Ploetz, Würzburg 1976.
Wasser, Hartmut, Die Vereinigten Staaten von Amerika, Porträt einer Weltmacht. dva, Stuttgart 1980.

Zeitschriften: GWU 12/77 Literaturbericht nordamerikanische Geschichte, Politische Bildung 3/80: Die USA.

Sachbücher: Cartier, Raymund, Fünfzigmal Amerika. Piper, München 1974.
Scholl-Latour, Peter, Der Tod im Reisfeld. Dreißig Jahre Krieg in Indochina. dva, Stuttgart 1979.

Jugendbücher: Die Fackel. Sauerländer Aarau/ Frankfurt. (Lebensbild des Präsidenten John F. Kennedy)
Hetmann, Frederik, Martin Luther King. Dressler, Hamburg 1980.
Miller, Warren, Kalte Welt (Alltag im Farbigengetto). Beltz und Gelberg, Weinheim 1980.
Ingermann, Beatrice, Eine lange Reise. Ravensburger TB 828. Otto Maier, Ravensburg 1983. (Auf der Flucht aus Vietnam verliert das Mädchen Thuy ihre Angehörigen und gelangt schließlich allein nach Amerika)
Rauprich, Nina, Ich heiße Sokhom. Ravensburger TB 64. Otto Maier, Ravensburg 1981. (Ein Schicksal wird stellvertretend für den millionenfachen Mord am kambodschanischen Volk geschildert)
Schindler, Kurt, Hao-Sen, Lotosblume aus Vietnam. Bahn Verlag, Konstanz 1980. (Eine Vietnamesin auf der Flucht übers Meer)

47.0.2. UR-Ziele

(1) Amerikanische Außenpolitik in der geteilten Welt zwischen Konfrontation und Entspannung
(2) Das amerikanische politische System und die Herausforderung der Nachkriegsepoche

47.0.3. Medien

Wandkarte: Westermann, Der Zweite Weltkrieg 1939 bis 1945.
Atlas: Westermann 164, Die Welt der Gegenwart, dtv II 236. Der Indochinakrieg, 238, Bündnissysteme der Gegenwart, 240. Die Weltmächte USA und UdSSR um 1960, 262. Südostasien 1945–1965, 298. Vereinigte Staaten: Innenpolitische Aufgaben der 70/80er Jahre.
Dias: Institut 100437, Verfassungsgeschichte der neueren und neuesten Zeit 8B.

47.0.4. Vorbemerkungen

47.0.4.1. Die westliche Führungsmacht

Nach dem Zweiten Weltkrieg
Anders als nach dem Ersten Weltkrieg waren die USA am Ende des Zweiten Weltkrieges entschlossen, ihre traditionelle Isolations- und Neutralitätspolitik nicht wieder aufzunehmen, sondern eine führende Rolle in der Weltpolitik der Nachkriegszeit zu übernehmen. Präsident Roosevelt schwebte ein System der kollektiven Sicherheit vor, das in dem Konzept der „Vereinten Nationen" realisiert werden sollte (vgl. S. 98 ff.). Ihm lag die Vorstellung zugrunde, daß es in der **„Einen Welt"** (One World) der Nachkriegszeit keine machtpolitischen Gegensätze mehr geben würde.
Im Besitz des Atomwaffenmonopols, konnten die USA es sich leisten, ihre Streitkräfte auf 2,2 Millionen Mann zu reduzieren. Die Sowjetunion dagegen behielt 4 Millionen Mann unter Waffen.
Der Gegensatz zwischen den beiden Supermächten begann sich schon auf der Konferenz von Potsdam abzuzeichnen (s. S. 19). Der neue Präsident **Harry S. Truman** (als Vizepräsident nach Roosevelts Tod in das Präsidentenamt nachgerückt) kam sehr schnell zu der Überzeugung, daß man den Sowjets nicht trauen könne und daß sie die Weltherrschaft anstreb-

ten, und zeigte sich entschlossen, ihnen entgegenzutreten. Der neuen Einschätzung der weltpolitischen Lage gab zum ersten Mal Churchill in seiner berühmten Rede in Fulton (Missouri) Ausdruck (vgl. S. 22). Das Konzept der „Einen Welt" war damit endgültig zu Grabe getragen. Die Ära des **Kalten Krieges** begann. (Zu Ursprung und Ursachen des Kalten Krieges vgl. S. 12.)

Die Politik der Eindämmung (Containment)

Den Anstoß zur Neuformulierung der amerikanischen Außenpolitik gab ein für sich genommen weniger bedeutender, begrenzter Konflikt, der Bürgerkrieg in Griechenland. Kommunistische Partisanen drangen von Albanien, Jugoslawien und Bulgarien aus vor und bedrohten das laut Jalta-Konferenz der westlichen Einflußsphäre zugerechnete Land. In einer Botschaft an den Kongreß kündigte Präsident Truman am 12. März 1947 an, die USA würden allen Völkern, deren Freiheit bedroht ist, Beistand leisten. Dieses Programm wurde als **Truman-Doktrin** bezeichnet (Gfm). Konkret forderte er eine Wirtschafts- und Militärhilfe von 400 Mill. Dollar für Griechenland und die Türkei. Damit begann die Ära der Auslandshilfe- und Bündnispolitik der USA.

Die theoretische Konzeption der neuen Politik formulierte der Diplomat und Rußlandkenner George F. Kennan in einem anonymen Aufsatz in der Zeitschreift „Foreign Affairs" im Juli 1947. Das Ziel der amerikanischen Politik sei die „feste und wachsame Eindämmung russischer expansionistischer Tendenzen" (firm and vigilant containment). In der Folge wurde ein umfassendes System von Beistandspakten geschaffen (NATO, SEATO-Südostasienpakt, CENTO-Mittelostpakt), das ergänzt wurde durch großangelegte Auslandshilfeprogramme (Marshallplan; 1949 erstmals Hilfe für Asien, Afrika und Lateinamerika durch das „Point Four Program"), für die die USA bis 1959 72,5 Mrd. Dollar aufgewendet hatten.

Der Koreakrieg

Ebenso wie Deutschland war auch Korea nach der Befreiung von der japanischen Herrschaft geteilt worden. Aus der sowjetischen Besatzungszone im Norden und der amerikanischen Zone im Süden waren Staaten mit unterschiedlicher Gesellschaftsordnung entstanden. Die Amerikaner zogen im Juni 1949 ihre Besatzungstruppen ab. Anfang 1950 erklärte der amerikanische Außenminister Acheson, daß Korea (ebenso wie Taiwan) außerhalb der amerikanischen Verteidigungslinie im Pazifik liege. In Nordkorea (und wohl auch in Moskau) zog man daraus offenbar den Schluß, man könne Südkorea besetzen, ohne eine amerikanische Einmischung befürchten zu müssen. Am 25. Juni 1950 überschritten nordkoreanische Truppen die Grenze am 38. Breitengrad und stießen tief nach Südkorea vor.

Die USA beantragten und erreichten im Sicherheitsrat der UN die Verurteilung Nordkoreas als Angreifer (vgl. S. 99). Eine UN-Streitmacht wurde gebildet, zu der 15 Länder Kontingente entsandten, wenngleich die UN-Aktion militärisch und finanziell primär von den USA getragen wurde. Die UN-Truppen überschritten schließlich den 38. Breitengrad und eroberten fast ganz Nordkorea. Nun griff Rotchina auf der Seite Nordkoreas ein, chinesische „Freiwillige" schlugen die UN-Truppen zurück. Den Vorschlag des UN-Befehlshabers, des amerikanischen Generals Mc Arthur, China direkt anzugreifen, wurde von Präsident Truman, der die Ausweitung der UN-Aktion zum Weltkrieg befürchtete, abgelehnt. Schließlich stabilisierte sich die Front wieder am 38. Breitengrad. Nach zwei Jahre andauernden Verhandlungen wurde im Juli 1953 ein Waffenstillstand geschlossen, der den Status quo von 1950 praktisch wiederherstellte.

Die Politik des Roll back

Schon der Vormarsch auf nordkoreanisches Gebiet hatte eine Abweichung von der Containment-Politik dargestellt. Der Außenminister des 1952 neu gewählten republikanischen Präsidenten Eisenhower (1952–1960), John Foster Dulles, lehnte das defensive Containment-Konzept als wirkungslos und amoralisch ab und setzte an seine Stelle die Strategie des (offensiven) **Roll back**, des Zurückdrängens des Kommunismus und der Befreiung der unterjochten Völker. Er war bereit, bis an den Rand des Krieges („on the brink of war", daher „brinkmanship" als Bezeichnung seiner Politik) zu gehen, und war überzeugt, daß festes und selbstbewußtes Auftreten die Sowjetunion letztlich zwingen würde, ihre Kriegeseroberungen aufzugeben. In der Praxis respektierte auch Dulles' Politik die Grenzen der Machtblöcke. Weder die Aufständischen des 17. Juni 1953 noch die des Oktober/November 1956 in Ungarn erhielten amerikanische Unterstützung.

Die Kubakrise

Der Sowjetunion hingegen gelang wenig später ein Einbruch in die amerikanische Machtsphäre, weniger durch eigene Initiative als durch die Gunst der Umstände und durch Fehler der Amerikaner. Diese hatten in Kuba über lange Jahre das Regime des Diktators Batista unterstützt. Gegen Batista führte **Fidel Castro** einen Guerillakrieg, der schließlich zum Erfolg führte, als die USA Batista fallen ließen. Castro stieß in der amerikanischen Öffentlichkeit zunächst auf große Sympathien, geriet aber durch eine Landreform und die Enteignung ausländischen Besitzes (darunter amerikanisches Eigentum von über einer Mrd. Dollar) bald in Konflikt mit amerikanischen Interessen. Als die USA daraufhin den Import kubanischen Zuckers untersagten, begann Castro sich immer mehr an Mos-

kau anzulehnen und eine Staats- und Gesellschaftsordnung nach sowjetischem Vorbild zu errichten.
Im April 1961 unternahm eine von der CIA ausgebildete Truppe von Exilkubanern den Versuch, das Castro-Regime zu stürzen. Die **Landung in der Schweinebucht** scheiterte, das amerikanische Prestige in Lateinamerika hatte einen schweren Schlag erlitten. Wenig später geriet die Welt durch die **Raketenkrise**, deren Schauplatz Kuba war, an den Rand einer Katastrophe. Man vermutet heute, daß Chruschtschows Motiv für die Stationierung von Raketen auf Kuba im Sommer 1962 in der aus sowjetischer Sicht noch ungelösten Berlin-Frage zu suchen ist. Sowjetische Mittelstreckenraketen auf Kuba konnten die Zentren an der amerikanischen Ostküste mit Zerstörung bedrohen. So wäre das Gleichgewicht der Kräfte zugunsten der Sowjetunion verschoben worden, und die USA hätten gezwungen werden können, Berlin und in der Folge weitere Positionen in Europa aufzugeben.
Präsident Kennedy entschied sich, nachdem er Vorschläge einer Landung und eines präventiven Schlages aus der Luft verworfen hatte, für eine „Quarantäne“ Kubas. Er drohte, die nach Kuba laufenden sowjetischen Raketentransporter durch amerikanische Kriegsschiffe abfangen zu lassen und verlangte den Abbruch der Abschußrampen. Nach Tagen voller Spannung gab Chruschtschow nach. Die Transporter drehten ab, die Abschußrampen wurden abgebaut. Der sowjetische Versuch, den militärischen Status quo zu verändern, war gescheitert. Das Ansehen des amerikanischen Präsidenten hatte einen Höhepunkt erreicht.

Der Vietnamkrieg
Sehr viel problematischer war das amerikanische Engagement in einer viel weiter entfernten Weltgegend, in **Vietnam.** Dort war nach der Niederlage der französischen Kolonialmacht 1954 die nun schon übliche Teilung in zwei Staaten, einen kommunistischen Norden und einen antikommunistischen Süden erfolgt. 1957 nahmen die nordvietnamesischen Kommunisten den militärisch-politischen Kampf gegen Südvietnam auf, Guerillaaktionen weiteten sich bald zum Bürgerkrieg aus, an dem sowohl die Partisanengruppen des Vietcong als auch reguläre nordvietnamesische Truppen teilnahmen. Die USA unterstützten Südvietnam zunächst finanziell (Wirtschafts- und Militärhilfe), seit 1961 schließlich auch durch Berater, die die südvietnamesische Armee ausbilden sollten. Mitte 1963 befanden sich 15000 Amerikaner im Lande.
Im August 1964 ermächtigte der amerikanische Kongreß in der „Tongking-Resolution“ (nach einem Angriff nordvietnamesischer Kriegsschiffe auf einen amerikanischen Zerstörer im Golf von Tongking) den Präsidenten Johnson, alle Schritte zum Schutz Südvietnams gegen die kommunistische Aggression zu unternehmen. Damit begann die Eskalation des Krieges. Im Frühjahr 1965 begann die amerikanische Luftwaffe, Ziele in Nordvietnam zu bombardieren. Amerikanische Armee-Einheiten griffen in die Kämpfe ein. Ihre Zahl stieg rasch an, Ende 1965 waren 185 000 Amerikaner in Vietnam, 1968, auf dem Höhepunkt des amerikanischen Engagements, 545 000 Mann. Die südvietnamesischen Streitkräfte umfaßten 750 000 Mann. Die Kräfte der Gegenseite wurden zu diesem Zeitpunkt auf 270 000 Mann geschätzt, darunter 85 000 Angehörige der nordvietnamesischen Armee.
Gegen diesen Krieg, der mit einem immer größeren Einsatz an Menschen und Material geführt wurde und dennoch offenbar nicht zu gewinnen war, begann sich in den USA eine **Protestbewegung** zu formieren. Sie wurde von Intellektuellen und bald auch von Politikern getragen und fand ihre Massenbasis in Teilen der akademischen Jugend, die ihre Einberufung in einen Krieg befürchtete, dessen Sinn sie immer weniger verstand.

Die Beendigung des Krieges und der Sieg Nordvietnams
Der neue **Präsident Nixon** begann alsbald mit dem Abbau des amerikanischen Engagements in Vietnam. Unter der Parole der **„Vietnamisierung“** des Krieges wurden die amerikanischen Landstreitkräfte abgezogen, lediglich Luft- und Seestreitkräfte unterstützten die Vietnamesen. Seit 1968 gab es zwischen amerikanischen und nordvietnamesischen Unterhändlern Verhandlungen, die seit 1969 von Nixons Sicherheitsberater **Kissinger** (August 1973 Außenminister) und auf nordvietnamesischer Seite durch das Politbüromitglied **Le Duc Tho** geführt wurden. Am 23. Januar 1973 unterzeichneten sie ein **Waffenstillstandsabkommen.**
Der Krieg ging, vom Waffenstillstand kaum unterbrochen, unvermindert weiter. Anfang 1975 brach die südvietnamesische Armee unter den Schlägen einer Offensive der nordvietnamesischen Truppen und des Vietcong zusammen, am 30. April fiel Saigon. Gleichzeitig besetzten die **„Roten Khmer“** Pnom Penh und übernahmen die Macht in **Kambodscha**, die **„Pathet Lao“** wenig später in **Laos.**
In Vietnam steckten die neuen Herren alle, die in irgendeiner Weise mit dem untergegangenen Regime verbunden waren, in „Umerziehungslager“, gingen aber bei der Einführung des kommunistischen Herrschaftssystems zunächst relativ zurückhaltend vor. 1978 begannen sie, die chinesische Minderheit zu vertreiben, auch zahlreiche Vietnamesen flohen. Hunderttausende trieben in zerbrechlichen Booten auf dem Meer; man schätzt, daß die Hälfte umgekommen ist.

Völkermord in Kambodscha
In Kambodscha begannen die „Roten Khmer“ unverzüglich, eine beispiellose Schreckensherrschaft zu errichten, deren Opfer auf bis zu drei Millionen Menschen geschätzt werden. Ende 1978 marschierten vietnamesische Truppen in Kambodscha ein und machten in wenigen Tagen dem Regime der Roten Khmer ein Ende. Gegen die Ausdehnung der vietnamesischen Herrschaft auf ganz Indochina machte die VR China Front. Im Februar 1979 unternahmen die Chinesen eine als „begrenzte Strafaktion“ deklarierte Offensive gegen Vietnam.

Urteile über den Vietnamkrieg
Der Vietnamkrieg hat wie wohl kein anderer Vorgang nach dem Zweiten Weltkrieg weltweit außerordentliche Emotionen und Kontroversen ausgelöst. Für eine abgewogene Beurteilung ist es noch zu früh, sie bleibt einer zukünftigen Geschichtsschreibung vorbehalten. Einige Feststellungen lassen sich jedoch schon heute treffen:
Es war 30 Jahre lang das konsequent und hartnäckig verfolgte Ziel der nordvietnamesischen Führung, ganz Vietnam unter seine Herrschaft zu bringen.
Südvietnam war sicher zu keiner Zeit eine Demokratie nach westlichem Muster. Wenn auch größere oder kleinere Teile der Bevölkerung der jeweiligen Regierung kritisch gegenüberstanden, die überwiegende Mehrheit der Südvietnamesen wünschte keine Herrschaft der nordvietnamesischen Kommunisten. Es gab zu keiner Zeit Fluchtbewegungen in kommunistisch beherrschtes Gebiet, sondern immer nur in (noch) nicht von den Kommunisten eroberte Landesteile, dort also, wo der Krieg mit all seinen Leiden für die Zivilbevölkerung weiterging.
Die Politik der USA ging von der Annahme aus, daß der asiatische Kommunismus eine einheitliche Bewegung sei und daß ein kommunistischer Sieg in einem Lande den „Fall“ der Nachbarländer zur Folge haben werde („Domino-Theorie“).
Diese Annahme erwies sich als unzutreffend; tatsächlich ist jetzt das beherrschende Phänomen in Südostasien der Gegensatz zweier kommunistischer Mächte, Vietnams und der VR China, wobei das Expansionsstreben Vietnams von China in Schach gehalten wird.
Im welthistorischen Kontext und aus der späteren Sicht seines Verlaufs und seines Ergebnisses wird man das amerikanische Engagement in Indochina als eine verhängnisvolle Fehlentscheidung bezeichnen müssen.

Proteste und Selbstzweifel in den USA
Ein Sieg war unmöglich, weil die Amerikaner den Krieg mit einer defensiven Strategie führten und wegen der Gefahren einer fortschreitenden Eskalation vor einer Ausschaltung des eigentlichen Gegners, Nordvietnams, zurückschreckten. Ihre Strategie, der Luftkrieg gegen Nordvietnam, setzte sie weitgehend ins Unrecht, während der Gegner moralisch überlegen schien. Die weltweiten Proteste und der Zweifel an der eigenen Glaubwürdigkeit führten zu einer schweren Krise des amerikanischen Selbstverständnisses. Über ein Jahrzehnt lang waren die Energien Amerikas zunächst fehlgeleitet und dann gelähmt, mit allen Folgen für die Position der USA und der ganzen westlichen Welt und vice versa für die Position der Sowjetunion.

Außenpolitik der Ära Nixon — Kissinger
Außenpolitisch erzielten die USA in der Ära Nixon außerordentliche Erfolge. Die von Kissinger gesteuerte Politik hatte eine Auflockerung des Antagonismus zweier festgefügter Machtblöcke zum Ziel. Ihr sensationellstes und folgenschwerstes Ergebnis war die Aussöhnung mit China. Kaum weniger erstaunlich war Kissingers Erfolg im Nahen Osten, wenn auch der Frieden zwischen Israel und Ägypten keine endgültige Befriedigung der Region nach sich zog.

47.0.4.2. Das politische System

In der **amerikanischen Präsidialdemokratie** ist das von Montesquieu entworfene Modell der Trennung der drei Gewalten in reinerer Form realisiert worden wie nirgendwo sonst. Während Montesquieus Vorbild, das britische Verfassungssystem, und in der Folge auch die übrigen westlich-parlamentarischen Systeme sich immer mehr vom klassischen Gewaltenteilungsmodell entfernten und eine Trennung innerhalb der Legislative (in die die Regierung stützende und mit ihr verschränkte Parlamentsmehrheit und die oppositionelle Minderheit) und innerhalb der Exekutive (in die handelnde Regierung und das repräsentierende Staatsoberhaupt) vollzogen, ist die Gewaltenteilung im amerikanischen System relativ streng durchgeführt: Der Kongreß (Senat und Repräsentantenhaus) bildet die **Legislative**, der **Präsident** als Staatsoberhaupt, Regierungschef und Oberbefehlshaber der Streitkräfte die **Exekutive**, der **Oberste Bundesgerichtshof** mit den nachgeordneten Bundesgerichten die **Judikative.**
Dieses System der checks and balances (Kontrollen und Gegengewichte) wird ergänzt durch den **föderalistischen Staatsaufbau**, in dem der bundesstaatlichen Exekutive 50 in ihren Kompetenzen sehr selbständige Einzelstaaten gegenüberstehen.

Die Unterschiede zwischen Präsidialsystem und parlamentarischem System
Die Unterschiede zwischen dem Präsidialsystem (der USA) und dem parlamentarischen System (etwa der Bundesrepublik Deutschland) lassen sich an folgenden Merkmalen verdeutlichen:

- Im Präsidialsystem sind die Funktionen der Exekutive im Präsidenten vereinigt; er ist Staatsoberhaupt und Regierungschef. Im parlamentarischen System sind sie geteilt (Bundespräsident und Bundeskanzler).
- Im Präsidialsystem besteht die Regierung formal nur aus dem Präsidenten. Die Leiter der departments (entsprechen den Ministerien) sind vom Präsidenten politisch abhängige secretaries (etwa Staatssekretäre).
  Im parlamentarischen System sind die Minister für ihre Ressorts verantwortlich.
- Der Präsident kann vom Kongreß nicht gestürzt werden. Er kann gegen eine Mehrheit des Kongresses regieren. Im parlamentarischen System werden der Regierungschef und sein Kabinett von einer Mehrheit im Parlament getragen. Eine Parlamentsmehrheit kann sie stürzen (Mißtrauensvotum).
- Der Präsident kann den Kongreß nicht auflösen. Es herrscht ein ständiger Machtkampf zwischen Präsident und Kongreß. Der Präsident hat das Recht, gegen Gesetze des Kongresses sein Veto einzulegen, das nur mit Zweidrittelmehrheit in beiden Häusern überstimmt werden kann. Der Präsident kann nicht selbst Gesetze einbringen, er muß sich dafür nahestehender Abgeordneter bedienen.
  In parlamentarischen Systemen hat der Regierungschef teilweise ein Recht zur Auflösung des Parlaments (nicht in der Bundesrepublik). Regierungschef und Minister werden von „ihrer" Parlamentsmehrheit gestützt.
- Im amerikanischen System können Mitglieder des Kongresses nicht zugleich Mitglieder der Regierung sein. Im parlamentarischen System sind Regierungschef und Minister in der Regel zugleich Parlamentsabgeordnete.

Der Kongreß
Der Kongreß besteht aus zwei Kammern, dem **Senat**, in den jeder Einzelstaat unabhängig von der Einwohnerzahl 2 Senatoren auf 6 Jahre entsendet; alle zwei Jahre wird ein Drittel der Senatoren neu gewählt.
Die zweite Kammer ist das **Repräsentantenhaus** mit 435 Mitgliedern, in dem die Einzelstaaten etwa proportional zu ihrer Bevölkerungsstärke vertreten sind. (Vermont z. B. ein Abgeordneter, Californien 43). Die Abgeordneten des Repräsentantenhauses werden alle zwei Jahre neu gewählt.

47.0.4.3. Die schwarzen Amerikaner

Die USA als das klassische Einwandererland sind vom Beginn ihrer Geschichte an durch **Minderheitenprobleme** geprägt gewesen. Immer neue Wellen von Emigranten erreichten die Neue Welt und wurden im Laufe der Zeit assimiliert, die meisten völlig, andere weniger.

Vier Minderheitengruppen
Heute werden unter Minderheiten im wesentlichen vier große Gruppen verstanden, die aus unterschiedlichen Gründen (noch) nicht integriert sind, die **Indianer** (350 000 in Reservaten), die **Ostasiaten** (Japaner, vor allem aber die nicht integrationswilligen Chinesen, zus. 1970 eine Mill.), die **„Chicanos"** (spanisch sprechende Einwanderer aus Lateinamerika, auf 16 Millionen geschätzt) und als wichtigste die **Schwarzen**.
Ihre Zahl belief sich 1977 auf 25 Millionen, das sind 12 % der Gesamtbevölkerung. Sie unterscheiden sich von allen anderen Gruppen darin, daß sie nicht freiwillig ins Land gekommen sind, sondern als **Sklaven** zwangsweise dorthin gebracht wurden. Die ersten Negersklaven kamen 1619 von Afrika nach Amerika. 1790 war ein Fünftel aller Bewohner Schwarze. 1865 wurde die Sklaverei abgeschafft. 1896 hatte der Oberste Gerichtshof die Formel „Separate but equal" (getrennt, aber gleich) geprägt. Vor allem im Süden ist die **Gleichstellung** der Neger bis in die Gegenwart hinein sabotiert worden. Um die Jahrhundertwende setzte die Abwanderung der Schwarzen nach dem Norden ein, wo heute etwa die Hälfte aller Schwarzen, vor allem in den Zentren der Großstädte, lebt.

Die Bürgerrechtsbewegung
Eine Änderung der Lage der Neger leitete der Zweite Weltkrieg ein, der gegen Rassismus und Demokratie geführt worden war. Schwarze Soldaten hatten an allen Fronten mitgekämpft und zum Sieg beigetragen. In den Streitkräften wurde die Rassentrennung zwischen 1950 und 1955 aufgehoben. Eine breite Bürgerrechtsbewegung forderte nunmehr die Gleichstellung. Ihr bedeutendster Wortführer war der Pastor **Martin Luther King,** der Gründer der Southern Christian Leadership Conference (etwa = Christliche Führungskonferenz des Südens), die neben die schon seit 1910 bestehende Farbigen-Organisation „National Association for the Advancement of Colored People, NAACP (Nationale Vereinigung zur Förderung von Farbigen) trat. Ziel dieser Organisationen war die Integration der Schwarzen durch gewaltlose, direkte Massenaktionen (Demonstrationen, Boykottaktionen, Sit-ins, Streiks etc.).
Ein entscheidender Erfolg gelang zuerst im Bildungsbereich. 1954 erklärte das Oberste Bundesgericht die

Rassentrennung in den Schulen für verfassungswidrig. 1957 verabschiedete der Kongreß die „Civil Rights Act" zur Sicherung des Wahlrechts der Schwarzen.
Die Bundesregierung demonstrierte ihren Willen, die Integration durchzusetzen: Präsident Eisenhower entsandte im September 1957 reguläre Truppen nach Little Rock (Arkansas), um den Zutritt farbiger Kinder zu öffentlichen Schulen zu erzwingen. Noch stärker wurde die Integrationsbewegung von den Präsidenten Kennedy (1961–63) und später Johnson (1963–68) gefördert. Dagegen formierte sich der Widerstand der betroffenen Weißen, der sich bald in Gewaltakten Luft machte. Die schwarze Bürgerrechtsbewegung, unterstützt von zahlreichen weißen Sympathisanten, antwortete mit einem Marsch nach Washington (250 000 Teilnehmer, darunter 60 000 Weiße), wo King zur Bruderliebe aufrief.

Militante Protestbewegungen
Mitte der sechziger Jahre verlagerte sich der Kampf um Gleichberechtigung in die Slums der Großstädte des Nordens und Westens und begann sich rasch zu radikalisieren. Die Idee eines schwarzen Nationalismus oder Separatismus – einer Rassentrennung mit umgekehrten Vorzeichen – gewann an Boden. Die Parole dieser Bewegung lautete: Black Power (Schwarze Macht). Die radikalste Gruppierung war die Black Panther Partei, die sich als revolutionäre marxistische Organisation verstand.
1964 war es zu ersten Unruhen in den schwarzen Wohnvierteln einiger Großstädte gekommen. Ihren Höhepunkt erreichten die Unruhen im „heißen Sommer" 1967, als es in 65 Städten zu blutigen Auseinandersetzungen mit Mord, Brand und Plünderung kam. Überall waren die Schwarzen die Hauptleidtragenden der Unruhen. Eine neue Welle der Gewalt gab es 1968 nach der Ermordung Martin Luther Kings durch einen weißen Fanatiker.
In den 70er Jahren ging die Stoßkraft der schwarzen Protestbewegung deutlich zurück.
Dafür gibt es mehrere Gründe: Generell war nach der Beendigung des Vietnamkrieges ein deutlicher Rückgang der Protestbewegung zu beobachten, von der die Bürgerrechtsbewegung ein Teil war. Bei der „schweigenden Mehrheit" der Amerikaner verbreitete sich das Bedürfnis nach „law and order" (Gesetz und Ordnung), andererseits auch die Toleranz gegenüber unkonventionellen Lebens- und Verhaltensformen.

Langsame Besserung der Lage
Die Schwarzen selbst haben weitgehend das Bewußtsein ihrer Minderwertigkeit abgestreift, sie zeigen heute Selbstbewußtsein („Black is Beautiful"), nicht zuletzt ausgedrückt in Mode und Frisur und streben nach einer eigenen afro-amerikanischen Kultur.
Zweifellos hat sich auch die materielle Lage der Schwarzen deutlich gebessert. Die Integration im Schulwesen hat große Fortschritte gemacht, der Anteil der Schwarzen mit höherer Bildung (College) hat sich vervielfacht.
Dennoch lebt ein großer Teil der Schwarzen nach wie vor in den Slums der Großstädte in unzumutbaren Verhältnissen, inmitten von Gewalttaten und Verbrechen aller Art, von Prostitution und Drogenmißbrauch. Es bleibt abzuwarten, ob nicht die Puertorikaner künftig die amerikanische Regierung vor größere Probleme stellen werden als die schon lange im Lande ansässige schwarze Bevölkerung.

47.1. Die westliche Führungsmacht

47.1.1. Wissensziele

Die Sowjetunion rüstete nach dem Zweiten Weltkrieg nicht ab, sondern fügte die Staaten an ihrer Westgrenze ihrem Machtbereich ein. Sie bedrohte Griechenland, die Türkei und West-Berlin. China und Nordvietnam wurden kommunistisch. Die USA aber wollten eine weitere Ausdehnung des kommunistischen Machtreiches nicht hinnehmen. Es kam zum „Kalten Krieg" zwischen den bisher verbündeten Mächten. Höhepunkte waren der Koreakrieg und die Kubakrise sowie der Krieg in Vietnam. Danach suchte die amerikanische Politik, gedrängt von einer tiefgreifenden Umorientierung der öffentlichen Meinung, zu einer Entspannung mit der Sowjetunion zu kommen. Die Weltpolitik wird jedoch nicht mehr allein vom Gegensatz der beiden Weltmächte USA und Sowjetunion bestimmt. China, die EG, Japan und die Ölstaaten spielen zunehmend eine Rolle in der Weltpolitik. Die USA, bisher die westliche Führungsmacht, sind dabei, sich mit einer neuen Politik auf die veränderten Machtverhältnisse einzustellen.

47.1.2. UE-Ziele

(1) Die Friedensvorstellungen der USA während des Zweiten Weltkrieges
(2) Vergleich der Friedensvorstellungen der USA und der Sowjetunion
(3) Die Phasen der amerikanischen Außenpolitik nach 1945
(4) Die Auseinandersetzungen der beiden Supermächte am Beispiel der „Kuba-Krise"
(5) Das weltweite Engagement der USA am Beispiel des Vietnamkrieges

47.1.3. Einstieg

● **Grafiken** zu den Themen „USA als Weltmacht" und „Rüstungsausgaben der USA": Informationen 156 S. I, XVI und Gfm

47.1.4. Schwerpunkte

Die zentrale Rolle der USA und der UdSSR in der Weltpolitik nach 1945 soll innerhalb der beiden Unterrichtsreihen 47 und 48 erarbeitet werden. Zunächst sollen die Schüler herausfinden, warum sich das Verhältnis dieser beiden Mächte nach 1945 verändert hat. Nachdem es während des Krieges von Kooperation gekennzeichnet war, kam es nach 1945 mehr und mehr zu einer Konfrontation, die heute noch das Bild bestimmt.

Wir schlagen vor, die Schüler über einen längeren Zeitraum Zeitungsmeldungen, in denen die Beziehungen zwischen den USA und der UdSSR angesprochen werden, sammeln zu lassen. Von da aus lassen sich bestimmte Teilaspekte der Gesamtproblematik ableiten.

Im ersten Schwerpunkt soll versucht werden, die einzelnen Phasen der US-Politik nach 1945, die sich mit den Stichworten „Zusammenarbeit", „Containment", „Roll back" und „Entspannung" bezeichnen lassen, zu strukturieren.

Es ist zu fragen, wo die Motive und Hintergründe für die Veränderungen im Verhältnis der beiden Großmächte zu suchen sind.

Die Antwort auf die Frage nach den amerikanischen Vorstellungen von einer künftigen Friedensordnung kann anhand von zwei Quellen erarbeitet werden.

Phase 1:
Roosevelts Verkündung der „Vier Freiheiten"

Aus der Ansprache vor dem Kongreß vom 6. 1. 1941.

. . . In der Zukunft, die wir jetzt zu sichern versuchen, hoffen wir, eine Welt schaffen zu können, die sich auf vier wesentliche menschliche Freiheitsrechte gründet.

Erstens – Redefreiheit, und zwar in der ganzen Welt.

Zweitens – Freiheit für jeden einzelnen, Gott auf seine Weise zu verehren, und zwar überall in der Welt.

Drittens – Freiheit von aller Not –, das bedeutet, international gesehen, wirtschaftliche Abkommen, die in jedem Lande den Einwohnern gesunde Friedensverhältnisse sichern –, und zwar überall in der Welt.

Viertens – Freiheit von aller Angst –, das bedeutet, international gesehen, eine weltumfassende Abrüstung, so gründlich und bis zu einem solchen Grade, daß kein Land mehr in der Lage ist, irgendeines seiner Nachbarländer gewaltsam anzugreifen, und zwar überall in der Welt.

Das sind nicht etwa Träume von einem fernen tausendjährigen Reich. Das ist eine bestimmte Grundlage für eine Welt, wie wir sie in unserer Zeit und in unserer Generation schaffen können.

Eine solche Welt ist der genaue Gegensatz zu der sogenannten Neuordnung der Tyrannei, die die Diktatoren mit dem Getöse ihrer Bomben zu schaffen versuchen.

Dieser Neuordnung stellen wir einen größeren Gedanken entgegen, die moralische Ordnung. Eine wohlgeordnete Gesellschaft wird ohne Furcht allen Weltherrschaftsplänen und fremden Revolutionen begegnen können.

Seit dem Beginn unserer Geschichte waren wir ständigen Veränderungen unterworfen, einer fortlaufenden friedlichen Revolution, einer Revolution, die stetig fortschreitet und sich ruhig den wechselnden Bedingungen anpaßt – ohne Konzentrationslager und kalkgefüllte Gräber. Die Weltordnung, die wir anstreben, ist ein Verband freier Länder, die in einer freundschaftlichen und zivilisierten Gesellschaft zusammenarbeiten. Unser Land hat sein Schicksal den Händen, Hirnen und Herzen seiner Millionen freier Männer und Frauen anvertraut. Unser Land glaubt an die Freiheit unter Gottes Leitung. Freiheit bedeutet, daß überall die Menschenrechte an erster Stelle kommen. Wir helfen all denen, die darum kämpfen, diese Rechte zu erobern und zu erhalten. Unsere Kraft liegt in unserem einigen Willen. Dieser große Gedanke kann zu nichts anderem führen als zum Sieg.

▶ **Quelle:** GiQ V Nr. 596

Die Atlantik-Charta

Gemeinsame Erklärung von Churchill und Roosevelt bei ihrer Zusammenkunft auf dem Atlantik vom 14. 8. 1941.

Der Präsident der Vereinigten Staaten und Premierminister Churchill, als Vertreter von Seiner Majestät Regierung in dem Vereinigten Königreich, erachteten es bei ihrem Zusammentreffen für richtig, gewisse allgemeine Grundsätze der nationalen Politik ihrer beiden Länder bekanntzumachen, von denen sie eine bessere Zukunft für die Welt erhoffen.

Erstens, ihre Länder streben nach keiner Vergrößerung, weder auf territorialem Gebiet noch anderswo.

Zweitens, sie wünschen keine territorialen Änderungen, die nicht mit dem frei zum Ausdruck gebrachten Wunsch der betreffenden Völker übereinstimmen.

Drittens, sie achten das Recht aller Völker, sich die Regierungsform zu wählen, unter der sie leben wollen. Sie wünschen die obersten Rechte und die Selbstregierung der Völker wiederhergestellt zu sehen, denen sie mit Gewalt genommen wurden.

Viertens, sie werden, unter gebührender Achtung ihrer bestehenden Verpflichtungen, danach streben, daß künftig alle Staaten, große und kleine, Sieger und Unterlegene, gleicherweise Zugang zum Handel und

den Rohmaterialien der Welt haben, die sie für das Gedeihen ihrer Wirtschaft benötigen.
Fünftens, sie wünschen die engste Zusammenarbeit aller Nationen auf wirtschaftlichem Gebiet, um bessere Löhne, wirtschaftlichen Fortschritt und soziale Sicherheit zu gewährleisten.
Sechstens, nach der endgültigen Vernichtung der Nazityrannei hoffen sie auf einen Frieden, der allen Nationen die Möglichkeit bietet, innerhalb der eigenen Grenzen sicher zu leben, und der allen Menschen die Sicherheit gibt, in ihren Ländern frei von Not und Furcht zu leben.
Siebentens, ein solcher Friede würde allen Menschen gestatten, ungehindert die Meere und Ozeane zu überqueren.
Achtens, sie glauben, daß alle Nationen der Welt, sowohl aus praktischen wie aus sittlichen Gründen, dazu kommen werden, auf Gewaltanwendung zu verzichten. Da kein künftiger Friede aufrechtzuerhalten ist, so lange die Rüstungen zu Land, zur See und in der Luft von Nationen weiterhin zum Angriff außerhalb der Grenzen eingesetzt werden, glauben sie auch, daß es wesentlich ist, diese Nationen zu entwaffnen, bis ein umfassenderes und dauerndes System der allgemeinen Sicherheit geschaffen wurde. Ebenso werden sie jeden Schritt, der dazu dient, friedliebenden Völkern die erdrückende Last der Rüstung zu erleichtern, unterstützen und fördern.

▶ **Quelle:** GiQ V Nr. 597

Arbeitsaufgaben	denkbare Fromulierungen
1. Worin bestehen die „vier Grundfreiheiten", die nach Roosevelts Meinung den Frieden für die Zukunft garantieren sollen?	– Freiheit der Rede – Freiheit der Religion – Freiheit von Not – Freiheit von Angst
2. Roosevelt stellt der „Neuordnung der Tyrannen" eine „moralische Ordnung" gegenüber. Wie soll diese neue Ordnung aussehen?	– Wenn die Gesellschaft „wohlgeordnet" ist, wenn es einen „Verband freier Länder, die in einer freundschaftlichen und zivilisierten Gesellschaft zusammenarbeiten", gibt, dann werden alle Weltherrschaftspläne und „fremde Revolutionen" zunichte gemacht.
3. Faßt kurz zusammen, welche allgemeinen Grundsätze für die künftige Weltordnung die USA und Großbritannien fordern.	– keine Expansionen – keine territorialen Änderungen ohne Zustimmung des betroffenen Volkes – Völker müssen ihre Regierungsform selbst wählen können. – liberalisierte Wirtschaftsordnung – wirtschaftliche Zusammenarbeit aller Nationen – Verzicht auf Gewaltanwendung, Abrüstung – Freiheit von Not und Furcht für alle Menschen
4. Die Sowjetunion stimmte der Charta mit dem Vorbehalt zu, daß die praktische Anwendung dieser Prinzipien an die Umstände, Bedürfnisse und historischen Eigenarten der Länder angepaßt werden müsse. Welche Konsequenzen konnten sich aus diesem Vorbehalt ergeben?	– Damit wurde ein breiter Interpretationsspielraum gefordert, so daß die Prinzipien relativiert wurden – Das Modell der Friedenssicherung sollte sich an den Bedürfnissen der Sowjetunion orientieren.
5. Auf welchen Prinzipien beruhte das Modell der Friedenssicherung, so wie es Roosevelt vorschwebte?	Die Friedenssicherung wird garantiert durch Freihandel und zwischenstaatliche Zusammenarbeit. Es ist eine Konzeption der „Einen Welt", die durch eine liberale Wirtschaftsordnung zusammengehalten werden soll.
6. Versucht, einen Zusammenhang zwischen der wirtschaftlichen/militärischen Position der USA am Ende des Krieges und der Friedenskonzeption Roosevelts herzustellen (vgl. Grafiken in Gfm). Beachtet dabei folgende Aspekte: a) wirtschaftliche Situation der USA und der anderen am Krieg Beteiligten, b) militärische Position der USA, c) Friedenskonzeption und Machtstellung der USA.	– Die USA sind am Ende des Krieges die weitaus stärkste Wirtschaftsmacht. Der Krieg hat die USA nicht so getroffen wie die anderen Industrienationen. – Darüber hinaus sind die USA die stärkste Militärmacht. – Die Friedenskonzeption kommt den Interessen der USA entgegen, denn durch diese Konzeption eröffnen sich dem US-Export, vor allem in Europa, große Chancen. – Die Konzeption der „Einen Welt" entsprach weitgehend dem nationalen Interesse der USA, die darin die Führungsposition innegehabt hätten.

In der anschließenden Besprechung sollen die Arbeitsergebnisse bewertet werden. Das Hauptaugenmerk sollte sich auf die ausgesprochenen und unausgesprochenen Zielsetzungen der USA richten. Die USA waren der Ansicht, daß man mit einem freien Handelsverkehr den Lebensstandard aller Völker steigern könne. Damit wäre dann die wirtschaftliche Not als eine wesentliche Quelle von Kriegen ausgeschaltet.

Es sollte sodann herausgehoben werden, daß die USA mit dieser Meinung ihre Lehren aus der Weltwirtschaftskrise der 30er Jahre gezogen zu haben glaubten. Die Schüler müssen bedenken, daß mit der Realisierung der US-Konzeption dem wirtschaftlich und militärisch führenden Amerika eine Führungsrolle in der Welt zugekommen wäre.

Im Vorgriff auf die Unterrichtsreihe 48 können die Schüler bedenken, worin das Hauptinteresse der Sowjetunion bestanden haben könnte. Die Sowjetunion wird sich wahrscheinlich gegen eine Vormachtstellung der USA aus ideologischen Gründen zur Wehr setzen.

Phase 2:

Im weiteren Verlauf des Unterrichts sollen die Schüler erkennen, warum sich aus der Kooperation während des Krieges die Konfrontation zwischen den USA und der UdSSR entwickelte.

- **Karte:** Militärische Zusammenschlüsse – dtv II 244 und Gfm
- **Quelle:** Truman-Doktrin – GiQ VI Nr. 315 und Gfm

Arbeitsaufgaben	denkbare Formulierungen
1. Was läßt sich aus der Karte über die Ausdehnung des sowjetischen Machtbereiches nach 1945 feststellen?	Die Sowjetunion hat nach 1945 ihren Einflußbereich nach Westen ausgedehnt. Sie hat gemäß Stalins Ausspruch, daß den militärisch besiegten Staaten auch das Gesellschaftssystem des Siegers auferlegt wird, einen Gürtel von Staaten als Sicherheitssystem geschaffen. Er reicht im wesentlichen so weit, wie die Rote Armee im Zweiten Weltkrieg vorgedrungen war.
2. Was besagt die „Truman-Doktrin"?	Sie besagt, daß die USA den freien Ländern helfen wollen, ihre freien Institutionen und ihre nationale Integrität gegenüber aggressiven Bewegungen zu schützen.
3. Wie wird die Notwendigkeit der „Truman-Doktrin" begründet?	Die durch freiheitliche Institutionen, repräsentative Regierungen und Freiheitsrechte gekennzeichnete demokratische Lebensform muß gegen die totalitäre Lebensform, in der eine Minderheit bestimmt und in der Unterdrückung und Unfreiheit herrschen, geschützt werden. Dazu wollen die USA den Ländern, deren Freiheit bedroht ist, wirtschaftliche Hilfe angedeihen lassen.
4. Erläutert den Begriff „containment" (Eindämmung).	Die Kooperation mit der Sowjetunion hat einer Konfrontation Platz gemacht. Die USA widersetzen sich den Expansionsbestrebungen der UdSSR. Sie versuchen, die Expansion „einzudämmen". Wirtschaftliche Hilfsmaßnahmen sollen den vom Kommunismus bedrohten und vom Krieg geschwächten Ländern helfen (Marshall-Plan).
5. Von sowjetischer Seite wurde gegen die „Truman-Doktrin" der Vorwurf erhoben, sie sei eine Aufforderung zur „imperialistischen Expansion". Diskutiert darüber!	– Beide Großmächte werfen sich „imperialistischen Expansionsdrang" vor. Beide schaffen sich einen Einflußbereich, den sie durch militärische und wirtschaftliche Verträge absichern. – In der Art und Weise der Herrschaft, die die beiden Großmächte in ihrem Herrschaftsbereich ausübten, bestehen Unterschiede. So wurden „Ausbruchsversuche" aus dem „sozialistischen Lager" von den Sowjets mit militärischen Mitteln unterbunden (DDR 1953, Ungarn 1956, CSSR 1968). – Die Sowjets begründen ihre Ansicht damit, daß die USA ganz Westeuropa in ihre Abhängigkeit gebracht haben und danach trachten, ihr System weltweit auszudehnen.

Phase 3:
Zu Beginn der 50er Jahre setzte ein Wandel in der amerikanischen Außenpolitik ein. Eine Äußerung des amerikanischen Außenministers Dulles beleuchtet die neue Konzeption der US-Außenpolitik:
„Die Fähigkeit, ‚bis an den Rand' zu gehen, ohne daß es zum Krieg kommt, ist eine notwendige Kunst. Wer sie nicht meistert, gerät zwangsläufig in den Krieg. Wer versucht, davonzulaufen, wer Angst vor dem Abgrund hat, ist verloren. Wir mußten in den Abgrund schauen, als es um die Ausweitung des Krieges in Korea ging, als es um unser Eingreifen in Indochina ging, als es um Formosa ging" (1956).

Arbeitsaufgaben	denkbare Formulierungen
1. Worin ist der Unterschied zwischen der Konzeption der „Eindämmung" und des „Roll back" zu sehen?	Die Eindämmung weist überwiegend aus der Sicht der USA defensiven Charakter auf, während die Konzeption des „Roll back" vorsieht, Initiativen gegen den Kommunismus zu ergreifen und ihn aus den europäischen und asiatischen Ländern zu vertreiben.
2. Welche Ergebnisse hatten die beiden Konzeptionen der „Eindämmung" und des „Roll back" letztlich?	Es gelang den USA, den Kommunismus aus West- und Mitteleuropa fernzuhalten. Die entstandenen Blockgrenzen wurden von beiden Seiten akzeptiert und bildeten wichtige Elemente der Weltfriedensordnung. Die Beispiele DDR (1953), Ungarn (1956) und CSSR (1968) zeigen, daß die Großmächte ihre Einflußgebiete respektierten, denn die Sowjetunion warf die Aufstände nieder, ohne daß die USA eingriffen. Die Konzeption des „Roll back" sah zwar eine riskante Politik des Zurückdrängens über die Blockgrenzen vor, in der Praxis blieb es aber bei der Respektierung der Einflußgebiete.

Phase 4:
Sie beginnt mit der Kuba-Krise, in der es zu einer den Weltfrieden bedrohenden Auseinandersetzung zwischen den USA und der UdSSR kam.
▶ **Material:** Englische Karikatur: Kennedy und Chruschtschow bei einer Kraftprobe (Gfm)

Arbeitsaufgaben	denkbare Formulierungen
1. Welche Situation wird in der Karikatur dargestellt?	– Die beiden Staatsmänner Kennedy und Chruschtschow sitzen sich an einem Tisch gegenüber und versuchen, die Faust des anderen auf die Tischplatte niederzuzwingen. Gleichzeitig drohen beide, mit der freien Hand auf einen Knopf zu drücken, der die Explosion einer H-Bombe auslösen würde. – Ironischerweise sitzen beide Widersacher auf der Wasserstoff-Bombe des Gegners. – Bei ihrem Machtkampf sitzen die Gegner gewissermaßen auf dem Pulverfaß. Sie würden selbst vernichtet werden, wenn sie den Gegner zu vernichten versuchten.
2. Versucht, die Aussage der Karikatur mit der Kuba-Krise in Verbindung zu bringen und einige Elemente des Kalten Krieges herauszustellen.	– Der Konflikt zwischen Kuba und den USA führte zu einer Annäherung zwischen Kuba und der UdSSR. Damit besaß die Sowjetunion ein „Sprungbrett", um Einfluß in Lateinamerika zu gewinnen, den die USA bis dahin allein innehatten. Die Installierung sowjetischer Raketen auf Kuba bedrohte die USA unmittelbar. – Der Versuch einer Großmacht, in den Bereich der anderen Großmacht einzudringen und ihre Interessensphäre zu erweitern, veranlaßt den Gegenspieler zu energischen Maßnahmen (Blockade). – Angesichts eines drohenden Atomkrieges kommt es zu einer rationalen Konfliktlösung.

Eine besondere Bedeutung innerhalb dieser Entwicklung kommt dem Vietnamkrieg zu. Folgende Etappen des Vietnamkrieges sollten herausgearbeitet werden:

T Die Etappen des Vietnamkrieges

Regierung	Maßnahmen	Folgen
Truman-Regierung	Unterstützung Frankreichs in seinem Kolonialkrieg gegen die Kommunisten	USA engagieren sich in Vietnam gemäß des Konzepts der „Eindämmung".

Regierung	Maßnahmen	Folgen
Eisenhower-Regierung	Nachdem Nordvietnam kommunistisch geworden war (Genfer Vereinbarung), sollte Südvietnam vor dem Kommunismus bewahrt werden:	Intensivierung des US-Engagements: militärische und wirtschaftliche Unterstützung Südvietnams.
Kennedy-Regierung	„Spiel des begrenzten Risikos".	USA sehen sich vor die Alternativen gestellt: entweder Ausweitung des Krieges oder Rückzug aus Vietnam.
Johnson-Regierung	Intensivierung des Krieges durch Aktionen gegen Nordvietnam: Bombenangriffe, um Nordvietnam zur Aufgabe der Unterstützung der Vietcong in Südvietnam zu veranlassen.	Eskalierung des Konflikts, die Bombardements erweisen sich als erfolglos.
Nixon-Regierung (1969–1973)	Beginn von Verhandlungen zwischen USA und Nordvietnam, Einstellung der Bombenangriffe auf Nordvietnam, Ankündigung eines stufenweisen Abzuges der US-Truppen, Friedensgespräche, Waffenstillstandsabkommen, Pariser Vietnamkonferenz, bedingungslose Kapitulation Südvietnams	

Die Auswirkungen des Vietnamkrieges sind bis heute spürbar. Die USA haben ein wichtiges Einflußgebiet verloren und versuchen nun, mit der neuen Großmacht China zu einer Übereinstimmung zu gelangen.

47.2. Wer regiert Amerika?

47.2.1. Wissensziele

Der amerikanische Präsident verfügt über eine außerordentliche Machtfülle. Er wird jedoch kontrolliert durch den Kongreß, der seine Gesetzesvorlagen prüft und seinerseits Gesetze beschließen kann. Die Staatsgewalt ist zwischen Kongreß und Präsident durch ein System kontrollierender und hemmender Befugnisse geteilt (checks and balances). Daneben gibt es die Lobby, eine große Zahl von Interessenvertretern, die ebenfalls eine Fülle von informierenden und kontrollierenden Funktionen ausübt.

47.2.2. UE-Ziele

(1) Grundzüge des Regierungs- und Herrschaftssystems der USA
(2) Die Regierungs- und Herrschaftssysteme der Bundesrepublik Deutschland und der USA im Vergleich

47.2.3. Einstieg

● Vergleicht die Antrittsreden Kennedys (1961) und Carters (1977)
● Grafik dtv II 14 „Die Verfassung der Vereinigten Staaten von Amerika"

47.2.4. Schwerpunkte

Diese Unterrichtseinheit soll einige grundsätzliche Probleme des US-amerikanischen politischen Systems und der Innenpolitik sichtbar machen. Als Einstieg sollen die beiden Antrittsreden Kennedys (a) und Carters (b) dienen.
▶ **Quellen:** a) C. v. Schoenthal, Der neue Kurs. dtv 246, München, S. 29 ff. (Gfm). b) DIE ZEIT vom 28. 1. 1977 (Gfm).

Rede Kennedys (1961)	Rede Carters (1977)
Wie sehen Kennedy und Carter die Rolle der USA in der Weltpolitik?	
Die USA müßten nach wie vor einen Kampf gegen „Tyrannei, Armut, Krankheit und Krieg" führen. Dazu sei eine weltumspannende Allianz aller erforderlich.	Die Freiheit könne anderen Ländern nur dann gebracht werden, wenn die US-Amerikaner im eigenen Land nachzuweisen vermögen, daß das demokratische System es wert sei, weiterverbreitet zu werden.
Was fordern die neugewählten Präsidenten von ihren Landsleuten?	
Kennedy appelliert an die Bereitschaft zum Engagement des einzelnen für die Demokratie. Jeder solle seine Kraft für Amerika und die Menschheit einsetzen.	Carter beschwört die nationale Einheit. Innere Stärke sei die Voraussetzung für äußere Stärke. Er kündigt an, daß die USA sich nur mit solchen Staaten verbünden werden, die die Menschenrechte achten.
Welche Appelle klingen in beiden Reden an?	
Unter der Führung der USA und ihrer Ideale soll die Welt in „eine Welt" umgewandelt werden. Kriege können vermieden werden, wenn die Menschheit von Tyrannei und Sklaverei befreit wird, wenn es gelingt, eine weltumspannende Allianz zu schaffen.	Carters Appell ist auf dem Hintergrund der Krisen zu sehen, die die USA in den 70er Jahren erschütterten. 1. „Watergate-Skandal": Präsident Nixon hatte illegale Vorgänge verschleiert und wichtige Informationen nicht preisgeben wollen. 2. Vietnam-Krieg: Hier wurde die weltpolitische Position der USA erschüttert. Das Verhältnis zwischen den USA und der UdSSR, die Festlegung von Verhaltensmustern gegenüber den Verbündeten und den Staaten der Dritten Welt war erforderlich. Es stellte sich die Frage nach dem neuen außenpolitischen Kurs. Angesichts der Veränderungen im Staatensystem (Zahl der Teilnehmer im „internationalen Konzert" nimmt zu, die OPEC-Länder sind ein neuer Machtfaktor) muß die Politik der USA neu definiert werden. 3. Es gibt eine Reihe von inneren Schwierigkeiten. Dazu gehören die hohe Arbeitslosigkeit, die Energiekrise und die Rassenfrage.

47.2.4.1. Regierungs- und Herrschaftssystem der USA

Als Ausgangspunkt wählen wir einen Zeitungsartikel aus. Der folgende kann durch einen aktuelleren Bericht ersetzt werden. Er soll eine Konfliktsituation zwischen Exekutive und Legislative zum Gegenstand haben.

▶ **Material:** dtv II 14 Die Verfassung der Vereinigten Staaten von Amerika (Gfm)

Schwere Niederlage Carters
Kongreß lehnt Sondersteuer auf Benzin mit großer Mehrheit ab

WASHINGTON, 5. Juni (AP). Der amerikanische Präsident Jimmy Carter hat am Mittwoch im Kongreß mit seiner Energiepolitik eine der schwersten Niederlagen seiner Amtszeit erlitten. Mit der überwältigenden Mehrheit von 376 gegen 30 Stimmen im Repräsentantenhaus und 73 gegen 16 Stimmen im Senat wies der Kongreß den Gesetzentwurf Carters zurück, der zur Eindämmung der Ölimporte eine Sondersteuer für Benzin in Höhe von zehn Cent pro Gallone (knapp fünf Pfennig pro Liter) vorsieht. Der Präsident ist entschlossen, dieser Entscheidung des Parlaments sein Veto entgegenzusetzen, doch gilt es angesichts des eindeutigen Abstimmungsergebnisses in beiden Häusern als sicher, daß dieses Veto mit der dafür erforderlichen Zweidrittelmehrheit überstimmt werden wird. In einem solchen Fall wäre Carter der erste demokratische Präsident der USA, dessen Veto im Kongreß zu Fall gebracht wird, seit das Parlament 1952 ein Einwanderungsgesetz gegen den Widerstand des damaligen Präsidenten Harry S. Truman verabschiedete.

Carter erklärte, die Erhebung der Benzinsondersteuer sei zwar keine populäre, „aber nach meiner Meinung richtige Maßnahme für unser Land". Wenn die Sondersteuer nicht erhoben werde, werde dies von ölerzeugenden und ölverbrauchenden Staaten als klares Zeichen dafür ausgelegt werden, „daß wir es nicht ernst meinen und nicht fest genug entschlossen sind, Öl zu sparen, so daß wir künftig noch viel höhere Ölpreise werden zahlen müssen".

Die Regierung hat vorgerechnet, daß die Sondersteuer für Benzin rund 100000 der etwa acht Millionen Barrel Öl einsparen werde, die täglich in die USA eingeführt werden. Gegner der Sondersteuer argumentieren, daß diese Einsparungen, die für die Benzinverbraucher im ersten Jahr Mehrkosten in Höhe von 10,3 Milliarden Dollar (18,5 Milliarden Mark) bedeuten würden, minimal seien.

▶ **Quelle:** Frankfurter Rundschau vom 6. 6. 1980, S. 1

Arbeitsaufgaben	denkbare Formulierungen
1. Welche Institutionen und Personen im Herrschafts- und Regierungssystem der USA werden im Zeitungsbericht genannt?	– Präsident – Senat – Repräsentantenhaus – Kongreß (Senat und Repräsentantenhaus) – Regierung
2. Worum geht es in dem angesprochenen Konflikt?	Carter will eine Sondersteuer für Benzin erheben, um den Verbrauch zu drosseln und die Öleinfuhren zu vermindern.
3. Welche Institutionen versuchen, den Gesetzentwurf des Präsidenten zu verhindern?	Repräsentantenhaus und Senat weisen den Gesetzentwurf des Präsidenten zurück.
4. Beschreibt, wie nach der amerikanischen Verfassung das Machtgleichgewicht zwischen Legislative und Exekutive gesichert ist.	Gesetzvorlagen des Präsidenten müssen vom Kongreß mit Mehrheit gebilligt werden. Gegen Gesetze oder Beschlüsse des Kongresses kann der Präsident sein Veto einlegen. Der Kongreß kann das Veto mit Zweidrittel-Mehrheit überstimmen. Der Kongreß bewilligt den Haushalt.

5. Vergleicht die Machtposition des US-Präsidenten mit der des deutschen Bundeskanzlers!

	Verfassung der Bundesrepublik Deutschland	US-Verfassung
Wahl des Regierungschefs	Bundeskanzler wird vom Bundestag gewählt.	US-Präsident wird (über Wahlmänner) vom Volk gewählt.
Art und Weise der Regierung	Bundeskanzler führt die Regierungsgeschäfte zusammen mit dem von ihm gebildeten und vom Parlament bestätigten Kabinett. Jeder Minister ist für sein Ressort verantwortlich.	Präsident ist Staatsoberhaupt und Regierungschef zugleich. Er hat kein Kabinett und keine Minister, sondern einen Kreis von Mitarbeitern, denen er vertraut und die er mit bestimmten Aufgaben betraut.
Ablösung	Bundeskanzler kann vom Bundestag mit einfacher Mehrheit gestürzt werden.	Präsident kann nicht vom Kongreß gestürzt werden, nur ein Gericht kann ihn wegen strafbarer Handlungen absetzen.
Rolle und Bedeutung der Parteien im Parlament	Es herrschen Partei- und Fraktionsdisziplin; der Kanzler muß sich auf die Mehrheit verlassen können, wenn er seine Politik durchsetzen will.	Partei- und Fraktionsdisziplin gibt es kaum, der Präsident kann sich nicht unbedingt auf die Mehrheit seiner Partei verlassen.

47.3. Das Problem der schwarzen Amerikaner

47.3.1. Wissensziele

Die Gleichstellung der Neger mit den Weißen in den USA hat auch nach dem Bürgerkrieg des 19. Jahrhunderts nur langsame Fortschritte gemacht. Ein Höhepunkt der Unruhen war 1964. Seitdem versucht man, die wirtschaftliche und soziale Stellung der Neger zu bessern. Ein wichtiger Schritt auf diesem Weg ist die Schulintegration.

47.3.2. UE-Ziele

(1) Die Lebens- und Existenzbedingungen der Schwarzen in den USA
(2) Der Zusammenhang zwischen der Schulbildung und der wirtschaftlichen/sozialen Situation der Schwarzen
(3) Der Widerspruch zwischen Verfassungsanspruch und Wirklichkeit in bezug auf die Situation der Schwarzen in den USA
(4) Die Bemühungen um die Lösung des Rassenproblems und ihre Erfolge

47.3.3. Einstieg

- Wie leben die Schwarzen heute in den USA? (Informationen 156, S. 25 ff., Karte VII)
- Bericht über die Rassenkrawalle in Little Rock (Zeitgeschichte aus erster Hand, S. 417 ff.)
- Fotos: Schule in Little Rock Ende der 50er Jahre und 1967 (Informationen 156, S. 26)

47.3.4. Schwerpunkte

47.3.4.1. Forderungen der verschiedenen Gruppen

Didaktisches Hilfsmittel, um die einzelnen Forderungen festzustellen, kann ein Foto aus den sechziger Jahren sein, das eine „Massendemonstration für die Rechte der Farbigen" zeigt (Gfm).
Auf mitgeführten Transparenten kann man lesen, daß
– die Gleichberechtigung nach Ansicht der Demonstranten in Schulfragen noch nicht erreicht ist;
– sie sich von der Arbeitslosigkeit besonders betroffen fühlen;
– es einen Zusammenhang zwischen wirtschaftlicher Lage und Benachteiligungen im Bildungs- und Schulwesen geben muß;
– es starke wirtschaftliche und soziale Benachteiligungen gibt.

▶ **Material:** Bild Informationen 156, S. 25

Auch dieses Foto zeigt deutlich, daß viele Weiße für die Forderungen der Farbigen eintreten und mit ihnen demonstrieren.
Auf Grund dieser Fotos können weitere Fragen gestellt werden:
– Wie sieht es mit den Lebens- und Existenzbedingungen von Farbigen und Weißen in den USA aus?
– Welche Konzeptionen gibt es, um die soziale und rechtliche Gleichstellung der Farbigen zu gewährleisten?
– Ist es richtig, soziale und wirtschaftliche Ziele mit militanten Mitteln zu verfolgen? Ist der von Martin Luther King gewählte Weg der Gewaltlosigkeit erfolgversprechender?
– Welche Tendenzen hemmen, welche fördern den Integrationsprozeß?

47.3.4.2. Die Entwicklung der Rassenfrage nach dem Zweiten Weltkrieg

. . .Wir kommen damit zu der aufgeworfenen Frage: Beraubt die Trennung von Kindern in öffentlichen Schulen lediglich wegen der Rasse, obwohl die physischen Fähigkeiten und andere greifbare Faktoren gleich sein mögen, die Kinder der Minderheit der gleichen Bildungschancen? Wir glauben, daß das zutrifft. . .
Sie von anderen gleichen Alters und gleicher Fähigkeiten nur wegen ihrer Rasse zu trennen, erzeugt ein Minderwertigkeitsgefühl hinsichtlich ihrer Stellung in der Gemeinschaft, das Herz und Gemüt in einer Weise beeinträchtigt, wie es nie wiedergutgemacht werden kann . . .
Wir beschließen, daß auf dem Gebiet des öffentlichen Bildungswesens die Doktrin des „separate but equal" keinen Platz hat. Getrennte Bildungsmöglichkeiten sind von Natur aus ungleich. Deshalb sind wir der Ansicht, daß die Kläger und andere . . . durch die Rassentrennung, wegen der geklagt wird, des gleichen Schutzes des Gesetzes beraubt sind, der durch das 14. Amendment garantiert wird . . .

▶ **Quelle:** Urteil des Obersten Gerichtshofes über die Aufhebung der Rassentrennung an öffentlichen Schulen, 1954. In: Krautkrämer/Tent, Die Vereinigten Staaten von Amerika. Diesterweg, Frankfurt/Main, S. 150.

. . . Als am folgenden Montag früh die Soldaten zurückgezogen wurden und sich somit die Schule erstmalig für Negerschüler öffnete, versammelte sich eine wütende Menge von etwa fünfhundert Männern und Frauen vor der Central High School vor den Barrikaden, die die Stadt- und Staatspolizei errichtet hatte. Unter drohendem Brüllen gegen die Negerschüler stürzte sich die Meute auf zwei schwarze Zeitungsberichter. Während die beiden armen Kerle zusammengeschlagen und getreten wurden, tauchten neun junge Neger in zwei Autos auf, und es gelang ihnen, ungesehen durch einen Seiteneingang in die Schule zu kommen. Kaum erfuhr die Menge, daß die Negerschüler in der Schule waren, da stürmte sie die Barrikaden und griff die Polizisten an, um sich Eingang in das Schulgebäude zu erzwingen. Die Behörde fürchtete für die Sicherheit der Negerkinder und brachte sie nach Hause. Nur wenig mehr als drei Stunden war die Integration in den Klassen Wirklichkeit gewesen!
Als sich der Präsident am Nachmittag desselben Tages auf dem Wege zum Golfplatz befand, rief ihn ein dringendes Telefonat von Brownell zurück. Kaum hatte Eisenhower Einzelheiten über die Geschehnisse in Little Rock erfahren, da veröffentlichte er eine deutliche, kräftige Stellungnahme: „Das Bundesgesetz und die Anordnung eines US-Bezirksgerichts . . .dürfen ungestraft weder von einem einzelnen noch von einer Horde Extremisten mißachtet werden. Ich werde die volle Macht der Vereinigten Staaten einsetzen und mit jeder notwendigen Gewalt allen Rechtsbruch verhindern, um den Anordnungen des Bundesgerichts Respekt zu verschaffen."

▶ **Quelle:** Bericht über Rassenkrawalle in Little Rock, 1957. Zeitgeschichte aus erster Hand, S. 417 ff.

Manifest von über hundert Kongreßmitgliedern der Südstaaten gegen obiges Urteil des Obersten Gerichtshofes: Die ungerechtfertigte Entscheidung des Obersten Bundesgerichts in Sachen öffentliche Schulen trägt nun die Früchte, die immer dann reifen, wenn Menschen an die Stelle angestammten Rechtes nackte Gewalt setzen. Wir sehen die Entscheidung als einen klaren Mißbrauch der richterlichen Gewalt an. Sie hat Haß und Argwohn gesät, wo bisher Freundschaft und Verständnis herrschten . . .
Die Aufforderung an die Schulbehörden, den Anweisungen nachzukommen, war in die Worte „mit aller

gebotenen Eile" gekleidet. Dennoch versteifte sich in den folgenden Monaten der Widerstand gegen die Entscheidung. Mehrere Staaten erklärten, sie würden sich jedem Versuch, die Rassentrennung in ihren öffentlichen Schulen aufzuheben, offen widersetzen. Andere führten raffiniert ausgeklügelte Einschulungssysteme ein, die den Eintritt von Negerkindern in rein weiße Schulen verhindern sollten. So wirkungsvoll war dieser Widerstand, daß an manchen Orten noch im September 1962 keinerlei Änderung der Situation zu verzeichnen war. Zu diesem Zeitpunkt waren von den 2,8 Millionen Negerkindern in den Südstaaten weniger als 10 000 mit weißen Kindern in einer Klasse. Am Beginn des Schuljahres 1963 hatten von den 2265 Schulbezirken des „Alten Südens" lediglich 256 Maßnahmen zur Aufhebung der Rassenschranken eingeleitet. Diese in vielen Gemeinden angewandte Verzögerungstaktik veranlaßte 1963 das Oberste Bundesgericht, die Staaten daran zu erinnern, daß das Recht der Negerkinder auf Besuch integrierter Schulen ein „gegenwärtiges Recht" sei und die Negerkinder unverzüglich zuzulassen seien.

▶ **Quelle:** Widerstand gegen die Rassengleichheit an Schulen. Zit. nach: Krautkrämer/Tent, Die Vereinigten Staaten von Amerika. a. a. O., S. 150 ff.

Arbeitsaufgaben	denkbare Formulierungen
1. Wie lautet das Urteil des Obersten Gerichtshofes?	Im öffentlichen Bildungswesen soll es nicht mehr den Grundsatz des „separate but equal" (getrennt, aber gleich) geben. Die Rassentrennung in den Schulen soll aufgehoben werden.
2. Wie wurde das Urteil begründet?	Kinder leiden unter den Diskriminierungen der Rassentrennung ganz besonders. Getrennte Bildungsmöglichkeiten führen zur Ungleichheit.
3. Mit welchen Mitteln setzten sich die Politiker gegen das Gesetz zur Wehr?	– Mehr als 100 Mitglieder des Kongresses, in erster Linie aus den Südstaaten, protestierten in einem Manifest gegen das Urteil des Obersten Gerichtshofes. Sie interpretierten das Eingreifen des Militärs als „nackte Gewalt" und betrachteten das Urteil als „Mißbrauch der richterlichen Gewalt". – Die Entscheidung des Obersten Gerichtshofes erforderte organisatorische Umstellungen, die von den Staaten z. T. nur widerwillig und zögernd vorgenommen wurden.

Arbeitsaufgaben	denkbare Formulierungen
4. Welche Maßnahmen umfaßt das Bürgerrechtsgesetz von 1964?	a) Verbot von Diskriminierung bei Wahlen, bei Dienstleistungen, bei Aufnahme in Gewerkschaften, Teilnahme an Fortbildungskursen, Einstellung von Arbeitnehmern. b) Unterstützung des Diskriminierungsverbotes: wenn bei Projekten, die durch Bundesmittel mitfinanziert werden, Rassendiskriminierungen auftreten, kann die Bundesregierung die Zuwendungen zurückziehen.

Das Materialangebot informiert die Schüler zunächst über ganz bestimmte gesetzliche Maßnahmen und läßt spüren, wie die Übertragung in die Praxis verläuft. Es wird deutlich, daß Gesetze allein nicht genügen. Zwar kann Rassentrennung verboten werden, aber die Integration kann nicht allein durch Gesetze und Verordnungen herbeigeführt werden, sie muß von der gesamten Bevölkerung getragen werden.

47.3.4.3. Lebens- und Existenzbedingungen der Farbigen und Weißen im Vergleich

▶ **Material:** Informationen 156, S. 25 ff. und Karte VII und Gfm

Arbeitsaufgaben	denkbare Formulierungen
1. Entnehmt der Karte die wichtigsten Daten zur Wanderungsbewegung der Schwarzen.	Wanderungswelle der Schwarzen aus dem Süden nach Norden und Westen, vor allem in die Großstädte.
2. Welcher Zusammenhang besteht zwischen den Ereignissen des Zweiten Weltkrieges und der Wanderungsbewegung?	– Der Krieg hatte zur erhöhten Mobilität der Bevölkerung geführt. Es begann eine Wanderung in die industriellen Zentren. – Die Schwarzen hatten im Krieg ihren Beitrag zum amerikanischen Sieg geleistet und wollten nun teilhaben am Erfolg.
3. Welche Aussagen zur sozialen und wirtschaftlichen Lage der Schwarzen lassen sich aus der Grafik „Die soziale Stellung des Negers" ableiten?	– Der Anteil von Schwarzen mit Hochschulausbildung ist gegenüber 1960 prozentual um mehr als das Doppelte gewachsen. Noch immer aber ist der Prozentsatz der Weißen mit Hochschulausbildung fast doppelt so hoch wie der der Schwarzen.

Arbeitsaufgaben	denkbare Formulierungen
	– Der Anteil an den Arbeitslosen ist sowohl bei Negern als auch bei Weißen angestiegen, gleichwohl ist der Anteil der Schwarzen fast doppelt so hoch. – Der Anteil der Schwarzen und Weißen, die unterhalb der „Armutsgrenze" lebten, sank von 1950 bis heute beträchtlich, indes leben gegenwärtig ca. dreimal soviel Schwarze wie Weiße unterhalb dieser Grenze.
4. Mittels der Tabellen lassen sich die obengenannten Tendenzen präzisieren. a) Was läßt sich über den Schulbesuch als Integrationsfaktor aussagen? b) Wie steht es mit der wirtschaftlichen und sozialen Lage der Schwarzen?	a) Grundsätzlich läßt sich feststellen, daß der Schulbesuch der Schwarzen in allen Schulformen stark zugenommen hat. b) Das Durchschnittseinkommen einer Negerfamilie liegt noch weit unter dem der weißen Familien. Die Folge sind schlechte Wohnverhältnisse (Slums) und Kriminalität.

Bei der Zusammenfassung dieser Arbeitsergebnisse gilt es, nachdrücklich den Zusammenhang zwischen schulischer Bildung und sozialer bzw. wirtschaftlicher Lage herauszuheben. Die oben aufgeführten Zahlen über den Schulbesuch sagen noch nichts über die Qualität der Schulbildung aus. Die ungünstigeren Bedingungen in den von überwiegend Schwarzen besuchten Schulen bewirken, daß viele Schwarze als Ungelernte arbeiten, so daß für sie der Grundsatz gilt: „Zuletzt eingestellt, zuerst entlassen." Dadurch ergibt sich ein „Teufelskreis":

schlechte Schulbildung ↘
schlecht bezahlte Arbeitsplätze ↙
schlechte Wohnverhältnisse ↖
schlechtes Lebens- und Lernmilieu ↗ (schlechte Schulbildung)

schlechte Wohnverhältnisse ↓
soziale und wirtschaftliche Unterlegenheit der Farbigen

47.3.4.4. Schwerpunkt: Protest und Widerstand der Schwarzen und ihre Erfolge

▶ **Quellen/Materialien:** Martin Luther King, Wohin führt unser Weg? Fischer TB 937, Frankfurt, S. 22 ff.

Arbeitsaufgaben	denkbare Formulierungen
1. Welche Formen von Protest und Widerstand schlug M. L. King vor?	Forderung nach gewaltlosen Aktionen: Massenmärsche, die es der Verwaltung schwermachen, gegen die Marschierer vorzugehen.
2. Worin erblickte M. L. King die Vorteile gewaltloser Aktionen?	Man kann Aufmerksamkeit auf seine Beschwerden lenken. Man behauptet Entschlossenheit und strahlt dabei Würde und Disziplin aus. Man gibt keinen Anlaß zu gewaltsamen Gegenmaßnahmen.
3. Welche Wandlung will er im Bewußtsein der Weißen erzielen?	Man darf die Weißen nicht zum Gegner machen. Die Weißen dürfen nicht die Protestierer, sondern müssen die Behörden als Übeltäter und Verursacher empfinden.
4. M. L. King setzte sich auch mit der „Black-Power-Bewegung" auseinander. Wie definiert er die Bewegung?	Black Power sei ein „Schrei der Enttäuschung", weil die Weißen ihre Versprechungen nicht eingehalten haben, so daß die Bürgerrechtsgesetze nur sehr zaghaft realisiert wurden.
5. Wie erklärt er die Hintergründe der Black-Power-Bewegung?	Black Power sei eine psychologische Forderung, die Minderwertigkeitsgefühle, die von der jahrhundertelangen Sklaverei herrührten, wirkungsvoll zu bekämpfen und zu beseitigen. Diese Gefühle fordern die Entwicklung einer eigenen Identität und Stärke.
6. Worin bestanden die eigentlichen Proteste der „Selbsthilfe-Aktionen", und worin unterscheiden sie sich?	**Martin Luther King:** Ziel: volle Gleichstellung der Neger Aktionen: „Sit-in" (Sitzstreik): Werden Schwarze z. B. in einem Restaurant nicht bedient, bleiben die Demonstranten auf ihren Plätzen und blockieren den Geschäftsbetrieb. Sie erreichen damit Aufmerksamkeit, auch wenn sie von der Polizei gewaltsam abgeführt werden. Dazu dienen auch Protestmärsche und Demonstrationen.

Arbeitsaufgaben	denkbare Formulierungen
	Black Power – Black Muslims: Ziel: volle Gleichberechtigung der Schwarzen notfalls mit Gewalt sowie Trennung von der weißen Gesellschaft. Bildung eines Separatstaates auf amerikanischem Boden.

Will man die Regierungs- und staatlichen Maßnahmen sowie die Aktionen der Schwarzen beurteilen, so kann man folgende Bilanz ziehen:
Die Gesetzgebung und die Rechtsprechung wirken auf die Integration hin. Sie ist aber bis jetzt nicht erreicht worden, weil die wirtschaftlichen und sozialen Folgen der jahrhundertelangen Diskriminierung der Schwarzen zu tiefe Wurzeln geschlagen haben.

Ansätze für die **politische Integration:**
- Wahlrechtsgarantie: Schwarze können ihr Wahlrecht ausüben.
- Wahl von Schwarzen in wichtige politische Ämter (Bürgermeister von Millionenstädten, hohe Regierungspositionen).

Ansätze für die **wirtschaftliche Integration:**
- Schwarze sind – besonders in den letzten 15 Jahren – immer mehr in bisher Weißen vorbehaltenen Positionen eingerückt. Ein Quotensystem sorgt im öffentlichen Dienst und in vielen Bereichen der Wirtschaft für eine Anstellung von Schwarzen, bis ihr „Nachholbedarf" gedeckt ist.

Ansätze für die **soziale Integration:**
- Soziale Integration wird einfacher, wenn die Schwarzen wirtschaftlich integriert sind.

ungelöste Probleme:
- Eine große Zahl von Schwarzen lebt in schlechten wirtschaftlichen und sozialen Verhältnissen, so daß hier die Gefahr gewaltsamer Aktionen besteht.
- Gesetzgeberische Maßnahmen allein können die Gleichberechtigung nicht schaffen. Die Einstellung jedes einzelnen Bürgers muß sich ändern.

T Rassenprobleme in den USA vor dem Zweiten Weltkrieg

Situation auf . . .

rechtlich/politischem Gebiet	**wirtschaftlich/sozialem Gebiet**
Behinderung Schwarzer bei Wahlen Diskriminierung durch parteiliche Gerichtsurteile	wirtschaftlich/soziale Benachteiligung durch fehlende Bildungs- und Aufstiegschancen; diskriminierende Trennung der öffentlichen Lebensbereiche.

Während und nach dem Zweiten Weltkrieg

Binnenwanderung in den industrialisierten Norden:

Maßnahmen der Regierung:	**Selbsthilfe-Aktionen:**
Urteil des Obersten Gerichtshofes 1954: Rassentrennung an öffentlichen Schulen ungesetzlich Bürgerrechtsgesetze von 1964:	Gewaltloser Widerstand (Märsche, Massendemonstrationen, „Sit-ins") Martin Luther King Militante Organisationen der Schwarzen (Black Power, Black Muslim)

Politische, rechtliche und soziale Gleichstellung der Neger angestrebt.

Gegenwärtige Situation

Gleichstellung im politischen und rechtlichen Bereich.
Noch Benachteiligung auf wirtschaftlichem und gesellschaftlichem Gebiet.

48. Die Sowjetunion nach 1945

48.0.1. Literaturangaben

Handbuch: dtv 4008; Fischer FWG 31, 36.

Spezialliteratur
Geyer, Dietrich (Hrsg.), Osteuropa-Handbruch: Sowjetunion, Außenpolitik, 3 Bände. Böhlau, Köln 1972–76.
Karger, Adolf, Sowjetunion. Fischer Länderkunde Band 9. Fischer TB FH 6128, Frankfurt 1978.

Geschichte:
Geyer, Dietrich, Die russische Revolution. Historische Probleme und Perspektiven. Kleine Vandenhoeck-Reihe 1433. Vandenhoeck & Ruprecht, Göttingen 1977 (TB).
Rauch, Georg v., Geschichte der Sowjetunion. Kröners Taschenausgabe 394, Kröner. Stuttgart 1977.
Stöckl, Günther, Russische Geschichte von den Anfängen bis zur Gegenwart. Kröners Taschenausgabe 244. Kröner, Stuttgart 1973.

Ideologie/Gesellschaft:
Brunner, Georg, Politische Soziologie der UdSSR. Akademische Verlagsgesellschaft, Wiesbaden 1977.
Ingensand, Harald, Die Ideologie des Sowjetkommunismus. Fackelträger, Hannover 1975.
Der Kommunismus in der Sowjetunion und in China. Quellenhefte für den Geschichtsunterricht, Nr. 473. Hirschgraben, Frankfurt.
Leonhard, Wolfgang, Sowjetideologie heute. 2. Die politischen Lehren. Fischer TB 6046, Frankfurt 1974.
Lieber, H.-J. / Ruffmann, K.-H. (Hrsg.), Der Sowjetkommunismus. Dokumente, Band 1: Die politisch-ideologischen Konzeptionen. Band 2: Die Ideologie in Aktion. De Gruyter, Köln 1963/64.
Medwedew, Roy, u. a., Entstalinisierung. Der XX. Parteitag der KPdSU und seine Folgen, edition Suhrkamp 609, Frankfurt 1977.
Meissner, Boris, Das Parteiprogramm der KPdSU, 1903–1961. Verlag Wissenschaft und Politik, Köln 1962.
Die neue Verfassung der UdSSR — Wortlaut, Analysen, Stellungnahmen. (Osteuropa, Jahrgang 28, 1978, Heft 1).
Revesz, Laszlo, Volk aus 100 Nationalitäten. Die sowjetische Minderheitenfrage. Verlag des Schweizerischen Ost-Instituts, Bern 1979.
Wetter, Gustav A., Sowjetideologie heute. Band 1: Dialektischer und historischer Materialismus. Fischer TB 6045, Frankfurt 1975.

Wirtschaft:
Raupach, Hans, Wirtschaft und Gesellschaft Sowjetrußlands 1917–1977. Franz Steiner, Wiesbaden 1979.
Wädekin, Karl-Eugen, Sozialistische Agrarpolitik in Osteuropa. 2 Bände, Berlin 1974 und 1978.

Menschenrechte/Dissidenten:
Pelikan, Jiri und Wilke, Manfred, Menschenrechte. Ein Jahrbuch zu Osteuropa. rororo 4192, Reinbek 1977.
dies. (Hrsg.), Opposition ohne Hoffnung? Jahrbuch zu Osteuropa 2. rororo 4537, Reinbek 1979.

Zeitschriften:
GWU 9/76, 2/80: Literaturbericht Geschichte Rußlands und der UdSSR; 6/79, 7/79: Literaturbericht Marxismus–Leninismus.

Sachbücher:
Besancon, Alain, Umgang mit Sowjetrussen. Societäts-Verlag, Frankfurt 1977.
Irving, David, Aufstand in Ungarn. Tragödie eines Volkes. Knaur, Hamburg 1980.
Mehnert, Klaus, Der Sowjetmensch. Deutsche Verlagsanstalt, Stuttgart 1967.
Smith, Hendrik, Die Russen. Droemer Knaur, München 1979.
Udgaard, Nils Morten, Der ratlose Riese. Alltag in der Sowjetunion, Hoffmann und Campe, Hamburg 1979.

Jugendbücher:
Karelin, Viktor, Aufstand der Matrosen. Bericht über eine verratene Revolution, Kronstadt 1922. Herder, Freiburg 1972.
Raab, Fritz, Ab mit Dir ins Vaterland. dtv junior 7342. (Schicksal einer Aussiedlerfamilie).

48.0.2. UR-Ziele

(1) Die Position der Sowjetunion in der Weltpolitik seit dem Zweiten Weltkrieg
(2) Beharrung und Wandel der sowjetischen Innen- und Wirtschaftspolitik

48.0.3. Medien

Wandkarte: Putzger, Die Sowjetunion der Gegenwart
Atlas: dtv II 226, Die UdSSR als industrielle Großmacht nach 1945; 230, Das sowjetische Satellitensystem in Europa nach 1945; 238, Bündnissysteme der Gegenwart (Stand: 1965); 240, Die Weltmächte USA und UdSSR um 1960; 278, Außenpolitik der Sowjetunion; 280, Der Fall „CSSR".
Karten: Informationen, Nr. 151, XV und XVI; Nr. 182, I, III, IV, XII, XIII, XIV, XV.
Bilder: Informationen 113/115
Dias: Institut 102348, Auf einem Kolchos (20 B)

Filme: Institut, FT 1264, Eine Kolchose in Usbekistan (17 min.); 322491 und 322492, Auf dem Kolchos Pobeda (je 17 min.); FT 149, Das andere Europa, Folge 1: Das sozialistische Lager entsteht (20 min.); FT 150, Folge 2: Weltmacht Sowjetunion (20 min.); FT 151, Folge 3: Die Krise des Systems

48.0.4. Vorbemerkungen

48.0.4.1. Die Außenpolitik von Stalin bis Breschnew

Der Ostblock

Auf den alliierten Kriegs- und Nachkriegskonferenzen von Teheran (1943), Moskau (1944), Jalta und Potsdam (1945) erreichte Stalin die Zustimmung Roosevelts und Churchills zur Ausdehnung des sowjetischen Imperiums weit nach Westen auf ganz Ost- und Südosteuropa.

Stalin machte sofort unmißverständlich klar, daß die 1941 vollzogene Verschiebung der sowjetischen Westgrenze nach Westen, die ihm der Hitler-Stalin-Pakt ermöglicht hatte, unwiderruflich sei. Über diese Gebietserwerbungen hinaus annektierte die Sowjetunion in Europa nur noch die (bis dahin zur Tschechoslowakei) gehörige Karpato-Ukraine und das nördliche Ostpreußen mit Königsberg (siehe Gfm Karten „Zarenreich und heutige Sowjetunion" und „Die Aufteilung Deutschlands").

„Einflußsphären" in Osteuropa

Bei ihrer weiteren Expansion beschritt die Sowjetunion einen anderen Weg. Sie schuf vor ihrer Westgrenze einen Gürtel von Satellitenstaaten. Schon während des Krieges hatten die Westmächte der Sowjetunion weite Teile Ost- und Südosteuropas als „Einflußsphäre" zugestanden. Während der Moskauer Konferenz im Oktober 1944 vereinbarten Churchill und Stalin (mit Zustimmung Roosevelts), daß Rumänien 90 %, Bulgarien und Ungarn 80 % sowjetischem „Einfluß" unterliegen sollten, Griechenland dagegen 90 % britischem Einfluß, während in Jugoslawien der britische und sowjetische Einfluß je 50 % ausmachen sollte.

In Polen hatte die Sowjetunion schon vorher die Voraussetzungen für die Einbeziehung des Landes in ihre „Einflußsphäre" geschaffen. Sie hatte im Juli 1944 eine kommunistische Regierung („Polnisches Komitee der Nationalen Befreiung") im soeben eroberten Lublin eingesetzt und als alleinige Vertretung Polens anerkannt. Dem wenig später beginnenden Aufstand der polnischen „Heimatarmee", die der polnischen Exilregierung in London unterstand, sah die Sowjetarmee tatenlos zu, so daß der Aufstand mit der Kapitulation der „Heimatarmee" vor den deutschen Truppen endete. Unabhängig von diesen Vorgängen war die Abhängigkeit Polens von der Sowjetunion schon durch die vorgesehene „Westverschiebung", die von der Sowjetunion garantierte Annexion ganz Ostdeutschlands vorprogrammiert. „Gerade diese Entscheidung band Polen fast unlöslich an den sowjetischen Nachbarn, der als Schutzmacht gegen einen zu erwartenden deutschen Revisionismus auftreten konnte." (Karl Dietrich Bracher, S. 272.)

In Jalta akzeptierten die Westmächte die Lubliner „Provisorische Regierung Polens" und sicherten die völkerrechtliche Anerkennung zu, sobald einige Minister der Exilregierung aufgenommen seien.

Der Weg zur „Volksdemokratie"

Die Umgestaltung der ost- und südosteuropäischen Länder in „Volksdemokratien" vollzog sich in unterschiedlichem Tempo, aber mit denselben Methoden zwischen 1945 und 1948. In der Tschechoslowakei, wo die Sowjetunion (oder besser Rußland) traditionell Sympathien genoß, erhielt die KP bei relativ freien Wahlen Mitte 1946 38 % der Stimmen, in Ungarn hingegen nur 16 %. Dieses letztere und das noch weit katastrophalere Wahlergebnis in Österreich veranlaßten die Sowjetunion, bei Wahlen nicht mehr die jeweilige KP allein antreten zu lassen, sondern zur **Volksfronttaktik** (Einheitsliste einer „Nationalen Front") überzugehen. In den aufgrund dieser Wahlen gebildeten Regierungen der „Nationalen Front" sicherten sich die Kommunisten die Schlüsselstellungen. In kurzer Zeit wurden alle Einrichtungen des Staates nach sowjetischem Vorbild umgestaltet und die kommunistischen Parteien auf die sowjetische Linie gebracht (Ausschaltung der „Nationalkommunisten"). Lediglich Jugoslawien, dessen kommunistische Partisanenverbände ohne wesentliche sowjetische Hilfe aus eigener Kraft die Befreiung erreicht hatten, scherte 1948 aus dem sowjetischen Lager aus.

Motive für die Ausdehnung des sowjetischen Herrschaftsgebietes

Der sowjetischen Expansion lagen unterschiedliche Motive zugrunde:

● Fortsetzung des historischen **russischen Imperialismus.**

Vom Kern des kleinen Großfürstentums Moskau war in wenigen Jahrhunderten ein Reich erobert worden, das sich über zwei Kontinente erstreckte. Spätestens seit Zar Peter dem Großen (1689–1725) gehörte es zu den wichtigsten Zielen des Russischen Reiches, eisfreie Häfen mit ungehindertem Zugang zu den Weltmeeren zu gewinnen. Solche Häfen wiesen die 1945 (wieder) einverleibten baltischen Staaten und das nördliche Ostpreußen auf.

● Schaffung eines **Sicherheitsgürtels** gegen den Westen.

Der bisher gegen die Sowjetunion gerichtete „Cordon sanitaire“ (vgl. Band 3) wurde beseitigt und durch einen eigenen Sicherheitsgürtel ersetzt. Die Sowjetunion konnte dieses Motiv damit begründen, daß Rußland bzw. die Sowjetunion in den letzten anderthalb Jahrhunderten dreimal das Ziel von lebensbedrohenden Invasionen von Westen her gewesen war (Napoleon 1812, Deutschland 1914–18 und 1941–44).

- Ausbreitung des **kommunistischen Systems** durch militärische Macht.

Die Sowjetunion hatte die Hoffnung längst aufgegeben, der Kommunismus werde sich in der Welt durch Revolutionen aus eigener Kraft ausbreiten. 1945 ergab sich eine neue Chance zur Ausbreitung des Kommunismus durch die Ausdehnung der Machtsphäre des Sowjetstaates und seiner bewaffneten Macht, der Roten Armee.

Der „Warschauer Pakt“

Noch während des Zweiten Weltkrieges hatte die Sowjetunion damit begonnen, ein System bilateraler Freundschafts- und Beistandspakte zwischen ihr und den osteuropäischen Ländern, später auch dieser Staaten untereinander zu schaffen, bis 1949 insgesamt 17 Verträge. 1949 wurde der „Rat für gegenseitige Wirtschaftshilfe“ (RGW), ein multilateraler Wirtschaftspakt, geschaffen (vgl. S. 138).

1955 wurde als Gegengewicht zur NATO ein Militärbündnis von zunächst acht Ostblockstaaten abgeschlossen, nach dem Ort der Unterzeichnung „Warschauer Pakt“ genannt. Die Streitkräfte dieser Staaten wurden einem vereinigten Kommando mit einem sowjetischen Oberbefehlshaber an der Spitze mit Sitz in Moskau unterstellt. Damit standen die Armeen der Satellitenstaaten auf Dauer unter sowjetischer Kontrolle. Einen entscheidenden Eingriff in die Souveränität der Mitgliedstaaten stellt das Verbot der Teilnahme an anderen Bündnissen (Art. 7) und das Fehlen von Bestimmungen über einen Austritt dar. (In der Folge erwies sich, daß die Sowjetunion einen Austritt aus dem Warschauer Pakt unter gar keinen Umständen hinzunehmen gewillt war und mit sofortiger Intervention beantwortete — z. B. Ungarn 1956).

Die Entstalinisierung

Wie schon nach dem Tode Lenins trat an die Stelle des toten Stalin zunächst eine **kollektive Führung**, deren Ära mit wechselnder Besetzung bis 1958 dauerte. Der Machtkampf innerhalb dieser Führungsgruppe wurde mit anderen Methoden ausgetragen als zur Zeit Stalins. Lediglich Berija, unter Stalin und kurze Zeit nach ihm Chef der Geheimpolizei, und als solcher besonders verhaßt, wurde nach seiner Amtsenthebung liquidiert, die anderen abgesetzten Mitglieder des Führungskollektivs wurden auf bescheidenen Posten weiterbeschäftigt.

Als Sieger ging aus dem Machtkampf Nikita Sergejewitsch **Chruschtschow** hervor, seit September 1953 als Erster Sekretär des Zentralkomitees der KPdSU an der Spitze des Parteiapparats und im März 1958 schließlich auch Ministerpräsident und somit Inhaber des höchsten Staatsamts. Sein Gewicht wurde deutlich, als er auf dem XX. Parteitag der KPdSU 1956 in einer sensationellen (nicht offiziell veröffentlichten) „Geheimrede“ die **Abrechnung mit dem Stalinismus** einleitete. Er prangerte den Mißbrauch der Macht durch Stalin an, beschuldigte ihn des „Personenkults“ und klagte ihn zahlreicher Verbrechen an. Chruschtschow erwähnte vor allem die Liquidierung der Führungsschicht der Partei in den „großen Säuberungen“ der dreißiger Jahre und die Deportationen ganzer Völker während des Zweiten Weltkrieges. So wurden gleich zu Beginn des Krieges, im August 1941, die Wolgadeutschen deportiert und ihre „Autonome Sozialistische Sowjetrepublik“ aufgelöst. Das gleiche Schicksal traf 1944 238 000 Krimtataren (von denen anderthalb Jahre später 110 000 gestorben waren), 1943/44 die nordkaukasischen Völker der Karatschaier (71 000), Tschetschenen und Inguschen (425 000), Balkaren (40 000) sowie die Kalmücken (110 000).

Während die letzteren von Chruschtschow genannt und rehabilitiert wurden, bald auch wieder in die angestammten Siedlungsgebiete zurückkehren durften, wurden die Deutschen und die Krimtataren in der Rede Chruschtschows nicht erwähnt. Sie wurden in den sechziger Jahren zwar ebenfalls von den haltlosen Kollektivbeschuldigungen freigesprochen, die Rückkehr an die Wolga bzw. auf die Krim wurde ihnen nicht gestattet.

Unerwähnt blieben in Chruschtschows Rede auch die vielen Millionen namenlosen Deportierten und Ermordeten aus allen Völkern der Sowjetunion und aus den Satellitenstaaten (z. B. die Millionen Kulaken, d. h. „Großbauern“, die während der Zwangskollektivierung in den zwanziger Jahren verschleppt worden waren). Zahlreiche individuelle Opfer Stalins wurden posthum oder als Überlebende rehabilitiert, wobei die Regel galt, daß eine Rehabilitierung desto schwieriger und langwieriger war, je prominenter das Opfer gewesen war.

Zugleich wurde ein Bildersturm gegen Stalin eingeleitet, seine Standbilder entfernt, nach ihm benannte Städte, Straßen, Schulen usw. umbenannt. Schließlich wurde in einer zweiten Entstalinisierungswelle 1961 sein Leichnam aus dem Lenin-Mausoleum entfernt und an der Kremlmauer beigesetzt. Alle diese Maßnahmen wurden von der Bevölkerung der Sowjetunion mit Erleichterung aufgenommen und trugen dazu bei, der neuen Führung weithin Sympathien zu verschaffen.

In den Volksdemokratien weckten die Erscheinungen

des „Tauwetters“ in der Periode von 1953–56 Hoffnungen, für sich einen größeren Spielraum, vielleicht sogar Selbständigkeit erlangen zu können. Dazu trug nicht zuletzt die auf dem XX. Parteitag vorgetragene These vom „eigenen Weg zum Sozialismus“ bei, die allerdings in erster Linie auf die „nationalen Befreiungsbewegungen“ in den Ländern Afrikas, Asiens und Lateinamerikas gemünzt war sowie auf Jugoslawien, das man wiederzugewinnen sich bemühte.
Der **Volksaufstand vom 17. Juni 1953 in der DDR** (vgl. S. 44 f.) wenige Wochen nach Stalins Tod ist als Reaktion der verzweifelten Bevölkerung auf die immer noch praktizierten stalinistischen Methoden des Ulbricht-Regimes zu erklären.

Der „polnische Oktober“ 1956

In Posen entwickelte sich im Juni 1956 aus einem Protestmarsch gegen die Arbeitsnormen ein offener Aufruhr, der von Truppen niedergeschlagen wurde. Aus dem Machtkampf innerhalb der Kommunistischen Partei ging Wladislaw Gomulka, ein unter Stalin eingekerkerter früherer Generalsekretär der KP, als Sieger hervor. Gomulka milderte das diktatorische Herrschaftssystem, hob die Zwangskollektivierung auf und suchte einen gewissen Ausgleich mit der katholischen Kirche.

Freiheitskampf der Ungarn

Das polnische Beispiel trug sicher dazu bei, auch in Ungarn Hoffnungen auf einen Umschwung zu wekken. Die Erbitterung gegen das stalinistische Rakosi-Regime und die russische Fremdherrschaft war hier jedoch so groß, daß spontane Demonstrationen rasch zu einem Aufstand des ganzen Volkes führten. Die Forderungen überstürzten sich. War zunächst noch von einem nationalen Sozialismus die Rede, so wurde alsbald der totale Bruch Ungarns mit dem sowjetischen Herrschaftssystem proklamiert. In der Tat ließ die neugebildete Regierung Imre Nagy die Gründung neuer Parteien zu und bildete sich zu einer Koalitionsregierung um. Sie erklärte den Austritt aus dem Warschauer Pakt und proklamierte die Neutralität Ungarns. Daraufhin schlug die Sowjetarmee den Aufstand blutig nieder.

Gründe für die unterschiedliche sowjetische Reaktion

Für die unterschiedliche Reaktion der Sowjetunion auf die Vorgänge in Polen und Ungarn sind vor allem zwei Gründe zu nennen: Im Gegensatz zu Ungarn blieb in Polen das Monopol der kommunistischen Partei unangetastet, und der Verbleib des Landes im Warschauer Pakt wurde nicht in Frage gestellt. Auch in der Folge sollte sich zeigen, daß dies „essentials“ waren, deren Infragestellung die Sowjetunion keinesfalls hinzunehmen bereit war.

„Friedliche Koexistenz“

Während bisher das marxistisch-leninistische Dogma gegolten hatte, im Zeitalter des Kapitalismus seien Kriege unvermeidbar und würden schließlich zum endgültigen Sieg des Kommunismus führen (wenn es auch schon nach Lenin Perioden der Koexistenz von Staaten mit unterschiedlicher Gesellschaftsordnung geben könne), entwickelte Chruschtschow das Prinzip der „friedlichen Koexistenz“ fort.
Der Weg zum Kommunismus sei auch ohne Weltkrieg und gewaltsame Weltrevolution denkbar. „Nationale Befreiungskriege“ und internationaler Klassenkampf seien nach wie vor unvermeidlich. Friedliche Koexistenz schaffe die Voraussetzungen für einen wirtschaftlichen Wettbewerb zwischen sozialistischen und kapitalistischen Ländern. Friedliche Koexistenz schließt jedoch nicht nur jeglichen ideologischen Kompromiß aus, sondern setzt einen verschärften Kampf gegen die bürgerliche Ideologie voraus.

Die Außenpolitik der Chruschtschow-Ära

Die tatsächliche Außenpolitik der Sowjetunion in der Ära nach Stalin läßt sich in **deutlich unterschiedene Phasen** einteilen:
- 1953–55 **Politik der Entspannung** und des Stillhaltens in der unsicheren Situation nach Stalins Tod: Staatsvertrag mit Österreich und Räumung der sowjetischen Besatzungszone 1955, nach Adenauers Besuch in Moskau diplomatische Beziehungen zur Bundesrepublik Deutschland und Freilassung der deutschen Kriegsgefangenen 1955.
- 1955–57 **Krise** im eigenen Machtbereich (Polen, Ungarn) erfordert alle Kräfte zur Überwindung.
- 1957–62 **Aggressive Phase**. Voraussetzung: Steigerung des Selbstbewußtseins der Sowjetführung durch den ersten Erdsatelliten („Sputnik“) 1957, die erste Mondrakete 1959 und den ersten bemannten Weltraumflug 1961.

Offensive Aktionen: 1958 Berlin-Krise durch Ultimatum („Freie Stadt West-Berlin“), Bau der Berliner Mauer 1961, Chruschtschow verläßt 1960 Pariser Gipfelkonferenz nach Abschuß eines amerikanischen Aufklärungsflugzeuges vom Typ U 2 bei Swerdlowsk (Gfm), 1962 Stationierung sowjetischer Raketen auf Kuba.
1963–1964: Übergang zur **Globalpolitik,** Versuch, weltpolitische Probleme durch Übereinkunft mit den USA zu lösen. Vertrag über die Einstellung nuklearer Tests 1963, Einrichtung des „heißen Drahtes“ (einer direkten Telefonverbindung zwischen Washington und Moskau für Krisenfälle).

Der Sturz Chruschtschows

Im Oktober 1964 wurde Chruschtschow seiner Ämter in Staat und Partei enthoben. An seine Stelle trat erneut eine „kollektive Führung“ mit Breschnew (Par-

teichef), Kossygin (Ministerpräsident) und Podgornij (Staatsoberhaupt).
Chruschtschows Sturz ist auf Fehler und Versagen auf mehreren Gebieten zurückzuführen. In erster Linie waren es Fehlschläge auf dem Gebiet der Außenpolitik (der Prestigeverlust in der Kubakrise, der totale Bruch mit China), aber auch im Bereich der Wirtschaftspolitik (Scheitern der Strategie des „Einholens und Überholens" der USA, Fehlschläge bei der Neulandgewinnung in Kasachstan etc.).

Innere Entwicklung der Ära Breschnew
Die neue Führung steuerte einen konservativ-bürokratischen Kurs, mit dem die Herrschaft der Partei wieder gefestigt wurde. Die meisten Reformen der Entstalinisierungsperiode wurden rückgängig gemacht, manche Methoden der stalinistischen Herrschaft wurden wieder angewandt (Staatssicherheitsdienst). Im kulturellen Sektor ist die Periode des „Tauwetters" durch eine neue Zensur ersetzt worden.

Der „Prager Frühling" 1968
In der Tschechoslowakei ging der Prozeß der Entstalinisierung nur zögernd voran. Eine erste, 1962 beginnende Liberalisierungswelle wurde 1965 durch die stalinistische Führungsgruppe unter Staats- und Parteichef Novotny noch einmal aufgehalten, doch setzen sich die Reformer Anfang 1968 durch. Novotny wurde abgesetzt und durch **Alexander Dubcek** als Parteichef und Ludvik Svoboda als Staatspräsident ersetzt. Sie leiteten ein Programm eines „Sozialismus mit menschlichem Antlitz" ein.
Presse-, Meinungs- und Versammlungsfreiheit wurden eingeführt, die Zensur abgeschafft. Die zentrale Wirtschaftslenkung wurde gelockert.
Der Sowjetunion erschienen diese Ideen als eine Bedrohung der ideologischen Grundlagen ihres Herrschaftssystems. Sie befürchtete offenbar, daß das Modell eines Reformkommunismus eine gefährliche Anziehungskraft auf die übrigen Länder des „sozialistischen Lagers" ausüben würde. Im Gegensatz zu den Ungarn dachte die tschechoslowakische Führung nicht daran, aus dem Warschauer Pakt auszutreten. Dennoch marschierten am 21. 8. 1968 Truppen des Warschauer Paktes in der Tschechoslowakei ein. Die Regierung untersagte bewaffnete Gegenwehr. Die Bevölkerung leistete passiven Widerstand, der nicht lange durchgehalten werden konnte. Die Reformen wurden schrittweise rückgängig gemacht. Sowjetische Truppen blieben auf unbefristete Zeit im Lande.

Die Breschnew-Doktrin
Die Intervention wurde nachträglich durch verschiedene sowjetische Erklärungen (Prawda-Artikel v. 26. 9. 1968, Erklärungen Breschnews am 6. 11. 1968 u. a.) gerechtfertigt, für die im Westen die Bezeichnung Breschnew-Doktrin üblich ist. Die Breschnew-Doktrin läuft darauf hinaus, daß sozialistische Staaten ein eingeschränktes Selbstbestimmungsrecht und eine beschränkte Souveränität haben. Wenn der Sozialismus in einem sozialistischen Land in Gefahr sei, müßten die anderen sozialistischen Länder eingreifen. Die Interessen des Weltsozialismus haben vor der Souveränität einzelner Länder Vorrang.

Internationale Konferenzen und militärische Stärke
Auch in der Ära Breschnew wurde die außenpolitische Grundlinie der späten Chruschtschow-Zeit gegenüber dem Westen beibehalten. Die Sowjetunion suchte die Anerkennung und Garantie ihrer hegemonialen Stellung in Osteuropa durch den Westen zu erhalten. Diesem Ziel diente die Politik der **Entspannung**, die ihren sichtbaren Niederschlag vor allem im Moskauer Vertrag mit der Bundesrepublik Deutschland von 1970, der die Anerkennung der Grenzen aller Staaten in Europa als unverletzlich enthält, und im Viermächteabkommen über Berlin 1971 (vgl. Seite 76) fanden.
Zwischen der Sowjetunion und den USA wurde im Mai 1972 ein Abkommen über die (zunächst quantitative) Beschränkung strategischer Atomwaffen (SALT I) abgeschlossen. Die Zahl der Fernraketen wurde eingefroren. Das Abkommen sagt nichts über die Perfektionierung der Waffensysteme. 1974 unterzeichneten Präsident Ford und Parteichef Breschnew eine Vereinbarung, nach der spätestens 1977 ein neues Abkommen (SALT II) unterzeichnet werden sollte, das bis Ende 1985 gelten sollte. Bis 1981 ist dieses Abkommen noch nicht zustande gekommen.
Unabhängig von der Begrenzung des atomaren Wettrüstens unternahm die Sowjetunion außerordentliche Anstrengungen, um auf allen übrigen Gebieten der **Rüstung** die USA quantitativ und qualitativ zu erreichen und zu überholen. So wurde innerhalb weniger Jahre eine Kriegsflotte geschaffen, die die einstige Kontinentalmacht Sowjetunion zur Seemacht werden ließ, die auf allen Weltmeeren präsent ist. Zugleich wurden riesige Panzerarmeen und Hunderte von nuklearen Mittelstreckenraketen produziert.
Gestützt auf ihre militärische Stärke, betreibt die Sowjetunion eine **Politik globaler Expansion**, wobei sie sich, vor allem in Afrika, kubanischer Expeditionskorps bedient.
Unter direktem sowjetischem Einfluß stehen seit Mitte der siebziger Jahre insbesondere Angola, Moçambique, Äthiopien in Afrika, Syrien und Südjemen in Asien. Hingegen lösten sich Ägypten und Somalia 1977 von der Sowjetunion.

48.0.4.2. Wirtschaft und Staat

Vom Agrarland zum Industriestaat

Vor der Oktoberrevolution war Rußland ein Agrarstaat. 75 % der Erwerbstätigen arbeiteten in der Landwirtschaft, nur 9 % in der Industrie, der Rest in Dienstleistungsgewerben und sonstigen Bereichen. Dennoch besaß Rußland 1913 die fünftgrößte Industrieproduktion der Welt. In ungeheuren Anstrengungen ist die Sowjetunion in der Industrieproduktion an die zweite Stelle in der Welt gerückt. 1977 waren nur noch 22 % der Erwerbstätigen in der Landwirtschaft (USA nur 5 %) beschäftigt. 38 % in der Industrie und 40 % in Dienstleistungs- und sonstigen Bereichen.

Das gegenwärtige Wirtschaftssystem entstand Ende der zwanziger, Anfang der dreißiger Jahre. Seine Prinzipien waren:

- Aufhebung des Privateigentums an Produktionsmitteln (Grund und Boden, Maschinen, Fabriken).
- Zentrale Lenkung der Wirtschaft (Produktion, Verteilung, Verbrauch).

Kollektivierung der Landwirtschaft

Zunächst wurde die Landwirtschaft kollektiviert. Die letzte bisher noch selbständige Bevölkerungsschicht wurde ihres Besitzes beraubt und zu abhängigen Landarbeitern gemacht. Die Kollektivierung war aber auch die Voraussetzung für die geplante Industrialisierung. Die nach der Landverteilung von 1917/18 entstandenen Bauernwirtschaften produzierten nicht genügend Überschüsse. Mechanisierte Großbetriebe sollten nun den Überschuß abwerfen, um die Investitionen für den Aufbau der Industrie zu finanzieren. In der Tat schufen die Kolchosniki wegen der bis in die fünfziger Jahre extrem niedrigen Ankaufspreise für Agrarprodukte den Mehrwert, aus dem die Industrialisierung bezahlt wurde.

Aufbau der Schwerindustrie

Der erste Fünfjahresplan (1928–1932) hatte das feierlich verkündete Ziel, „die Sowjetunion aus einem rückständigen Agrarland mit schwach entwickelter Industrie in ein hochentwickeltes Industrieland zu verwandeln“. Unter ungeheuren Anstrengungen und Opfern wuchs die Schwerindustrie in diesen fünf Jahren (allerdings von einem niedrigen Ausgangsniveau) um 285 %, die Verbrauchsgüterproduktion immerhin noch um 64 %. Zwischen 1929 und 1938 stieg die Kohlenförderung von 42 auf 233 Mill t, die Roheisenerzeugung von 4,3 auf 14,7 Mill t. Für die beiden ersten Fünfjahrespläne liegen die Wachstumsraten nach sowjetischen Angaben bei 19 bzw. 17 % jährlicher Zunahme, nach westlichen Schätzungen bei 16 bzw. ca. 10 %.

Reform der Landwirtschaft unter Chruschtschow

Nach Stalins Tod wurden zunächst die längst überfälligen Reformen der Landwirtschaft in Angriff genommen. Die Pflichtablieferungen der Kolchosen in Naturalien wurden durch ein System von Ankaufspreisen ersetzt, das die Einkommen der Landarbeiter denen der Industriearbeiter wenigstens annäherte. Chruschtschow förderte insbesondere die Ausdehnung der Anbauflächen in Gebieten jenseits des Ural („Neulandaktionen“). Dennoch ist die sowjetische Landwirtschaft nicht in der Lage, den Bedarf der Bevölkerung zu decken. Alljährlich muß die Sowjetunion riesige Mengen Getreide vor allem in den USA kaufen, in Jahren mit Mißernten bis zu 40 Mill. t.

Wandel des industriellen Sektors

Im industriellen Sektor genossen bis in die fünfziger Jahre die Grundstoff- und die Produktionsmittelindustrie absoluten Vorrang. In den sechziger und siebziger Jahren traten der Ausbau der chemischen Industrie, die Elektrifizierung und zunehmend auch die Konsumgüterproduktion in den Vordergrund.

Ziele des Parteiprogramms von 1961

Das Parteiprogramm der KPdSU von 1961 verkündete, die sowjetische Industrieproduktion werde in den nächsten zehn Jahren (also bis 1970) die Industrieproduktion der USA (von 1961) überflügeln und in 20 Jahren (bis 1980) weit hinter sich lassen. Konkrete Zahlen wurden für die Stromerzeugung genannt: 1970 900–1000 Mrd., 1980 2700–3000 Mrd. kWh. In der Landwirtschaft sollten die USA bis 1970 in der Pro-Kopf-Produktion der wichtigsten Agrarprodukte überholt werden, Produktion und Hektarertrag bei Getreide sollten auf das Doppelte anwachsen (vgl. S. 139 f.).

Tatsächlich betrug der Wert der Industrieproduktion der USA 1977 560 Mrd., der der Sowjetunion 445 Mrd. Dollar, das Bruttosozialprodukt betrug 1890 Mrd. Dollar in den USA und 780 Mrd. Dollar in der Sowjetunion. Die Stromerzeugung der Sowjetunion lag 1970 bei 745 Mrd. kWh, 1978 bei 1202 Mrd. kWh (USA 2204). Der Hektarertrag bei Getreide schwankt, er lag in der Sowjetunion im Durchschnitt der Jahre 1961–65 bei 10,2 dz, 1977 bei 15, 1978 bei 18,5, 1979 bei 15 dz.

Das Herrschaftssystem der Sowjetunion

Nachdem unter Stalin auch die Partei unter der Kontrolle der Geheimpolizei stand, war der Sieg des Parteisekretärs Chruschtschow über seine Rivalen Berija (Geheimpolizei), Malenkow und Bulganin (Ministerpräsidenten) ein Zeichen dafür, daß die führende Rolle der Partei wiederhergestellt werden sollte. Das Machtmonopol der Partei ist nun auch in der neuen Verfassung von 1977 verankert.

Die **KPdSU** ist eine Massenpartei mit 16 Mill. Mitgliedern, die nach den Prinzipien der **Kaderpartei** geführt wird (planmäßige Auswahl, Ausbildung und Verwendung der mit Leistungsaufgaben betrauten hauptamtlichen Funktionäre = Kader auf allen Ebenen). Ihr Organisationsprinzip ist der **demokratische Zentralismus:** Alle Organe von der untersten Ebene bis hin zur Spitze werden gewählt, doch werden die Kandidaten von der jeweils höheren Ebene vorgeschlagen; Beschlüsse der übergeordneten Organe sind für die unteren Organe und die Mitglieder unbedingt verbindlich.

Formell ist das höchste Organ der **Parteitag** der KPdSU, der jedoch nur Akklamationsfunktion hat. Auch das **Zentralkomitee der KPdSU**, das formell die obersten Entscheidungsgremien wählt, ist praktisch bedeutungslos. Tatsächlich liegt die Führung der KPdSU beim **Politbüro** (das die Grundsatzentscheidungen trifft) und beim **Sekretariat des ZK** (das für die Durchführung der Parteibeschlüsse sorgt und die wichtigsten Personalentscheidungen trifft). Beide ergänzen sich durch Kooptation.

Die Entscheidungen der Partei bzw. ihrer Spitzengremien sind auch für den **Staatsapparat** verbindlich, dem die Durchführung obliegt. Die Willensübertragung und die Kontrolle geschehen dadurch, daß zwischen den wichtigsten Partei- und Staatsämtern Personalunion besteht (Breschnew z. B. ist als Generalsekretär der KPdSU Parteichef und zugleich als Vorsitzender des Präsidiums des Obersten Sowjets Staatsoberhaupt), daß die Besetzung aller wichtigen Staatsämter der Zustimmung des zuständigen Parteikomitees bedarf, daß die Parteigruppen in allen Behörden, Organen etc. die Kontrolle ausüben und daß die Parteikomitees den entsprechenden Staatsorganen Empfehlungen oder Weisungen erteilen.

Der **Oberste Sowjet** ist das höchste Staatsorgan mit einem Präsidium an der Spitze. Der Oberste Sowjet hat formal die gesetzgebende Gewalt. Tatsächlich vollzieht sich die Gesetzgebung nicht nur in Gestalt von Gesetzen, sondern in Dekreten des Präsidiums, die dem Obersten Sowjet nachträglich zur Bestätigung vorgelegt werden.

Eine Gewaltenteilung wird abgelehnt, weil sie nur Ausdruck einer – in der Sowjetunion spätestens seit 1936 überwundenen – Klassenteilung sei.

Grundrechte in der Sowjetunion

In der Sowjetunion gibt es keine naturrechtlichen, aus der Autonomie des Individuums abgeleiteten Grundrechte. Sie werden vielmehr dem Bürger vom Staat gewährt. Die Rechte des Sowjetbürgers finden ihre Grenzen in den gesellschaftlichen Interessen: „Die Wahrnehmungen der Rechte und Freiheiten durch die Bürger darf den Interessen der Gesellschaft und des Staates sowie den Rechten anderer Bürger keinen Schaden zufügen“ (Art. 39, Abs. 2 Verf. d. UdSSR).

So sind in der Verfassung politische Freiheitsrechte wie Rede-, Presse-, Vereinigungs-, Versammlungs- und Demonstrationsfreiheit genannt, doch müssen sie den Interessen der Werktätigen, der Festigung der sozialistischen Ordnung und dem Aufbau des Kommunismus dienen (Art. 50–51). Eine Kritik am bestehenden System wird durch diese Rechte nicht gedeckt.

Den Grundrechten entsprechen **Grundpflichten**. Die Verfassung enthält daher herkömmlicherweise einen besonderen Pflichtenkatalog, der in der Verfassung von 1977 erheblich erweitert worden ist (Art. 59–69). Das Recht auf Arbeit beispielsweise ist im Art. 40 festgelegt, die korrespondierende Pflicht zur Arbeit in Art. 60. In Art. 40 ist das Recht auf garantierte Beschäftigung bereits durch die Klausel „unter Berücksichtigung der gesellschaftlichen Erfordernisse“ eingeschränkt, da der Staat natürlich nicht jedermann die gewünschte Beschäftigung garantieren kann, auch wenn die im Art. 40 aufgezählten persönlichen Voraussetzungen gegeben sind. In Art. 60 wird die Arbeitspflicht festgelegt und die Weigerung, „gesellschaftlich nützliche Arbeit“ zu leisten, in Acht und Bann getan. Das läuft auf die Pflicht hinaus, die Arbeit anzunehmen, die der Staat zuteilt.

Opposition in der Sowjetunion

In der Stalinzeit waren die auch damals in der Verfassung verbrieften Grundrechte völlig bedeutungslos. Die 1956 einsetzende Lockerung, die Begrenzung der Macht der Staatssicherheitsorgane erweckten insbesondere in Kreisen der Intelligenz Hoffnungen auf eine durchgreifende Liberalisierung des Regimes. Sie zerschlugen sich, als Mitte der sechziger Jahre die neue Führungsequipe um Breschnew innenpolitisch die Zügel wieder schärfer anzog.

Etwa auf diese Zeit ist die Entstehung der **Bürgerrechts-** oder **Dissidentenbewegung** zu datieren. Schriftsteller, Künstler, Intellektuelle begannen gegen Rechtsverletzungen der Behörden zu protestieren, und zwar mit vollem Namen und mit Adresse. Zugleich begann ein ausgedehntes Untergrundschrifttum zu erscheinen (russ. **Samisdat** = Selbstverlag). Es wird vervielfältigt und von Hand zu Hand weitergegeben. Berühmt geworden ist das Nachrichtenorgan der Bürgerrechtsbewegung „Chronik der laufenden Ereignisse“. Die bedeutendsten Werke der zeitgenössischen russischen Literatur (Pasternak, Solschenizyn) sind in der Sowjetunion ausschließlich durch Samisdat verbreitet worden.

Neben der Bürgerrechtsbewegung gibt es oppositionelle Bewegungen unter den **nichtrussischen Nationalitäten**, die sich durch die Russifizierung bedroht fühlen, und unter **gläubigen Christen**. Nationale und religiöse Motive fallen teilweise zusammen, wie bei (evangelischen) Letten und Esten, den (katholischen)

Litauern und auch bei den Juden, die in erster Linie um das Recht auf Auswanderung kämpfen.
Die Sowjetführung setzt ein weitgefächertes **Instrumentarium der Repression** gegen die Oppositionellen ein: politische **Schauprozesse** mit langjährigen Zwangsarbeitsstrafen (1974 gab es 10 000 politische Häftlinge), Einweisung in **psychiatrische Kliniken**, schließlich Erlaubnis zur Emigration oder auch **Ausbürgerung**.
Vor allem durch Emigration und Ausbürgerung prominenter Mitglieder (spektakulärster Fall die Deportation **Solschenizyns** Anfang 1974) ist die Bürgerrechtsbewegung in den letzten Jahren geschwächt worden. Die Verhärtung des politischen Klimas zwischen Ost und West hat zu einer Verstärkung der Repression geführt, wie sich etwa in der Deportation des unbestrittenen Sprechers der Bürgerrechtsbewegung, des Atomphysikers und Nobelpreisträgers Andrej **Sacharow**, nach Gorkij kurz nach dem sowjetischen Einmarsch in Afghanistan zeigte. Das Interesse der Sowjetunion an dem Fortgang der KSZE-Verhandlungen hat sicherlich dazu beigetragen, daß die allergröbsten Verstöße gegen die Menschenrechte unterblieben sind. Auch die schärfste Unterdrückung wird die Stimmen der Streiter für die Menschenrechte auf Dauer nicht zum Verstummen bringen können.

48.1. Die Außenpolitik

48.1.1 Wissensziele

Die Sowjetunion hat in der Folge des Zweiten Weltkrieges ihr Staatsgebiet erheblich erweitert und durch Bildung von Satellitenstaaten ihre Herrschaft auf Ostmitteleuropa und den Balkan ausgedehnt. Durch Chruschtschow wurde der Stalinismus als ein Terrorregime entlarvt, unter dem Millionen Menschen Deportation oder Tod erleiden mußten. Im Zuge der Entstalinisierung kam es zu Unruhen in Polen, zum Aufstand in Ungarn, der blutig niedergeschlagen wurde, und zum „Prager Frühling“ in der CSSR. Auch unter Parteichef Breschnew liefen Bemühungen um Koexistenz und Entspannung parallel mit Aufrüstung und Verschärfung von Konflikten in Asien und Afrika.

48.1.2. UE-Ziele

(1) Die Ausdehnung der sowjetischen Machtsphäre
(2) Die Entstehung der Konfrontation zwischen der Sowjetunion und den USA und ihre Gründe
(3) Gründe und Verlauf der Entstalinisierung
(4) Rolle und Bedeutung des Entstalinisierungsprozesses für die Entwicklung im Ostblock
(5) Motive der Sowjetunion und der USA für die Einleitung der Entspannungspolitik
(6) Die Niederwerfung des „Prager Frühlings“ und die Breschnew-Doktrin

48.1.3. Einstieg

- **Film** FT 149 (vgl. 48.0.3.)
- Sammlung von Zeitungsberichten über die gegenwärtige Weltkrise

48.1.4. Schwerpunkte

Der erste Teil dieser Unterrichtsreihe hat die Außenpolitik der Sowjetunion, ihre historischen Voraussetzungen, ihre Entwicklung nach 1945 und ihre gegenwärtigen Prinzipien zum Gegenstand.
Einige Grundzüge dieser Politik sind bereits in der Unterrichtsreihe „Die deutsche Frage“ erarbeitet. Die Schüler sollen ihre Erkenntnisse und Einsichten reaktivieren. Darüber hinaus bestehen Verbindungen zu den Unterrichtsreihen „Die Einigung Europas“, „Die Volksrepublik China“, „Die USA nach dem Zweiten Weltkrieg“ und „Die Vereinten Nationen“.
Wir schlagen vor, von der gegenwärtigen Weltsituation auszugehen. Sie ist den Schülern in groben Umrissen geläufig, zumindest kennen sie den äußeren Ablauf der Ereignisse, die mit dem sowjetischen Einmarsch in Afghanistan begannen. Neben dem Vorteil der Aktualität gibt es Gelegenheit, sowohl die Widersprüchlichkeiten in den internationalen Beziehungen aufzuweisen als auch den Verlauf der Diskussion in der Öffentlichkeit zu verfolgen.
Die Schüler sollen in die Lage versetzt werden, sich eigener Vormeinungen bewußt zu werden, sie zu reflektieren und eine eigene begründete, differenzierende Position gewinnen.
Die Schüler werden aufgefordert, über einen längeren Zeitraum Zeitungs- und Illustriertenberichte, Karikaturen, Leserbriefe, Texte von Interviews zu sammeln. Wie der Unterricht konkret verläuft, hängt von der Art und der Qualität des eingebrachten Materials ab. An dieser Stelle kann nur beispielhaft aufgezeigt werden, wie dieses Material aufgearbeitet werden kann.
In einigen Zeitungen und Zeitschriften erschienen und erscheinen Karikaturen, in denen die Sowjetunion (z. B. durch das Symbol des gefräßig-gefährlichen russischen Bären) als eine Macht dargestellt wird, die eine harte, unerbittliche Expansionspolitik verfolgt und schon seit Jahrhunderten verfolgt hat. Eine Sammlung von Karikaturen dieser Art brachte DER SPIEGEL.

▶ **Material:** DER SPIEGEL Nr. 14/1980, S. 174 f.

Die Schüler werden bei der Besprechung derartiger Karikaturen sicherlich die Überzeichnung feststellen, gleichwohl bleibt festzuhalten, daß die in diesen Karikaturen ausgedrückten Aussagen durchaus im Bewußtsein der Bevölkerung vorhanden sind. In Verbindung mit Zeitungsberichten über aktuelle Ereignisse können folgende Feststellungen getroffen werden:

- Es gibt zwei Blocksysteme unter der Führung der Supermächte USA und UdSSR.
- Afghanistan als „blockfreies" Land ist von sowjetischen Truppen besetzt.
- Die Supermächte führen keinen Krieg gegeneinander, weil die atomaren Rüstungspotentiale ein „Gleichgewicht des Schreckens" garantieren.
- Um den atomaren Rüstungswettlauf zu reduzieren, gibt es Bemühungen um Rüstungsbegrenzung.

Diese oder ähnliche Feststellungen lassen sich aus Zeitungsberichten erschließen und tragen dazu bei, daß die Schüler versuchen, sich differenzierend mit der Problematik der Friedenssicherung zu befassen. Einen unverzichtbaren Beitrag dazu leistet die historische Analyse des Zeitraums vom Zweiten Weltkrieg bis zur Gegenwart. Die Aufgabe des Unterrichts besteht darin, Grundmuster und Konzeptionen in der Politik der beiden Supermächte klarzulegen, ihre Beziehungen und Abhängigkeiten zu untersuchen und kritisch zu bewerten.

48.1.4.1. Die Bildung zweier Blöcke

Die von Ruffmann geäußerte Auffassung über den unter dem Motto der „Entspannung" stehenden Kurs „friedlicher Koexistenz" soll zu folgenden Fragen veranlassen:

1. Verfolgte die Sowjetunion seit dem Zweiten Weltkrieg eine auf Sicherung und Stabilisierung ihres Herrschaftsbereiches gerichtete Politik, ohne jenseits dieser Interessensphäre aktiv werden zu wollen?
2. Inwieweit ist die Politik beider Supermächte als Reflex auf die Politik der jeweils anderen zu sehen, da die Ideologie beider einen universalistischen Anspruch erhebt?

Der Film FT 149 vermittelt einen Überblick über die Ausdehnung der sowjetischen Machtsphäre bis zum Tode Stalins und der beginnenden Entstalinisierung. Er soll mit Hilfe folgender Arbeitsaufgaben analysiert werden:

Arbeitsaufgaben	denkbare Formulierungen
1. Welches sind die Gründe dafür, daß es der Sowjetunion gelang, ihre Machtsphäre am Ende des Krieges auf Ostmitteleuropa auszudehnen?	– Im Dezember 1942 begann die Wende des Krieges zugunsten der Sowjetunion: Mit Hilfe des amerikanischen Kriegsmaterials wurden die deutschen Truppen bis zur Elbe zurückgedrängt. – Auf den Kriegskonferenzen in Teheran und Jalta wurden die Weichen für die „Aufteilung der Welt" gestellt: Der Sowjetunion wurde der überwiegende Einfluß auf Südost- und Ostmitteleuropa zugestanden.
2. Was bedeutet Stalins Aussage „Der Krieg ist nicht wie in der Vergangenheit. Wer immer ein Gebiet besetzt, legt ihm auch sein gesellschaftliches System auf"?	– Frühere Kriege wurden geführt, um Land zu erobern oder die Vorherrschaft zu erringen. Die Bevölkerung blieb davon unberührt. Die Gesellschaftssysteme der Kriegsgegner unterschieden sich nicht voneinander. – Heute kämpfen nicht primär Staaten, sondern Ideologien gegeneinander. Der Sieger zwingt seine Ideologie dem Unterlegenen auf.
3. Wie ist es zu erklären, daß sich das Verhältnis der Alliierten unmittelbar nach Kriegsende wandelte?	Im Krieg herrschte so lange Kooperation, bis die militärischen Ziele erreicht waren. Meinungsverschiedenheiten wurden nur scheinbar beseitigt. Sie kamen nach Kriegsende zum Tragen.

In diesem Zusammenhang ist es angebracht, anknüpfend an die Unterrichtsreihen 43, 44 und 47 die Auswirkungen des Kalten Krieges zu wiederholen. Dabei sollten folgende Aspekte herausgehoben werden:

- Als sich 1946/47 eine zunehmende Sowjetisierung Europas abzeichnete, versuchten die USA, dieses Vordringen „einzudämmen" (Truman-Doktrin, Marshallplan).
- Die Sowjetunion zwang Osteuropa das sowjetisch-kommunistische Regierungs- und Gesellschaftssystem auf.

In Verbindung mit der Analyse des Films kann folgendes Tafelbild entwickelt werden:

T Das Entstehen zweier Machtblöcke

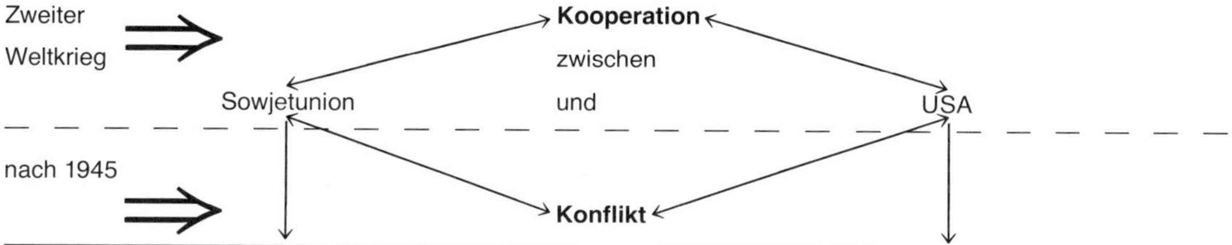

Gründe
- Erweiterung der sowjetischen Machtsphäre nach Osteuropa
- Auferlegung des kommunistischen Systems in diesen Staaten
- Aufbau eines Sicherheitsgürtels
- Bildung des „sozialistischen Lagers"
- Warschauer Pakt – Ostblock

Gründe
- militärische und wirtschaftliche Vormachtstellung bewirkt Anspruch der USA, führende Weltnation zu werden
- Abwehr des Expansionsdranges der Sowjetunion
- Truman-Doktrin
- Marshallplan
- NATO, westliches Verteidigungsbündnis

Einen besonderen Schwerpunkt nimmt im Film die Darstellung der Methoden ein, die die Sowjetunion in den von ihr okkupierten Staaten zur Einführung des kommunistischen Gesellschaftssystems anwendete. Am Beispiel der Tschechoslowakei wird demonstriert, mit welchen Mitteln die Installierung des Systems erfolgte. An einem Schauprozeß wird gezeigt, daß die Sowjetunion ein Herrschafts- und Gesellschaftssystem installierte, das durch Terror und Zwangsherrschaft gekennzeichnet war. Das System des Stalinismus wird ebenso geschildert wie der wirtschaftliche Wiederaufbau und die Rüstungsanstrengungen der Sowjetunion. Eine andere Sichtweise dieser Entwicklung kann durch die Lektüre von DDR-Geschichtsbüchern gewonnen werden.

▶ **Quelle:** DDR-Geschichtsbuch für die Klasse 10. VEB Volk und Wissen, Berlin (Ost) und Gfm.

Sichtweise im Film FT 149	Sichtweise im DDR-Geschichtsbuch
Die deutsche Niederlage im Zweiten Weltkrieg war auf die materielle Überlegenheit der Alliierten zurückzuführen, wobei der USA die wichtigste Rolle zukam.	Die Niederlage des deutschen Imperialismus ist auf die Überlegenheit des ersten sozialistischen Staates, der Sowjetunion, zurückzuführen.
Die Sowjetunion hatte auf ihrem Vormarsch die Länder Ost- und Südosteuropas okkupiert und zwang diesen Staaten, z. T. mit brutalen Mitteln, das kommunistische Herrschafts- und Gesellschaftssystem auf.	In diesen Ländern verbündeten sich die antifaschistischen Kräfte. Die Arbeiterklasse und die marxistisch-leninistischen Parteien schufen eine neue antikapitalistische Ordnung.

Sichtweise im Film FT 149	Sichtweise im DDR-Geschichtsbuch
Die Sowjetunion nahm die Länder in Besitz und machte die jeweiligen Staaten wirtschaftlich, militärisch und politisch von sich abhängig. Sie wurden Satellitenstaaten.	Die Anwesenheit sowjetischer Truppen in den „befreiten Ländern" schützten diese vor „konterrevolutionärer imperialistischer Einmischung".

Diese Beispiele belegen die unterschiedliche Sichtweise historischer Entwicklung. Die Schüler werden aufgefordert, die verschiedenen Interpretationen zu beurteilen. Sie erkennen, daß beide Sichtweisen einer bestimmten politischen Grundposition verpflichtet sind, einer sowjetischen und einer westlichen.

48.1.4.2. Die Entstalinisierung

Im oben erwähnten Film werden die Kennzeichen des Stalinismus deutlich. In Verbindung mit der Geheimrede Chruschtschows können folgende Arbeitsaufgaben bearbeitet werden:

▶ **Quelle:** Chruschtschow-Rede: Ostprobleme, Jg. 8/1956, Verlag für Wissenschaft und Politik Köln (Gfm).

Arbeitsaufgaben	Denkbare Formulierungen
1. Was kennzeichnet nach den Aussagen des Films den Stalinismus?	– Zwangskollektivierung der Landwirtschaft – Industrialisierung in Fünfjahresplänen – Instrumente zur Verwirklichung: Propaganda und Terror

Arbeitsaufgaben	Denkbare Formulierungen
	– totale Kontrolle des Parteiapparates über das öffentliche und politische Leben – Geheimpolizei als Terrorinstrument
2. Welche Charaktereigenschaften Stalins beschreibt Chruschtschow?	– Stalin war unduldsam, er ließ nur seine Meinung gelten. – Er war argwöhnisch und mißtrauisch. – Er überschätzte sich maßlos, er nahm Tatsachen nicht zur Kenntnis und hielt sich für ein Genie.
3. Mit welchen selbst erlebten Einzelheiten belegt Chruschtschow sein Urteil?	– Stalin habe Gesprächspartnern vorgeworfen, ihre Augen flakkerten oder sie vermieden es, ihm in die Augen zu sehen. – Einladungen Stalins endeten oft genug damit, daß der Eingeladene sich im Gefängnis wiederfand. – Wenn Stalin seine Meinung kundtat, mußte jeder sie wiederholen.
4. Welche politischen Fehler wirft Chruschtschow Stalin vor?	– Leute mit eigener Meinung wurden aus dem Führungskollektiv gestoßen und liquidiert; so 70 % der Mitglieder und Kandidaten des Zentralkomitees der KPdSU 1937 bis 1938. – Ganze Völkerschaften wurden deportiert.
5. Welche Beispiele gibt Chruschtschow für den Personenkult Stalins?	– Viele große Betriebe und Städte wurden nach Stalin benannt. – Überall wurden Stalindenkmäler errichtet. – 1951 wurde ein riesiges Stalindenkmal mit immensen Kosten in Stalingrad errichtet, obwohl die Menschen dort noch in Hütten lebten.
6. Welche Motive mögen Chruschtschow zu seinem Urteil über Stalin veranlaßt haben?	– Die Abkehr vom Stalinismus sollte der neuen Führung Sympathien verschaffen. – Das unmenschliche Terrorregime mit seinen Millionen von Zwangsarbeitern ließ sich nicht auf unbegrenzte Zeit aufrechterhalten. Es stand auch der Modernisierung der Sowjetunion im Wege.
7. Welche Gemeinsamkeiten lassen sich zwischen Stalin und Hitler feststellen?	– Beide waren dominierende Persönlichkeiten, denen es gelang, zu ihren Lebzeiten die von ihnen beherrschten Völker in den Bann zu schlagen und zu beherrschen.

Arbeitsaufgaben	Denkbare Formulierungen
	– Beide kamen an der Spitze mächtiger politischer Kräfte an die Macht, Hitler in einem verfassungsmäßig quasi-legalen Akt, Stalin als Nachfolger Lenins in einer bereits seit Jahren siegreichen revolutionären Bewegung. – Beide hielten sich an der Macht, indem sie alle Widersacher ausschalteten. – Beide wurden zu ihren Lebzeiten von ihren eigenen Völkern verherrlicht, von der Nachwelt aber verdammt.
8. Warum ist der Text der Chruschtschow-Rede offiziell nie veröffentlicht worden?	Die schonungslose Anklage des bisher unangefochtenen Diktators war ein so unerhörter Vorgang, daß die sowjetische Führung unabsehbare Folgen befürchtete. Eine Veröffentlichung hätte eine öffentliche Diskussion ausgelöst und die Frage der Verantwortung aufgeworfen, womöglich die Forderung nach Bestrafung der Schuldigen laut werden lassen. Damit wäre der Parteiapparat, der an dem Verbrechen mitgewirkt hatte, und letztlich das System in Frage gestellt worden.
9. Was kritisiert Tito an der Sowjetunion?	Tito behauptet, daß die Sowjetunion die Prinzipien des Sozialismus verraten habe. Im einzelnen stellt er fest: – Die Sowjetunion ist ein imperialistischer Staat geworden. – In der Sowjetunion haben nicht alle Völker gleiche Rechte, vielmehr üben die Russen die Vorherrschaft über die anderen Völker aus. – In der Sowjetunion gibt es keine klassenlose Gesellschaft. Eine bürokratische Oberschicht ist die herrschende Klasse. – In der Sowjetunion gibt es keine sozialistische Demokratie. Überall herrscht die zentralistische Bürokratie. – In der Sowjetunion trägt die Ideologie nur noch den Namen Marxismus-Leninismus. Tatsächlich herrscht eine dogmatische Lehre, die die Wirklichkeit verschleiert.

Arbeitsaufgaben	Denkbare Formulierungen
10. Was unterscheidet die Kritik Chruschtschows und die Titos?	Chruschtschow schiebt die Schuld an allen Fehlentwicklungen und Verbrechen Stalin zu. Tito macht dafür das ganze System der Sowjetunion verantwortlich.

48.1.4.3. Die Auswirkungen der Entstalinisierung

Der Film FT 151 (vgl. 48.0.3.) zeigt einige Auswirkungen der Entstalinisierung. Im Mittelpunkt soll zunächst der ungarische Aufstand von 1956 stehen.

Arbeitsaufgaben	Denkbare Formulierungen
1. Worin bestehen nach den Aussagen im Film die Hauptursachen der Erhebungen in Ungarn und Polen 1956?	Unzufriedenheit der Bevölkerung mit der wirtschaftlichen Lage, dem Zwangssystem und der sowjetischen Besatzungsmacht.
2. Welchen Einfluß übte der Wechsel in der sowjetischen Politik nach Stalins Tod 1953 auf Polen und Ungarn aus?	– Auch in Polen wurden Reformen gefordert (Rehabilitierungen, Aufhebung der Zwangskollektivierungen): Forderung nach einem freiheitlicheren Modell des Sozialismus; – In Ungarn wurden diese Reformwünsche aufgenommen. Darüber hinaus werden ein Mehrparteiensystem, die Unabhängigkeit und die Neutralität Ungarns gefordert.
3. Warum verhielten sich die Sowjets gegenüber Ungarn anders als gegenüber Polen?	In Polen erfolgten weitgehende Zugeständnisse an die Bevölkerung. Die Sowjetunion tolerierte das. In Ungarn hätte die Erfüllung der Forderungen ein Ausscheren aus dem Ostblock bedeutet. Darum griffen die Sowjets militärisch ein.
4. Warum hat der Westen, an der Spitze die USA, in Ungarn nicht eingegriffen?	Ein Eingreifen hätte einen Weltkonflikt auslösen können. Die USA und die UdSSR respektierten ihre jeweiligen Einflußzonen.

48.1.4.4. Friedliche Koexistenz

▶ **Material:** Karikatur H. Brockmann „Das Veto der Bombe“ in der Zeitschrift „Simplizissimus“ 1955 (Gfm)

Die Karikatur sollte zur Problematisierung eingesetzt werden. Folgende Aufgaben sollen ihrer Analyse dienen:

Arbeitsaufgaben	denkbare Formulierungen
1. Was ist auf der Karikatur zu sehen?	An einem langgestreckten Tisch sitzen sich zwei Verhandlungsdelegationen gegenüber. Auf der rechten Seite sind sowjetische Politiker, auf der linken Seite westliche Unterhändler zu erkennen. Im Hintergrund stehen Militärs der damaligen Atommächte, erkennbar an den Uniformen und Rangabzeichen (1955). Im Mittelpunkt steht eine überdimensionale Bombe, die sich mit den Worten „Es wird hier dauernd vom Frieden gesprochen – meine Herren, der Friede bin ich!“ in die Gespräche einschaltet.
2. Was verdeutlicht die Karikatur? Wie ist die internationale Politik durch das atomare Gleichgewicht verändert worden?	– Die am Tisch sitzenden Verhandlungspartner haben die Atombombe übersehen oder ihr Vorhandensein ignoriert. – Die Macht der Bombe wird zum Ausdruck gebracht durch ihre Größe auf dem Bild und den Ausspruch: „Der Friede bin ich!“ – Die Militärs in ihren ordensgeschmückten Uniformen im Hintergrund wirken wie Statisten. – Fazit: Der Weltfrieden wird letztlich durch das Vorhandensein der Atombomben garantiert. Keine Seite kann es wagen, der anderen ihren Willen aufzuzwingen, es sei denn um den Preis der eigenen Vernichtung.

Die Aussagen der Karikatur sollen nun durch den Einsatz von Quellen und Texten ergänzt und relativiert werden.

Die Schüler wissen, was unter dem Kalten Krieg zu verstehen und durch welche Elemente er gekennzeichnet ist. Zur Wiederholung könnte folgende Übersicht erstellt werden:

T **Die Entwicklung des „Kalten Krieges"**

Entstehung:

Sowjetunion besetzt fast ganz Osteuropa

↓

Expansionspolitik oder Sicherheitsgürtel?

⇒

Bildung des „sozialistischen Lagers" unter Führung der Sowjetunion

(sozialistische Gesellschaftsordnung, marxistische Ideologie)

System des Stalinismus

↕

USA setzen dem Vordringen der UdSSR einen Riegel vor („Eindämmung")

Truman-Doktrin → Marshall-Plan →

↓

Entstalinisierung („Tauwetter", friedliche Koexistenz „Vermeidbarkeit der Kriege")

Krisen:

Aufstand in der SBZ (1953)
Aufstand in Polen (1956)
Aufstand in Ungarn (1956)

↑

mit militärischer Gewalt niedergeschlagen

weitere Krisen:

Korea-Krise (1950)
Kuba-Krise (1962)
Berlin-Krisen (1958-1961)

↑

bis an den Rand der militärischen Konfrontation

↑

Rüstungs- und waffentechnische Entwicklung:

- atomarer Wettlauf
- Entwicklung von Interkontinentalraketen
- Entwicklung von Erdsatelliten
- Rüstungswettlauf

Was hat die USA und die UdSSR veranlaßt, den Kalten Krieg zu beenden und eine Periode der „Entspannung" einzuleiten? Dazu sollen Reden Chruschtschows und Kennedys analysiert und miteinander verglichen werden.

a) Chruschtschow vor dem Obersten Sowjet am 12. 12. 1962:

. . . Es ist natürlich richtig, daß sich die Natur des Imperialismus nicht verändert hat, und dennoch ist der Imperialismmus heute schon nicht mehr das, was er früher war, als er ungeteilt über die Welt herrschte. Wenn er heute ein „Papier"-Tiger ist, so wissen diejenigen, die so sprechen, daß dieser „Papier"-Tiger Atomzähne hat. Er ist in der Lage, diese Zähne zu gebrauchen, und man darf sich ihm gegenüber nicht leichtsinnig verhalten. Es ist in den Beziehungen zu den imperialistischen Ländern möglich, gegenseitige Kompromisse einzugehen, andererseits aber muß man über alle Mittel verfügen, um die Aggressoren zu zerschmettern, wenn sie einen Krieg entfesseln sollten . . . Was wäre gewesen, wenn wir während der Ereignisse um Kuba nicht die notwendige Zurückhaltung bekundet, sondern auf die Einflüsterungen der „ultra-reaktionären" Schreihälse gehört hätten? Wir hätten den Weg eines neuen Weltkrieges, eines thermonuklearen Weltkrieges, beschritten. Natürlich hätte unser großes Land standgehalten, aber Dutzende und aber Dutzende von Millionen Menschen wären umgekommen! . . .

▶ **Quelle:** Der Kalte Krieg. Hrsg. von H. Bodensieck. Klett, Stuttgart 1978, S. 48.

b) Kennedy vor der American University in Washington am 10. 6. 1963:

. . . Welche Art von Frieden meine ich? Nach welcher Art von Frieden streben wir? Nicht nach einer Pax Americana, die der Welt durch amerikanische Kriegswaffen aufgezwungen wird. Nicht nach dem Frieden des Grabes oder der Sicherheit des Sklaven. Ich spreche hier von dem echten Frieden — jenem Frieden, der das Leben auf Erden lebenswert macht, jenem Frieden, der Menschen und Nationen befähigt, zu wachsen und zu hoffen und ein besseres Leben für ihre Kinder aufzubauen, nicht nur ein Friede für Amerikaner, sondern ein Friede für alle Menschen. Nicht nur Frieden in unserer Generation, sondern Frieden für alle Zeiten.

Ich spreche vom Frieden, weil der Krieg ein neues Gesicht bekommen hat. Ein totaler Krieg ist sinnlos in einem Zeitalter, in dem Großmächte umfassende und verhältnismäßig unverwundbare Atomstreitkräfte unterhalten können und sich weigern, zu kapitulieren, ohne vorher auf diese Streitkräfte zurückgegriffen zu haben. Er ist sinnlos in einem Zeitalter, in dem eine einzige Atomwaffe fast das Zehnfache an Sprengkraft aller Bomben aufweist, die von den gesamten alliierten Luftstreitkräften während des Zweiten Weltkrieges abgeworfen wurden. Und er ist sinnlos in einem Zeitalter, in dem die bei einem Atomkrieg freigesetzten tödlichen Giftstoffe von Wind und Wasser, Boden und Saaten bis in die entferntesten Winkel des Erdballs getragen und sich selbst auf die noch ungeborenen Generationen auswirken würden. Es ist heute, wenn der Friede gewahrt werden soll, unerläßlich, jedes Jahr Milliarden von Dollar für Waffen auszuwerfen, die lediglich zu dem Zweck geschaffen werden, sicherzustellen, daß wir sie niemals einzusetzen brauchen. Aber zweifellos ist die Anlage solcher unnützen Arsenale, die nur der Vernichtung und niemals dem Aufbau dienen können, nicht der einzige, geschweige denn der wirksamste Weg zur Gewährleistung des Friedens . . .

Lassen Sie uns zweitens unsere Haltung gegenüber der Sowjetunion überprüfen. Der Gedanke ist entmutigend, daß die sowjetischen Führer wirklich glauben könnten, was ihre Propagandisten unablässig schreiben. Es ist entmutigend, eine kürzlich erschienene autoritative sowjetische Veröffentlichung über militärische Strategie zu lesen und Seite um Seite völlig grundlose und unglaubliche Behauptungen zu finden – wie die Behauptung, „amerikanische imperialistische Kreise bereiten sich darauf vor, verschiedene Arten von Kriegen auszulösen . . ., daß die sehr reale Gefahr eines Präventivkrieges besteht, der von amerikanischen Imperialisten gegen die Sowjetunion gestartet wird . . ., daß die politischen Ziele der amerikanischen Imperialisten in der wirtschaftlichen und politischen Versklavung der europäischen und anderen kapitalistischen Länder . . . und in der Erreichung der Weltherrschaft . . . durch aggressive Kriege bestehen" . . .

Lassen Sie uns drittens unsere Einstellung zum Kalten Krieg überprüfen. Wir wollen uns daran erinnern, daß wir nicht in eine Debatte verwickelt sind, bei der es darum geht, Pluspunkte zu sammeln. Wir sind nicht hier, um Lob und Tadel zu verteilen oder mit den Fingern auf andere zu weisen. Wir müssen uns mit der Welt befassen, wie sie ist, und nicht, wie sie hätte sein können, wäre die Geschichte der letzten achtzehn Jahre anders verlaufen.

Wir müssen daher auf der Suche nach Frieden ausdauernd bleiben, in der Hoffnung, daß konstruktive Veränderungen innerhalb des kommunistischen Blocks Lösungen in Reichweite bringen könnten, die heute noch unerreichbar scheinen. Wir müssen unsere Politik so betreiben, daß es schließlich das eigene Interesse der Kommunisten wird, einem echten Frieden zuzustimmen. Vor allem müssen die Atommächte, bei gleichzeitiger Wahrung ihrer eigenen Lebensinteressen, solche Konfrontation vermeiden, die einem Gegner nur die Wahl zwischen einem demütigenden Rückzug oder einem Atomkrieg lassen. Wenn man im Atomzeitalter den letzteren Kurs einschlagen wollte, dann wäre dies nur der Beweis für den Bankrott unserer Politik – oder den kollektiven Todeswunsch für die Welt . . .

▶ **Quelle:** Der neue Kurs. Hrsg. K. Schoenthal. dtv-Dokumente Nr. 264, München 1964. S. 143 ff.

a) Arbeitsaufgaben	denkbare Formulierungen
1. Wie ist nach Chruschtschow der „imperialistische Westen" einzuschätzen?	Die Natur des Imperialismus sei unverändert. Er herrsche jedoch nicht mehr allein über die Welt. Ein Gegengewicht bilde das sozialistische Lager.
2. Wie begründet Chruschtschow den Wechsel zur Politik der „friedlichen Koexistenz?"	Eine Politik der totalen Konfrontation sei sinnlos. Die „imperialistischen Staaten" verfügten über Atombomben, die sie auch einzusetzen in der Lage seien. Man könne sich daher ihnen gegenüber nicht „leichtsinnig" verhalten. Das sozialistische und das „imperialistische" Lager müßten Kompromisse miteinander schließen.
3. Welche Rolle spielte die Kubakrise für Chruschtschow?	Während der Kubakrise habe die Gefahr eines mit Wasserstoffbomben geführten Weltkrieges bestanden. Die Sowjetunion habe Zurückhaltung üben müssen, um den Krieg zu verhindern.

b) Arbeitsaufgaben	denkbare Formulierungen
1. Welche Art von Frieden strebt Kennedy an?	Kennedy erstrebt eine Friedensordnung, die nicht durch den Sieg der einen oder der anderen Seite erzwungen ist, sondern in der alle Menschen und Nationen ein eigenes Lebensrecht haben.
2. Weshalb ist nach Kennedy der Friede unerläßlich?	Krieg könne nicht mehr Mittel der Politik sein. Er sei sinnlos, seit die Supermächte über ein Arsenal von Waffen gewaltiger Vernichtungskraft verfügen.
3. Wie kann der Friede nach Kennedy gesichert werden?	– Solange zwischen den Blöken Mißtrauen und Konfrontation herrsche, müßten Waffen produziert werden, die niemals eingesetzt werden dürfen. – Die Atommächte müßten eine Politik der Konfrontation vermeiden, die dem Gegner nur die Wahl zwischen Demütigung oder Atomkrieg läßt (Kubakrise!). – Auf lange Sicht müßten ein Abbau der Konfrontation und ein Ausgleich angestrebt werden, die einen echten Frieden möglich machen.

48.1.4.5. Von Chruschtschow zu Breschnew – Der „Prager Frühling" 1968

Die Entwicklung nach 1962 war dadurch gekennzeichnet, daß die beiden Supermächte ungeachtet des ideologischen Systemkonflikts ein gemeinsames Interesse an einer Begrenzung der immer kostspieligeren Rüstung hatten.
Im „sozialistischen Lager" wurde jedes Aufbegehren gegen den Führungsanspruch der Sowjetunion niedergeschlagen.
Wie hat sich der Vormachtanspruch der Sowjetunion im Zeitalter der „Entspannung" bemerkbar gemacht? Am Beispiel des „Prager Frühlings" sollen die Schüler nachvollziehen, was in der Tschechoslowakei auf dem Weg zu einem „humanen Sozialismus" geschah und aus welchen Gründen die Sowjetunion eingriff. Der Film FT 151 gibt einen Überblick über die Ereignisse. Es empfiehlt sich, lediglich die Schlußsequenzen dieses Films einzusetzen. In Verbindung mit dtv II 277 können folgende Arbeitsaufgaben bearbeitet werden:

Arbeitsaufgaben	denkbare Formulierungen
1. Welche Aussagen werden im Film über die Ursachen des „Prager Frühlings" gemacht?	– Zunehmend wirtschaftliche Schwierigkeiten – Forderungen nach mehr staatlicher Selbständigkeit – Forderung nach Demokratisierung
2. Faßt stichpunktartig die wichtigsten Ereignisse zusammen!	Ablösung der Regierung Novotny; Dubcek wird erster Parteisekretär; KP schlägt Reformkurs ein; Manöver der Warschauer-Pakt-Staaten in der CSSR; Warschauer Treffen: Warnung an die Verantwortlichen in der CSSR; militärischer Einmarsch von fünf Warschauer-Pakt-Staaten; Verhandlungen, die zur „Normalisierung" führen sollen; Abbau der Reformen des „Prager Frühlings".
3. Wie unterscheiden sich die Ideen Dubceks und die Vorstellungen des Programms der KPC von der Praxis in der Sowjetunion?	– Die führende Rolle der Partei ist aufgegeben worden. – Der Staatsapparat steht nicht mehr unter Kontrolle der Partei. – Die „Massenorganisationen" (Gewerkschaften, Jugendverbände etc.) haben nicht mehr die Aufgabe, als „Transmissionsriemen" zwischen Partei und Bevölkerung zu wirken, und brauchen nicht mehr den Weisungen der Partei zu folgen. – Das System der zentralen Planung und Lenkung der Wirtschaft ist aufgegeben.

Arbeitsaufgaben	denkbare Formulierungen
	– Das gesamte gesellschaftliche und politische System soll demokratisiert werden. Die gesellschaftlichen Kräfte sollen eigene Initiativen entfalten können. Es soll Meinungsfreiheit herrschen.

Warum der „Prager Frühling“ eine Gefahr für die Sowjets war, bekundet der „Warschauer Brief“ vom 15. 7. 1968 an das ZK der KPCSSR.

▶ **Quelle:** H. Bodensieck, Urteilsbildung zum Zeitgeschehen. Der Fall CSSR 1968/69. Klett, Stuttgart 1970, S. 62 ff.

Arbeitsaufgaben	denkbare Formulierungen
1. Aus welchen Gründen sind die Teilnehmer der Warschauer Konferenz nach ihren Bekundungen über die Entwicklung der CSSR beunruhigt?	– Sie befürchten die Abspaltung der CSSR aus dem „sozialistischen Lager“. – Sie befürchten, daß die CSSR dem „Imperialismus“ in die Arme getrieben wird.
2. Wo sind nach der Meinung der Verfasser die Grenzen des Rechts eines jeden Mitglieds des sozialistischen Lagers, seine inneren Angelegenheiten selbständig zu regeln?	Sobald die Gefahr der Loslösung aus dem sozialistischen Lager besteht, ist dieses Recht eingeschränkt. Aufgrund der exponierten geographischen Lage der CSSR drohe die Gefahr, daß eine Bresche in das sozialistische Lager geschlagen wird. Dadurch würde das Kräfteverhältnis in Europa zugunsten des westlichen „Imperialismus“ verändert werden.

T Warum griff die Sowjetunion militärisch in der CSSR ein?

Reformprogramm der KPC:	– Stärkere Kontrolle der Macht der Partei – politische Rechte und Freiheiten – Ersetzung der Planwirtschaft durch effizientere Methoden
Befürchtungen der UdSSR:	– Gefährdung der marxistisch-leninistischen Ideologie – Gefahr der Loslösung vom „sozialistischen Lager“
Maßnahmen der UdSSR:	– militärische Intervention; Reformer entmachtet; Ansätze eines humanen Sozialismus unterbunden; Zensur wieder eingeführt.
Rechtfertigung:	– Breschnew-Doktrin: Der Sozialismus muß überall da verteidigt werden, wo er in seinen Grundfesten bedroht wird, auch ohne Zustimmung der nationalen kommunistischen Parteien.

Es steht zu erwarten, daß die Breschnew-Doktrin engagiert diskutiert wird. Sie besagt im Grunde, daß die Souveränität einzelner kommunistischer Staaten den Interessen der Sowjetunion nachgeordnet werden muß. Dabei wird argumentiert, daß jedes sozialistische Land nur dank der Stärke des sozialistischen Lagers und vor allem dank der Stärke der bewaffneten Kräfte der Sowjetunion in der Lage ist, seine nationale Unabhängigkeit zu bewahren. Aus sowjetischer Sicht hätte eine Weiterentwicklung des Reformkurses in der CSSR unabsehbare Folgen für den Bestand des sozialistischen Lagers gehabt.

48.1.4.6. Internationale Konferenzen und militärische Stärke

Was haben die Regierungen der beiden Supermächte getan, damit der Weltfriede gesichert werden konnte? Um diese Frage zu beantworten, ist es erforderlich, einen Überblick über die bislang abgeschlossenen Rüstungsabkommen zu geben.

▶ **Material:** dtv II 273 und 305

August 1963:	Atomteststoppabkommen: Verbot von A-Versuchen im Weltraum, in der Atmosphäre und unter Wasser (Frankreich und China treten nicht bei)
1. 7. 1968:	Nichtweiterverbreitung von Kernwaffen (Kernwaffensperrvertrag)
1969:	Beginn von Verhandlungen zur Begrenzung der strategischen Rüstung zwischen Vertretern der UdSSR und den USA (SALT)
1973:	Beginn der Gespräche über Verminderung von Rüstung und Truppen in Mitteleuropa (MBFR).

Arbeitsaufgaben	denkbare Formulierungen
1. Welche Aufgabe haben die bisher geschlossenen Abkommen erfüllt?	Die Menge der strategischen Waffen wird begrenzt, wobei die Einschränkungen angesichts des vorhandenen Vernichtungspotentials unerheblich sind.
2. Wie sind die getroffenen Maßnahmen hinsichtlich der Abrüstung zu beurteilen?	Weiterentwicklungen der bestehenden Waffensysteme sind möglich, so daß eine Begrenzung des Wettrüstens oder gar eine Abrüstung nicht erreicht werden kann. Eine wesentliche Schwierigkeit besteht in der Bewertung des Potentials.

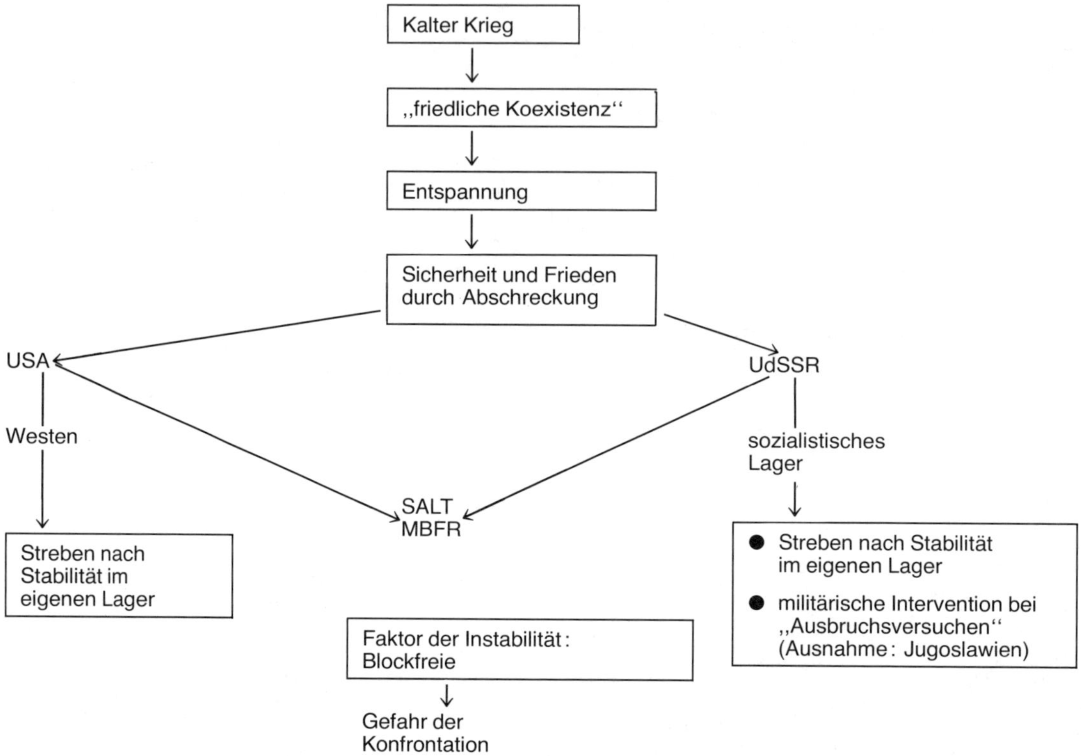

48.2. Wirtschaft und Staat

48.2.1. Wissensziele

Die Sowjetunion hat sich von einem Agrarstaat zu einem Industriestaat gewandelt. Die Produktionsmittelerzeugung und die Schwerindustrie haben immer noch Vorrang. Die Entwicklung der Wirtschaft wurde durch eine unbewegliche, überholte und von der Ideologie her gelenkte Wirtschaftsgesinnung gehemmt. Die Zusammenarbeit der Ostblockländer im COMECON hat die Produktivität der beteiligten Wirtschaften erhöht. Auch in der Innenpolitik hat die Partei die Führungsrolle inne. Verfassungstext und Verfassungswirklichkeit stimmen nicht überein. Das kulturelle und private Leben leidet unter dem Neostalinismus. Bürgerrechtler werden verfolgt.

48.2.2. UE-Ziele

(1) Unterschiede zwischen dem westlichen und dem östlichen Wirtschaftssystem
(2) Erfolge und Mißerfolge des sowjetischen Wirtschaftssystems
(3) Das sowjetische Herrschaftssystem und die führende Rolle der KPdSU
(4) Der Widerspruch von Verfassung und Verfassungswirklichkeit in der Sowjetunion
(5) Oppositionelle Strömungen in der Sowjetunion

48.2.3. Einstieg

- **Film:** FT 150 „Weltmacht Sowjetunion“
- **Zeitungsbericht:** Forderungen der Streikenden in Danzig – Ankündigungen aus Parteiprogrammen

48.2.4. Schwerpunkte

Die Schüler sollen in dieser Unterrichtseinheit die Wirtschafts- und Gesellschaftsordnung der Sowjetunion in ihren Grundzügen kennenlernen. Die Beziehungen zwischen der innen- und außenpolitischen Entwicklung stehen dabei im Vordergrund. Dazu erscheint der Film FT 150 geeignet, mit dem sich folgende Arbeitsaufgaben bearbeiten lassen:

Arbeitsaufgaben	denkbare Formulierungen
1. In welchen Bereichen gab es nach dem Zweiten Weltkrieg in der Sowjetunion Fortschritte?	– wirtschaftlicher Aufschwung – Weltraumtechnik – Waffentechnik – atomare Technologie
2. Prüft nach, inwieweit ein Zusammenhang zwischen den Schwierigkeiten und Problemen und dem „neuen Kurs“ nach Stalins Tod bestand.	Die Beschlüsse des XX. Parteitages führten zu den Aufständen in Ungarn und Polen. Danach gab es die Krisen um Berlin und Kuba. Das Wettrüsten begann und verursachte hohe Kosten. Die Absicht, die USA wirtschaftlich zu überholen, erwies sich als illusorisch.
3. In welchen Bereichen machten sich die Schwierigkeiten besonders bemerkbar?	– vor allem in der Landwirtschaft und in der Konsumgüterindustrie – Umgang mit den Kritikern des Regimes (Schriftsteller, Intellektuelle)

Der Film verdeutlicht, daß die außen- und die innenpolitischen Entwicklungen in enger Verbindung miteinander stehen. Er läßt erkennen, daß sich der Titel „Weltmacht Sowjetunion“ einesteils auf den wirtschaftlichen Fortschritt, andererseits auf die militärische Führungsstellung bezieht. Gleichwohl wird sichtbar, daß es viele Schwierigkeiten und Probleme gibt, deren Ursachen es zu erkennen gilt.

▶ **Material:** Informationen 182, S. 32 ff. (Gfm)

Parteiprogramm der KPdSU

... Die Hauptaufgabe der Schwerindustrie besteht darin, restlos den Bedarf der Landesverteidigung zu decken, die Entwicklung der Konsumgüter erzeugenden Volkswirtschaftszweige zu gewährleisten, damit die Bedürfnisse des Volkes, die Lebensansprüche des Sowjetmenschen, besser und vollständig befriedigt werden, und die Entwicklung der Produktivkräfte des Landes zu sichern.

Davon ausgehend plant die KPdSU, das Volumen der Industrieproduktion wie folgt zu steigern:

in den nächsten zehn Jahren auf etwa das Zweieinhalbfache, wodurch der Stand der Industrieproduktion der USA überflügelt wird;

binnen 20 Jahren mindestens auf das Sechsfache, was bedeutet, daß es das gegenwärtige Gesamtvolumen der Industrieproduktion in den USA weit hinter sich zurückläßt.

Dazu muß die „Arbeitsproduktivität“ in der Industrie innerhalb von zehn Jahren auf mehr als das Doppelte und innerhalb von 20 Jahren auf das Vier- bis Viereinhalbfache erhöht werden. In 20 Jahren wird die Arbeitsproduktivität in der sowjetischen Industrie etwa doppelt so hoch sein wie gegenwärtig in den USA; nach der Stundenleistung gerechnet, wird sie infolge der Verkürzung des Arbeitstages in der UdSSR noch wesentlich höher sein ...

Die jährliche Stromerzeugung soll bis Ende des ersten Jahrzehnts etwa 900 bis 1000 Milliarden und bis Ende des zweiten Jahrzehnts 2700 bis 3000 Milliarden Kilowattstunden erreichen ...

Um den Bedarf der gesamten Bevölkerung und der Volkswirtschaft an Agrarprodukten voll zu decken, kommt es darauf an, die „Gesamtproduktion der Landwirtschaft“ innerhalb von zehn Jahren etwa auf das Zweieinhalbfache und innerhalb von 20 Jahren auf das Dreieinhalbfache zu bringen. Die landwirtschaftliche Produktion muß schneller wachsen als die immer größere Nachfrage nach ihren Erzeugnissen. Die Sowjetunion wird im ersten Jahrzehnt die Vereinigten Staaten von Amerika in bezug auf die Pro-Kopf-Produktion der wichtigsten landwirtschaftlichen Erzeugnisse überholen.

Das wichtigste Kettenglied für die weitere Entwicklung der gesamten Landwirtschaft, die Grundlage für den schnellen Aufschwung der Viehwirtschaft ist die beschleunigte Steigerung der Produktion von Getreide. Die Bruttoproduktion der Getreidekulturen wird innerhalb der zwei Jahrzehnte auf mehr als das Doppelte, der Hektarertrag auf das Doppelte anwachsen. Die Produktion von Weizen, Mais und anderen Getreidearten sowie von Hülsenfrüchten wird beträchtlich gesteigert ...

▶ **Quelle:** Das Parteiprogramm der KPdSU 1903–1961. Hrsg. Boris Meissner. Verlag Wissenschaft und Politik, Köln 1962, S. 190 ff.

Arbeitsaufgaben	denkbare Formulierungen
1. Worin unterschied sich die wirtschaftliche Entwicklung der Sowjetunion von der wirtschaftlichen Entwicklung in den westlichen Industrienationen?	– rasche Entwicklung vom Agrarstaat zum Industriestaat – Organisation der Wirtschaft in Großbetriebsform (Industrie und Landwirtschaft) – Kollektives Eigentum

Arbeitsaufgaben	denkbare Formulierungen
2. Welche Prioritäten wurden in der Wirtschaft gesetzt?	– Schwerindustrie genießt Vorrang vor der Konsumgüterindustrie. – Verlagerung der Schwerindustrie in den Osten.
3. Welche wirtschaftlichen Ziele wurden im Parteiprogramm von 1961 angestrebt?	– Innerhalb von zehn Jahren soll die Industrieproduktion der USA übertroffen werden. – Dazu muß die Arbeitsproduktivität enorm gesteigert werden. – erhebliche Steigerung der Stromerzeugung – Innerhalb von 10 Jahren soll die Pro-Kopf-Produktion der USA bei den wichtigsten landwirtschaftlichen Erzeugnissen überholt werden.

Die Wirtschaft der UdSSR hat in den letzten beiden Jahrzehnten enorme Fortschritte zu verzeichnen, wenngleich das angestrebte Überholen der USA nicht gelungen ist. Die Tabelle in Gfm verdeutlicht überdies, daß der Arbeiter in der Bundesrepublik nach dem Stand von 1974 für die meisten Waren weitaus weniger arbeiten muß als sein Kollege in der Sowjetunion. Die Schüler sollen sich nicht nur mit der Leistungsfähigkeit der sowjetischen Wirtschaft befassen, sondern auch mit ihrer Organisationsform.
Wir empfehlen dazu den Einsatz der Filme „Auf dem Kolchos Pobeda" oder „Eine Kolchose in Usbekistan" (vgl. 48.0.3.). In Verbindung mit einem Text über die Entwicklung Rußlands vom Agrar- zum Industriestaat (Gfm) sollen die Schüler die Organisationsformen beschreiben können:

Kolchos	Sowchos
– Staat ist Eigentümer von Grund und Boden. – Der Staat bezahlt von ihm festgelegte Preise, stellt Planforderungen, ordnet an, was angebaut werden soll.	– Sowchos ist ein Staatsbetrieb wie die Fabriken. – Der Staat hat die Sowchosen stark modernisiert, da sie dem Sowjetsystem als endgültige Organisationsform in der Landwirtschaft vorschweben.

Ein wichtiges Indiz für den Erfolg der Wirtschaft sind die realen Lebensverhältnisse der Bevölkerung. Dazu findet sich Material in „Informationen" 182, S. 30, wo der sowjetische Alltag beschrieben wird.

Arbeitsaufgaben	denkbare Formulierungen
1. Worin erblickt der Verfasser den Erfolg und den Mißerfolg der sowjetischen Wirtschaft?	– Erfolg: Im Verhältnis zu früher ist die Armut verschwunden, aber die westlichen Produktionsziffern sind noch nicht annähernd erreicht. – Mißerfolg: Hochgeschraubte Erwartungen der Bevölkerung wurden nicht erfüllt. – Der Lebensstandard in der UdSSR ist mit dem Lebensstandard in den westlichen Ländern nicht vergleichbar. – Die Qualität der Konsumgüter läßt in der UdSSR zu wünschen übrig.
2. Vergleicht das Budget einer sowjetischen Familie mit dem Budget einer Familie in der Bundesrepublik Deutschland!	Für die Miete braucht man in der UdSSR weniger zu zahlen. Man gibt mehr Geld für Essen aus. Kleidung und andere Gebrauchsgüter sind erheblich teurer als bei uns.
3. Was läßt sich über die gesellschaftlichen Verhältnisse in der UdSSR aussagen?	Es gibt eine privilegierte Klasse mit folgenden Vorrechten: eigene Geschäfte, Ferienheime und Krankenhäuser, Auslandsreisen, Studienplätze. Büßt ein Privilegierter allerdings seine Position ein, dann verliert er auch die Sonderrechte. Da selbst die Zugehörigkeit zur Elite nicht für immer soziale und wirtschaftliche Sicherheit gewährleistet, hält man sich mit Kritik zurück. Die Sowjetunion ist noch weit vom Ideal der „klassenlosen Gesellschaft" entfernt.
4. Warum sind in der sowjetischen Wirtschaft sogenannte „Organisierer" (tolkatschi) notwendig?	Sie haben die Funktion, die Waren dorthin zu bringen, wo sie gerade gebraucht werden, eine Aufgabe, die die starre Planwirtschaft sowjetischer Prägung oft genug nicht erfüllen kann.
5. Vergleicht die Stellung der Frau in der Sowjetunion mit der Stellung der Frau in der Bundesrepublik Deutschland.	– Das Einkaufen gestaltet sich in der Sowjetunion wesentlich schwieriger als bei uns. – Die sowjetische Frau hat noch mehr als die Frau in der Bundesrepublik unter der Doppelbelastung Beruf und Hausfrau zu leiden.

Die Schüler sollten jetzt folgende Übersicht erarbeiten können:

T Die wirtschaftliche Entwicklung in der Sowjetunion

		Ziel:
Rußland vor 1917:	Agrarstaat	⟶ Industriestaat
UdSSR von 1917–1941:	Agrarstaat	⟶ rasche Industrialisierung
Großbetriebsform:	Kolchosen Sowchosen	Industriekombinate
Eigentumsverhältnisse:	kollektives Eigentum an Grund und Boden, Bodenschätzen und Produktionsmitteln	
Priorität:	Verbrauchsgüterindustrie vernachlässigt	Schwerindustrie stark gefördert
Folgen:	Versorgungsschwierigkeiten, Hungersnöte	
nach 1953:	Erträge der Landwirtschaft stark gesteigert, Verbrauchsgüterindustrie gefördert	Weiterentwicklung der Schwerindustrie

48.2.4.1. Herrschafts- und Regierungssystem

Arbeitsaufgaben	denkbare Formulierungen
1. Vergleicht die Rolle der Kommunistischen Partei der Sowjetunion mit der Rolle der Parteien in der Bundesrepublik Deutschland. (Art. 6 Sowjetverfassung, Art. 21 GG).	– In der Sowjetunion gibt es nur eine Partei; in der Bundesrepublik Deutschland mehrere miteinander konkurrierende Parteien. – Die KPdSU ist laut Verfassung die *alleinige* führende Kraft in der Sowjetunion. Die Parteien in der Bundesrepublik Deutschland *wirken* laut Grundgesetz bei der politischen Willensbildung des Volkes *mit*.
2. Welche Unterschiede gibt es zwischen den Wahlen in der Sowjetunion und den Wahlen in der Bundesrepublik Deutschland?	– In der Sowjetunion werden laut Verfassung (Art. 100) die Kandidaten von den Parteiorganisationen der KPdSU, aber auch von gesellschaftlichen Organisationen (Gewerkschaften, Komsomol, Genossenschaften etc.) oder auch von Belegschaften oder Truppenteilen aufgestellt. – Im Grundgesetz ist die Kandidatenaufstellung nicht geregelt, ins einzelne gehende Bestimmungen enthält das Bundeswahlgesetz. – In der Sowjetunion hat der Wähler bei Wahlen zum Obersten Sowjet und zu den anderen Sowjets (Räten) auf allen Ebenen nur die Möglichkeit, für den einen aufgestellten Kandidaten zu stimmen. Alle Kandidaten werden von der KPdSU oder von den unter ihrer Führung stehenden gesellschaftlichen Organisationen aufgestellt. – In der Bundesrepublik Deutschland hat der Bürger die Wahl zwischen Kandidaten mehrerer Parteien, die unterschiedliche Programme und Auffassungen haben.
3. Vergleicht den Obersten Sowjet mit dem Deutschen Bundestag und dem Bundesrat.	– Der Oberste Sowjet ist nur formal gesetzgebendes Organ. Er tritt nur zweimal im Jahr zusammen. Die Gesetzgebung geschieht auch durch Dekrete des Präsidiums des Obersten Sowjets. – In der Bundesrepublik Deutschland werden Gesetze von den gesetzgebenden Körperschaften (Bundestag, Landtage) in drei Lesungen eingehend beraten und dann beschlossen. Der Bundesrat stimmt dem Gesetz zu oder kann Einspruch erheben.
4. Vergleicht die Art. 40 und 60 der Verfassung der Sowjetunion mit dem Art. 12 des GG und beschreibt daran das unterschiedliche Verständnis der Menschenrechte!	– Das Recht auf Arbeit wird im GG verstanden als das Recht zur freien Wahl des Berufes, des Arbeitsplatzes und der Arbeitsstätte. Es wird verstanden als Freiheitsrecht. Der einzelne besitzt keinen Rechtsanspruch auf die Zuweisung von Arbeit. – Die Verfassung der Sowjetunion erweitert das Recht auf Arbeit zum Sozialrecht. Dem Recht auf Arbeit entspricht auch eine Pflicht zur Arbeit. Es kann zum Arbeitszwang führen. Darüber hinaus bedeutet es Verzicht auf freie Wahl des Berufs und auch des Arbeitsplatzes.

Die Schüler werden wahrscheinlich die verbalen Übereinstimmungen zwischen der sowjetischen Verfassung und dem Grundgesetz registrieren. Die in Gfm zitierten Artikel suggerieren einen nach unserem Verständnis großen Freiheitsraum, der in offensichtlichem Widerspruch zur Praxis, wie sie uns bekannt ist, steht. Dazu gehört die Unterdrückung von oppositionellen Schriftstellern und Intellektuellen in der Sowjetunion.

▶ **Quellen:** Forderungen des Nobelpreisträgers Sacharow: Informationen 113/115, S. 41 und Gfm. Offener Brief eines ukrainischen Arbeiters an Breschnew: Informationen 113/115, S. 43 und Gfm.

Arbeitsaufgaben	denkbare Formulierungen
1. Worüber beklagt sich der ukrainische Arbeiter in dem Brief an Breschnew?	– Einschränkungen der Bürgerrechte – kein Recht zu streiken, zu demonstrieren, zu protestieren – Kritiker werden von Miliz und KGB verfolgt – elende Lebensverhältnisse
2. Welche Forderungen erhob der Atomphysiker und Nobelpreisträger Sacharow?	– Amnestie für alle politischen Gefangenen – Erleichterungen für alle Häftlinge – Abschaffung der Todesstrafe – Streikrecht – wirkungsvolle Garantie der Freiheitsrechte, vor allem die freie Wahl des Aufenthaltsortes und des Arbeitsplatzes – Freiheit der Ausreise – Beseitigung von Partei- und Behördenprivilegien
3. Warum untersagt die sowjetische Partei- und Staatsführung die Diskussion?	Die Kritik der Oppositionellen erschüttert die marxistisch-leninistische Ideologie in den Grundfesten.

Am Beispiel der Entwicklung in Polen können die Schüler die Kritik an einem kommunistischen System verfolgen:

Die Forderungen der Streikenden in Danzig

Das aus Vertretern von 21 Danziger Betrieben gebildete überbetriebliche Streikkomitee stellt nach Mitteilungen aus Oppositionskreisen 16 Forderungen. Ein großer Teil davon ist politisch, zum Beispiel das Postulat nach Abschaffung der Zensur und nach Freiheit der Gewerkschaften.

Die Forderungen lauten diesen Mitteilungen zufolge im einzelnen:

1. Wiederherstellung der Telefonverbindungen nach Danzig als Voraussetzung für die Aufnahme von Verhandlungen.
2. Garantie des Rechts auf Streik und Sicherheit für alle Streikenden.
3. Achtung der in der Verfassung garantierten Freiheit des Wortes, Aufhebung der Zensur und Nichtverfolgung der unabhängigen Schriften (Untergrundpresse).
4. Freilassung aller politischen Häftlinge (namentlich genannt werden drei).
5. Respektierung der von der Volksrepublik Polen ratifizierten Konvention Nummer 87 der internationalen Arbeitsorganisation über die Gewerkschaftsfreiheit.
6. Zugänglichmachung der Massenmedien für die Vertreter der Kirchen aller Bekenntnisse.
7. Aufhebung der Einmischung der staatlichen Organe in die Tätigkeit der Gewerkschaften.
8. Effektive Schritte, um das Land aus der Krisensituation zu führen durch

a) vollständige Information über die gesellschaftlich-wirtschaftliche Situation.

b) Ermöglichung der Teilnahme an den Diskussionen über das Reformprogramm für alle Kreise und Schichten. Bei dem augenblicklichen völligen Mangel an Vertrauen der Bevölkerung zur Führung ist ein Ausweg aus der Krise nicht möglich.

c) Einführung von Lebensmittelkarten für Fleisch.

9. Aufhebung der Privilegien des Sicherheitsdienstes, der Miliz und des Parteiapparates, Abschaffung der Läden für Privilegierte.
10. Abschaffung der kommerziellen Preise (für Fleisch).
11. Volle Versorgung des Marktes. Exporte nur und ausschließlich von Überschüssen.
12. Einführung von Fleischmarken bis zur vollen Beherrschung der Situation am Markt.
13. Lohnerhöhungen um 2000 Zloty für jeden Arbeiter als Ausgleich für die Erhöhung der Lebenshaltungskosten in den letzten Jahren.
14. Für die Zeit des Streiks Lohnfortzahlung wie für Urlaub.
15. Garantie automatischer Steigerung des Grundlohns entsprechend den Preissteigerungen und des Sinkens des Geldwertes.
16. Veröffentlichung autorisierter Berichte über die Streiks und über die Gründung des überbetrieblichen Streikkomitees in der Presse, in Rundfunk und Fernsehen. (dpa)

*

Radio Danzig veröffentlichte einen Aufruf, in dem darauf hingewiesen wird, daß in die Ereignisse „Außenstehende verwickelt“ seien, die für „ihre gegen die Interessen des Staates gerichteten Aktivitäten bekannt“ seien. Der Appell war von dem regionalen Parteivorsitzenden und dem Chef der Danziger Provinzverwaltung unterzeichnet. (ddp-Meldung vom 26. 8. 1980)

Arbeitsfrage:
Welches Bild über die Lage in Polen ergibt sich aus den Forderungen der Streikenden von Danzig? Gliedert nach politischen und wirtschaftlichen Mängeln.

politisch	wirtschaftlich
– Die Bevölkerung hat keinerlei Vertrauen in die Führung. – Es gibt politische Häftlinge. – Es gibt eine Zensur. – Es gibt keine freien Gewerkschaften. Die staatlichen Organe mischen sich in gewerkschaftliche Angelegenheiten ein. – Es gibt keine vollständige Information und Diskussion über die gesellschaftliche und wirtschaftliche Lage. – Angehörige der Partei, des Sicherheitsdienstes und der Miliz genießen Privilegien.	– Die Bevölkerung erhält nicht genügend Lebensmittel. Trotzdem werden Lebensmittel exportiert. – Besonderer Mangel herrscht bei Fleisch. – Preissteigerungen haben eine Erhöhung der Lebenshaltungskosten bewirkt. Die Löhne sind nicht entsprechend erhöht worden.

T Außen- und innenpolitische Probleme der Sowjetunion

Außenpolitisch:
- Wettkampf der Systeme (Ost-West-Gegensatz)
- Konflikt mit China

Innere Probleme:
- Neben Erfolgen auch Schwierigkeiten im wirtschaftlichen Bereich:
  - Mängel in der Organisation der Wirtschaft
  - Favorisierung der Schwerindustrie
  - geringe Steigerung des Lebensstandards der Bevölkerung. Vergleich mit dem Westen negativ.
- Schwierigkeiten, die mit dem Herrschafts- und Regierungssystem zusammenhängen:
  - dominierende Rolle der KPdSU in allen Bereichen
  - innersowjetische Opposition
  - Bemühungen von Ostblockstaaten, einen „eigenen Weg zum Sozialismus“ zu finden.

49. Die Volksrepublik China

49.0.1. Literaturangaben

Handbuch: Fischer FWG 19.

Spezialliteratur
Bao Ruo-wang, Gefangener bei Mao, Hrsg. Rudolph Chelminski. Scherz, München 1973.
Chinahandbuch. Gesellschaft, Politik, Staat, Wirtschaft. rororo TB 6213, Reinbek b. Hamburg 1977.
Franke, Wolfgang, Das Jahrhundert der Chinesischen Revolution. 1851–1949. Oldenbourg, München 1958.
Eberhard, Wolfram, Geschichte Chinas. Von den Anfängen bis zur Gegenwart. Kröner TB 413, Stuttgart 1971.
Grimm, Tilemann, Mao Tse-tung in Selbstzeugnissen und Bilddokumenten. Rowohlts Monographien 141, Reinbek b. Hamburg 1968.
Harrison, James P., Der lange Marsch zur Macht. Die Geschichte der Kommunistischen Partei Chinas von ihrer Gründung bis zum Tode von Mao Tse-tung. Belser, Stuttgart/Zürich 1978.
Hoffmann, Rainer, Der Kampf der Zwei Linien. Klett-Cotta, Stuttgart 1978.
Hoffmann, Rainer, Maos Rebellen. Kulturgeschichte der chinesischen Kulturrevolution. Hoffmann u. Campe, Hamburg 1977.
Kosta, Jiri und Meyer, Jan, Volksrepublik China. Ökonomisches System und wirtschaftliche Entwicklung. Europäische Verlagsanstalt, Frankfurt 1976.
Machetzki, Rüdiger, Perspektiven des wirtschaftlichen Wachstums der Volksrepublik China. Mitteilungen des Instituts für Asienkunde, Hamburg 1980.
Lorenz, Richard (Hrsg.), Umwälzung einer Gesellschaft. Zur Sozialgeschichte der chinesischen Revolution (1911–1949). Edition Suhrkamp 870, Frankfurt 1977.
Myrdal, Jan, Bericht aus einem chinesischen Dorf. dtv TB, München 1969.
Myrdal, Jan, Die Revolution geht weiter. Nymphenburger, München 1971.
Myrdal, Jan, China nach Mao Tse-tung und Dritter Bericht aus einem chinesischen Dorf. Oberbaum-Verlag, Berlin 1978.
Snow, Edgar, Roter Stern über China. Fischer TB 1514, Frankfurt 1974.
Staiger, Brunhild, China. Ed. Erdmann, Tübingen 1980.
Weggel, Oskar, Die Außenpolitik der Volksrepublik China. Kohlhammer, Stuttgart 1976.
Wiethoff, Bodo, Grundzüge der neueren chinesischen Geschichte. Wiss. Buchgesellschaft, Darmstadt 1977.
Willing, Franz Georg, Neueste Geschichte Chinas. 1840 bis zur Gegenwart. Schöningh, Paderborn 1975.

Zeitschriften
Sozialwissenschaftliche Informationen 3/1978: China.

Sachbuch
Bodard, Lucien, Der Konsul. Piper, München 1975 (Roman).
Fisher-Ruge, Lois, Alltag in Peking. Eine Frau aus dem Westen erlebt das heutige China. Econ, Düsseldorf 1981.
Fraser, John, Die Chinesen. Wie die Menschen nach Mao leben, denken, empfinden, handeln. Scherz, München 1981.
Kremp, Herbert, Die Bambusbrücke. Mein asiatisches Tagebuch. Ullstein, Frankfurt 1980.
Mehnert, Klaus, Kampf um Maos Erbe. Geschichten machen Geschichte. Ullstein TB 3501, Frankfurt 1978.
Mehnert, Klaus, Maos Erben machen's anders. Knaur TB 3633, München 1980.
Schreiber, Hermann, Die Chinesen. Econ, Düsseldorf 1980.

Jugendbuch
Wagner, René, Durch China. Eine Reportage. rororo rotfuchs 181, 1978 (China kurz vor Maos Tod).
Kuntze, Peter, Mao Tse-tung. Dressler, 1977.

49.0.2. UR-Ziele

(1) Die wichtigsten Phasen der chinesischen Geschichte seit dem 19. Jahrhundert.
(2) Die Zusammenhänge und Bedingungen von politischen, sozialen und ökonomischen Veränderungen am Beispiel der Geschichte Chinas.

49.0.3. Medien

Atlas: Westermann 136 Ostasien vom 19. Jahrhundert bis zum Zweiten Weltkrieg, 137 Die Großmächte im pazifischen Raum vom 19. Jahrhundert bis 1941, 156 Der Zweite Weltkrieg im Pazifik – dtv II 90 China um 1860, Das Eindringen fremder Mächte in China bis 1912, 98 Die koloniale Aufteilung der Welt 1914, 114 Die japanische Expansionspolitik seit 1875, 172 China 1918 bis 1941, 174 Die Expansion Japans bis 1941, 234 Der chinesische Bürgerkrieg 1945–1949, Die Volksrepublik China 1965, 278 Außenpolitik der Sowjetunion, 294 China und die „Ungerechten Verträge".
Fotos/Karten: Informationen 166 „Die Volksrepublik China".
Filme: Institut 322316 China I: Auf der Transsibirischen Bahn nach Peking (18 Min.), 322317 China II: Von Peking nach Shanghai (16 Min.), 322318 China III: Vom Jangtsekiang bis Kanton (14 Min.).

49.0.4. Vorbemerkungen

49.0.4.1. Der chinesische Sozialismus

Zentralismus und Regionalismus
Die Geschichte Chinas wird bestimmt durch den Wechsel von Perioden des Zentralismus, der unumschränkten Herrschaft einer Zentralregierung und solchen des Regionalismus, des Bürgerkrieges, der Herrschaft lokaler Machthaber bei gleichzeitigem Verfall der Zentralgewalt. Die Anfänge der Republik (1912–1949), die nach der Revolution von 1911 die Herrschaft der Mandschukaiser ablöste, waren gekennzeichnet durch einen extremen Regionalismus. In Peking existierte eine machtlose Zentralregierung, das riesige Reich zerfiel in die Herrschaftsgebiete regionaler Militärbefehlshaber („Warlords" genannt).

Sun Yat-sen, Tschiang Kai-schek und die Kuomintang
Die einzige zukunftsweisende politische Kraft war die aus der revolutionären Bewegung von 1912 hervorgegangene **Kuomintang** (KMT) Dr. **Sun Yat-sens**, die ihre Anhänger unter der Intelligenz und der städtischen Bevölkerung hatte. 1923 versicherte sich Sun Yat-sen der Hilfe der Sowjetunion und ging eine Einheitsfront mit der 1921 gegründeten Kommunistischen Partei ein. Die KMT wurde nach dem Muster der KPdSU als leninistische Kaderpartei organisiert, mit Hilfe sowjetischer Berater wurde eine Parteiarmee aufgebaut. 1926 gingen die revolutionären Truppen unter Führung des Generals **Tschiang Kai-schek** zur Offensive über und brachen den Widerstand der regionalen Militärbefehlshaber. Innerhalb von zwei Jahren brachten sie ganz China unter ihre Kontrolle, die von der KMT getragene Nationalregierung in Nanking wurde die einzige legitime Regierung des Landes.

Programm der drei „Grundlehren vom Volk"
Sun Yat-sen war 1925 gestorben. Sein Programm der drei „Grundlehren vom Volk" (Wiederherstellung der Souveränität Chinas, Schaffung einer Verfassung nach einem Stufenplan, Befriedigung der materiellen Bedürfnisse des Volkes, vor allem Agrarreform) galt nach seinem Tode formell weiter. Sein Nachfolger Tschiang Kai-schek brach 1927 mit den Kommunisten und setzte sich in Fraktionskämpfen auch gegen den linken Flügel der KMT durch. Damit hatte er sich eines Teils des sozialrevolutionären Vermächtnisses Sun Yat-sens entledigt.

Erfolge der Regierung
China hatte jedoch erstmals wieder eine stabile Regierung, die über den größten Teil des Reiches herrschte. Sie konnte bald bedeutende innen- und außenpolitische Erfolge erzielen: Die Zollhoheit wurde wiederhergestellt, die Revision der „Ungleichen Verträge" eingeleitet, eine zuverlässigere Verwaltung als je zuvor aufgebaut, die Binnenzölle beseitigt. Die Zahl der Schüler und Studenten stieg zwischen 1928 und 1937 von 8 auf 23 Millionen, die der Hochschulabsolventen von 25000 auf 75000. Nicht ernsthaft in Angriff genommen wurde jedoch die Agrarreform, das mit großem Abstand wichtigste Problem. Alle hoffnungsvollen Ansätze wurden durch den Ausbruch des Krieges mit Japan im Jahre 1937 zunichte gemacht.

Die Kommunisten
Nach der Zerschlagung der Kommunistischen Partei in den Städten durch die KMT gelang es Mao Tse-tung, in Südchina autonome Herrschaftsgebiete aufzubauen, die von einer Roten Armee geschützt wurden. Eine rigoros durchgeführte **Agrarrevolution**, bei der die Grundbesitzer enteignet und das Land an die Bauern verteilt wurde, brachte die ländliche Bevölkerung auf die Seite der Kommunisten. Die Truppen der Nationalregierung versuchten ohne Erfolg, die „Chinesische Sowjetrepublik" zu vernichten. Durch eine geschmeidige Partisanentaktik gelang es den Kommunisten immer wieder, den Regierungstruppen auszuweichen. 1934 wurde schließlich das zentrale Rätegebiet in Kiangsi immer enger eingeschnürt. 100000 Mann unter Führung Mao Tse-tungs brachen aus dem Kessel aus und kämpften sich in einem Marsch über viele tausend Kilometer nach Nordchina durch. Die überlebenden 20000 Mann bauten dort eine neue Basis auf. Dieser **„Lange Marsch"** wurde später zum Heldenmythos.

Der Krieg mit Japan
Vorbereitungen der Regierungstruppen zu einem Angriff auf die neue Basis wurden durch den Ausbruch des Krieges mit Japan unterbrochen. Zu Beginn des Krieges wurde eine neue **Einheitsfront von KMT und KP** gebildet, die aber de facto nur einen – gelegentlich nicht eingehaltenen – Waffenstillstand darstellte.
Die Kommunisten begannen, mit einer meisterhaften Partisanentaktik das japanisch besetzte Gebiet in Nordchina mit einem Netz von **„Befreiten Gebieten"** zu überziehen. Ende 1945 kontrollierten sie ein Gebiet mit 100 Millionen Einwohnern und verfügten über eine Million aktiver Soldaten und zwei Millionen Dorfmilizen. Dank der Aufteilung des Grundbesitzes unter den Bauern und einer im übrigen maßvollen, auf Klassenkampf verzichtenden Politik hatten sie in ihrem Bereich weitgehend das Vertrauen der Bevölkerung.

Kommunistischer Sieg im Bürgerkrieg

1947 brach der offene Bürgerkrieg zwischen den Streitkräften der Nationalregierung und den kommunistischen Truppen aus. Schlecht geführt und entlohnt erlitten die Regierungstruppen schwere Verluste. Ende Januar 1949 rückten die Kommunisten in Peking ein, und bis Ende 1949 hatten sie ganz China überrannt. Tschiang Kai-schek und mit ihm zwei Millionen Menschen flohen nach Taiwan.

Die Kommunisten hatten den Sieg ihrer überlegenen Strategie und Taktik zu verdanken, vor allem ihrem Programm der Bodenreform, mit dem sie die Bauernmassen auf ihre Seite brachten.

Die Lage der chinesischen Bauern

Die Bauern standen in der konfuzianischen Rangordnung nach den Literaten-Beamten an zweiter Stelle noch vor den Handwerkern und Kaufleuten. De facto waren sie jedoch in der Phase der Modernisierung Chinas im 20. Jahrhundert an die letzte Stelle der sozialen Leiter gerutscht. Ihre Lage in dem riesigen Reich war naturgemäß höchst unterschiedlich. Für einen Vergleich sind die von den Kommunisten eingeführten Klassifikationen von Nutzen.

Sie unterschieden zwischen

1. **reichen Bauern,** die mehr Land hatten, als sie allein mit ihren Familienmitgliedern bearbeiten konnten, und daher in der Erntezeit bezahlte Hilfskräfte beschäftigten;
2. **Mittelbauern,** die ihr Land allein bewirtschaften konnten, ohne andere „auszubeuten“ oder für andere arbeiten zu müssen;
3. **armen Bauern,** die zu wenig Land hatten und zum Teil nur mit Nebenarbeit überleben konnten.

Daneben gab es die Unterscheidung von **Bauern mit eigenem Land** und **Pächtern**. Erstere überwogen in Nordchina, letztere in Südchina. In sozialer Hinsicht waren die Unterschiede weniger bedeutsam, es ging Pächtern manchmal weit besser als landbesitzenden Bauern. Innerhalb eines Dorfes waren aber Kleinbauern in einer besseren Lage als **Halbpächter** (die neben dem unzureichenden eigenen Land noch zusätzliches Land pachten mußten), diese wiederum in einer besseren als **Vollpächter** (die nur gepachtetes Land bestellten) und diese endlich in einer besseren als **Landarbeiter** (die nicht in der Lage waren, Land zu pachten, und daher nur ihre Arbeitskraft verkaufen konnten).

Anfang der dreißiger Jahre bewirtschafteten 45 % aller Bauernfamilien eigenes Land, 24 % besaßen einen Teil des Landes und pachteten zusätzliches Land, 30 % waren Pächter.

Die Pächter mußten einen – regional sehr unterschiedlichen – Anteil der Ernte an die Grundbesitzer abliefern, meist um 45 % (in Geld, Naturalien oder Arbeit). Bauern mit eigenem Land mußten Grundsteuer bezahlen, deren Höhe theoretisch weit unter der Pacht lag, doch großen Schwankungen unterworfen war.

Kleine Bauern und Pächter waren großenteils ständig verschuldet und mußten an Kreditverleiher Wucherzinsen zahlen.

Generell hatte sich die Lage der Bauern nach dem Ende des Kaiserreiches in der folgenden Anarchie drastisch verschlechtert. Statt von den kaiserlichen Beamten waren sie nun von den oft grausamen und korrupten Gefolgsleuten und der Soldateska der Militärherren abhängig und ihnen praktisch schutzlos ausgeliefert.

Unter der Herrschaft der **Nationalregierung** nach 1927 hatte sich ihre Lage nur wenig verbessert. Zwar war die Willkürherrschaft beendet, doch trieb nun die Zentralregierung hohe Steuern ein, um die Modernisierung zu finanzieren, wenig später auch den Krieg gegen Japan. Ihr Reformprogramm beschränkte sich auf regionale Versuchsprojekte, nach 1945 setzte ein Landgesetz fest, daß die Pachtzinsen 8 % des Landwertes nicht übersteigen durften, 1949 wurde eine Landreform verkündet – zu spät.

Aufbau der Volksrepublik

Nach dem Modell der „Befreiten Gebiete“ wurde nun im ganzen Land eine **Bodenreform** durchgeführt. Alle Grundbesitzer (30 000 Familien) und reichen Bauern (300 000 Familien) mit insgesamt 43 % des anbaufähigen Bodens wurden enteignet, zum Teil mit einer für Revolutionen typischen Grausamkeit, und das Land an die armen Bauern, Pächter und Landarbeiter verteilt.

Fast gleichzeitig setzte jedoch die **Kollektivierung** ein, und zwar über ein Stufenprogramm, das von der „Produktion durch gegenseitige Hilfe“ über „halbsozialistische Genossenschaften“ zu „sozialistischen Produktionsgenossenschaften“ reichte. Ende 1956 war die Kollektivierung abgeschlossen.

Die Wirtschaftspolitik nach dem Entwicklungsmodell der Sowjetunion

Nach einer Übergangsperiode zwischen 1949 und 1952, während der die schwersten Zerstörungen des Krieges und des Bürgerkrieges beseitigt wurden, folgte die chinesische Führung mit dem 1. Fünfjahresplan (1953–1957) in ihrer Wirtschaftspolitik dem sowjetischen Modell. Absoluten **Vorrang** genoß die **Schwerindustrie,** vor allem die Produktionsmittelindustrie. 60 % aller Investitionen flossen in die Industrie, davon neun Zehntel in die Schwerindustrie. Mit dieser Wirtschaftspolitik wurden zunächst beachtliche Erfolge erzielt. Die Industrieproduktion stieg in der Planperiode um über 50 %.

Das eindrucksvolle quantitative Wachstum verdeckte jedoch Schwierigkeiten und Probleme, die in der

folgenden Planperiode sichtbar wurden: Es fehlten Rohstoffe für die rasch wachsenden Produktionskapazitäten der Industrie, insbesondere für die Stahlproduktion, deren Erzeugnisse überdies auf mangelnde Nachfrage stießen. Die zentrale Planung neigte dazu, die bestehenden Industriegebiete weiterzuentwikkeln, das restliche Land aber zu vernachlässigen.
Es setzte sich die Erkenntnis durch, daß die VR China, anders als die Sowjetunion, wegen des Kapitalmangels und des Überflusses an Arbeitskräften zu einer arbeitsintensiven Entwicklungspolitik übergehen müsse.

Die Politik der drei roten Banner

In einer radikalen Abkehr vom bisherigen Wirtschaftskurs wurde die Politik der drei roten Banner proklamiert. Sie umfaßte die **Generallinie des sozialistischen Aufbaus** (= gleichgewichtige Entwicklung von Industrie und Landwirtschaft), die **Volkskommunen**-Bewegung und den **großen Sprung nach vorn** in der industriellen Entwicklung.
Hauptquelle der Kapitalbildung sollte die Landwirtschaft sein. Durch die Schaffung großer Produktionseinheiten und durch Mobilisierung der Arbeitskräfte der Bevölkerung in revolutionären Massenaktionen sollten sowohl die Agrarproduktion gesteigert als auch überall örtliche Industrien geschaffen werden, in denen mit einfachen Techniken produziert werden sollte.

Die Volkskommunen

Den Rahmen für die Umgestaltung Chinas sollten die Volkskommunen abgeben. Das Konzept der Volkskommunen stellt ein gewaltiges und einzigartiges sozialökonomisches Experiment dar.
1958 wurde die erste Volkskommune gegründet. Einige Monate später wurde der formelle Beschluß zur Gründung von Volkskommunen gefaßt (Peitaiho-Resolution). In weniger als zwei Monaten waren alle 127 Millionen Bauernhaushalte in 26000 Volkskommunen zusammengefaßt. Die Volkskommune sollte die **Grundeinheit der sozialistischen Gesellschaftsordnung** auf dem Lande sein. Sie ist die unterste Stufe der staatlichen Verwaltung. Sie organisiert in ihrem Bereich die landwirtschaftliche Produktion. Ihr gehören das Land, die Häuser, das Vieh, die Geräte. Sie hat darüber hinaus die Aufgabe der lokalen Industrialisierung (Landmaschinen- und Düngemittelfabrikation, Reparaturwerkstätten, Ausbeutung und Verarbeitung lokaler Bodenschätze etc.), ihr obliegt es, das Verkehrsnetz auszubauen und den Handel in ihrem Bereich zu übernehmen. Sie unterhält Gemeinschaftseinrichtungen wie Schulen, Kindergärten, Krankenhäuser, Altenheime, Kantinen, Wäschereien etc. Ihre Männer gehören der Miliz an, die Volkskommune organisiert militärische Übungen.
Ideologisches Ziel der Volkskommune ist es, den Unterschied von Stadt und Land, sowie zwischen körperlicher und geistiger Arbeit zu beseitigen und die Voraussetzungen und Bedingungen für den allmählichen Übergang zum Kommunismus zu schaffen.

Organisation und Funktion der Volkskommune

	Größe	Eigentum	Zuständigkeit	andere Funktionen
Volkskommunen (1978: 50000)	10000–30000 Personen	Mittelgroße Industrieanlagen (z. B. für Herstellung von Düngemitteln, landw. Geräten, Plastikartikeln, Zement usw.)	a) jährl. Produktionspläne für die Gesamtkommune b) Großprojekte der Infrastruktur (Wasserversorgung, Flutkontrolle etc.)	Mobilisierung der Bauernmassen in großem Stil (im Rahmen von „Bewegungen“)
Produktionsbrigaden (5–10 pro Volkskommune, insgesamt 1978 etwa 500000)	1000–3000 Personen (größere Dörfer bilden eine Prod.-Brigade, aufgegliedert in mehrere Produktionsmannschaften)	Kleinindustrieanlagen (z. B. für Ziegel, Mehl usw.)	Kleinere Infrastrukturprojekte (Brunnen, Bodenverbesserung, Forstarbeiten etc.)	Schulen, Kliniken, Läden, Servicestationen (Radreparaturen, Friseur etc.)
Produktionsmannschaften (4–8 pro Produktionsbrigade, insgesamt etwa 5 Mio.)	20–100 Familien (kleine Dörfer bilden meist eine Produktionsmannschaft)	Boden, Vieh, Geräte	detaillierte Anbauprogramme für Kollektivland	Grundverrechnung im Rahmen der Entlohnung (Naturalien und Geld, bemessen nach „Arbeitspunkten“)

Die drei bitteren Jahre
Die überstürzte Massenmobilisierung führte sehr schnell zu **schweren Mißständen.** Die unbegrenzte Machtfülle unerfahrener Kader, die Männer, Frauen und Kinder zu ununterbrochener schwerster Arbeit zwangen, ihnen zugleich alle materiellen Anreize nahmen und durch ideologischen Eifer ersetzen wollten, führte zu passivem **Widerstand** und stellenweise zu **offenen Revolten.** Eine innerparteiliche Opposition warf Mao vor, die Entwicklung Chinas zum modernen Industriestaat zu gefährden. 1959, 1960 und 1961 wurde China zudem von schweren Naturkatastrophen heimgesucht, die zu Mißernten und Hungersnöten führten.
Gegen den Widerstand Maos setzten Staatspräsident Liu Shao-shi und Teng Hsiao-ping eine **Kurskorrektur** durch. Die Bauern erhielten (nach sowjetischem Muster) Privatparzellen, deren Erzeugnisse sie frei verkaufen können, überall wurden die materiellen Anreize verstärkt, Fachleute erhielten gegenüber den ideologischen Eiferern wieder mehr Einfluß.
In der chinesischen Symbolsprache wurde dies ausgedrückt mit der Ablösung der Industrieverfassung von Magnitogorsk, die aus der Sowjetunion übernommen worden war und als „Ma-kang" bezeichnet wurde, durch die originär chinesische Industrieverfassung von Anshan (1960), „An-kang" genannt.

Organisation und Funktion der Volkskommunen wurden verändert. Sie wurden teilweise verkleinert, so daß schließlich etwa 50000 Kommunen bestanden. Vor allem wurde die Eigentumsverfassung geändert. Grundeinheit wurde die **„Produktionsbrigade"** (etwa identisch mit einem Dorf), die in eigener Verantwortung den Arbeits- und Kapitaleinsatz regeln und über den Gewinn verfügen durfte. Heute ist die **„Produktionsmannschaft"** (100–500 Personen) die Einheit für die Berechnung der Entlohnung.

Die Große Proletarische Kulturrevolution
Für Mao war die Wirtschaftspolitik der gemäßigten Fraktion „Revisionismus" und Verrat an der Revolution. Dagegen mobilisiert er 1965/66 die Jugend, vor allem Schüler und Studenten, aus denen **Rote Garden** als Stoßtrupps einer permanenten Revolution gebildet wurden.
Die Roten Garden zerschlugen alle bestehenden Strukturen, die Administration auf allen Ebenen, die Gewerkschaften, die Jugendliga und die anderen Massenorganisationen und vor allem den Parteiapparat. Die Exzesse der Roten Garden provozierten an vielen Orten den Widerstand der Arbeiter und Bauern. Während sich die „Linke" mit Hilfe der Roten Garden in den großen Städten durchsetzen konnte, behaupteten sich in der Provinz zumeist die Parteiführer, oft mit Unterstützung der Militärbefehlshaber und ihrer Truppen.

Höhepunkt und Ende der Kulturrevolution
1966 war der Höhepunkt der Kulturrevolution bereits überschritten. Die sofortige Wiederaufnahme des Lehrbetriebs an Schulen und Hochschulen wurde angeordnet. Neue Organe aus der neugebildeten Partei, den Massenorganisationen und Militär unter Führung des letzteren übernahmen die Macht im ganzen Land. 1969 wurde schließlich offiziell das Ende der Kulturrevolution verkündet, wenngleich sie erst 1976, nach Maos Tod und dem Sturz der „Viererbande", völlig überwunden war.

Auswirkungen der Kulturrevolution
Während der Kulturrevolution hatten die Schulen und Hochschulen de facto aufgehört zu bestehen. Schüler und Studenten lernten nicht mehr, sondern waren mit „Massenkampagnen" beschäftigt.
Erst 1976/77 wurde im Hochschulbereich wieder die Studenten- und Absolventenzahl von 1962 erreicht.

Die fünf Prinzipien der „An-kang":	Die Prinzipien der „Ma-kang":
– „Politik an erster Stelle"	– Produktion an erster Stelle
– Die Arbeiterklasse (bzw. deren Organisationen: Partei und Revolutionskomitees) führt	– Das Fabrikdirektorat führt („Ein-Mann-Management")
– Bevorzugung von Massenbewegungen; Verzicht auf materielle Anreize	– Bevorzugung von Experten; materielle Anreize
– Besondere Ordnungsformen: „Eine Reform" (Gleichheitsordnung); „Zwei Teilnahmeformen" (d. h. Funktionäre nehmen an der Produktionsarbeit und Arbeiter umgekehrt am Management teil); „Drei Verbindungen" (d. h. Arbeiter, Funktionäre u. Techniker arbeiten zusammen)	– Ordnungsform; hierarchische Ordnung; kein Partizipations-, sondern hierarchisch gestaffeltes Kommandosystem; Techniker geben technische und Funktionäre administrative Anweisungen, die Arbeiter führen aus
– Schwergewicht auf technischen Neuerungen; technische Revolution	– Hohe Verbindlichkeit ausländischer Methoden („Hinterdrein-Kriechen im Schneckentempo")

Zehn Jahrgänge sind um ein geordnetes Studium bzw. eine geordnete Ausbildung betrogen worden. China hat nicht die Kapazitäten, um den Millionen im nachhinein noch eine Ausbildung zu bieten.
Jedwede intellektuelle Tätigkeit war verpönt, wissenschaftliche Forschung fand nicht mehr statt, mit katastrophalen Folgen für die Modernisierung des Landes. Schließlich wurde sogar jede Arbeit mit ökonomischen Zwecken als „revisionistisch" und als „Rückkehr zum Kapitalismus" angegriffen, wiederum mit schwerwiegenden Folgen für die Entwicklung Chinas.

Die Außenpolitik
Die Außenpolitik Chinas wurde und wird bestimmt durch die **Erfahrungen mit gegnerischen Mächten,** durch die es seine Unabhängigkeit bedroht sah und sieht. Dies waren bis zum Ende des Zweiten Weltkrieges Japan, bis zum Ende der sechziger Jahre die USA und seitdem die Sowjetunion.

China und die Sowjetunion
Die Sowjetunion hatte schon am 1. 10. 1949 die Volksrepublik anerkannt und ihr wirtschaftliche, technische und auch militärische Hilfe (Atomwaffenhilfsvertrag) geleistet. Schon 1958 begannen sich die Beziehungen zu trüben, als die Sowjetunion die aggressive chinesische Politik gegen Taiwan und gegen Indien nicht unterstützte. Der Atomvertrag wurde 1959 gekündigt, 1960 zog die Sowjetunion von einem zum anderen Tag alle Techniker ab. Anfang der sechziger Jahre begann der ideologische Streit über den richtigen Weg des Marxismus-Leninismus, wobei die Chinesen die Sowjets des „Revisionismus" beschuldigten.

Die Grenzfrage
1963 begannen die Chinesen, die Grenze mit der Sowjetunion in Frage zu stellen, indem sie an die **„Ungleichen Verträge"** erinnerten, durch die China im 19. Jahrhundert gezwungen worden war, sich dem Einfluß der Europäer zu öffnen und Gebiete abzutreten. Während alle anderen Kolonialmächte ihre Eroberungen verloren hatten, war ausgerechnet die Sowjetunion noch im Besitz der ehemals chinesischen Gebiete: insgesamt 1,5 Mill. km^2 zwischen Ussuri und Pazifik (durch die Verträge von Aigun 1858 und Peking 1860 abgetreten).
Es begann eine Serie von **Grenzzwischenfällen,** die 1969 in schweren Zusammenstößen am Grenzfluß Ussuri gipfelten.
Nach dem Tod Maos, der Ausschaltung der „Viererbande" und der Machtübernahme durch die neue pragmatische Führung wurde der Vorwurf des Revisionismus gegenüber der Sowjetunion fallengelassen. Statt dessen wird die Sowjetunion als hegemoniale Supermacht bekämpft.

China und die USA
Im Bürgerkrieg hatten die USA versucht, zwischen den Parteien zu vermitteln. Die Beziehungen zwischen den USA und der Volksrepublik gerieten jedoch durch den **Koreakrieg** auf einen Tiefpunkt. Die amerikanische Eindämmungspolitik richtete sich ebenso wie gegen die Sowjetunion auch gegen China. Die USA schufen an der Ost- und Südostflanke Chinas ein Bündnissystem, das von Korea bis Taiwan reichte. Das Verhältnis verschlechterte sich noch, als China Nord-Vietnam und den Vietcong in ihrem Kampf mit Süd-Vietnam und die USA massiv unterstützte.
Die Wende trat 1969 ein, nachdem die Sowjets in der Tschechoslowakei einmarschiert waren und die Breschnew-Doktrin verkündet hatten, die ebensogut auf China angewendet werden konnte. Die VR China begann sich vorsichtig dem Westen zu nähern. 1971 wurde sie in die Vereinten Nationen aufgenommen. 1972 besuchte US-Präsident Nixon Peking. 1979 nahmen die VR China und die USA diplomatische Beziehungen auf.

China und die übrige Welt
Die Beziehungen Chinas zu den restlichen Staaten der Welt wird durch die Dreiweltentheorie bestimmt. Danach bilden die beiden Supermächte die **Erste Welt,** die entwickelten Länder in West und Ost die **Zweite Welt** und die unterentwickelten Länder, darunter China, die **Dritte Welt.** Aufgabe Chinas ist es, die Länder der Zweiten und besonders der Dritten Welt zu einer „Einheitsfront" gegen die Supermächte, insbesondere gegen die Sowjetunion zu mobilisieren.

49.0.4.2. China nach Maos Tod

Der Kampf gegen die „Viererbande"
Nach dem Ende der Kulturrevolution kam es zu einem erbitterten Machtkampf zwischen der **„Linken"** und einer **pragmatischen Fraktion** unter dem Ministerpräsidenten Tschu En-lai (gestorben 1975) und dem stellvertretenden Ministerpräsidenten Teng Hsiao-ping. Der Kampf wurde nach dem Tode Maos (9. 9. 1976) endgültig entschieden. Schon knapp einen Monat später wurde die Führung der Linken, die „Viererbande" (bestehend aus der Witwe Maos, Chiang ching, und den drei Shanghaier Parteifunktionären Yao Wen-yüan, Chang Chun-chiao und Wang Hung-wen), verhaftet und ihre Anhänger im ganzen Lande gestürzt. Die neue Führungsgruppe, deren beherrschende Figur Teng Hsiao-ping ist (obwohl nach wie vor nur mit dem Titel eines stellvertretenden Ministerpräsidenten), scheint ihre Position konsolidiert zu haben.

Die neue Wirtschaftspolitik

Das Programm der „Vier Modernisierungen" war noch zu Lebzeiten Maos von Tschu En-lai verkündet worden, konnte aber erst nach Maos Tod und dem Sturz der „Viererbande" voll anlaufen. Es knüpft an die Wirtschaftspolitik der Jahre 1962–65 an und versucht, die Leistungen durch **materielle Anreize** zu steigern.

Basis der Volkswirtschaft ist die **Landwirtschaft.** Um die Agrarerzeugung zu steigern, wurden den Bauern Parzellen zugewiesen, die sie privat bebauen dürfen und auf denen sie Hühner, Schafe und Schweine halten dürfen.

Die neue Landwirtschaftspolitik wurde zuerst in der Provinz Szetschuan erprobt. Die Produktionsmannschaften erhielten die Erlaubnis, selbst zu bestimmen, was angebaut wird, und bekamen 15 % des Ackerlandes zur privaten Nutzung zugewiesen. Nachdem das Experiment sich als erfolgreich erwiesen hatte, wurde das System auf ganz China übertragen. Allerdings zeigte sich, daß die Bauern dazu übergingen, statt Getreide für die Ernährung industriell verwertbare Pflanzen (Baumwolle, Zuckerrüben, Ölsaaten) anzubauen, die mehr einbrachten. Dies, sowie eine ungünstige Witterung führte dazu, daß die Getreideernte von 332 Millionen Tonnen 1979 auf 315 Millionen Tonnen 1980 zurückging.

Im Herbst 1980 wandte sich China an die Vereinten Nationen, nachdem zwei Provinzen im Norden, Hopeh und Shansi, von schweren **Überschwemmungen** heimgesucht worden waren. Eine UN-Kommission, die die beiden Provinzen daraufhin bereiste, kam zu dem Ergebnis, daß dort über 40 Millionen Menschen unterernährt und vom Hungertod bedroht sind. Nach der Vernichtung ihrer Ernte ernährten sie sich von Baumrinde, Blättern und Gras.

Seit der Han-Dynastie vor mehr als 2100 Jahren bis zur kommunistischen Machtergreifung 1949 ist China nach den vorliegenden Aufzeichnungen von 1092 Überschwemmungen und 1065 Dürreperioden heimgesucht worden, bei denen vielfach Millionen von Menschen verhungerten.

In der **Industrie** liegt das Schwergewicht auf der Leichtindustrie, die Konsumgüter für den einheimischen Markt und den Export liefern soll. Beim Aufbau der Schwerindustrie sollte moderne ausländische Technologie importiert werden, entgegen der früher strikt eingehaltenen und 1978 aufgegebenen Regel auch durch Kredite (westlicher Länder) finanziert. Ende 1980/Anfang 1981 zeichnete sich eine größere Zurückhaltung ab, allzu ehrgeizige Projekte wurden gestoppt, eine Reihe größerer Auslandsaufträge annulliert.

Für die Modernisierung fehlt es vor allem an **Transportmitteln** und **Energie.** Ein großer Teil der Industriebetriebe kann nicht mit voller Leistung arbeiten, weil elektrischer Strom fehlt. Für die überschaubare Zukunft liegt das Schwergewicht beim Ausbau der Infrastruktur, etwa beim Bau von Kraftwerken.

Auch die **Verteidigung** soll modernisiert werden, **Wissenschaft und Technik** schließlich, der vierte Modernisierungsbereich, soll den Anschluß an das Niveau der übrigen Welt erreichen.

Das Sozialprodukt wurde 1979 zu 42 % von der Industrie, zu 28 % von der Landwirtschaft (in der noch 75 % der Erwerbstätigen arbeiten), zu 30 % vom tertiären Bereich aufgebracht. Es betrug 416 Mrd. Yuan, pro Kopf 429 Yuan, nach dem Wechselkurs 280 Dollar. Der V. Nationale Volkskongreß proklamierte im Spätsommer 1980 für das Jahr 2000 eine Steigerung des BSP um das Vierfache, auf 1000 Dollar pro Kopf.

49.1. Der chinesische Sozialismus

49.1.1. Wissensziele

Nach Beendigung des Krieges gegen Japan und nach dem Bürgerkrieg siegte die KPCh unter Mao Tse-tung über die Kuomintang. Die Nationalchinesen gründeten einen eigenen Staat auf der Insel Taiwan.

Zunächst versuchte Mao, China nach sowjetischem Muster mit Vorrang der Schwerindustrie zu entwikkeln. Als dies mißlang, gründete er die Bewegung der Volkskommunen und setzte zum „großen Sprung nach vorn" ins Industriezeitalter an. Die Massen waren nicht bereit, die radikale Umgestaltung mitzutragen. Es kam zu einer Wirtschaftskrise. Die Gegner Maos setzten einen revisionistischen Kurs durch, der die Forderungen Maos auf Klassenkampf und Massenmobilisierung teilweise aufhob. Mao gelang es aber, die Masse für eine Kulturrevolution zu mobilisieren, die alle bestehenden Einrichtungen des Landes zerschlug. Auch sie endete in Wirtschaftskrisen und Hungersnot. China sah seinen Hauptgegner in der Sowjetunion. Eine aktive Außenpolitik betrieb China vor allem in den Entwicklungsländern Südostasiens und Afrikas.

49.1.2. UE-Ziele

(1) Die Lage der Bevölkerung im vorrevolutionären China

(2) Die sozialen Mißstände im vorrevolutionären China und ihre Ursachen

(3) Vergleich zwischen den Programmen und Zielen der Revolutionsführer in China (Sun Yat-sen, Tschiang Kai-schek und Mao Tse-tung)

(4) Die Umwälzungen nach der kommunistischen Revolution 1949 am Beispiel der Volkskommunen
(5) Die Leitlinien der chinesischen Außenpolitik nach 1949 – Ursachen des Bruchs zwischen der Sowjetunion und China

49.1.3. Einstieg

- Filme (vgl. 49.0.3.)
- Quelle: Ein Dorf am Vorabend der kommunistischen Revolution (Informationen 166 S. 12 und Gfm)

49.1.4. Schwerpunkte

China ist in den letzten drei Jahrzehnten Großmacht geworden. Dies hat erheblich dazu beigetragen, daß sich das seit dem Zweiten Weltkrieg bestehende weltpolitische Kräfteverhältnis verändert hat. Wenngleich auch China gegenwärtig noch nicht über die Machtstellung der USA oder der UdSSR verfügt, so ist es doch ein beachtlicher weltpolitischer Faktor.
Gegenwärtig durchläuft China, wie Zeitungsberichte vermuten lassen, eine Phase, die man als „Öffnung zum Westen" bezeichnen könnte. Will der Lehrer von der Aktualität ausgehen, dann wird er diesen Aspekt an den Anfang der Unterrichtsreihe setzen, um von da aus nach den historischen Hintergründen fragen zu lassen. Um die Vorstellungen der Schüler über die gegenwärtige Situation Chinas zu ermitteln, kann somit an die aktuelle Berichterstattung angeknüpft werden.
Für die Probleme des heutigen China können eine Reihe unterschiedlicher Gründe angeführt werden, so die geographischen Voraussetzungen und die historische Entwicklung. Für die Erarbeitung der geographischen Voraussetzungen kann der Lehrer auf das Kartenmaterial in Informationen 166 zurückgreifen, insbesondere auf die Karten VIII–XV. Er sollte sich auf die naturgeographischen Bedingungen und die Bevölkerungsentwicklung konzentrieren: Oberflächengestalt, Klima, Boden, Überschwemmungen, Bevölkerungsdichte, ungleichgewichtige Bevölkerungsverteilung, Bevölkerungswachstum.
Nicht weniger bedeutend ist der historische Aspekt, der anhand der nachfolgend genannten Materialien und mit Hilfe folgender Aufgaben analysiert werden kann.

▶ **Material:** Informationen 166, S. 1 f.

Arbeitsaufgaben	denkbare Formulierungen
1. Wie ist die wirtschaftliche und soziale Lage der Bauern und was sind die Ursachen?	– Das Land ist übervölkert. Es kann die Menschen nicht ernähren. – Schlechte Ernten führten zu Hungersnöten. – In guten Erntejahren reichten die erzeugten Nahrungsmittel aus, doch lebten die Menschen praktisch ausschließlich von Getreideprodukten (im Dorf Changchuang z. B. Mais). – Die armen Pächter und Landarbeiter mußten die Hälfte der Ernte abliefern. Sie konnten sich täglich nur zwei Mahlzeiten, im Winter nur eine leisten.
2. Beschreibe den Aufbau der Gesellschaft und die Eigentumsverhältnisse.	– An der Spitze der Gesellschaftspyramide stand (nach den Herrschern) eine Schicht von Beamten, Gelehrten und Grundbesitzern. – Sie besaß das Monopol der Bildung, beherrschte die Verwaltung und besaß die Hälfte des Bodens. – Eine Schicht von Mittelbauern, Handwerkern und Kaufleuten besaß ein Drittel des Bodens. – Die Schicht der armen Bauern und Landarbeiter machte 70 % der Bevölkerung aus, besaß jedoch nur 17 % des Bodens.
3. Wie sind die Lebensverhältnisse in dem Dorf in der Provinz Kiangsu vor der kommunistischen Revolution (Informationen 166, S. 12, Gfm)?	– Zwei Grundbesitzerfamilien besitzen den Löwenanteil des Akkerlandes. – „Reiche" und Mittelbauern (sieben Familien) besitzen wenig Land (80 Morgen), jedoch fast das gesamte Vieh (insgesamt jedoch nur 70 Büffel). – Die armen Bauern und die Tagelöhner besitzen fast nichts.
4. Stellt die Situation in der ersten Hälfte des 20. Jahrhunderts in einer Übersicht dar.	*wirtschaftliche/soziale Lage* – große Bevölkerungszahl – Hungersnöte – wirtschaftliche Notlage weiter Bevölkerungskreise – ungerechte Verteilung von Boden und Besitz – Dünne Oberschicht verfügt über Privilegien. Die Bauernmassen besitzen nichts. *geographische Faktoren* – nur 15 % des Bodens bebaubar – Überschwemmungen – klimatische Faktoren

Die Revolutionen von 1911, 1927 und 1949 sind mit den Namen Sun Yat-sen, Tschiang Kai-schek und Mao Tse-tung verbunden. Es geht im folgenden darum, ihre Konzeptionen von Veränderungen in China zu erarbeiten und die unterschiedlichen Akzente deutlich zu machen.

▶ **Material:** Informationen 166, S. 5 ff. und Gfm

Sun Yat-sen (1866–1925): Erneuerungsprogramm der „Drei nationalen Grundlehren": 1. Phase: „nationale Revolution" mit Sturz der Mandschu-Dynastie; 2. Phase: „politische Revolution" und Errichtung einer Republik; 3. Phase: „soziale Revolution" mit Lösung der sozialen Probleme und Bodenreform.
1911: Revolution in China. Sun Yat-sen gelang es nicht, mit seiner Partei, der „Kuomintang", ganz China zu beherrschen.
1923: Sun Yat-sen wandte sich an die Sowjets um Hilfe. Verschmelzung von Kuomintang und KP.
1927: nach Sun Yat-sens Tod brach Tschiang Kai-schek mit den Kommunisten, gemäßigte Kuomintang-Regierung.
Tschiang Kai-schek (1887–1975): Ausführung des Programms von Sun Yat-sen im Kampf gegen die KPCh, Wiederherstellung der Führungsrolle der Kuomintang.
1927–1937 „revolutionärer Krieg", der nach wechselvollem Verlauf das Ende der Kommunisten zu bringen schien.
Mao Tse-tung (1893–1976): Die nationalen Besonderheiten Chinas erforderten, daß – im Gegensatz zur Lehre Lenins – die Bauern die Avantgarde der Revolution bilden. Durchführung der Revolution: Umwandlung der kolonialen Gesellschaft in eine demokratische, sodann Aufbau der sozialistischen Gesellschaft.
1928–1934: Gründung der „Roten Armee", Kämpfe gegen Tschiang Kai-schek und Beginn des „Langen Marsches". Gründung der Volksrepublik Shensi mit der Hauptstadt Jenan, von hier aus Ausdehnung des Macht- und Einflußbereiches.
Die japanische Invasion 1937 eint die Nationalisten (Tschiang Kai-schek) und Kommunisten, die aufgrund besserer Kriegsführung und maßvoller Bodenreform das Vertrauen der Bevölkerung errangen und 1945 als eigentliche Befreier galten.

49.1.4.1. Schwerpunkt: Die kommunistische Revolution

Um der zentralen Bedeutung der kommunistischen Revolution im Unterricht Rechnung tragen zu können, soll versucht werden, die Ziele, die Methoden und die Ergebnisse der Revolution herauszuarbeiten und sich mit ihnen kritisch auseinanderzusetzen.
Die einzusetzenden Materialien sollen so angeordnet werden, daß an anschaulichen Beispielen (aus Berichten und Reportagen) den Schülern deutlich wird, wie sich die Lebensverhältnisse der Chinesen nach der kommunistischen Revolution gewandelt haben.
Die Texte und Materialien eignen sich besonders gut zur Gruppenarbeit.

Gruppe 1: Die Volkskommunen

▶ **Quellen/Material:** Informationen 166, S. 14, 15 und 17 sowie Gfm

Arbeitsaufgaben	denkbare Formulierungen
1. Welche Aufgaben und Funktionen hat nach der Peitaiho-Resolution von 1958 die Volkskommune?	– Die Volkskommune ist die Grundeinheit der chinesischen Gesellschaft. – Sie hat die Aufgabe, die landwirtschaftliche und industrielle Produktion zu organisieren. Darüber hinaus vollzieht sich das ganze Leben (Erziehung, Freizeit, politische Schulung, Versorgung) innerhalb der Kommune.
2. Beschreibt die Organisation der Volkskommunen und vergleicht damit das euch bekannte privatwirtschaftlich organisierte Gesellschaftsmodell.	
Volkskommune	*Privatwirtschaft*
– starke Betonung der gemeinsam erbrachten Leistung	– starke Betonung der Leistung des einzelnen
– Konkurrenzdenken weitgehend ausgeschaltet	– Konkurrenzdenken soll den einzelnen zu erhöhter Leistung anspornen
– Freizeit und Arbeit innerhalb der Kommune gemeinsam gestaltet	– scharfe Trennung von Arbeit und Freizeit
– gemeinsamer Besitz	– Privatbesitz des einzelnen
– Profit wird an alle Mitglieder verteilt	– orientiert am Profit des einzelnen
– Volkskommune ist zuständig für wirtschaftliche, soziale, kulturelle und militärische Belange.	– Staat und verschiedene gesellschaftliche Einrichtungen sind zuständig für den wirtschaftlichen, kulturellen und militärischen Bereich.
– weitgehende Aufhebung der Kleinfamilie. Ihre Aufgaben (Versorgung, Erziehung, Freizeit) übernimmt die Kommune.	– Zentrale Gemeinschaft ist in der Regel die Kleinfamilie, die Aufgaben in der Erziehung, der Versorgung und in der Gestaltung der Freizeit übernimmt.
3. Lest die Rekonstruktion der Rede Liu Shaochis 1962 und faßt seine Kritik an den Volkskommunen stichpunktartig zusammen.	– Die anfängliche Begeisterung der Massen hat nachgelassen. – Die Ziele in der landwirtschaftlichen und industriellen Produktion waren zu hoch angesetzt. – Der „große Sprung" sollte kurzfristig die „kommunistische Erneuerung" bringen. Man wollte etwas in drei Jahren erreichen, wozu 8–10 Jahre notwendig sind.

▶ **Quelle:** Informationen 166, S. 34
Zieht man einen Vergleich zwischen den Lebensverhältnissen der Chinesen vor der kommunistischen Revolution und danach, dann ist festzustellen, daß

- der Hunger in China weitgehend beseitigt worden ist,
- die ungerechte Besitzverteilung verschwunden ist,
- China politisch und weitgehend auch wirtschaftlich von anderen Staaten unabhängig geworden ist,
- China auf dem Wege zu einer bescheidenen Industrialisierung ist.

49.1.4.2. Schwerpunkt: Außenpolitik

Leitlinien und Faktoren, die die chinesische Außenpolitik bestimmten, können mit Hilfe der Karten
▶ **Material:** Informationen 166 (Karten VI und VII) und Gfm herausgestellt werden.

Arbeitsaufgaben	denkbare Formulierungen
1. Wo hat China seit 1949 jenseits seiner Grenzen militärisch eingegriffen?	– Koreakrieg (1950–1953) – Grenzkrieg mit Indien (1959 und 1962) – Grenzauseinandersetzungen mit der Sowjetunion (1969, Sinkiang, Ussuri) – Auseinandersetzungen mit Taiwan, Beschießung der Inseln Quemoy und Matsu – Besetzung der auch von Vietnam beanspruchten Paracel-Inseln (1974)
2. Welchen Staaten hat China im Sinne „revolutionärer Unterstützung" Hilfe geleistet? In welcher Form?	Pakistan, Nepal, Laos, Vietnam, Kambodscha, Nordkorea, Tansania, Sambia (Bau von „politischen Straßen"); Propaganda; Unterstützung kommunistischer Guerillas (Indien, Thailand, Malaysia, Philippinen, Molukken, West-Irian).
3. Welche außenpolitischen Zielsetzungen lassen sich daraus ableiten?	– nationale Zielsetzungen: Erweiterung der Territoriums (z. B. Tibet), Wiedervereinigung mit Taiwan – Unterstützung von revolutionären Bewegungen (direkte militärische Intervention, materielle und propagandistische Unterstützung)
4. Was besagt die seit 1974 verkündigte „Drei-Welten-Theorie" und welche Aufgabe stellt sich nach ihr den Chinesen?	– Drei-Welten-Theorie: Erste Welt – USA und Sowjetunion; Dritte Welt – Entwicklungsländer in Asien, Afrika und Lateinamerika; Zweite Welt – entwikkelte Länder, die sich zwischen diesen beiden Sphären befinden. – China muß insbesondere die Länder der „Dritten Welt", aber auch die Länder der „Zweiten Welt" gegen die beiden Supermächte und ihre Hegemonieansprüche mobilisieren.
5. Inwiefern kommt diese Theorie und die sich daraus ergebenden Aufgaben in der Karte „Entwicklungshilfe als Mittel der Außenpolitik" zur Geltung?	China hat zahlreiche Abkommen mit den Ländern der Dritten Welt (technisch-wirtschaftliche Zusammenarbeit, Militärhilfeabkommen) geschlossen.

Die Arbeitsergebnisse sollen nun in einem Tafelbild zusammengefaßt werden:

T Ziele und Hauptfaktoren der Außenpolitik Chinas

	nationale	ideologische	Antihegemonismus
Ziele	– nationale Sicherheit – Wiedervereinigung mit Taiwan – Einfluß auf asiatische Nachbarstaaten	Herstellung einer Gemeinschaft mit möglichst vielen sozialistischen Staaten	richtet sich gegen das Machtstreben der Supermächte, insbesondere gegen die Sowjetunion, die fortwährend gegen die territoriale Unverletzlichkeit anderer Staaten verstößt.
Methoden	militärische Auseinandersetzungen: Eingreifen in Korea, Grenzauseinandersetzungen mit der UdSSR, Krieg gegen Indien	Unterstützung der revolutionären Bewegungen in der Dritten Welt: militärische Intervention, Waffenlieferungen, propagandistische Unterstützung	Politik der „vereinten Fronten", um die Supermächte zu isolieren, Wirtschaftshilfe, Arbeit in der UNO

Ein besonderer Akzent sollte auf das Verhältnis zwischen China und der Sowjetunion gelegt werden.
▶ **Quelle/Material:** Informationen 166, S. 43 und Gfm

Am Beispiel des Konflikts am Ussuri sollen die Schüler sowohl die sowjetische als auch die chinesische Position kennenlernen. Anknüpfend an die „ungleichen Verträge", die den Russen ca. 300 000 km² Land östlich des Ussuri sowie ca. 800 000 km² Land in Zentralasien einbrachten, werden beide Standpunkte umrissen:

Standpunkt der Sowjetunion	Standpunkt Chinas
– Seit den Verträgen von Peking, Aigun und Tschugutschak ist das vorher unbesiedelte Land erst erforscht und besiedelt worden. – Damit sind die Realitäten geschaffen worden. Die Grenzen sind unverletzlich. – Die Chinesen weichen vom „rechten Weg des Marxismus" ab.	– Die Annexion dieser Gebiete weist Rußland als „imperialistisch" aus. – Nach Lenin ist jede Art von Imperialismus zu verurteilen. Er hatte die „ungleichen Verträge" als „Raub" gebrandmarkt. – Die Sowjets weichen vom „rechten Weg des Marxismus" ab.

49.2. China nach Maos Tod

49.2.1. Wissensziele

Nach dem Tode Maos setzte sich ein pragmatischer Kurs durch. Die „vier Modernisierungen" in Industrie, Landwirtschaft, Landesverteidigung, Wissenschaft und Technik wurden in Angriff genommen. Die beiden Führer der KPCh, Hua Guo-feng und Teng Hsiao-ping, mußten sich in innerparteilichen Kämpfen gegen die Viererbande unter der Führung der Mao-Witwe durchsetzen. Sie begannen mit einer Öffnung Chinas gegenüber dem Westen.

49.2.2. UE-Ziele

(1) Die Änderungen des Gesellschafts- und Herrschaftssystems nach Maos Tod.
(2) Die Veränderung der Machtverhältnisse in der Welt durch die Neuorientierung Chinas.
(3) Die Motive für Chinas „Öffnung nach dem Westen".

49.2.3. Einstieg

- Karikatur: Die Viererbande (Informationen 166, S. 38, Gfm)
- Karikatur: Die Neuorientierung Chinas (Informationen 166, S. 28)
- Sammeln von Zeitungsberichten, die die Neuorientierung dokumentieren

49.2.4. Schwerpunkte

Von außerordentlicher Bedeutung ist die Neuorientierung Chinas zu Beginn der siebziger Jahre, die sich nach Maos Tod noch verstärkte. Symptome für die „Öffnung nach Westen" können die Schüler Zeitungsberichten entnehmen.
Zur Motivierung kann die in den Informationen 166, S. 28 abgedruckte Karikatur dienen.
In ihr wird die Neuorientierung überspitzt dargestellt: Zwei Chinesen mit der „Mao-Bibel" in der Hand beobachten voller Erstaunen einen Genossen, der das „Manager-Magazin" liest, Inbegriff des auf Profit bedachten ökonomischen Systems, das von Mao heftig bekämpft und verurteilt wurde.
Die Funktion dieser Karikatur besteht darin, zum Nachdenken und Fragen anzuregen. So läßt sich die Frage aufwerfen, in welchem Maße und auf welchen Gebieten sich in China seit Maos Tod Veränderungen ergeben haben. Man könnte weiterhin nach den Motiven für diese z. T. überraschenden und schwer begreiflichen Wandlungen fragen.
▶ **Material/Quellen:** Informationen 166, S. 123 und Gfm

Arbeitsaufgaben	denkbare Formulierungen
1. Wie begründet Teng Hsiao-ping die „vier Modernisierungen"?	– Sie sind notwendig, um den Aufbau eines modernen und starken sozialistischen Staates zu gewährleisten. – Die von der „Viererbande" verhinderte Nutzung von Wissenschaft und Technik hat dazu geführt, daß China in der Modernisierung weit zurückgeworfen wurde.
2. Welche Veränderungen zeichnen sich gegenüber der Zeit Maos ab?	– Zu Maos Zeit war man der Auffassung, jeder Bürger müsse manuelle Arbeiten verrichten und sich politisch betätigen. – Teng Hsiao-ping erklärt, daß sich Techniker und Wissenschaftler weniger um gesellschaftspolitische Aktivitäten als um ihre Fachgebiete kümmern sollten. – Prioritäten soll wieder die wissenschaftliche Forschung und die Lehre haben.

Arbeitsaufgaben	denkbare Formulierungen
3. Vergleicht die wichtigsten Aspekte, die Klaus Mehnert in seiner Gegenüberstellung zwischen der früheren und der heutigen Denkrichtung in China hervorhebt.	

Denkrichtung unter Mao	**gegenwärtige Denkrichtung**
Vorrang der Ideologie	*Vorrang der Praxis*
Schaffung des neuen Menschen, der Überbau ist entscheidend permanente Revolution	Aufbau des neuen China Schaffung einer materiellen Basis, Konsolidierung
dogmatisches Fehlverhalten an der reinen Lehre	flexible Anpassung der Lehre an die Erfordernisse der Gegenwart
alle Reste des Kapitalismus sind zu beseitigen	es gibt keinen Kapitalismus mehr
materielle Anreize sind konterrevolutionär	Leistungssteigerung durch materielle Anreize
Vorrang des Politischen in Wissenschaft und Lehre	Förderung von Leistung in Wissenschaft und Lehre
Abschließen vom Ausland	Öffnung zum Ausland

Arbeitsaufgaben	denkbare Formulierungen
4. Setzt euch mit der Behauptung auseinander, China sei noch „ein sehr armes Land", indem ihr den Artikel „Wie lebt der Chinese" (Informationen 166, S. 26/27) heranzieht.	Bei einem Vergleich der Lebenshaltung ist zu bedenken, daß es nicht um einen Vergleich des Durchschnittsverdienstes gehen kann, sondern es erscheint sinnvoller zu fragen, wie lange ein chinesischer und ein deutscher Arbeiter für bestimmte Anschaffungen arbeiten müssen. Dabei fällt auf, daß ein chinesischer Arbeiter für seine Wohnung weniger zu arbeiten braucht als sein deutscher Kollege, wobei natürlich die unterschiedlichen Ansprüche an Größe und Ausstattung zu beachten sind. Bei Nahrungsmitteln, Kleidung und insbesondere bei Gebrauchsgütern der chinesische Arbeiter ungleich länger arbeiten muß.

Stellt diese Entwicklung einen Bruch mit dem Entwicklungsweg seit 1949 dar? Wo liegen die Ursachen für diese Entwicklung Chinas? Um diesen Fragenkomplex anzugeben, untersuchen wir im Unterricht zwei Aspekte

a) den wirtschaftlichen Aspekt

▶ **Material:** Informationen 166, S. 12 ff.

Arbeitsaufgaben	denkbare Formulierungen
1. Was läßt sich aus der Entwicklung der Industrieproduktion (Informationen 166, S. 22) über die Entwicklung der Industrie ablesen?	– Der 1949 einsetzende Aufbau der Großindustrie (Schwerindustrie, Produktionsgüterindustrie, Aufbaumaßnahmen im ländlichen Raum) setzt sich kontinuierlich fort; die Produktion der Industrieerzeugnisse steigt an. – Weder die Kulturrevolution noch der Abzug der sowjetischen Experten Ende der 50er Jahre beeinträchtigten letztlich den Modernisierungskurs.
2. Worin besteht der Unterschied zwischen der Politik des „großen Sprungs nach vorn" und der Politik des „großen Sprungs nach außen"?	– Nach Maos Auffassung sollte sich China auf die eigene Kraft besinnen und von sich aus das Land aufbauen ohne Hilfe von außen. – Nach Maos Tod sollte technisches Wissen des Auslandes sowie ausländisches Kapital die Entwicklung Chinas fördern.

b) den außenpolitischen Aspekt

▶ **Material:** Artikel von Vergilio Lilli (Gfm). Informationen 166, Karten VI und VII

Arbeitsaufgaben	denkbare Formulierungen
1. Wie sieht der italienische Journalist Lilli das Verhältnis zwischen der UdSSR und China 1962?	– Die Russen wollten und wollen Sibirien besiedeln, während nach seiner Meinung in den Augen Chinas Rußland am Ural endet. – Das Ziel Chinas besteht demnach darin, Asien bis zu dieser Grenze von den Europäern zu befreien.
2. Wie bewertet Lilli die militärischen Interventionen außerhalb seiner Grenzen 1962?	Lilli erblickt in all diesen Kriegen Aktionen, die eigentlich gegen die UdSSR gerichtet sind. Die Chinesen wollen den Einfluß der Sowjetunion in Asien zurückdrängen.
3. Worin bestanden die Handlungsmotive der chinesischen Außenpolitik in den 60er Jahren?	– In der Phase der „friedlichen Koexistenz" schien eine Annäherung von USA und UdSSR und damit eine gegen China gerichtete Allianz möglich. – Es erfolgte jedoch keine Rückkehr Chinas in das sozialistische Lager, sondern die Aufnahme diplomatischer Beziehungen zu den USA und fast allen anderen Ländern, Aufnahme in die UNO.

Arbeitsaufgaben	denkbare Formulierungen
	– Damit verfolgte China folgende Ziele a) Verhinderung einer antichinesischen Allianz der beiden Supermächte b) Beseitigung der außenpolitischen Isolierung c) Schaffung der Grundlagen für eine wirtschaftliche Zusammenarbeit mit der westlichen Welt d) Beginn einer Modernisierung Chinas
4. Die ideologische Absicherung der neuen Strategie erfolgte durch die „Drei-Welten-Theorie". Wie entwickelte sich das Verhältnis Chinas zur Ersten Welt (USA und UdSSR), zur Zweiten Welt (entwickelte Länder) und zur Dritten Welt (unterentwickelte Länder Asiens, Afrikas und Lateinamerikas)?	**China und UdSSR:** Beide Staaten empfinden sich gegenseitig als Bedrohung, Grenzstreitigkeiten, ideologische Streitpunkte. **China und USA:** Einigung Chinas und der USA wegen Taiwan. China ist an einer Normalisierung der Beziehungen zu den USA interessiert, da die UdSSR ihren Einfluß in Südostasien sowie im Mittleren Osten zusehends verstärkt (Vietnam, Indien, Afghanistan). **China und die Zweite Welt:** ● Handelsabkommen mit EG (April 1978) ● Friedens- und Freundschaftsvertrag mit Japan (August 1978). China unterstützt europäische Einigung aus globalstrategischen Erwägungen. Die „vier Modernisierungen" kann China nur mit der Hilfe dieser Staaten erreichen. **China und die Dritte Welt:** Gegenzüge zum sowjetischen Aufmarsch in Afrika und im Mittleren Osten.
5. Ermittelt an der Karte „Die Außenpolitik Chinas unter Mao" (Informationen 166, VI und Gfm), inwieweit sich die außenpolitische Situation in Asien geändert hat.	– Die Sowjetunion hat seither ihre Position verbessert (Afghanistan besetzt, Freundschaftsvertrag mit Vietnam). – China hat sein Verhältnis zu Japan verbessert. Pakistan ist auf chinesischem Kurs geblieben. Das Verhältnis zu Vietnam ist feindseliger geworden.

50. Vom Kolonialzeitalter zum Nord-Süd-Konflikt

50.0.1. Literaturangaben

Handbuch: Bracher 83 ff., 399 ff., dtv Bd. 13, Fischer FWG 22, 23, 28, 29, 32, 33, 36, Schieder Bd. 6, S. 78 ff. und Bd. 7, S. 300 ff.

Spezialliteratur

Albertini, Rudolf v., Europäische Kolonialherrschaft, Heyne TB 7171, München 1982.

Ansprenger, Franz/Traeder, Heide/Tietzlaff, Rainer, Die politische Entwicklung Ghanas von Nkrumah bis Busia. UDM-Balac-Verlag, München 1972.

Die Länder der Dritten Welt. Quellenheft zur Zeitgeschichte, Nr. 472. Hirschgraben, Frankfurt [4]1981.

Draguhn, Werner (Hrsg.), Politisches Lexikon Asien und Südpazifik. Beck TB BSR 226, München 1980.

Heynach, Dieter, Der peruanische Weg. Haag u. Herchen, Frankfurt 1979.

Matzke, Otto/Priebe, Hermann, Entwicklungspolitik ohne Illusionen – Mobilisierung der Eigenkräfte. Urban TB 840, Kohlhammer, Stuttgart 1973.

Nohlen, Dieter, Lexikon Dritte Welt. Signal, Baden-Baden 1980.

Nohlen, Dieter/Nuscheler, Franz (Hrsg.), Handbuch der Dritten Welt, 8 Bde., Hoffmann & Campe, Hamburg [2]1982 ff.

Nuscheler, Franz, Politische Herrschaft in Schwarzafrika, Geschichte und Gegenwart. Beck TB BSR 219, München 1980.

Roon, Ger van, Europa und die Dritte Welt. Beck TB BSR 171, München 1981.

Waldmann, Peter (Hrsg.), Politisches Lexikon Lateinamerika. Beck TB BSR 221, München 1980.

Weltbank, Der Weltentwicklungsbericht 1980. Knapp-Verlag, Frankfurt/Main 1981.

Werobel-La Rochelle, Jürgen, Politisches Lexikon Schwarzafrika. Beck TB BSR 166, München 1978.

Wyss, Othmar, Wandel im Ordnungsgefüge der peruanischen Wirtschaft unter der Revolutionsregierung 1968–1974, Paul Haupt Verlag, Bern 1976.

Sachbuch

Collins, Larry/Lapierre, Dominique, Um Mitternacht die Freiheit. Bertelsmann, Gütersloh 1976. (Der Weg Indiens zur Unabhängigkeit 1947)

Zeitschriften

GWU 5–6/80: Afrika (Literaturbericht); GWU 9–11/1978: Lateinamerika (Literaturbericht); GWU 1/1977: Modernes Lateinamerika (Literaturbericht); Politische Bildung 2/1980: Schwarz-Afrika – Entfremdung und Aufgabe; Geschichte und Gesellschaft 2/1976: Revolution und Reformen in Lateinamerika; Politische Bildung 1/1978: Nord-Süd Konflikt heute. Probleme und Perspektiven der Entwicklungspolitik. Materialien: Entwicklungspolitik und neue Weltwirtschaftsordnung in der Kontroverse.

Jugendbücher

Betke, Lotte, Das Lied der Sumpfgänger. Ravensburger TB 528. Otto Maier, Ravensburg 1979. (Fünfzehnjähriger geht mit seinem Vater, der Entwicklungshelfer ist, nach Südamerika und erhält dort einen Einblick in die Probleme des Kontinents.)

Bhatt, Radha, Das Mädchen aus Kumaon. Benziger, Zürich/Köln 1981. (Ein Mädchen bricht aus dem Leben in Abhängigkeit und Unmündigkeit eines indischen Gebirgsdorfes aus.)

Friedrich, Richard, Das große Buch der Dritten Welt. Ensslin und Laiblin, Reutlingen 1978. (Informatives Sachbuch für junge Menschen)

Grupp, Claus D., Partner Dritte Welt. Zusammenarbeit mit Entwicklungsländern. Verlag Deutsche Jugendbücherei, Köln 1980. (kann von Schülern kostenlos unmittelbar beim Verlag bezogen werden)

Hetmann, Frederik, Ich habe sieben Leben. Beltz & Gelberg, Weinheim 1972. (Lebensweg des Ernesto Che Guevara)

Jörgensen, Leif, Brennende Felder. Ravensburger TB 631, Otto Maier, Ravensburg 1980. (Ein Junge in einem mittelamerikanischen Dorf)

Lang, Othmar, Fritz, Geh nicht nach Goron-Goron. Benziger, Zürich/Köln 1981. (Ein Junge lebt in einem Dorf in Obervolta in der Sahelzone.)

Lang, Othmar, Fritz, Warum zeigst du der Welt das Licht. Benziger, Zürich/Köln 1974. (Tagebuch einer Krankenschwester, die als Entwicklungshelferin in einem Indiodorf im bolivianischen Hochland arbeitet.)

Loetscher, Huho (Hrsg.), Die Welt ist groß und gehört den anderen. Huber, Frauenfeld (Schweiz) 1979. (Lesebuch der Dritten Welt)

Pausewang, Gudrun, Die Not der Familie Caldera. Ravensburger TB 715, Otto Maier, Ravensburg [4]1981. (Die Familie C. muß eine Hütte im Elendsviertel beziehen, die Kinder betteln, der Vater wird zum Dieb.)

Welsh, Renate (Hrsg.), Ich verstehe die Trommel nicht mehr. Verlag Jungbrunnen, Wien 1979. (20 Erzählungen aus und über Afrika heute)

Wickert, Utta, Im Jahre der Schlange. Tizars Geschichte. Beltz, Weinheim 1979. (Die ersten 18 Lebensjahre eines indonesischen Jungen)

50.0.2. UR-Ziele

(1) Die Politik der Kolonialmächte in den Kolonialgebieten und ihre Auswirkungen auf die einheimische Bevölkerung

(2) Die Selbständigkeitsbestrebungen in einigen Kolonialländern nach dem Ersten Weltkrieg und die Unabhängigkeitsbewegung nach 1945

(3) Die Probleme und Schwierigkeiten der ehemaligen Kolonialländer nach der Unabhängigkeit und ihre historischen Wurzeln

50.0.3. Medien

Wandkarte: Westermann, Die Welt von 1783 bis 1914 – Putzger, Die Welt im 20. Jahrhundert.
Atlas: dtv II 98 Die koloniale Aufteilung der Welt 1914, 88 Indien um 1795, Indien um 1818, Die britische Kronkolonie Indien um 1924, 92 Südamerika im 19. Jahrhundert, 96 Afrika vor der kolonialen Aufteilung um 1870, 102 Das Britische Empire bis 1914, 108 Die koloniale Aufteilung Afrikas vor 1914, 176 Südamerika 1918–1945, Mittelamerika 1918–1945, 178 Afrika 1939, 224 Die Vereinten Nationen, 260 Die Entwicklungsländer um 1960, 264 Südasien 1965, Indisch-pakistanische Teilungs- und Grenzkonflikte, 266 Afrika 1965, 270 Lateinamerika 1965, 300 Innenpolitische Verhältnisse Südamerikas, 302 Die Herrschaft des Militärs in Afrika.
Film: Das Gemeinschaftswerk der evangelischen Publizistik, Frankfurt/M. 1980, bietet zum Thema „Dritte Welt" folgende Filme und Tonbildreihen an: 320912 Die auf den Steinen schlafen. Bergarbeiter im Hochland von Bolivien (17 Min. f), 322350 Favela – Das Leben in Armut (18 Min. f), 322351 Ende des Dialogs (26 Min. sw und f), 320838 Albert Schweitzer in seinem Urwaldhospital (25 Min. f), 320675 Afrika wird selbständig (1963) (17 Min.), 322241 Sechs Milliarden Partner (29 Min.), 320618 Rourkela – Stahl für Indien (17 Min.), 100595 Indien – Bilder aus einem Entwicklungsland (15 Min. sw), 322085 Nicht genug (31 Min. f), 322718 Auf der Kippe (10 Min.), 322516 Bolivien: Gesundheit als Problem der Entwicklungshilfe (19 Min. f), 322906 Herren im eigenen Land – Angola wird unabhängig (22 Min. f), 322903 Stop (9 Min. f), 102349 Wie lebt Twaha in Tansania? (15 Min. f), 322644 Grüße von Twaha aus Tansania (22 Min. f), 322849 Bei einer Papuafamilie in Neuguinea 1975 (15 Min. f), 323073 Blickwechsel – Touristen in Sri Lanka (20 Min. f), 323087 Entwicklungshilfe im Staat Niger (15 Min. f), 327233 Agripino (50 Min. sw), 327038 Bananera Libertad (56 Min. f), 327055 Campesinos (50 Min. sw), 327862 Der Schrei des Volkes (60 Min. f), 327910 Schritte ins Reich der Freiheit: Peru (31 Min. f), 327008 African Riviera – Entwicklung wohin? (46 Min. f), 327052 Cabora Bassa (24 Min. f), 327978/9 Danagram – Szenen aus einem indischen Dorf (23 und 25 Min. f), 327227 Eine Zukunft für Ram (21 Min. f).

50.0.4. Vorbemerkungen

Frühe Kolonisation

Die europäische Kolonisation, d. h. die Ausbreitung der Herrschaft der Europäer über die ganze Erde, setzte bereits im 15. Jahrhundert mit den Entdekkungsreisen der Portugiesen und der Spanier ein, denen im 17. Jahrhundert Niederländer, Briten und Franzosen folgten. Bei diesen frühen Erwerbungen handelt es sich streng genommen nicht um Kolonien (= Siedlungen von Nicht-Einheimischen), sondern in der Mehrzahl um **Handelsniederlassungen und Stützpunkte,** vor allem auf dem Wege nach Südost- und Ostasien sowie nach Westindien, Süd- und Mittelamerika. Lediglich die Spanier hatten in Amerika flächenmäßig weit ausgedehnte Gebiete in Besitz genommen, um zunächst Gold und Silber, später auch Waren aller Art nach Europa zu schaffen.
Im 18. Jahrhundert eroberten Briten und Niederländer **zusammenhängende Kolonialreiche** in Indien und in Insulinde, weiße Siedlungskolonien entstanden in Nordamerika, Südafrika, Australien. Doch waren große Teile der Welt nicht unter europäische Herrschaft geraten und autonom geblieben.

Das Zeitalter des Imperialismus

Im letzten Viertel des 19. Jahrhunderts setzte eine Kolonisierungswelle ein, die binnen weniger Jahrzehnte fast die ganze Welt in Besitz europäischer Mächte brachte. Insbesondere **Afrika,** das bis dahin nur an den Küstenrändern besetzt war, wurde nunmehr unter die alten (Großbritannien, Frankreich, Portugal, Spanien) und einige neue (Deutschland, Belgien) Kolonialmächte aufgeteilt. Eine Sonderrolle spielte Rußland, dessen Expansion auf dem Landwege in territorialer Verbindung mit dem Mutterland erfolgte.
Der Höhepunkt und zugleich der Scheitelpunkt der europäischen kolonialen Ausdehnung, das klassische Zeitalter des Imperialismus, war 1914 erreicht. 72 Mill. km^2, die Hälfte der festen Erdoberfläche, mit 550 Millionen Menchen, mehr als einem Drittel der Weltbevölkerung, befanden sich unter kolonialer Herrschaft. **Großbritannien** herrschte über 33 Mill. km^2 mit 400 Millionen Menschen, **Frankreich** über 11,5 Mill. km^2 mit 56 Millionen Einwohnern. Die weißen Siedlungskolonien befanden sich allerdings schon auf dem Wege der Integration (Russisch-Asien) oder zur Selbstregierung (britische Dominions). Weitere Teile der Erde, so China, das Osmanische Reich, Persien u. a., waren „Halbkolonien", Einflußzonen der Großmächte.

Die wirtschaftliche Bedeutung der Kolonien

Der Imperialismus ist ohne seine ökonomische Komponente nicht verständlich, wenngleich sie – vor allem in marxistischer Sicht – oft maßlos überschätzt wird. In den 70er Jahren des 19. Jahrhunderts waren alle europäischen Staaten außer Großbritannien zu einer protektionistischen Wirtschaftspolitik übergegangen. Im Rahmen dieser Wirtschaftspolitik sollten die Kolonien eine bedeutende Rolle spielen. Sie sollten das Mutterland mit Rohstoffen versorgen und es autark machen. Sie sollten mit dem Mutterland eine Wirtschaftsunion bilden und die dort erzeugten Waren abnehmen, und schließlich sollten sie auch den Überfluß an Menschen aufnehmen.

Tatsächlich war die wirtschaftliche Bedeutung der Kolonien für die Kolonialmächte, abgesehen vielleicht von Großbritannien, im ganzen gesehen gering. Für die meisten Kolonialmächte waren die Kolonien ein **Zuschußunternehmen**. Deutsch-Ostafrika kostete 1908 schon 41,8 Mill. Goldmark an Zuschüssen. Die französischen Kolonien erforderten jährlich eine dreistellige Millionensumme in Goldfranken.

Im Zeitraum von 1908 bis 1913 stieg der Anteil am Import nach Frankreich von 4,7 % auf 9,3 %, am Export aus Frankreich von 6,7 % auf 10,9 %. Der Anteil der Kolonien am deutschen Überseehandel belief sich auf 0,5 %. Großbritannien bezog 1913 11 % seiner Einfuhr aus den Kolonien (ohne Dominions) und lieferte 19 % dorthin.

Auch die **Investitionen** in den Kolonialgebieten waren gering. Man schätzt, daß nur 5 % der französischen Auslandsinvestitionen (insgesamt 32 Mrd. Goldmark) und nur 2 % der deutschen (25 Mrd. Goldmark) in die jeweiligen Kolonien geflossen waren. Dagegen waren rund die Hälfte der britischen Auslandsinvestitionen von 65 Mrd. Goldmark im Empire (einschließlich der „weißen" Dominions und dort wohl in der Hauptsache) angelegt.

Auch als **Einwanderungsgebiete** spielten die Kolonien, zumindest die im 19. Jahrhundert erworbenen, keine Rolle. Die im Verlaufe der Industrialisierung ohnehin zurückgehende Auswanderung aus den europäischen Kolonialländern ging vor allem in die USA, von Großbritannien aus in erster Linie in die Dominions (Kanada, Australien, Neuseeland) und von Rußland aus in die asiatischen Gebiete des Reiches. In die Kolonien wanderten lediglich eine begrenzte Anzahl von Farmern und Kaufleuten sowie Verwaltungs- und Militärpersonal aus.

Die Kolonialherrschaft hatte für die Wirtschaft der Kolonien eine Folge, die heute noch die längst selbständig gewordenen Exkolonien belastet: Die **Monokultur,** der Anbau und damit die Abhängigkeit von einem oder einigen wenigen Produkten.

Die bisherige Selbstversorgungswirtschaft der nunmehr abhängigen Länder wurde zerstört und umgewandelt in Erzeugung von Rohstoffen für den Export. Das erste Beispiel für eine Monokultur war der im 18. Jahrhundert einsetzende Anbau von Zuckerrohr in Westindien. Nach dem amerikanischen Sezessionskrieg (1861–65), der die auf Sklavenhaltung beruhende Plantagenwirtschaft der Südstaaten zerstört hatte, betrieb England für seine Textilindustrie den Anbau von Baumwolle in Ägypten, dessen Ausfuhr noch heute zu ca. 65 % aus Baumwolle und Baumwollprodukten besteht. Eine ähnliche Rolle spielen Kakao für Ghana, Erdnüsse für Senegal und Niger, Reis für Burma, Tee für Ceylon oder bestimmte Bodenschätze für Zaire (Kupfer), Liberia (Eisenerz) und Malaysia (Zinn, neben Kautschuk). Länder mit solchen Monokulturen sind von den schwankenden Weltmarktpreisen für ihre Produkte abhängig.

Zur Beurteilung des Kolonialismus

Für Theodor Schieder hat der Kolonialismus ein „Janusgesicht als ein zerstörendes wie aufbauendes historisches Prinzip".

Politisch hat die Herrschaft europäischer Mächte alte Formen von Unterdrückung, vor allem die Sklaverei, beseitigt und den inneren Frieden in ihren Kolonialreichen hergestellt, wo es vorher vielfach erbitterte Kämpfe zwischen rivalisierenden Machthabern oder Stämmen gegeben hatte (Pax Britannica). Andererseits wurden eine Fremdherrschaft mit neuen Formen von Unterdrückung errichtet und alte Sozialordnungen (Stammesverfassung) zerstört.

Die von den Kolonialmächten willkürlich oder zufällig gezogenen Grenzen zerschnitten oft ethnische Einheiten oder fügten verschiedenartige oder auch feindliche Stämme in Verwaltungseinheiten zusammen. Nach der Entkolonisierung blieben die Grenzen unverändert, die neuen Staaten haben vielfach große Probleme mit ethnischen Gegensätzen.

Die zivilisatorischen Errungenschaften der Europäer wurden auf der ganzen Welt eingeführt; vor allem die Übernahme der modernen Medizin und der Hygiene stellen einen gewaltigen Fortschritt dar. Die Folge war eine erhebliche Vermehrung der Bevölkerung und eine Zerstörung des Gleichgewichts zwischen den wirtschaftlichen Kapazitäten und der Zahl der zu ernährenden Menschen.

Die Übertragung des europäischen Bildungssystems auf die Kolonialländer hat dazu geführt, daß zumindest eine schmale Intelligenzschicht den Anschluß an die zivilisatorischen, kulturellen und technischen Errungenschaften Europas fand, andererseits führte dies zur Entfremdung der Führungsschicht von den einheimischen Massen.

Wirtschaftlich brachte das Kolonialzeitalter den Zusammenschluß der Wirtschaften der einzelnen Länder, auch der zumeist primitiven Agrarwirtschaften der Kolonialländer, zu einer interdependenten Weltwirtschaft und ihren Anschluß an den Weltverkehr durch den Bau von Straßen, Eisenbahnen und Häfen – mit allen (oben beschriebenen) negativen Folgen (vgl. auch Problemorientierter Geschichtsunterricht Band 2, S. 159).

Der Niedergang der Kolonialherrschaft nach dem Ersten Weltkrieg

Der Erste Weltkrieg brachte eine Wende der Kolonialherrschaft, wenn die koloniale Expansion einiger Mächte auch noch fortgesetzt wurde. Die ehemaligen deutschen Kolonien und die nicht-türkischen Gebiete des besiegten Osmanischen Reiches wurden von den Siegermächten, vor allem von Großbritannien und

Frankreich, in Besitz genommen. Die Form der Inbesitznahme allerdings änderte sich, statt einer bloßen Annexion wurde das Institut des **Völkerbundmandats** geschaffen. Nach Art. 22 der Satzung des Völkerbundes wurde „fortgeschrittenen Nationen" die „Vormundschaft" über Völker anvertraut, die sich noch nicht selbst regieren können, sie sollten diese Gebiete im „Auftrag (Mandat) des Völkerbundes" verwalten. (1948 trat an Stelle des Völkerbundmandats das System der Treuhandschaft der Vereinten Nationen.)
Unter der scheinbar intakten Oberfläche war jedoch das Kolonialsystem erheblich erschüttert. Die Kolonialvölker waren in den Krieg hineingezogen worden. Soldaten aus den Kolonialländern hatten auf beiden Seiten gegen die weißen Herren gekämpft, einzelne Kolonialvölker waren vom jeweiligen Gegner zum Aufstand gegen die bestehenden Ordnungen angestachelt worden. Die Idee vom Selbstbestimmungsrecht der Völker griff auch auf die Kolonien und abhängigen Staaten über, Autonomiebewegungen wurden bestärkt, der Nationalismus geweckt. Vor allem in Indien und im arabischen Vorderasien und Nordafrika entstandenen Unabhängigkeitsbewegungen, die zur offenen Auflehnung gegen die Fremdherrschaft übergingen.

Das Ende nach dem Zweiten Weltkrieg

Der „zweite europäische Bürgerkrieg des 20. Jahrhunderts" (Ansprenger) leitete das Ende des kolonialen Zeitalters ein. Es gibt eine ganze Reihe von **Ursachen.** An erster Stelle wird man den ungeheuren **Autoritätsverlust** nennen müssen, den die weißen Völker durch die Niederlagen erlitten, die sie sich gegenseitig zufügten. Vor allem Japan, eine nichtweiße Nation, hat in einem unvorstellbaren Siegeslauf den Nimbus der weißen Rasse zerstört. Am Ende des Krieges hatte Europa seine Position als Machtzentrum der Welt eingebüßt und war Objekt der Weltpolitik geworden.
Eine herausragende Rolle spielten auch **europäische Ideen** wie die der Freiheit, der Nation, der Selbstbestimmung, für die die siegreichen Alliierten schon im Ersten und noch nachdrücklicher im Zweiten Weltkrieg gekämpft hatten. Schließlich gab es keine plausiblen Gründe, weshalb man den Farbigen Roosevelts „Vier Freiheiten" vorenthalten sollte.
Diese Einsicht begann sich auch in Europa durchzusetzen, wo im übrigen der Kolonialismus nie eine durchgängig positive Beurteilung erfahren hat. In weiten Teilen der öffentlichen Meinung der Kolonialmächte gab es schon immer starke Vorbehalte gegen das Kolonialsystem. Sein Ende wurde denn auch ohne großen Aufhebens akzeptiert, ja weithin begrüßt. Die Entkolonisierung vollzog sich in Übergängen. Das Britische Empire wurde langsam zum **Commonwealth of Nations,** in dem zunächst Dominien, dann selbständige Staaten, anfangs noch unter der britischen Krone, dann als Republiken einen losen Zusammenschluß bildeten und immer noch bilden. Hingegen scheiterte der Versuch, das **Französische Kolonialreich** in eine Französische Union umzuwandeln.
In **Asien** gelang es nach 1945 den Kolonialmächten nicht, ihre alten Positionen wieder einzunehmen, aus denen sie die Japaner vertrieben hatten. Die Niederländer zogen sich 1949 endgültig aus Indonesien zurück, die Franzosen gaben Indochina 1954 auf. Auch die britischen Besitzungen wurden rasch unabhängig; Indien, Pakistan und Burma 1947, Ceylon 1948. In **Schwarz-Afrika** machte Ghana 1957 den Anfang, 1960 wurden die meisten französischen Kolonien sowie der belgische Kongo unabhängig, wenige Jahre später folgten die meisten noch verbliebenen britischen Kolonien, erst 1975 das portugiesische Kolonialreich. In den siebziger Jahren wurden auch zahlreiche Inseln in der Karibik und im Pazifik selbständig.

Der Zerfall der Kolonialherrschaft

Beispiel: Indien. Die britische Herrschaft über Indien geht bis ins 17. Jahrhundert zurück. In erbitterten Auseinandersetzungen zunächst mit Portugiesen und Niederländern, im 18. Jahrhundert dann mit den Franzosen gelang es den Briten, die Oberhand zu gewinnen und die Rivalen auszuschalten. Träger der britischen Herrschaft war über Jahrhunderte eine private Handelsgesellschaft, die 1600 gegründete **Ostindien-Kompanie.** Erst 1858 wurde die Kompanie aufgelöst, ein Indienministerium wurde in London eingerichtet, ein Vizekönig vertrat die britische Krone. 1876 nahm Königin Viktoria den Titel einer Kaiserin von Indien an. Neben den Siedlungs- und den Ausbeutungskolonien war in Indien der Typ einer Verwaltungskolonie entstanden. 60000 bis 70000 britische und 150000 indische Soldaten sowie einige zehntausend britische Beamte beherrschten einen Subkontinent von Hunderten von Millionen Einwohnern. (Die Gesamtzahl der Briten in Indien in den zwanziger Jahren dieses Jahrhunderts belief sich auf 164000, darunter 45000 Frauen.)
Schon Anfang des 19. Jahrhunderts bildete sich unter dem Einfluß des britischen Liberalismus eine Bewegung zur politischen Erneuerung Indiens, die 1885 zur Gründung des **Indian National Congress,** der heutigen Kongreßpartei, führte.
Im Ersten Weltkrieg kämpften Hunderttausende von indischen Soldaten an der Seite Großbritanniens. Als Gegenleistung forderten indische politische Führer „Selbstherrschaft" für Indien. Zum unbestrittenen Führer dieser Bewegung wurde **Gandhi.** Seine politischen Kampfmittel waren **„ziviler Ungehorsam"** und

„Nicht-Zusammenarbeit“ auf der Basis der Gewaltlosigkeit (Satyagraha, wörtlich „Festhalten an der Wahrheit“).
Ein erster Feldzug des „zivilen Ungehorsams“ begann 1922, eine zweite größere Kampagne 1930. Ihr Angriffsziel war die Salzgesetzgebung von 1836, die durch hohe Besteuerung die Salzgewinnung in Indien zum Erliegen gebracht hatte. Im „Salzmarsch“ begab sich Gandhi mit seinen Anhängern ans Meer, hob symbolisch einige Salzkristalle auf und verletzte damit das britische Salzmonopol. Gandhi wurde verhaftet, aber bald wieder freigelassen. 1935 wurde eine neue Verfassung für Indien erlassen. Britisch-Indien (nicht die „unabhängigen“ Fürstenstaaten) wurde in elf Provinzen aufgegliedert, die unter indischen Regierungen autonom wurden. Gandhi setzte sich für die Verfassung ein, obwohl sie keineswegs das Verlangen nach wirklicher Unabhängigkeit erfüllte.
Im Zweiten Weltkrieg kämpfte Indien wiederum an der Seite Großbritanniens. 1947 wurde Indien schließlich in die Unabhängigkeit entlassen. Das Land wurde in einen Hindustaat, die **Indische Union,** und einen islamischen Staat, **Pakistan,** geteilt. Beide Staaten erhoben Anspruch auf Kaschmir, ein vorwiegend von Moslems bewohntes Land, das von einem hinduistischen Maharadscha beherrscht wurde. Nach schweren Kämpfen wurde Kaschmir geteilt. Innerhalb der beiden Staaten Indien und Pakistan brachen Kämpfe zwischen Moslems und Hindus aus. Millionen von Menschen flohen aus ihrer Heimat und suchten Zuflucht bei ihren Glaubensgenossen. Es kam zu entsetzlichen Massakern. Insgesamt 12 Millionen flohen in beiden Richtungen, eine halbe Million verlor ihr Leben. Gandhi wurde 1948 durch einen hinduistischen Fanatiker ermordet.
Politischer Führer Indiens wurde Jawaharlal **Nehru;** er war bis 1964 Ministerpräsident und Außenminister. Außenpolitisch steuerte er einen Kurs zwischen dem westlichen Bündnissystem und dem Ostblock. Mit anderen, eine ähnliche Politik treibenden Staaten (Jugoslawien, Indonesien) bildete Indien die Gruppe der **Blockfreien** und war ihre bedeutendste Macht.
Indien hatte zunächst gute Beziehungen zu China unterhalten, doch verschlechterten sich die nach dem chinesischen Einmarsch in Tibet im Jahre 1950. 1959 kam es zu Grenzzwischenfällen und 1962 schließlich zum Krieg mit China, in dem die Inder schwere Niederlagen erlitten. Nehru bat um westliche Waffenhilfe, was seine Stellung als Führer der „Blockfreien“ erschütterte. Er starb 1964.
1965 kam es wegen der ungeklärten Kaschmirfrage zum Krieg mit Pakistan. 1966 wurde Indira Gandhi, die Tochter Nehrus, Ministerpräsidentin. 1971 brachen blutige Unruhen in Ost-Pakistan aus mit dem Ziel, das Land aus dem Staatsverband zu lösen. Sie wurden von der Armee unterdrückt. Daraufhin griff Indien ein und fügte Pakistan eine schwere Niederlage zu. Ost-Pakistan wurde als Bangla-Desh selbständig. 1974 zündete Indien seine erste Atombombe, es war damit der 6. Atomstaat. Seit Anfang der siebziger Jahre lehnte sich Indien immer stärker an die Sowjetunion an.
Im Innern ließ sich die erforderliche Modernisierung gegen heftigen Widerstand nur schwer durchsetzen. Aktionen gegen religiöse und gesellschaftliche Tabus (z. B. das Kastenwesen) führten mehrfach zu schweren Unruhen. Die indische Wirtschaft wurde sowohl von den westlichen Ländern (als „demokratische Alternative“ zur VR China) als auch von der Sowjetunion (nach dem Bruch mit China) besonders gefördert und verhältnismäßig reichlich mit Entwicklungshilfe bedacht (z. B. gleichzeitiger Bau mehrerer Stahlwerke, darunter das deutsche in Rourkela). Dennoch hat Indien, vor allem wegen der gewaltigen Bevölkerungsvermehrung, seine wirtschaftlichen Probleme nicht lösen können, es ist nach wie vor eines der Länder mit dem niedrigsten Pro-Kopf-Einkommen der Welt.
Beispiel: Ghana. An der Küste des westafrikanischen Landes, das wegen seiner Goldvorkommen **Goldküste** genannt wurde, gab es schon seit dem 16. Jahrhundert europäische Handelsstützpunkte. 1874 wurde es britische Kronkolonie. Widerstand gegen die britische Herrschaft leistete vor allem der Stamm der Aschanti. Er konnte erst Anfang des 20. Jahrhunderts besiegt werden. Schon 1925 wurden Afrikaner an der Regierung beteiligt. 1957 wurde die Goldküste unter dem Namen „Ghana“ als erster schwarz-afrikanischer Staat unabhängig. **Kwame Nkrumah** wurde Premierminister, nach Proklamierung der Republik Präsident. Er schaltete alsbald alle innenpolitischen Gegner aus und errichtete eine Ein-Partei-Diktatur, sich selbst ließ er zum Präsidenten auf Lebenszeit ernennen. Außenpolitisch gelang es Nkrumah, sich trotz der schmalen Machtbasis seines kleinen Landes zu einem der führenden Sprecher der **Blockfreien** aufzuschwingen. In der Endphase seines Regimes lehnte er sich stark an die Sowjetunion und die VR China an.
1966 wurde Nkrumah durch einen Putsch der Militärs gestürzt. 1969 wurden Wahlen abgehalten und eine Zivilregierung gebildet, die jedoch schon 1972 durch einen erneuten Militärputsch gestürzt wurde. Seither gab es einen mehrfachen Wechsel verschiedener Militär- und Zivilregierungen, den letzten Ende 1981. Alle neuen Machthaber versprachen, der Korruption und der Mißwirtschaft ein Ende zu bereiten, sind jedoch bisher an den Realitäten gescheitert.
Ghana gehört zu den mit natürlichen Reichtümern verhältnismäßig gut ausgestatteten Ländern Afrikas. Außer bedeutenden Goldlagern besitzt es Diamanten-, Bauxit- und Manganvorkommen. Nkrumah leite-

te sofort nach der Unabhängigkeit überstürzt einen Prozeß der Industrialisierung ein und führte einen „Afrikanischen Sozialismus“ ein, d. h. er verstaatlichte die meisten Wirtschaftszweige oder stellte sie unter staatliche Kontrolle. Schon 1960 war das Land daraufhin am Rande des Bankrotts. Als Nkrumah 1966 gestürzt wurde, hinterließ er 2,5 Mrd. DM Schulden. Nach wie vor ist der wichtigste Erwerbszweig die Landwirtschaft: Über 60 % der Bevölkerung sind darin beschäftigt, sie erwirtschaften 66 % des Volkseinkommens. Ghana produziert 30 % der Welternte an Kakao, etwa 60 % seiner Ausfuhr besteht aus Kakao. Weitere Ausfuhrgüter sind Gold (ca. 10 %) und Hölzer und Diamanten (10 %). Die Terms of Trade (Verhältnis von Ausfuhr- zu Einfuhrpreisen) haben sich in den letzten Jahren dank der Preissteigerungen für viele Rohstoffe, darunter die in Ghana erzeugten, verbessert (1970 = 100, 1979 = 144). Dennoch befand sich Ghana zu Beginn der 80er Jahre in einer katastrophalen Wirtschaftskrise. Die meisten Kakaofabriken nutzten nur 30 % ihrer Kapazität, es herrschte Mangel an Lebensmitteln, für die hohe Schwarzmarktpreise zu zahlen waren. Für den gesetzlichen Mindesttagelohn von 16 Cedi konnte man sich ein kleines Weißbrot und eine Dose Milch kaufen.

Beispiel: Lateinamerika. Lateinamerika ist viel früher als die meisten anderen Kolonialgebiete von Europäern in Besitz genommen, aber auch viel früher wieder unabhängig geworden. Die spanischen Eroberer **(Konquistadoren)** vernichteten die indianischen Hochkulturen in Mexiko und Peru und nahmen nach und nach den ganzen Kontinent in Besitz, mit Ausnahme Brasiliens, das nach dem Vertrag von Tordesillas 1494 Portugal zufiel.

Wirtschaftlich blieb Lateinamerika völlig abhängig von den Mutterländern. Der **Handel zwischen den Kolonien und Spanien** war strikt geregelt und ein Monopol des Mutterlandes. Der gesamte Kolonialhandel mußte bis 1765 über den Hafen Sevilla laufen, nur spanische Schiffe und Kaufleute durften daran teilhaben.

1543 wurde zum Schutz gegen Piraten das **Konvoisystem** eingeführt. Zweimal jährlich wurde in Spanien ein Konvoi mit starkem Geleitschutz zusammengestellt, dem sich alle Handelsschiffe anschließen mußten. Die Armada lief nach Kuba, wo sie sich teilte und in drei Gruppen die Endpunkte ansteuerte: Cartagena/Kolumbien, Porto Belo (von wo die Waren über Land nach Panama und weiter per Schiff nach Callao/Peru transportiert wurden) und Veracruz/Mexiko. Sammelpunkt für die gemeinsame Rückkehr war Havanna/Kuba. Das Konvoisystem wurde erst im 18. Jahrhundert durch Erteilung von Lizenzen für Einzelfahrer gelockert.

Zum Schutz des einheimischen spanischen Marktes wurde der Handel zwischen den einzelnen Kolonien eingeschränkt. Der Anbau bestimmter Produkte und die Herstellung bestimmter Waren wurden verboten, wenngleich sich die Verbote auf Dauer nicht durchsetzen ließen.

Unter dem Einfluß der erfolgreichen Unabhängigkeitsbewegung in Nordamerika, der Französischen Revolution und der Napoleonischen Kriege, die Spanien und Portugal zeitweise unter französische Botmäßigkeit brachten, erhoben sich die Kolonien gegen das Mutterland und erkämpften die **Unabhängigkeit.** Die Träger der Unabhängigkeitsbewegung waren die Kreolen (im Lande geborene Abkömmlinge europäischer Einwanderer). Die Indios, Neger und Mischlinge waren vom politischen Leben weitgehend ausgeschlossen oder standen ihm gleichgültig gegenüber. Nach schweren Kämpfen entstand eine Anzahl (7–8) selbständiger Republiken, die zum Teil (so die Zentralamerikanische Föderation und Groß-Kolumbien) in blutigen Bürgerkriegen in der ersten Hälfte des 19. Jahrhunderts zerfielen und schließlich das noch heute bestehende Staatensystem bildeten.

Die panamerikanische Bewegung

Schon **Simon Bolivar,** der Held der Unabhängigkeitskriege, versuchte, den Zusammenschluß der amerikanischen Staaten in die Wege zu leiten. Ende des 19. Jahrhunderts ging eine neue Initiative zur Wiederbelebung der panamerikanischen Idee von den USA als der unbestrittenen amerikanischen Hegemonialmacht aus. Unter Präsident Theodore Roosevelt begannen die **USA** eine Politik der **Intervention** zur Durchsetzung ihrer Interessen, die vor allem die Staaten der Karibik und Mittelamerikas betraf.

Eine neue Periode der Beziehungen zwischen den USA und Lateinamerika und damit auch der panamerikanischen Bewegung begann mit dem Amtsantritt Präsident Franklin D. Roosevelts, der eine Politik der guten Nachbarschaft betrieb. Die politische Zusammenarbeit aller amerikanischen Staaten wurde intensiviert. Sie erreichte ihren Höhepunkt mit der Gründung der **Organisation Amerikanischer Staaten (OAS)** im Jahre 1948, der alle Länder außer Kanada angehörten. Sie wurde – vor allem nach dem Einschwenken Kubas auf den sowjetischen Kurs – zunehmend zu einem Instrument der Abwehr des kommunistischen Einflusses in Amerika. 1962 wurde Kuba aus der OAS ausgeschlossen. 1961 verkündete Präsident **Kennedy** die **„Allianz für den Fortschritt“**, ein anspruchsvolles soziales und wirtschaftliches Reformprogramm, für das die USA jährlich 2 Mrd. Dollar bereitstellten. Diese Hilfe konnte durchgreifende Änderungen nicht herbeiführen. Die Beziehungen zwischen den USA und Lateinamerika blieben unbefriedigend. Bei den Massen Lateinamerikas spielen die USA die Rolle des beneideten reichen Verwandten, der als Sündenbock für die eigene Misere angesehen wird.

Staats- und Regierungsformen
In den fünfziger Jahren gab es in Lateinamerika vorwiegend personalistische **Diktaturen** (unter einem Caudillo, wie etwa Peron) oder Militärdiktaturen, jedoch – und mit zunehmender Tendenz – auch **demokratisch regierte Staaten.** In den sechziger Jahren hatte es den Anschein, als würden sich die zivilen Kräfte mit demokratischen Reformprogrammen immer mehr durchsetzen, unterstützt von den USA im Rahmen der „Allianz für den Fortschritt". Inzwischen haben sich – abgesehen von wenigen Ausnahmen (Venezuela, Kolumbien, Peru, Ekuador, Costa Rica) – fast überall **Militärdiktaturen** durchgesetzt. Sie haben ganz unterschiedliche Zielvorstellungen, wenden aber weitgehend dieselben Methoden an. Teilweise streben sie wirtschaftliche und soziale Veränderungen an, zum Teil haben sie konservative Zielsetzungen.

Die Bevölkerungsentwicklung
Um 1825 bestand die Bevölkerung Lateinamerikas aus 23 Millionen Menschen, davon rund 20 % Weiße, 35 % Indianer, 18 % Neger und 27 % Mischlinge. Inzwischen ist die Bevölkerung auf etwa 350 Millionen (1980) gestiegen (1960 noch 200 Millionen). 1945 war sie wie folgt zusammengesetzt (ein Verhältnis, das sich kaum verschoben haben dürfte): Weiße 35 %, Mischlinge 35 %, Indianer 20 %, Neger 10 %. Es gibt „Weiße Staaten": Argentinien, Uruguay (95 % Weiße); Mischlingsstaaten: Brasilien (60 % Weiße, 30 % Mischlinge), Chile (60 % Mestizen, 32 % Weiße), mittelamerikanische Länder; indianische Staaten: Bolivien, Ekuador, Kolumbien, Peru, Venezuela.

Beispiel Kuba: (Siehe zu Kuba auch UR 47 „Die USA nach dem Zweiten Weltkrieg", Abschnitt „Die Kubakrise" S. 106.)
Nach dem totalen Bruch mit den USA setzte **Fidel Castro,** der anscheinend zunächst einen unabhängigen Kurs steuern wollte, völlig auf die sowjetische Karte. 1961 erklärte er Kuba zur sozialistischen Republik auf der Grundlage des Marxismus/Leninismus. 1965 wurde die „Vereinigte Partei der Sozialistischen Revolution" in „Kommunistische Partei Kubas" umbenannt.
Nach dem Wirtschaftsembargo der USA wurde die **Sowjetunion** der Haupthandelspartner Kubas. Seitdem werden jeweils 50 % des Exports und des Imports mit der Sowjetunion abgewickelt. Hauptexportartikel ist **Zucker.** Bei der Machtübernahme Castros waren es 74 % der Gesamtausfuhr, heute 85 %. Die Sowjetunion und die Comeconstaaten zahlen einen garantierten Preis, der unabhängig von den Schwankungen des Weltmarktpreises ist. Neben dieser indirekten Unterstützung erhält Kuba außerordentlich umfangreiche sowjetische Kredite bzw. Schenkungen. Nach westlichen Schätzungen haben diese Ende der siebziger Jahre zwischen einer und drei Mrd. Dollar jährlich erreicht.
1972 trat Kuba dem **Comecon** bei. Die Sowjetunion setzte die Rückzahlung aller 1960 bis 1972 entstandenen Verpflichtungen aus. Trotz der massiven Wirtschaftshilfe konnte das 1962 eingeführte Rationierungssystem nicht aufgehoben werden, die Versorgungslage hat sich im Gegenteil eher noch verschlechtert. Selbst Zucker ist rationiert (zwei kg pro Kopf im Monat).
1975 begann Kuba eine neue Art des **Exports seiner Revolution,** nachdem die Ausbreitung der Revolution in Lateinamerika durch Ideen und Guerillakämpfer (Che Guevara) gescheitert war: Es entsandte starke Streitkräfte und „Berater" in solche Länder, wo prosowjetische Regimes oder politische Kräfte noch nicht völlig etabliert sind oder noch um die Macht ringen. Das erste Land war Angola, wo die Kubaner den Machtkampf zugunsten der MPLA entschieden. Inwischen gibt es solche kubanischen Detachements in mehreren Ländern Afrikas und des Nahen Ostens (Angola, Mosambique, Äthiopien, Jemen etc.) und in Nicaragua.
Beispiel: Peru. Im Oktober 1969 stürzte das Militär die Regierung des Präsidenten Belaunde Terry, des Führers der (linken) Accion Popular (AP). Eine Junta unter General Velasco Alvarado übernahm die Macht. Sie verkündete, einen dritten Weg zwischen Kapitalismus und Kommunismus steuern zu wollen und führte sofort eine Agrarreform durch. Der Großgrundbesitz (1000 Hazienden mit 60 % der nutzbaren Fläche) wurde enteignet, ein Teil des Landes wurde an bäuerliche Familienbetriebe gegeben, der überwiegende Teil jedoch landwirtschaftlichen Produktionsgenossenschaften übereignet. Das eigentliche Ziel der Reform war die Wiederherstellung der ursprünglichen Form des indianischen Gemejnschaftseigentums. Ende 1977 waren über 8 Mill. ha verteilt worden (gesamte landwirtschaftliche Nutzfläche 1978 13,6 Mill. ha), davon eine halbe Mill. an einige zehntausend Einzelbetriebe, 7,5 Mill. an 500 Kooperativen und etwa 1000 andere Gemeinschaftsformen. Insgesamt sind 300000 Familien begünstigt worden. Ursprünglich sollten 13 Mill. ha an 1,2 Mill. Familien verteilt werden, aber es gab nicht genügend Land.
In der Industrie und im Bergbau wurden zunächst ausländische Unternehmungen (Öl, Kupfer etc.) enteignet bzw. „peruanisiert" (Anteil peruanischen Kapitals muß 50 % übersteigen). Schließlich wurden auch die Fischindustrie, die Banken und die Elektrizitäts-

wirtschaft enteignet. Ein ehrgeiziges Bildungsprogramm, dessen Hauptziel die Beseitigung des Analphabetentums war, wurde in Gang gesetzt. Es gelang binnen weniger Jahre, die Analphabetenquote von 40 % auf 20 % zu senken.
Seit 1974 geriet die Junta zunehmend in Schwierigkeiten. Die Reformen erforderten riesige Geldmittel. Die Genossenschaften arbeiten ausschließlich mit Fremdkapital, d. h. Staatskrediten, die nicht länger zur Verfügung standen. Durch die Ausschließung privaten ausländischen Kapitals wurde der Kapitalmangel noch verschärft. Inflation, Streiks und Knappheit waren die Folge.
Schließlich wurde die Junta 1975 durch einen Putsch des Generals Morales Bermudez gestürzt. Das revolutionäre Programm wurde stufenweise abgebaut, der privatwirtschaftliche Sektor gestärkt. So wurde die 20 % des Bruttosozialprodukts erbringende, 1973 verstaatlichte Fischereiflotte reprivatisiert. Ausländische Unternehmen wurden ermuntert zu investieren. 1978 wurde eine Verfassunggebende Versammlung gewählt und 1979 eine neue Verfassung verabschiedet. Peru kehrte zur demokratischen Staatsform zurück. Seit den Wahlen von 1980 stellt die AP wieder die Regierung, der 1968 gestürzte Belaunde Terry ist wieder Präsident.

50.1. Beispiele: Indien und Ghana

50.1.1. Wissensziele

Die europäischen Mächte haben innerhalb weniger Jahrhunderte, vor allem im 19. Jahrhundert, den größten Teil der Erde in ihren Besitz gebracht. Die Kolonialmächte haben die politischen, wirtschaftlichen und sozialen Verhältnisse in ihren Kolonien verändert.
Der Erste und noch viel stärker der Zweite Weltkrieg leiteten das Ende der Kolonialherrschaft ein. Rund zwanzig Jahre nach dem Ende des Zweiten Weltkrieges waren fast alle ehemaligen Kolonien unabhängig. Indien wurde nach der Unabhängigkeit geteilt in die Indische Union und Pakistan. In der Indischen Union wurde ein parlamentarisch-demokratisches Regierungssystem errichtet, das bis heute funktionsfähig geblieben ist. Das Land konnte jedoch bis heute seine wirtschaftlichen und sozialen Probleme nicht befriedigend lösen. Ghana wurde unter Nkrumah zu einer Ein-Parteien-Diktatur. Bevor er gestürzt wurde, brachte er das Land an den Rand des Bankrotts. Seitdem sind mehrere Regierungen gebildet und wieder gewaltsam gestürzt worden. Wirtschaftlich hat sich Ghana noch nicht erholen können.

50.1.2. UE-Ziele

(1) Die Probleme eines Entwicklungslandes am Beispiel Indiens und am Beispiel Ghanas
(2) Die Auswirkungen der britischen Kolonialpolitik
(3) Der Kampf um die Unabhängigkeit: Gandhis Methode des gewaltlosen Widerstands
(4) Probleme Indiens und Ghanas nach der Unabhängigkeit

50.1.3. Einstieg

- Film FT 41 „Die auf Steinen schlafen“
- Sammeln und Präsentieren von aktuellen Nachrichten über die Dritte Welt
- Aktionen für die Dritte Welt
- Sammeln von Vorwissen über die Ursachen der Notlage in der Dritten Welt

50.1.4. Schwerpunkte

Es bietet sich an, das Thema vom Vorwissen und den „Vor-Urteilen“ der Schüler her aufzuschließen. Als Anknüpfungspunkte können aktuelle Meldungen aus Zeitung, Rundfunk und Fernsehen dienen. Einen fruchtbaren Ansatz können Aktionen zur Linderung der Not der Menschen in der „Dritten Welt“ bieten. Jeder Lehrer kann davon ausgehen, daß die Schüler in ihren ersten Äußerungen Denkstereotype und Vorurteile artikulieren. Diese können folgendermaßen aussehen:

- „Die verheerende Situation der Armen und Hungernden in Asien, Afrika und Lateinamerika ist die Folge ungünstiger klimatischer und geographischer Bedingungen.“
- „Es mangelt der Bevölkerung häufig an Arbeits- und Leistungswillen.“
- „Eine Besserung der Verhältnisse ist nur möglich, wenn die Länder der Dritten Welt ihr Leben nach dem Vorbild der Industriestaaten einrichten.“
- „Die Entwicklungsländer sollen nicht durch überhöhte Preisforderungen für ihre Rohstoffe unser wirtschaftliches Wohlergehen gefährden, denn dann schädigen sie die Kräfte, die ihnen helfen können.“
- Man begegnet aber immer wieder auch der Meinung, daß nur die Kolonialherren die Schuld an allen heutigen Schwierigkeiten der Entwicklungsländer tragen.

Darüber hinaus ist zu fragen, warum die ehemaligen Kolonialländer nach Erlangung der Unabhängigkeit weiterhin in wirtschaftlicher Abhängigkeit blieben und viele ihrer Probleme nicht zu lösen vermochten.
Dies ist der historische Aspekt des Themas „Dritte Welt“. Für die Unterrichtsplanung muß bedacht wer-

den, daß die Situation eines Entwicklungslandes und die Lebensbedingungen seiner Bewohner aus dem Zusammenwirken geographischer, kultureller, sozialer und politischer Faktoren resultieren. Es sollten daher verschiedene Fächer zu einem fächerübergreifenden Unterricht zusammengefaßt werden (Geschichte, Politik, Geographie, Religion).
Im folgenden beachten wir vor allem die geschichtlichen Faktoren. Die anderen Faktoren werden nicht ausgeklammert, müssen jedoch im Rahmen der entsprechenden Fächer bedacht werden. Ziel eines solchen Geschichtsunterrichts ist es, die Schüler zu befähigen, die Konflikte auf ihre historischen Voraussetzungen hin zu untersuchen und dann reflektiert beurteilen zu können.
Im einzelnen geht es um folgende Fragen:

- Welchen Einfluß hatte das Kolonialsystem auf die Entwicklung der Kolonialgebiete?
- Wie wirkten sich die beiden Weltkriege auf das Verhältnis der Kolonialländer zu ihren Kolonien aus?
- Warum gelang es auch nach der Erringung der Unabhängigkeit und der staatlichen Souveränität nicht, die Probleme der Entwicklungsländer zu lösen?

Um Betroffenheit bei den Schülern auszulösen, sollten zunächst Texte, Bilder oder Filme eingesetzt werden, die ein anschauliches Bild vom Alltag der Bevölkerung eines Entwicklungslandes vermitteln. Die Schüler sollen ein Empfinden für die Not bekommen. Es soll zur Bereitschaft führen, durch eigene Opfer zur weltweiten Solidarität und zu mehr Gerechtigkeit für alle Menschen beizutragen. Es muß handlungsorientierte Betroffenheit angestrebt werden.
Es könnte zu vorschneller Verallgemeinerung führen, wenn nur die Verhältnisse eines Landes untersucht werden. Wir plädieren deshalb dafür, die historische Phase der Kolonisation und Entkolonisation an mehreren Beispielländern zu untersuchen. Die Auswahlkriterien können verschieden sein (Aktualität, Konflikte, Materiallage, Interesse der Schüler u. ä.).
Im folgenden werden zwei Beispiele aus dem ehemaligen britischen Weltreich herangezogen. Im ersten Schwerpunkt wird es um die Entwicklung des indischen Subkontinents, im zweiten Schwerpunkt um die Entwicklung eines afrikanischen Landes, Ghana, gehen.

50.1.4.1. Schwerpunkt: Indien

Der Film FT 41 „Die auf Steinen schlafen" vermittelt einen anschaulichen Eindruck von den wirtschaftlichen, politischen und religiösen Problemen Indiens. Darüber hinaus zeigt er auch Lösungsansätze auf, etwa eine Landreform, Bewässerungsmaßnahmen, Gründung von Genossenschaften u. ä. Die Aussagen des Films sollten durch Berichte ergänzt werden.

Berichte über indische Probleme

Land der Gegensätze. „Die Boeing 707, eines der kompliziertesten Gebilde modernster Technik, mit der wir nach Indien fliegen, wird ausschließlich von Indern bedient, und es gibt kaum eine geistes- oder naturwissenschaftliche Disziplin, in der Inder nicht Hervorragendes leisteten. Indien hat bereits einen Atom-Meiler. Die 500000 Dörfer des Landes jedoch sind nicht nur ohne Licht, sondern leben für unsere Begriffe noch im finstersten Mittelalter. Im Norden des Landes steht der Bhakra Dam, eines der größten Stauwerke der Welt, vor der Vollendung, das ein Gebiet etwa von der Größe Bayerns bewässern und mit Strom versorgen wird; ein ‚Symbol des neuen Indiens', wie uns indische Ingenieure mit berechtigtem Stolz versichern. Aber in Kalkutta kann man sich als Europäer der Scharen in Lumpen gehüllter Bettler kaum erwehren. Viele Tausende magerer Gestalten schlagen allabendlich mitten in der Stadt unter freiem Himmel ihr Nachtlager auf und verwandeln den Bürgersteig in einen einzigen Riesenschlafsaal des Elends und der Armut."

Rückständige Landwirtschaft. „Indien ist auch heute noch weit entfernt, dem Grundsatz ‚Das Land gehört dem, der es bebaut!' zu entsprechen, dessen Befolgung vor der Unabhängigkeit versprochen worden war. Die Landreform, für die Gesetze erlassen sind, realisiert sich nur sehr langsam . . .
Die sogenannten Zamindare waren ursprünglich eigentlich Steuereinnehmer, die sowohl gegenüber dem Staat als auch gegenüber dem Pächter Pflichten hatten. In der Kolonialzeit haben diese Zamindare den Profit aus den Einnahmen zu ihrem persönlichen Vorteil immer weiter gesteigert, so daß die Pächter . . . in permanente Verschuldung gedrückt wurden, nur einen Bruchteil der Erträge für sich behalten durften und infolgedessen kaum Interesse an Ertragssteigerungen haben konnten. Je rigoroser sich das Zamindar-System ausbildete, um so weniger wurde in der Landwirtschaft von dieser Seite investiert. Und da die Bauern nicht investieren wollten, aber auch gar nichts investieren konnten, liegt in dieser Agrarstruktur schon der wesentlichste Grund für die furchtbare Rückständigkeit in der Landwirtschaft Indiens."

▶ **Quelle:** Bilder aus der Weltgeschichte 17, „Welt ohne Frieden" II: Asien, Afrika, Lateinamerika. Frankfurt/Main, S. 63 ff.

Arbeitsaufgaben	denkbare Formulierungen
1. Beschreibt die Lebensumstände eines Großteils der indischen Bevölkerung.	– Auf dem Lande lebt die Bevölkerung nach unseren Begriffen noch im Mittelalter. – Die Bauern sind nicht Besitzer, sondern nur Pächter des Landes. Sie dürfen nur einen Bruchteil der Ernte für sich behalten und sind daher an Ertragssteigerungen wenig interessiert. Sie können auch keinerlei Kapital bilden. – Das Land ist übervölkert, die kleinen Äcker können die Familien nicht mehr ernähren. – Bei einer schlechten Ernte kommt es sofort zu Hungersnöten. Daher wandern die Menschen in die Stadt. – Dort finden sie bestenfalls kurzfristig Arbeit. Sie leben von der Hand in den Mund. Viele leben von Bettelei. Sie haben keine Unterkunft und „leben" auf der Straße.
2. Versucht, einen Zusammenhang zwischen diesen Faktoren herzustellen.	Rückständige Landwirtschaft – Bevölkerungswachstum – Pachtsystem – Nahrungsmittelmangel – Hungersnöte – Landflucht – Übervölkerung der Städte – Arbeitslosigkeit – Massenelend

Inwieweit geht diese Situation auf die Fehler und Versäumnisse der Kolonialzeit zurück? Die Schüler erarbeiten nun einige Grundinformationen zur Geschichte Indiens. Als Grundlage dafür empfehlen wir folgendes Material:

▶ **Karten:** dtv II 88 und 102

▶ **Material:** „Wie Großbritannien sein Weltreich ausbaute" (Gfm)

▶ **Quellen:** Nehru über die Auswirkungen der britischen Kolonialpolitik, in: Weltgeschichtliche Betrachtungen. 1957, S. 485 ff. und Gfm. Gandhi über die Praxis britischer Kolonialherrschaft um 1930, in Ma V, S. 204 ff.

Die Karikatur in Gfm „Der Erdball in den Krallen Großbritanniens" kann den Ausgangspunkt bilden. Die Schüler müssen dazu wissen, daß es sich um eine aus dem Jahr 1899 stammende französische Karikatur handelt. Die Inschrift auf dem Ordensband („Honni soit qui mal y pense") lautet übersetzt: „Verachtet werde, wer Schlechtes dabei denkt". Es ist die Devise des höchsten britischen Ordens, des Hosenbandordens.

Arbeitsaufgaben	denkbare Formulierungen
1. Was will der französische Zeichner aussagen?	Die gesamte Welt befindet sich in den Krallen Großbritanniens. Durch seine ironische Anspielung will er sagen, daß die Briten ihre Weltherrschaft als ganz selbstverständlich ansehen.
2. Nehmt kritisch zu der Karikatur Stellung.	Der französische Zeichner stellt Großbritannien als *die* Ausbeutungs- und Kolonialmacht hin. Dabei ist Frankreich selbst zu diesem Zeitpunkt eine bedeutende Kolonialmacht, die zu Großbritannien in Konkurrenz steht.

Die Karikatur führt zu der Frage, wie eigentlich konkret die Ausbeutung der Kolonien aussah. An einer Quelle sollen die Schüler Auswirkungen des Kolonialismus aus der Sicht der Betroffenen kennenlernen. Aufschlüsse über die Auswirkungen der britischen Kolonialpolitik in Indien gibt ein Brief des indischen Ministerpräsidenten Nehru.

▶ **Quelle:** J. Nehru, Weltgeschichtliche Betrachtungen, 1957, S. 458 ff. und Gfm

Arbeitsaufgaben	denkbare Formulierungen
1. Wie beurteilt Nehru die Auswirkungen der britischen Herrschaft in Indien?	– Indien habe der britischen Industrie als Rohstoffquelle und als Markt für Fertigwaren gedient. – Die bis dahin blühende indische Textilindustrie sei zerstört worden. Britische Textilprodukte seien, obwohl teurer als die indischen, in Indien verkauft worden. Dabei seien die indischen Weber und andere Handwerker arbeitslos geworden und hätten sich der Landwirtschaft zuwenden müssen.
2. Welche Auswirkungen hatte der Kolonialismus für die Kolonien und für die Kolonialländer?	**Erscheinungsformen des Kolonialismus** – Ausbeutung der Rohstoffquellen – Anlage von Kapital – Sendungsbewußtsein und Überlegenheitsgefühle **Auswirkungen für die Kolonien** – Fremdherrschaft – wirtschaftliche Abhängigkeit – Veränderung des sozialen Gefüges **Auswirkungen für die Kolonialstaaten** – wirtschaftliche Vorteile für die eigene Nationalwirtschaft – Konflikte zwischen den verschiedenen Kolonialländern um Kolonien

Einen weiteren Schwerpunkt im Unterricht bildet die Frage, welche Auswirkungen die beiden Weltkriege auf das Verhältnis von Kolonialmächten und Kolonien hatten.

Die Karte „Britisches Empire um 1926" (Informationen 172, Karte I) veranlaßt die Schüler, nach den Wandlungen des britischen Kolonialreiches zu fragen. Ihnen fällt auf, daß es offensichtlich im neuen Commonwealth unterschiedliche Grade der Abhängigkeit vom Mutterland Großbritannien gab. Die Dominions wurden als „autonome, gleichrangige Gemeinschaften innerhalb des Britischen Reiches, einander in keiner Weise untergeordnet" definiert. Der Dominionstatus galt für Australien, Neuseeland, Südafrika und Kanada, also für die „weißen" Dominions. Daneben gab es weiterhin von Großbritannien abhängige Kolonialgebiete, zu denen insbesondere Indien und Gebiete in Afrika und Südasien gehörten.

Unter der Führung Gandhis versuchten die Inder, Auswüchse der Kolonialherrschaft zu beseitigen. Ihre Maximalforderung war die volle Unabhängigkeit. Da diese (noch) nicht zu erreichen war, sollten wenigstens einige Lasten, an denen das indische Volk zu tragen hat, gemildert werden. Die folgenden Materialien zeigen Ziele und Methoden der indischen Protestbewegung.

Aus der Unabhängigkeitsentschließung des indischen Kongresses (Januar 1930):

Wir sind der Meinung, daß es das unveräußerliche Recht des indischen wie jeden anderen Volkes ist, Freiheit zu besitzen, die Früchte seiner Arbeit zu genießen und das zum Leben Notwendige zu haben, um volle Möglichkeit zur Entwicklung zu erhalten. Wir sind ferner der Meinung, daß das Volk das Recht hat, jede Regierung zu ändern oder zu beseitigen, die dem Volk diese Rechte nimmt oder es unterdrückt. Die britische Regierung in Indien hat dem Volk nicht nur seine Freiheit geraubt, sondern sich auf die Ausbeutung der Massen gestützt und Indien wirtschaftlich, politisch, kulturell und geistig zugrunde gerichtet.

Wir sind deshalb der Meinung, daß Indien die Verbindung mit England abbrechen und den Purna Swaraj oder die vollständige Unabhängigkeit erreichen muß . . .

Aus Gandhis Brief an den britischen Vizekönig Lord Irwin vom 2. 3. 1930:

Kürzlich habe ich unserem Volke auseinandergesetzt, was die Unabhängigkeit tatsächlich bedeuten muß. Einige der wichtigsten Punkte aus dieser Darlegung möchte ich Ihnen im folgenden unterbreiten:

Der schwere Druck der Landsteuer, die einen großen Teil der Staatseinnahmen ausmacht, muß in einem unabhängigen Indien erheblich erleichtert werden. Die vielgepriesene Neuregelung (permanent settlement) kommt nur einer beschränkten Zahl von Großgrundbesitzern (zemindars) zugut, nicht aber den Pächtern (ryots). Der Pächter ist so hilflos wie früher. Er kann jederzeit willkürlich von seinem Land vertrieben werden. Deshalb muß nicht nur die Landsteuer erheblich herabgesetzt, sondern das ganze Einkommensystem muß in einer Weise revidiert werden, die in erster Linie das Wohl des Pächters fördert. Das englische System scheint aus diesem Manne sogar das Leben selber herausdrücken zu wollen. Selbst das Salz, das er zum Leben braucht, wird in einer solchen Weise besteuert, daß die Bürde am schwersten auf den armen Pächter fällt. Salz ist das einzige Produkt, von dem er eine größere Menge verbraucht als der Reiche. Auch die staatlichen Einkünfte aus Alkohol und Rauschgiften werden im großen und ganzen aus den Taschen der Armen bezahlt. Dieses System untergräbt sowohl die Gesundheit wie auch die Moral der breiten Bevölkerungsschichten. Man verteidigt dieses System unter dem falschen Vorwand, daß die persönliche Freiheit gewahrt werden müsse; tatsächlich wird es nur um seiner fiskalischen Bedeutung willen aufrechterhalten . . .

Während die Steuerlast die arme Bevölkerung in Indien erdrückt, hat die Vernichtung der wichtigsten Hausindustrie, nämlich der Handspinnerei, den breiten Massen der Bevölkerung die Möglichkeit geraubt, ihr dürftiges Einkommen durch Nebenarbeit zu erhöhen. Die Darstellung des Ruins Indiens wäre aber nicht vollständig, wenn ich nicht auf die Schulden verweisen würde, die man im Namen unseres Landes gemacht hat. Ein freies Indien hätte wohl die Pflicht, sämtliche Schulden einer genauen Nachprüfung zu unterziehen und die Anerkennung derjenigen Schulden zu verweigern, die von einer unparteiischen Kommission als unbillig und ungerecht bezeichnet werden sollten. Der Ertrag eines Teiles dieser Schulden dient ausschließlich dazu, die landesfremde Verwaltung zu unterhalten, die nachweisbar die teuerste der ganzen Welt ist. Nehmen Sie z. B. Ihr eigenes Gehalt als Vizekönig. Es beträgt im Monat über 21 000 Rupien, wozu noch eine Anzahl indirekter Zulagen kommt. Der britische Premier erhält im Jahre 5000 Pfund, d. h. im Monat etwas mehr als 5400 Rupien. Sie beziehen als Vizekönig täglich über 700 Rupien, während das Durchschnittseinkommen der indischen Bevölkerung etwas weniger als 2 Anna beträgt (I Rupie = 16 Anna). Der britische Premier bezieht täglich 180 Rupien, während das tägliche Durchschnittseinkommen in England nahezu 20 Rupien erreicht. Als Vizekönig beziehen Sie somit fünftausendmal soviel wie das Durchschnittseinkommen eines Inders, während der britische Premier nur das Neunfache des Durchschnittseinkommens in England erhält. Auf den Knien flehe ich Sie an, über diese Dinge eindringlich nachzudenken. Ich habe ein persönliches Beispiel herangezogen, um Ihnen eine schmerzliche Wahrheit so eindringlich wie möglich nahezulegen. Vor Ihnen als Mensch habe ich eine viel zu hohe

Achtung, als daß ich Ihre Gefühle irgendwie verletzen möchte. Ich weiß, daß Sie das Gehalt, das Sie beziehen, nicht brauchen. Vermutlich geben Sie den ganzen Betrag zu wohltätigen Zwecken aus. Ein System aber, das solche Dinge möglich macht, verdient summarisch abgeschafft zu werden. Eine radikale Einschränkung der Staatseinkünfte bedingt eine ebenso radikale Einschränkung der Verwaltungsausgaben. Ohne eine Umgestaltung der Regierungsform ist dies unmöglich. Eine solche Umgestaltung aber ist unmöglich, solange Indien nicht vollständig unabhängig ist.

(Gandhi erläutert dann dem Vizekönig seine Politik der Gewaltlosigkeit, von der er sich eine „Bekehrung" der britischen Nation, ihre Befreiung von der Herrschsucht erhoffe.)

Sollten Sie sich aber nicht entschließen können, diese Übel an der Wurzel anzupacken, und sollte mein Brief Ihr Herz nicht erschüttern, so werde ich am elften Tage dieses Monats gemeinsam mit einigen Mitarbeitern meines Kollegiums einen Schritt unternehmen, um die Bestimmungen der Gesetze über das Salzmonopol öffentlich zu verletzen. Nach meiner Ansicht ist die Salzsteuer die ungerechteste von allen vom Standpunkt des armen Mannes aus, zu dessen Gunsten unsere Unabhängigkeitsbewegung vor allem handeln muß. Daher wollen wir den Anfang in dieser Richtung machen ... Ich weiß, daß Sie in der Lage sind, meinen Plan zu verhindern, indem Sie mich verhaften lassen. Aber ich hoffe, daß Zehntausende bereit sein werden, nach mir in ruhiger und geordneter Form das nämliche Werk aufzunehmen und ebenfalls die Gesetze über das Salzmonopol zu übertreten, womit sie sich den Sanktionen eines Gesetzes aussetzen, das niemals die Rechtsbestimmungen Indiens hätte verunstalten dürfen. Dieser Brief soll durchaus nicht etwa eine Drohung sein; er stellt nur eine einfache und heilige Pflicht dar, die sich einem Manne aufdrängt, der den passiven Widerstand gegen die Regierung einleiten will.

▶ **Quellen:** Ma V, S. 204 ff.

Arbeitsfragen	denkbare Formulierungen
1. Wie begründeten die Inder die Rechtmäßigkeit ihrer Unabhängigkeitsforderung?	– Recht des indischen Volkes auf Freiheit und Eigenständigkeit – Die britische Regierung hat Indien wirtschaftlich, politisch, kulturell und geistig ausgebeutet und zugrunde gerichtet.
2. Welche wirtschaftlichen Nachteile für Indien erwähnte Gandhi in seinem Brief?	– Die Landsteuer, insbesondere aber die Salzsteuer, benachteiligen den Pächter und lasten schwer auf den Armen. – Die einheimische Handspinnerei ist vernichtet worden. – Das Land ist verschuldet, die teure landesfremde Verwaltung verschlingt einen großen Teil der Steuern.
3. Vergleicht den Brief Gandhis mit den Ausführungen Nehrus im Hinblick auf die Ursachen und Auswirkungen der britischen Kolonialpolitik in Indien.	Beide sehen die Ursachen der indischen Misere in der Ausbeutungspolitik der britischen Regierung: Vernichtung der indischen Textilindustrie, hohe Steuern, damit verbunden die Verelendung von Millionen von Menschen.
4. Was muß nach Gandhis Meinung getan werden, um die Lage Indiens zu verbessern?	– Radikale Einschränkung der Staatseinkünfte und damit Einschränkung der Verwaltungsaufgaben – Umgestaltung der Regierungsform, d. h. vollständige Unabhängigkeit Indiens
5. Welchen konkreten Schritt wollte Gandhi tun, um diesen Forderungen Nachdruck zu verleihen?	Protest gegen die ungerechtfertigte Salzsteuer durch Verletzung der Gesetze über das Salzmonopol
6. Wie nennt man Gandhis Methoden des Widerstandes gegen die Engländer?	Gandhi bediente sich der Methode des gewaltlosen Widerstandes – auch Methode des zivilen Ungehorsams genannt.

50.1.4.2. Schwerpunkt Indien nach der Unabhängigkeit

Es wird zu fragen sein, ob und inwieweit sich die Hoffnung erfüllte, die man in die Unabhängigkeit gesetzt hatte. Brachte die Überwindung des kolonialen Zeitalters die große Wende? Hatte die neue politische Unabhängigkeit Wohlstand, Blüte, allgemeinen wirtschaftlichen Aufschwung zur Folge?

▶ **Karten:** dtv II 264 Südasien 1965 und Indisch-pakistanische Teilungs- und Grenzkonflikte

Arbeitsaufgaben	denkbare Formulierungen
1. Was läßt sich aus den beiden Karten über die Schwierigkeiten und Probleme Indiens entnehmen?	– Zweiteilung des indischen Subkontinents (Indien und Pakistan) – Pakistan war ebenfalls zweigeteilt, beide Teile waren weit auseinander entfernt. – Auseinandersetzungen zwischen Indien und Pakistan (Kaschmir-Konflikt) – Auseinandersetzungen zwischen Indien und China (Tibet) – Pakistan prowestlich orientiert, Indien neutral – Auseinandersetzungen im Innern: Hindus und Moslems bekämpfen sich, Flucht und Umsiedlung religiöser Minderheiten.

Die folgenden Materialien geben einen Einblick in die Leitlinien der indischen Politik der fünfziger und sechziger Jahre.

Ansprache Pandit Nehrus in Indonesien, 9. 6. 1950:
Die Länder Asiens haben das Kolonialjoch abgeschüttelt. Es ist dies eine der größten Errungenschaften unseres Zeitalters. Aber wir dürfen uns nicht in nationalistischer Selbstzufriedenheit damit begnügen. Die asiatischen Länder sollten so eng wie möglich mitarbeiten, um die Bemühungen für den Weltfrieden zu unterstützen. Indien muß besonders mit Indonesien zusammenarbeiten ... Gerade weil wir Nationalisten sind, müssen wir auch Internationalisten sein, denn wir können vor den Weltproblemen „Friede" und „Sicherheit" die Augen nicht verschließen; für die Wiedergeburt Asiens ist der Weltfriede unumgänglich notwendig ... Schritt um Schritt ist Asien zum Zentrum der Kräfte geworden, die heute im Gang sind und einander entgegenwirken; das Geschick der Welt wird abhängen von der Wechselwirkung dieser Kräfte, die rege auf Asien Einfluß nehmen wollen. Ich bin überzeugt, daß der Fortschritt meines Landes sowie der Fortschritt eures Landes davon abhängt, wie sehr wir uns die Lehren Mahatma Gandhis zu eigen machen. Fast immer haben die Völker ihre Freiheiten durch blutige Revolutionen erkämpft. Gandhi hat uns einen anderen Weg gezeigt. Seine Methode hat Blut, Tränen und Leid nicht völlig ausschalten können, aber sie hat das Leid, den Haß und die Gewalt ... auf ein Mindestmaß reduziert.

Die Bedeutung des sog. Neutralismus Indiens begründete ein indischer Politiker für nordamerikanische Leser:
Indien meint genau so bestimmt wie die USA, daß der Kommunismus eine Gefahr sei, aber es fühlt, daß die Gefahr nur dann bedrohlich werden wird, wenn die freien Nationen Asiens unfähig sind, ihr wirtschaftliches und politisches Leben auf einer gesunden, tragfähigen Grundlage zu organisieren. Der Wettlauf zwischen Demokratie und Kommunismus muß im inneren Gefüge eines jeden Staates durchgefochten werden. Falls Indien und die Nationen Südasiens ihren Lebensstandard verbessern können, den Aufbau ihrer jeweiligen Gesellschaft modernisieren, ihre Rohstoffquellen am vorteilhaftesten nutzen, den breiten Massen Erziehung und Gesundheit bieten, dann werden sie fähig sein, den Kommunismus zu besiegen. In diesem Kampf befindet sich Indien, und es will ihn nicht verlieren. Die amerikanische Regierung, die die politischen Meinungsverschiedenheiten bedauert, die uns trennen, hat die Bedeutung dieses Kampfes erkannt und hat uns großzügig auf manchen wichtigen Gebieten geholfen. Indien begrüßt diese Hilfe und hofft, daß sich diese schöpferische Zusammenarbeit zwischen den beiden Ländern mit der Zeit verstärken wird.

Konferenzen von Bandung und Belgrad
Im April 1955 versammelten sich in Bandung/Indonesien die Vertreter von 29 afro-asiatischen Nationen. Sie repräsentierten 1,4 Milliarden Menschen oder 55 % der Erdbevölkerung. Man einigte sich im Kampf gegen Kolonialismus und Rassendiskriminierung und forderte enge Zusammenarbeit. Inoffizielle Solidaritätskonferenzen z. B. in Kairo (VAR; Jahreswende 1957/58) und Conakry (Guinea; April 1960), an denen sowjetrussische Vertreter teilnahmen, zeichneten sich durch antiwestliche Argumente aus. Im September 1961 fand in Belgrad eine Konferenz der Blockfreien statt. Ihre Teilnehmerstaaten repräsentierten 707 Millionen der z. Z. 911 Millionen Einwohner der neutralen Länder (Westalliierte 1011 Millionen, Ostblock 983 Millionen). Sie setzte sich gegen den Kolonialimus ein und appellierte an die Weltblöcke, durch Verhandlungen den Frieden zu wahren.

▶**Quelle:** H. Bodensieck, Der Kalte Krieg. Weltpolitik 1945–1962. Klett, Stuttgart ^{3}1978, S. 87 ff.

Arbeitsaufgaben	denkbare Formulierungen
1. Welche politischen Ziele verbinden die asiatischen Länder nach Nehrus Meinung miteinander?	– Zusammenarbeit Indiens und Indonesiens auf der Grundlage des Weges Gandhis (gewaltloser Widerstand) – Die asiatischen Länder sollten zur Sicherung des Weltfriedens beitragen.
2. Unter welchen Bedingungen können nach der Meinung des indischen Politikers Indien und die anderen nichtkommunistischen Staaten in Asien vor dem Kommunismus bewahrt werden?	– Wenn die freien Nationen Asiens ihr wirtschaftliches und politisches Leben auf einer tragfähigen Grundlage organisieren: – Verbesserung des Lebensstandards – Modernisierung der Gesellschaft – vorteilhafte Nutzung der Rohstoffquellen – Förderung der Erziehung und Gesundheit der breiten Massen
3. Warum lagen in Asien zu Beginn der 60er Jahre wichtige Zukunftsperspektiven der Weltpolitik?	Indien entwickelte sich als Gegengewicht zur kommunistischen Großmacht China.
4. Welche Hauptzielvorstellungen der Länder der Dritten Welt wurden auf den Konferenzen von Bandung und Belgrad deutlich?	Die Staaten der Dritten Welt suchten nach Organisationsformen, die ihnen gegenüber den großen Blöcken in West und Ost eine eigenständige Position in der Weltpolitik verschaffen sollten.
5. Welches sind die Hauptpunkte, die die Basis der Zusammenarbeit bilden?	– Forderung nach Beendigung des Kolonialismus – Sicherung des Friedens – Respektierung der Souveränität und territorialen Unverletzlichkeit

50.1.4.3. Schwerpunkt Ghana

Am Beispiel der Entwicklung Ghanas soll untersucht werden, wie sich die Entkolonialisierung in einem Land Afrikas, das ehemals zum britischen Commonwealth gehörte, vollzog.
Darüber hinaus sollen sich die Schüler mit der These auseinandersetzen, der Kolonialismus reiche insofern in die Gegenwart hinein, als er maßgeblich die heutige Situation in den Entwicklungsländern geprägt und die Probleme hinterlassen hat, vor die sich heute diese Länder bei der Überwindung ihrer Unterentwicklung gestellt sehen.

Als Einstieg verwenden wir zwei Karten, die miteinander verglichen werden sollen.
▶ **Karten:** dtv II 108 Die koloniale Aufteilung Afrikas vor 1914 und dtv II 302 Die Herrschaft der Militärs in Afrika.

Arbeitsaufgaben	denkbare Formulierungen
1. In wessen Besitz befand sich der größte Teil Afrikas vor 1914?	Fast ganz Afrika ist in den Händen der Kolonialmächte: Großbritannien, Frankreich, Deutschland, Belgien, Italien, Spanien und Portugal.
2. Welche Veränderungen gab es nach dem Zweiten Weltkrieg?	Fast alle afrikanischen Länder sind von 1951 bis 1975 selbständig geworden. Allein zwischen 1957 und 1966 erlangten insgesamt 32 Staaten ihre Selbständigkeit.
3. Was sagt die Karte dtv II 302 über die gegenwärtigen Probleme Afrikas aus? Zieht zur Ergänzung die Karte dtv II 276 (Wirtschaftsmacht EG) heran.	– Aus der Tatsache, daß sich ca. 20 Staaten relativ kurz nach ihrer Unabhängigkeit unter der Herrschaft der Militärs befanden, läßt sich allgemein schließen, daß die Verhältnisse sehr instabil sind. Das kommt auch in zahlreichen Bürgerkriegen und Guerilla-Auseinandersetzungen zum Ausdruck. – Die Karte „Wirtschaftsmacht EG" zeigt, daß Afrika immer noch von den Supermächten und ihren Verbündeten abhängig ist. Die USA, die Sowjetunion und die EG leisten Militär- oder Wirtschaftshilfe.

Armut, am Beispiel Ghanas

„Accra, im Juli. Der Mindestlohn soll in Ghana um ein Drittel erhöht werden. Die Arbeiter wollen einen ganzen New Cadi am Tag statt nur 75 Pesewa. Der Wochenlohn soll von umgerechnet 16,15 auf 21,54 DM steigen . . . Der jetzt garantierte Lohn reicht nicht . . . An anderen Plätzen kam man damit zurecht, wenn der gesetzlich vorgeschriebene Mindestlohn tatsächlich gezahlt wurde. Aber die Arbeiter sind froh, wenn sie einen Job haben . . .
Mindestens ein Drittel dessen, was ein angelernter oder Hilfsarbeiter nach Hause trägt, geht für die Miete drauf. Ein Arbeiter mit Frau und zwei, drei oder mehr Kindern bewohnt üblicherweise einen 15 bis 20 qm großen Raum. Gekocht wird auf dem Hof oder einer Veranda. Wasser holt die Frau von einer öffentlichen Leitung irgendwo auf der Straße. Die Kinder schlafen auf Matten auf dem Fußboden. Elektrisches Licht, weil viel zu teuer, gibt es überhaupt nicht.

Ein weiteres Lohndrittel kostet die Schule für die Kinder . . . Den Rest des Lohnes verschlingt das Fahrgeld für den Lastwagen, Omnibus zur Arbeit und zurück . . . Hin und wieder kommt eine Katastrophe, etwa ein Todesfall, eine Hochzeit oder eine Geburt in der Verwandtschaft. Damit sind traditionell so große und unausweichbare Ausgaben verbunden, daß man die Dienste eines „Geldverleihers" in Anspruch nehmen muß, der für sein Darlehen 30 und mehr % Zinsen pro Monat verlangt. Für das Essen sieht der Haushaltsplan sowieso keinen Pfennig vor. Essen und Kleidung müssen Frau und Kinder verdienen . . . Zeitungsverkauf oder Botenjunge . . . Kleinsthandel am Straßenrand . . . Hauptnahrungsmittel ist gestampfte Yamswurzel mit dem Nährwert von Holz, oder billigerer Kentey, aus Maniokwurzeln zubereitet. Schmackhaft wird es durch roten Pfeffer, nahrhaft durch Palmöl. Ein Frühstück kennen die Arbeiter kaum . . . Aber faul sind die Ghanaer durchaus nicht . . .
Trotz dieser Armut hat sich in Ghana noch kein Industrieproletariat entwickelt. Aus den wenigen verfügbaren Statistiken ist abzulesen, daß in Ghana kaum mehr als 3 % der Bevölkerung in gewerblichen Betrieben auf mehr als 10 Arbeitnehmer gegen Entgelt beschäftigt sind.
Ungelernte und angelernte Arbeiter nach europäischen Maßstäben gibt es keine 100000 unter den reichlich 8 Mill. Ghanaern . . .
In Accra erhält ein Arbeiter wöchentlich rd. 16,15 DM, in Lome 21. In Abidjan an der Elfenbeinküste liegt der Mindestlohn bei 27, in Lagos bei 31 Mark in der Woche. In Monrovia rd. 50 DM. Unternehmungsgewinne von 50 % im Jahr sind nicht ganz ungewöhnlich. Vor 10 Jahren verdiente ein Staatssekretär mit Wohnungs- und anderen Zulagen knapp 30mal soviel wie ein Hilfsarbeiter. Jetzt bekommt er 35mal soviel."

► **Quelle:** FAZ vom 27. 7. 1970.

Arbeitsaufgaben	denkbare Formulierungen
1. Welche Gründe für die Armut in Ghana werden aufgeführt?	Niedrige Löhne, unregelmäßige Arbeit, Arbeitslosigkeit, hohe Mieten, karge Wohnverhältnisse, Zusatzverdienst durch Frauen und Kinder ist notwendig, um die Lebenshaltungskosten zu bestreiten.
2. An welchen Einzelheiten kommt zum Ausdruck, daß es auch heute noch Ausbeutung gibt?	– Geldverleiher verlangen Wucherzinsen für Darlehen. – hohe Unternehmergewinne

Ghana nach der Unabhängigkeit

Jedoch zeigte recht bald der graue politische Alltag, daß die Unabhängigkeit an sich noch kein Allheilmittel war, um die Situation der Bevölkerung über Nacht zu verbessern. Nkrumahs Partei war nun nicht in der Lage, die hochgespannten Erwartungen auch nur annähernd zu erfüllen. Zwar wurde die Modernisierung des Landes auf zahlreichen Gebieten energisch vorangetrieben, vor allem durch eine erhebliche Ausweitung des Schulwesens, aber Hand in Hand hiermit vollzog sich ein immer stärkerer Ausbau der Macht Nkrumahs bis hin zu der eines absoluten Diktators. Die Presse wurde gleichgeschaltet, politisch Andersdenkende wurden verhaftet. Nkrumah ließ sich zum lebenslänglichen Staatspräsidenten und Vorsitzenden seiner Partei ernennen. Trotz aller äußeren Machtfülle verlor er jedoch an Unterstützung im eigenen Land. Bereits um die Jahreswende 1964/65 konnte der aufmerksame Beobachter in Ghana den Eindruck gewinnen, daß, abgesehen von der unmittelbaren Umgebung des Diktators, nur noch die Armee und die Polizei seine Herrschaft stützten. Wenn auch diese beiden letzten Säulen wegfielen, so mußte das gesamte Gebäude einstürzen.
Die wichtigste Erklärung für den Sturz Nkrumahs ist bei Nkrumah selbst zu suchen.
Den Ausschlag für die weitverbreitete Mißstimmung gab jedoch vermutlich, wie so oft in der Geschichte, die wirtschaftliche Misere, in die Ghana etwa ab 1960 hineinschlitterte. Bereits 1961 kam es durch den Streik von Hafen- und Eisenbahnarbeitern zu einer schweren politischen Krise. Seitdem rissen Meldungen und Gerüchte über Attentatsversuche, Verhaftungen, Säuberungen, rissen Prozesse gegen angebliche oder wirkliche Verschwörer nicht mehr ab. Ghana war in der permanenten politischen Krise. Schon ein Jahr vor seinem Sturz reiste Nkrumah, wenn überhaupt, mit Vorliebe per Hubschrauber, oder wenn er einmal im Auto ausfuhr, dann in schwerbewachten Konvois, mit Absperrungen und Umleitungen des übrigen Autoverkehrs. Nkrumah war völlig isoliert.
Als er sich Ende Februar jedoch auf den Weg machte, über Peking nach Hanoi zu fliegen und seine Vermittlerdienste im Vietnamkrieg anzubieten, war die Geduld seiner innenpolitischen Gegner in Armee und Polizei erschöpft. In seiner Abwesenheit schlugen sie zu und stürzten sein Regime. Nkrumah ging über Peking und Moskau nach Guinea ins Exil, von wo aus er zunächst seine gewaltsame Rückkehr nach Ghana versprach und – politisch höchst ungeschickt – blutige Rache androhte.

► **Quelle:** Ghana – Geschichte eines Entwicklungslandes, in: Die Länder der Dritten Welt, a. a. O., S. 9 f.

Arbeitsaufgaben	denkbare Formulierungen
1. Welche Schwierigkeiten zeigen sich nach der Erringung der Unabhängigkeit?	– Hochgespannte Erwartungen konnten nicht erfüllt werden: wirtschaftliche und damit verbunden politische Krisen. – Staatspräsident Nkrumah stützt seine Herrschaft nur noch auf die Armee und die Polizei. Es gibt Attentatsversuche, Verhaftungen, „Säuberungen". Nkrumah wird gestürzt.
2. Wie kann man sich erklären, daß in zahlreichen Ländern Afrikas nach der Unabhängigkeit Militärputsche stattfanden und sich fast überall Militärregierungen etablierten?	– Die neuen Regierungen konnten die hochgespannten Erwartungen nicht erfüllen. Sie wurden mit den wirtschaftlichen und sozialen Schwierigkeiten, die auch auf die jahrhundertelange Kolonialherrschaft zurückzuführen sind, nicht fertig. – Die Armee ist in der Regel die einzige bewaffnete Macht. Sie versteht sich als Garant von Sauberkeit und Ordnung.

Kalabule hilft

„. . . Der blutige Coup . . ., der zu Silvester die Regierung der westafrikanischen Republik Ghana aus dem Amt fegte, fällt deutlich aus dem Rahmen der üblichen afrikanischen Putsche. Er markiert das traurige Ende einer großen Hoffnung.

Ghana, der älteste unter den unabhängigen Staaten Schwarzafrikas, die nach dem Zweiten Weltkrieg aus der kolonialen Bevormundung entlassen worden waren, hatte als erste Militärdiktatur den Weg zurück zur Demokratie gefunden.

Putschist Jerry Rawlings hatte im Juni 1979 die Regierung gestürzt, sich nach viermonatiger Amtszeit jedoch wieder von der Macht zurückgezogen, um den Zivilisten eine Chance zu geben . . .

Kurz nach dem Rückzug der Militärs in die Kasernen fing „die alte Schweinerei von neuem an" (Rawlings), deren Ursprünge in die Regierungszeit des Gründerpräsidenten Kwame Nkrumah zurückreichen.

Der marxistische Heilsprediger, der sich als „Erlöser" vergöttern ließ, legte damals den Grundstein zu dem ghanaischen Trümmerhaufen. An seinem Cäsaren-Gehabe ging die junge Demokratie, an seiner Großmannssucht das wirtschaftliche Erbe zugrunde, das die Briten ihrer ehemaligen „Goldküste" hinterlassen hatten: Nkrumah zerschlug die Parteien und verpulverte das Sozialprodukt für unsinnige Prestigeobjekte – eine von den Sowjets gekaufte Luftflotte, deren Reste noch heute am Rande des Flughafens von Accra vorrotten, und als Privatjacht einen „schwimmenden Schnapspalast" (so der britische „Guardian") für 50 Millionen Mark.

Die Militärs, die nach Nkrumah in Accra herrschten, laborierten immer nur an den Symptomen der „ghanaischen Krankheit" herum. Sie ließen sich nach hoffnungsvollem Start in den großen Sumpf von Korruption und Mißwirtschaft ziehen, die Ghana, dank Goldminen und Kakaoplantagen eines der potentiell reichen Länder des Kontinents, auf dem Niveau einer Arme-Leute-Republik halten . . .

Schuld an den leeren Staatskassen ist jedoch nicht in erster Linie das „Sklaven-Herren-Verhältnis" (Rawlings), sondern der staatliche Wirtschaftsdirigismus. Kakao, Holz und Gold werden schwarz über die grüne Grenze ins Wirtschaftswunderland Elfenbeinküste verschoben, weil der Wert der Landeswährung unter dem Druck der Devisenbewirtschaftung unaufhaltsam dem Nullpunkt entgegenschrumpft.

Die breite Masse ist zur Naturalwirtschaft zurückgekehrt: eine Staude Bananen für einen Fahrradschlauch, zehn Eier für einen Liter Petroleum. Ghana ist so fruchtbar, daß niemand verhungert, aber ein angenehmes Leben kann nur führen, wer Zugang zu „Kalabule" hat, dem großen Korruptionskreislauf, der alles in Gang hält, aber nichts bessert.

Mit Kalabule bekommt man Ersatzteile fürs Auto, Champagner für die Gartenparty und billige Flugscheine für den Einkaufstrip nach London. Auch wer in der „Pearl of the East", Jerry Rawlings' Stammlokal im Zentrum von Accra, was Feineres speisen will als „Fufu" (Mehlbrei), wer außerhalb von Accra Benzin kaufen möchte, wer nur fünf Minuten und nicht drei Tage auf eine Telephonverbindung nach Europa warten will, kommt an Kalabule nicht vorbei.

Damit soll es nun – wieder mal – ein Ende haben. Mit einem ad hoc beschlossenen Sanierungsprogramm will Leutnant Rawlings die sieche Wirtschaft nach dem Prinzip von Befehl und Gehorsam neu organisieren. Seine Machtübernahme sei diesmal kein „beschränkter Hausputz" wie 1979, sondern eine Revolution. Denn er sei heute „weniger naiv als damals". Aber eines ist wie damals: Am Mittwoch vergangener Woche kündigte der neue alte starke Mann die Bildung von „Volksgerichtshöfen" an, die „revolutionäre Gerechtigkeit" üben und die nicht von „technischen Regeln" behindert werden sollen.

▶ **Quelle:** DER SPIEGEL, Nr. 2/1982

Arbeitsaufgaben	denkbare Formulierungen
1. Wem gibt der Spiegel-Bericht die Schuld an der Misere Ghanas? Welche Vorwürfe erhebt der Berichterstatter?	– dem ersten Präsidenten Ghanas, Kwame Nkrumah – Er habe die Parteien verboten und die Demokratie zerschlagen. Die Wirtschaft habe er durch unsinnige Prestigeprojekte ruiniert.

Arbeitsaufgaben	denkbare Formulierungen
2. Was kennzeichnet nach dem Bericht die heutige Wirtschaftslage?	– Der Staat überwacht und lenkt die Wirtschaft. – Die Währung ist wertlos. Daher schaffen die Produzenten Exporterzeugnisse ins Nachbarland, wo sie bessere Bezahlung erhalten. – Die Bevölkerung ist zum Tauschhandel übergegangen. Man kann nicht mehr für Geld, sondern nur noch für Waren „einkaufen".
3. Was ist erforderlich, damit man ein angenehmes Leben führen kann?	Man muß in der Lage sein, Bestechungsgeschenke (Kalabule genannt) zu verteilen.
4. Wie beurteilt der Berichterstatter die Ankündigungen der Putschisten?	Er glaubt nicht, daß mit den angedrohten Maßnahmen („revolutionäre Gerechtigkeit" durch „Volksgerichtshöfe") eine durchgreifende Besserung erzielt werden kann.

50.2. Beispiel: Lateinamerika

50.2.1 Wissensziele

Lateinamerika errang seine Unabhängigkeit von der Kolonialherrschaft schon Anfang des 19. Jahrhunderts. Gegenwärtig haben nur wenige Staaten ein parlamentarisch-demokratisches System, die meisten sind Militärdiktaturen.
In Kuba versuchte Fidel Castro eine Verbesserung der Verhältnisse auf revolutionärem Wege. Er mußte sich eng an die Sowjetunion binden, die Kubas Wirtschaft mit großem finanziellem Aufwand funktionsfähig hält.
In Peru versuchten die Militärs einen dritten Weg durchgreifender Reformen zu steuern: Inzwischen hat Peru wieder eine Zivilregierung. Die wirtschaftliche Situation Perus ist trotz vieler Probleme hoffnungsvoller als die der meisten anderen Länder Lateinamerikas.

50.2.2 UE-Ziele

(1) Ungelöste Strukturprobleme in Lateinamerika
(2) Erfolge und Mißerfolge der Revolution Castros in Kuba
(3) Der Weg der Reform in Peru
(4) Folgen der Kolonialherrschaft

50.2.3 Einstieg

- Arbeit an einer physikalischen Karte Südamerikas
- Wiederholung im Geographiebuch: Land und Leute in Südamerika, Bodenschätze und Wirtschaft

50.2.4. Schwerpunkte

In Lateinamerika überlagern sich – in jedem Staat anders – eine ganze Serie von ungelösten Strukturproblemen, die zu Spannungen führen:
- Die enorme Bevölkerungsexplosion der letzten Jahrzehnte brachte für viele Millionen menschenunwürdige Lebensbedingungen unterhalb des Existenzminimums.
- In vielen Staaten ist das Land in den Händen einer schmalen Schicht von Großgrundbesitzern, von denen die Massen der Landarbeiter abhängig sind. Die Rückständigkeit auf dem Lande und die Hoffnung, in der rasch wachsenden Industrie Arbeit zu finden, führten zu einer Massenwanderung in die Städte.
- Durch dieses enorme Wachstum sind die Städte riesige Zentren mit krassen sozialen Gegensätzen und politischen Konflikten geworden.
- Durch das Wirtschaftswachstum kamen neue Schichten zu Wohlstand oder hatten wenigstens ihr Auskommen, doch leben noch weite Teile der Bevölkerung in bitterer Armut.
- Die sozialen Gegensätze lähmten die Handlungsfähigkeit der parlamentarisch-demokratischen Regierungen. In vielen Ländern übernahmen Militärregimes die Macht.

Die folgenden Materialien konkretisieren die generell beschriebene Situation.

50.2.4.1. Schwerpunkt: Strukturprobleme in Lateinamerika

Die ungerechteste Gesellschaftsordnung dieser Welt

Die schmale Oberschicht klammert sich an ihre Privilegien und konserviert mit Gewalt die ungerechteste Gesellschaftsordnung dieser Welt.
Südamerika – das ist eine Gesellschaft, in der es als normal gilt, daß ein Vieh-Baron hunderttausend Rinder besitzt, aber drei Viertel aller Kinder keine Milch bekommen. Den Toten werden, wie auf dem Nobelfriedhof „Recoleta" in Buenos Aires, marmorne Paläste gebaut, Millionen Lebende aber hausen in Holzhütten, die in Europa nicht einmal als Hühnerverschlag benutzt würden.
Auf einer Rinder-Estancia in der Provinz Buenos Aires bestraft der Vorarbeiter Widerspruch unter seinen Gauchos gelegentlich damit, daß er dem Betroffenen

mit seinem Messer blitzschnell ein Ohr abschneidet. In Patagonien mieten Schafzüchter zuweilen Pistoleros, um ihren „golondrinas“ – Saison-Schafscherern, die oft illegal aus Chile kommen (und daher behördlich nicht existent sind) – nach der Schur den gezahlten Lohn wieder abzujagen. Grundbesitzer und Bergwerksdynastien häufen Milliardenvermögen an, die Haitianer aber verdienen durchschnittlich im Jahr kaum mehr als ein deutscher Hilfsarbeiter jeden Freitag heimbringt: 260 Mark. Im brasilianischen VW-Werk lief jüngst der einmillionste Wagen vom Band, in weiten Gebieten aber ist der Mensch noch immer gebräuchlicheres (weil billigeres) Transportmittel als selbst ein Lastesel.
Die Anden-Republik Bolivien (viermal so groß wie die Bundesrepublik) kommt für das Jahr 1970 mit einem Budget von 468 Millionen Mark aus – nicht einmal der Haushalt der Stadt Duisburg. Allein das in der Schweiz und in Amerika gehortete Fluchtkapital der lateinamerikanischen Oligarchie aber wird auf 40 Milliarden Mark geschätzt.
In Mexiko kämpften in diesem Jahr (1970) die Fußball-Nationen um die Weltmeisterschaft. Im Lande des Weltmeisters Brasilien aber haben Millionen mangels jeglicher Verbindung zur Gesellschaft noch nie von ihrem Fußballwunder Pelé gehört.
Über eintausend Aufstände, Putsche und Revolutionen in anderthalb Jahrhunderten haben nichts daran geändert, daß zwischen Anden und Atlantik, zwischen Kariben und Kap Horn im achten Jahrzehnt des 20. Jahrhunderts noch Leibeigenschaft und Sklavenhandel, Prügelstrafen und Fememorde zum Alltag gehören. Gewiß, auch der Farbige in den USA, der indische Kuli, der ägyptische Fellache, der spanische Landarbeiter zählen zum Bodensatz der Gesellschaft. Auch sie fristen ihr Dasein zuunterst in der Pyramide ihrer jeweiligen (Gesellschafts-)Ordnung. Im Süden des Rio Grande aber schließt die Gesellschaftspyramide stets nur eine Minderheit der Bevölkerung ein:
- die Oligarchie – das sind Grundbesitzer, Politiker, Generäle, Bankiers und Großindustrielle; sie stellen je nach Land etwa ein bis fünf Prozent der Bevölkerung und kassieren ein Drittel aller Einkommen;
- den Mittelstand – Kaufleute, Gewerbetreibende, Beamte, die Intelligenz, den Klerus und die Angestellten;
- die Arbeiter in festen Stellungen, die von der Sozialgesetzgebung erfaßt werden.

Ein Fünftel des Volkseinkommens bleibt übrig für jene 50 bis 90 Prozent des Volkes, die als Subproletariat im Elend ohne Hoffnung und ohne Ausweg vegetieren. Da sind die Tagelöhner in den Domänen der Gutsherren, die Kleinbauern, die auf einem winzigen Flecken Erde nicht genug Mais und Bohnen für ihre Familien ernten können. Es sind die Indios auf den Hochebenen der Anden und in Mittelamerika, die Mehrzahl der Schwarzen in Brasilien und auf den Kariben. Und das sind die vielen Millionen, die rund um die Metropolen in Hütten aus Pappe, Sackleinen, Brettern und Kanistern hausen. Ihre Zahl wird täglich größer, vermehrt durch Familien vom Land, denen die Reklamesprüche des Transistorradios in der Dorfkneipe die Hoffnung auf ein schönes Leben in der Stadt vorgaukeln. Kommen sie dann aber an, steht ihnen vom Rand der Stadt aus ebensowenig ein Weg offen in die übrige Gesellschaft wie in der fernen Pampa, im Urwald oder im Hochtal. Sie sind und bleiben ihr Leben lang gefangen in Unwissenheit, Krankheit, Hunger, Kriminalität und Arbeitslosigkeit.
„Niemand weiß“, urteilt der kolumbianische Diplomat Germán Arciniegas, „was diese schweigenden Männer und Frauen tief in ihrem Innersten denken und fühlen, wovon sie träumen . . . Aber dieses unsichtbare Lateinamerika beginnt aufzuwachen. Auch die Ausgebeuteten wollen drei Mahlzeiten am Tag und Anerkennung als Mensch, die Indios wollen teilhaben am Leben ihrer Nation.“ Zusammen, so Arciniegas, ist dieses unterdrückte Lateinamerika ein ungeheures und explosives Reservoir für die Revolution. Es ist das größte revolutionäre Potential dieser Welt.

▶ **Quelle:** DER SPIEGEL, Nr. 36/1970 und Gfm (gekürzt)

Arbeitsaufgabe	denkbare Formulierungen
1. Welche Widersprüche und offensichtlichen Ungerechtigkeiten kommen in diesem Bericht zum Ausdruck?	Riesiger Besitz einiger weniger, unvorstellbare Armut der Massen. Beispiele: – „Vieh-Baron“ besitzt 100 000 Rinder – während 75 % der Kinder keine Milch bekommen. – Grundbesitzer und Bergwerksdynastien häufen Milliardenvermögen an, andrerseits durchschnittlicher Jahresverdienst in Haiti: 260 DM. – Jahresbudget von Bolivien (1970), riesige Vermögen der Reichen (ca. 40 Mrd. DM) in der Schweiz oder in den USA gehortet. – 20 % des Volkseinkommens für 50–90 % der Bevölkerung. – mangelnde Einrichtungen der Infrastruktur – Leibeigenschaft, Sklavenhandel, Prügelstrafen und Fememorde – menschenunwürdige Wohnverhältnisse – Mangel an Bildungseinrichtungen

Schon jetzt werden die Schüler Parallelen zu Indien und Ghana ziehen und bestimmte Phänomene der Unterentwicklung vergleichen. Sie können herausstellen, welche Probleme allen Ländern gemeinsam sind, wobei sie sich vor Generalisierungen hüten müssen.

Am Beispiel eines Entwicklungslandes sollen alle Problemaspekte aufeinander bezogen werden: die Auswirkungen kolonialistischer Eroberung, die Zusammenhänge zwischen der eigenen und der Entwicklung in der Welt, wie sie sich beispielsweise im West-Ost-Konflikt manifestiert, sowie die gegenwärtige Situation als Ergebnis der inneren und äußeren Faktoren für die Entwicklung.

Welche Bedeutung der Zerstörung der einheimischen Gesellschafts- und Wirtschaftsordnung im Zuge der Kolonisierung durch die Spanier im 16. Jahrhundert zukam, wird in der Unterrichtseinheit 21.2. „Entdekkungen" (Band 2, S. 14 ff.) aufgezeigt. Es wird dargestellt, wie durch die europäische Fremdherrschaft funktionierende Wirtschafts- und Herrschaftssysteme zerstört wurden, ohne daß neue stabile Formen an ihre Stelle getreten wären.

Um die Entwicklung in Lateinamerika bis ins 20. Jahrhundert hinein kennenzulernen, sollte der Lehrer den folgenden Text „Lateinamerika" einsetzen.

Lateinamerika

Lateinamerika erlebte seit dem letzten Drittel des 19. Jahrhunderts einen wirtschaftlichen Aufschwung. Eisenbahnen wurden gebaut; Kapital aus England, Deutschland, vor allem aber aus den USA strömte ins Land; Europäer – vorwiegend Italiener und Spanier – wanderten in Massen ein. Argentinien stieg zu einem der größten Getreideausfuhrländer auf. Chile besaß eine Zeitlang das Weltmonopol für Salpeter. Anfang des 20. Jahrhunderts errang zuerst Mexiko, dann Venezuela einen hervorragenden Platz unter den Erdölländern, Brasilien entwickelte sich zum führenden Land im Kaffeeanbau.

Im Ersten Weltkrieg 1914–18 schlossen sich die meisten lateinamerikanischen Staaten dem Eintritt der USA in den Krieg gegen Deutschland an oder brachen die Beziehungen ab; Argentinien, Chile, Mexiko, Salvador, Kolumbien, Venezuela und Paraguay blieben neutral. Lieferungen an die Alliierten brachten große Gewinne; die landwirtschaftliche Produktion wurde stark ausgeweitet, die Ausbeutung der Bodenschätze, namentlich der Erdölvorkommen, vorangetrieben. Der Gewinn floß aber in die Taschen weniger. Dies verschärfte die sozialen Gegensätze außerordentlich; radikale politische Gruppen gewannen mehr und mehr Anhang. In außenpolitischer Hinsicht wurde jetzt die wirtschaftlich fundierte Vorherrschaft der USA überdeutlich. Lateinamerikanische Präsidenten, die den Vereinigten Staaten nicht genehm waren, sahen sich gezwungen zurückzutreten. Dem Völkerbund gehörte ein Teil der lateinamerikanischen Staaten, dem USA-Beispiel folgend, nicht an.

Die große Weltwirtschaftskrise seit 1929 zog die vorwiegend auf Monokulturen eingestellten lateinamerikanischen Länder sehr stark in Mitleidenschaft. Die hereinbrechende wirtschaftliche Not der Bevölkerung führte zur Verstärkung des schon vorhandenen politischen Radikalismus und vielfach zu Revolutionen. Erfolgreiche „rechte" Revolutionäre richteten autoritäre Präsidentschaftsdiktaturen ein, erfolgreiche „linke" bemühten sich um Sozialreformen. Bei all dem betonten die lateinamerikanischen Republiken jedoch immer wieder ihre kulturelle Zusammengehörigkeit sowohl untereinander als auch mit den früheren kolonialen Mutterländern Spanien und Portugal.

Im Zweiten Weltkrieg 1939–45 schlossen sich die lateinamerikanischen Staaten weitgehender als im Ersten der Politik der USA an. Sie profitierten wiederum stark an Kriegslieferungen, namentlich die westindischen Rohrzuckerländer, da die gesamte philippinische Zukkerproduktion durch den Krieg ausfiel. Für die Rohgummierzeugung gewannen die tropischen Gebiete Südamerikas erhöhte Bedeutung, solange Japan Südostasien besetzt hielt. Zugleich schloß die Bedrohung von Übersee alle amerikanischen Staaten enger zusammen.

Die Kriegs- und Nachkriegskonjunktur milderte vorübergehend die ungelösten sozialen Probleme, beim Nachlassen der Konjunktur aber traten die Spannungen und Gegensätze wieder ganz schroff hervor. Der industrielle Aufschwung hatte die Städte beträchtlich anwachsen lassen, und so trat zu dem ländlichen jetzt auch ein städtisches Proletariat. Die sozialen Spannungen verstärkten sich in einer Weise, daß der Satz geprägt wurde: „Da hilft nur noch Gewalt."

▶ **Quelle:** Bilder aus der Weltgeschichte 17, S. 99 ff.

	Bruttosozialprodukt pro Kopf 1978 in US $	Hauptexportgüter (in % der Gesamtausfuhr)
Argentinien	1910	Industrieprodukte (32 %), Getreide (30 %), Rindfleisch/Vieh (11 %)
Bahamas	2620	Rohöl (63 %), Raffinerieprodukte (32 %)
Barbados	1940	Zucker (33 %), Textilien (26 %), Elektronikteile (10 %)
Belize	840	Rohrzucker (76 %), Textilien (8 %), Obst und Südfrüchte (5 %)
Bolivien	510	Zinn (46 %), Erdöl (9 %), Erdgas (9 %)
Brasilien	1570	Industriegüter (36 %), Kaffee (22 %), Ölkuchen (10 %)
Chile	1410	Bergbauprodukte/Metalle [Kupfer] (80 %)
Costa Rica	1540	Kaffee (32 %), Bananen (19 %)
Dominica	440	Bananen (59 %), Zitrusfrüchte (13 %)
Dominikan. Republik	910	Rohrzucker (55 %), Ferronnickel (15 %), Rohkaffee (7 %)
Ecuador	910	Erdöl (40 %), Kaffee (20 %), Kakao (17 %), Bananen (11 %)
El Salvador	600	Kaffee (34 %), Baumwolle (16 %)
Grenada	530	Muskatnüsse, -blüten (44 %), Kakao (30 %), Bananen (23 %)
Guatemala	910	Kaffee (39 %), Baumwolle (12 %), Bananen (5 %)
Guyana	550	Rohrzucker (35 %), Bauxit (34 %)
Haiti	260	Kaffee (39 %), Bauxit (10 %)
Honduras	480	Kaffee (35 %), Bananen (23 %)
Jamaika	1110	Aluminium (69 %), Rohrzucker (20 %)
Kolumbien	870	Kaffee (66 %), Garne und Textilien (6 %)
Kuba	810	Rohrzucker (83 %), Nichteisen – Metallerze (6 %)
Mexiko	1290	Erdöl (16 %), Kaffee (9 %), Rohbaumwolle (3 %)
Nicaragua	840	Kaffee (31 %), Baumwolle (22 %), Fleisch (11 %)
Panama	1290	Bananen (30 %), Erdöl und -produkte (25 %)
Paraguay	850	Baumwolle (39 %), Fleisch (12 %), Holz (8 %)
Peru	740	Kupfer (25 %), Fisch- und Fleischwaren (14 %), Kaffee (13 %)
St. Lucia	630	Bananen (65 %), Kokosöl (10 %)
St. Vincent	380	Bananen, Kokosnüsse
Surinam	2110	Aluminate (45 %), Bauxit (27 %), Aluminium (14 %)
Trinidad und Tobago	2910	Erdöl und -produkte (90 %), Zucker und Honig (2 %)
Uruguay	1610	Fleisch (22 %), Wolle (20 %), Textilien (7 %), Leder (6 %)
Venezuela	2910	Erdöl und -produkte (93 %), Eisenerz (2 %)
Bundesrepublik Deutschland	9600	Maschinen-/Fahrzeugbau, elektrotechn. Erzeugnisse (45 %), chem. Erzeugnisse (13 %), sonst. Verarbeitungsgüter (32 %)

aus: Schülertaschenbuch 81/82 der Bundeszentrale für politische Bildung

Arbeitsaufgaben	denkbare Formulierungen
1. Wie wirkte sich der Imperialismus seit dem letzten Drittel des 19. Jahrhunderts in Südamerika aus?	Erschließung Südamerikas durch Ausländer (Anlegen von Bergwerken und Plantagen, Produktion von Kupfernitraten, Weizen, Kaffee, Zinn, Zucker, Bau von Hafenanlagen und Eisenbahnen). Spezialisierung auf den Export, weniger Rohstoffe, Abhängigkeit von der Nachfrage und den Preisschwankungen auf dem Weltmarkt. Bei Nachlassen der Konjunktur verstärkten sich die sozialen Spannungen.
2. Wie wirkten sich die beiden Weltkriege in Südamerika aus?	Die meisten Länder unterstützten die Alliierten und erzielten hohe Gewinne, die in die Taschen einiger weniger flossen. Verschärfung der sozialen Gegensätze, wachsende Abhängigkeit von den USA.
3. Wertet die Tabelle „Lateinamerika – Bruttosozialprodukt und Exportgüter" aus.	– Zwischen den einzelnen Ländern Lateinamerikas bestehen große Unterschiede in der Wirtschaftsleistung. Das Bruttosozialprodukt pro Kopf schwankt zwischen 260 und 2910 Dollar pro Kopf und Jahr. – Vor allem die ärmeren Länder sind auf die Ausfuhr eines oder weniger Produkte (meist Rohstoffe) angewiesen. Die wohlhabenderen Länder haben eine Industrie entwickelt und führen Industrieprodukte aus oder verdanken ihren Wohlstand dem Erdöl.

50.2.4.2. Schwerpunkt: Kuba und Peru

Am Beispiel Kubas und Perus sollen die Schüler untersuchen, a) warum Kuba sich unter Castro eng an die Sowjetunion anschloß, b) welche Veränderungen sich in Peru vollzogen.

Dazu werden folgende Texte eingesetzt:

Kuba – eine Lösung für Lateinamerika?

Im früheren Nobel-Vorort Miramar beherbergen die einstigen Prunkvillen der Kaufleute und Grundbesitzer heute 70000 „becados", vom Staat erzogene, ernährte und gekleidete Schüler und Studenten aus entlegener Provinz. Die meisten ihrer Eltern haben nie eine Schule besucht. Im holzgetäfelten Direktionsbüro der 126 Jahre alten Zigarrenfabrik H. Upmann in Havannas Calle Amistad dirigiert heute der Neger Geraldo Rivalda die über 1200 Angestellten. Vor zwölf Jahren saß hinter seinem Schreibtisch ein spanischer Administrator, war Rivalda einer der Arbeiter, die für die spanischen Besitzer der Fabrik Zigarren drehten. „Ich durfte damals nicht einmal den Fahrstuhl benutzen", sagt er und lehnt sich in seinem Direktionssessel zurück, „aber die Revolution hat uns, das Volk, befreit."

Die Kariben-Insel Kuba ist der einzige der 24 lateinamerikanischen Staaten, in dem die Revolution konsequent bis zum Ende durchgeführt wurde. Was Revolutionäre und Reformer von Mexiko bis Chile vergebens versuchten, hat Kubas Fidel Castro geschafft: die alten Herrschaftsstrukturen bis zur Basis hin zu zerschlagen. Nur Kubas Revolution hat die – im übrigen Lateinamerika noch immer bestehende – Kluft zwischen einer reichen Herrscherschicht und den elenden Massen, zwischen wachsenden Metropolen und rückständigen Provinzen eingeebnet. Die Marginales, die einstigen Randfiguren der Gesellschaft, wurden unter Castro zu Privilegierten. Kinder von Landarbeitern studieren heute an der Universität Havanna. Und wie Geraldo Rivalda leiten Schwarze und Mulatten Fabriken, in denen sie früher als Kulis schufteten. Castro befreite seine Insel von den meisten der Plagen, unter denen die Nachbarländer leiden: Nirgends in Lateinamerika ist die Analphabetenrate heute niedriger als in Kuba (etwa drei Prozent), nirgends auf dem Subkontinent ist die Kindersterblichkeit geringer (von 1000 Neugeborenen sterben im ersten Lebensjahr in Kuba 38, in Brasilien laut der lückenhaften Statistik 128). Kein Arbeitsloser braucht in Kuba – wie Millionen in den anderen lateinamerikanischen Ländern – um einen Job zu betteln . . .

Dabei hatte der Anwalt und Gutsbesitzersohn Castro keineswegs von Anfang an eine sozialistische Gesellschaft gewollt. Noch vier Monate nach seinem Sieg über die verfaulte Batista-Diktatur verkündete Castro 1959: „Unsere Revolution ist weder kapitalistisch noch kommunistisch." Doch bald fand der Máximo Lider – der oberste Führer – heraus, daß er mit dem nordamerikanischen Kapital und dessen kubanischen Nutznießern keine Kompromisse schließen konnte, wollte er nicht seine Reformziele aufgeben, wie es so viele seiner Revolutionsvorgänger in Lateinamerika getan hatten. Der Aufstand des bürgerlichen Rebellen geriet so zur gesellschaftlichen Revolution – unter tätiger Mithilfe der USA. Denn die US-Regierung Eisenhowers setzte den lästigen Insel-Premier unter Druck: Sie drosselte 1960 den Import von Kuba-Zucker, der bis dahin etwa ein Drittel des amerikanischen Bedarfs gedeckt hatte. Castro verstaatlichte daraufhin die US-Zuckermühlen in Kuba und die meisten übrigen nordamerikanischen Investitionen – insgesamt Werte von fast einer Milliarde Dollar. Castro und seine Mitstreiter stiegen so zum Vorbild der Revolutionäre auf dem Kontinent auf. Bilder des Bärtigen hingen in den Hütten der Entrechteten neben denen von Christus und der Jungfrau Maria. Castro wurde zur Hoffnung der Rechtlosen des Kontinents.

Aber gegen Ende des Jahrzehnts hin verschwanden seine Porträts, schwand auch die Hoffnung, von der roten Insel werde das Heil kommen. Castros Jünger scheiterten auf dem Kontinent; er selbst konnte die hochgespannten Erwartungen nicht einmal bei sich zu Hause erfüllen. Die Befreiung von Korruption und Feudalismus, der soziale Fortschritt brachten nicht den wirtschaftlichen Erfolg. Denn auch für das sozialistische Kuba galten noch immer die Gesetze der Entwicklungsländer; Jahrhunderte Rückständigkeit und Ausbeutung konnten nicht in wenigen Jahren in einem einzigen Anlauf beseitigt werden. Der erste Versuch, die Zuckerinsel in einem großen Sprung in einen Industriestaat zu verwandeln, scheiterte kläglich. Zur Verwirklichung der ehrgeizigen Pläne fehlte Erfahrung, fehlten Kapital und Fachleute. Denn über eine halbe Million Kubaner – der ausgebildete Mittelstand – haben Castros Insel seit 1959 verlassen. Kuba brauchte zum Überleben Hilfe – und erhielt sie von der Sowjetunion. Damit aber tauschte Castro die totale Abhängigkeit von den USA in eine weitgehende Abhängigkeit von den Sowjets ein. Die Russen forderten für ihre Entwicklungshilfe Gegenwert. Und Kuba konnte wie zur Zeit der kolonialen Ausbeutung nur mit Zucker zahlen.

Den hochfliegenden Industrialisierungsplänen folgte die ebenso phantastische Hoffnung, 1970 zehn Millionen Tonnen Zucker produzieren zu können. Trotz einer beispiellosen Mobilmachung des ganzen Volkes verlor Kuba die von Máximo Lider befohlene Ernteschlacht. Fast 500000 Kubaner – Schüler und Künstler, Fabrikarbeiter und Behördenangestellte, Hausfrauen und Soldaten – und fast alle Transportmittel waren für die „Große Ernte" aufgeboten worden. Sie erbrachte nicht zehn, aber immerhin noch 8,5 Millionen Tonnen Zucker – mehr als Kuba je zuvor in einem Jahr produzierte.

Doch der Masseneinsatz für die „historische Schlacht" (Castro) kostete die übrige Wirtschaft mindestens ein Viertel ihrer Jahresproduktion. Die ohnehin karge Versorgung der Kubaner verschlechterte sich weiter: Noch nie während der elfjährigen Herrschaft Castros waren die Rationen so schmal. Kubas Bruttosozialprodukt ist nach den Industrialisierungs- und Zuckerfehlschlägen auf den Stand von 1958 zurückgefallen – einer Zeit, zu der das Land fast zwei Millionen Einwohner weniger hatte als heute. Nur die sowjetischen Kredite von jährlich 350 bis 450 Millionen Dollar retten Castros sozialistisches Experiment vor dem Ruin.

▶ **Quelle:** DER SPIEGEL, Nr. 39/1970

Das Beispiel Peru

Die wirtschaftlichen Strukturen Perus aber waren noch mehr verzerrt als in den meisten Staaten des Subkontinents: Nur 0,1 Prozent aller Landbesitzer verfügten über 60 Prozent der Anbaufläche, fast allein ausländische Gesellschaften beuteten die Bodenschätze des Landes aus. Über die Hälfte der Bevölkerung mußte mit einem Pro-Kopf-Einkommen von rund 20 Mark im Monat auskommen.

Nur mit Gewalt, so entschieden die Offiziere vor zwei Jahren, ließ sich diese Unordnung beseitigen: Am 3. Oktober 1968, morgens um 2.15 Uhr, rasselten Panzer vor dem im spanischen Kolonialstil erbauten Präsidentenpalast auf der „Plaza de Armas" in Lima. Rangers holten den Präsidenten Belaúnde Terry aus dem Bett. In einem Jeep fuhren die Soldaten den barfüßigen Staatschef zum Flughafen und setzten ihn in eine Maschine nach Buenos Aires.

Die Macht in der Republik mit 13 Millionen Einwohnern übernahm eine Junta, angeführt vom Oberkommandierenden der Streitkräfte, Juan Velasco Alvarado. Der Sohn kleinbürgerlicher Eltern aus Perus rückständiger Nordprovinz Piura hatte seine militärische Karriere als einfacher Infanteriesoldat und nicht als Kadett der traditionell politisch einflußreichen Artillerie begonnen. Zunächst schien sein Aufstand ein südamerikanischer Militärputsch wie Hunderte zuvor. Aber nur eine Woche lang. Denn sechs Tage nach der Machtübernahme taten Limas Generäle, was der Zivilist Belaúnde nicht gewagt hatte – sie enteigneten die US-Ölgesellschaft IPC, eine Tochter(-gesellschaft) der ESSO. Als die IPC 120 Millionen Dollar Entschädigung forderte, präsentierten die Peruaner eine Gegenrechnung „für 44 Jahre Öldiebstahl": 690,5 Millionen Dollar. Schien dieser Zank zuerst noch eher Popularitätshascherei der jungen Junta zu sein, so ließ der nächste schwerschwiegende Beschluß der Soldaten im „Pizarro"-Palast kaum noch Zweifel an ihren revolutionären Absichten: Am „Dia del Indio", dem 24. Juni 1969, verkündete der Generals-Präsident Velasco Alvarado dem peruanischen Volk, was zwei Jahrhunderte zuvor schon der gegen die Spanier rebellierende Inkafürst Tupac Amaru verheißen hatte: „Bauer, nie mehr soll dein Herr von deiner Armut leben!"

Die Armee verordnete eine radikale Landreform: Aller Grundbesitz wird enteignet, sofern er mehr als 150 Hektar bewässerter Fläche an der Küste oder mehr als 55 Hektar im Gebirge umfaßt. Viehfarmen dürfen fortan nicht größer als 1500 Hektar sein. Das enteignete Land wird an Kleinbauern, Landarbeiter und Pächter – meist Indios und Mestizen – verteilt.

Gegen die einheimischen und ausländischen Herren der Industrie in Peru erließ die Junta Ende Juli dieses Jahres ein Gesetz, das die „New York Times" die „radikalste Industriegesetzgebung seit Castros Machtübernahme in Kuba" nannte. Das neue Industriegesetz beschränkt ausländische Anteile an peruanischen Unternehmen nach und nach auf ein Drittel, kontrolliert ausländische Gewinne, behält dem Staat die Grundindustrien vor und verankert eine progressive Mitbeteiligung der Arbeitnehmer bis zu 50 Prozent.

Eine weitere Verordnung soll die traditionelle Kapitalflucht stoppen: 70 Millionen ihres Devisenbesitzes lieferten die Peruaner binnen weniger Wochen bei der Staatsbank ab.

Ein Radikalprogramm verkündete die Regierung auch gegen ein Grundübel des Landes – das Analphabetentum. Mindestens 40 Prozent der Peruaner können nicht schreiben und lesen – auf dem Land sind es fast drei Viertel der Bevölkerung. In diesem Jahr geben die Militärs 8,8 Milliarden Soles – von einem 44-Milliarden-Budget – für die Erziehung aus. Bis 1975 wollen sie die Analphabetenrate drastisch verringern, bis 1980 fast auf Null senken.

In Zeitungsanzeigen wettert die Oligarchie gegen den Reformkurs der Militärs, den Staatschef Velasco als einen „Pfad zwischen Kapitalismus und Kommunismus" definiert. Mancher Kapitalist packt wie im benachbarten Chile schon die Koffer.

▶ **Quelle:** DER SPIEGEL Nr. 36/1970

Arbeitsaufgaben	denkbare Formulierungen
1. Worin besteht die Bedeutung der kubanischen Revolution?	– Zerschlagung der alten Herrschaftsstrukturen, Einebnung der Kluft zwischen den Besitzenden und den Armen – Beseitigung des Analphabetentums – Beseitigung der Arbeitslosigkeit – Förderung des Gesundheits- und Erziehungswesens
2. Warum scheiterte der Versuch Castros, die kubanische Revolution auf den Kontinent zu übertragen?	In Kuba selbst kam es zu wirtschaftlichen Rückschlägen. Es gelang nicht, die Zuckerinsel in einen Industriestaat umzuwandeln, da Fachleute und Kapital fehlten.
3. Inwieweit ist Kuba von der Sowjetunion abhängig?	Castro hatte die Abhängigkeit von den USA mit der Abhängigkeit von der Sowjetunion erkauft, die Gegenleistungen für ihre Hilfe erwartete.
4. Was unterschied den Militärputsch in Peru von anderen Staatsstreichen der Militärs in Lateinamerika?	– Die Militärjunta enteignete ausländische Unternehmungen und beschränkte den ausländischen Kapitalanteil an peruanischen Unternehmungen. – Sie führte eine radikale Bodenreform durch und verteilte das enteignete Land an Kleinbauern und bisher besitzlose Landarbeiter und Pächter. – Sie stellte ein Programm auf, wonach alle Peruaner lesen und schreiben lernen sollten. Das Analphabetentum sollte auf diese Art beseitigt werden.

Peru: Armenhaus auf der Schatzkammer

In die Klemme geriet das Regime, als der Weltmarktpreis für Kupfer, dem wichtigsten Exportartikel des Landes, von 1969 bis 1972 um 30 Prozent fiel. Noch 1978 mußten 40 Prozent der Exporterlöse Perus für die Rückzahlung und die Zinsen internationaler Kredite aufgewendet werden.

Das Wunder trat ein, als die im Urwaldgebiet des Amazonas vermuteten Ölquellen, zu deren Erschließung die Militärs eine Milliarde US-Dollar anscheinend verpulvert hatten, noch zu sprudeln begannen. Man schätzt die Vorräte, aus denen gegenwärtig rund 200000 Barrel täglich gefördert werden, auf insgesamt vier Milliarden Barrel.

Im vergangenen Jahr konnte Peru allein aus dem Ölexport 672 Millionen US-Dollar erlösen. Die Verfielfachung der Weltmarktpreise für Kupfer, Silber, Zink und Blei, die das Land in nicht minder beachtlichen Mengen exportiert, verbessert die Außenhandelsbilanz noch einmal kräftig. 1979 mußte Peru für Importe insgesamt 1,4 Milliarden Dollar zahlen, es verkaufte jedoch Waren im Wert von fast 2,4 Milliarden Dollar. Und für das laufende Jahr peilt man die Rekordmarke von 4,5 Milliarden Dollar aus Exporten an.

Wie in Mexiko, so zeigt sich aber auch in Peru, daß der Export von Rohstoffen, daß der Zustrom von Devisen allein die Probleme nicht löst, daß er einige sogar verschärft. Der Boom treibt die Inflation in schwindelnde Höhen von 60 Prozent und mehr. Für alle diejenigen, die sich aus den Export-Dollars nicht direkt bedienen können, bedeutet das einschneidende Verluste an Kaufkraft: für den Durchschnittsarbeiter 22 Prozent, gemessen am Jahr 1973, für die Beamten und Angestellten, die noch schärfer an der Lohnleine gehalten werden, 45 Prozent.

Katastrophal ist die Situation vieler Menschen auf dem Lande. Rings um Cuzco, die alte, 3400 Meter hoch gelegene Inka-Stadt, hausen die Indios wie vor 500 Jahren, eher schlechter als damals, bevor die Spanier kamen und ihre Häuser und Tempel schleiften. Auf bloßen Füßen traben die verhutzelten Gestalten die endlosen Serpentinenstraßen hinauf und hinab, um auf dem Markt ein paar Maiskolben zu verkaufen, vielleicht einen Poncho oder einen bemalten Topf an die Touristen.

Landflucht ist die Konsequenz. 1971, als eine internationale Konferenz in Lima tagte und die Militärregierung einen gewaltsamen Eklat nicht riskieren konnte, strömten Zehntausende der Ausgehungerten aus den Bergen in die Hauptstadt, ließen sich auf Straßen und Plätzen nieder und verlangten Obdach und Brot.

Die Regierung wies ihnen ein Stück des Wüstenstreifens zu, der damals noch Lima von der Pazifikküste trennte. Der Streifen ist heute zugewachsen, ausgefüllt von den „Pueblos jóvenes", den jungen Dörfern, wie die Armensiedlungen schamhaft genannt werden. In diesem Randgebiet Limas leben heute 700000 Menschen.

▶ **Quelle:** Kölner Stadtanzeiger vom 23. 4. 1980

Arbeitsaufgaben	denkbare Formulierungen
1. Welche Entwicklungen haben die wirtschaftliche Lage Perus in jüngster Zeit entscheidend verbessert?	– Im Urwald des Amazonas wurden Ölquellen entdeckt. – Die Weltmarktpreise für Bodenschätze, die Peru in reichem Maße besitzt, vervielfachten sich. – Während noch 1978 40 % der Exporte für Rückzahlung und Zinsen von Krediten aufgewendet werden mußten, erzielte Peru seit 1979 einen beträchtlichen Export-Überschuß.
2. Welche Folgen hat diese wirtschaftliche Blüte für die breite Masse der Bevölkerung?	– Der Export der Rohstoffe bringt Devisen ins Land und vermehrt die Einkommen und die Kaufkraft derjenigen, die in den exportorientierten Wirtschaftszweigen arbeiten oder vom Export profitieren. Dadurch wird die Inflation hochgetrieben. – Alle, die nichts mit der Rohstoffproduktion und dem Export zu tun haben, erleiden durch die Inflation einen Kaufkraftverlust. – Die Agrarreform hat die Not auf dem Lande offenbar nicht überall beseitigen können. Anscheinend reichte der verfügbare Grund und Boden nicht aus, um alle landlosen Bauern zu versorgen bzw. genügt nicht für ihren Lebensunterhalt.

50.3 Das Nord-Süd-Problem

50.3.1. Wissensziele

Die ehemaligen Kolonialgebiete gehören heute zumeist zu den Entwicklungsländern. Darunter versteht man Länder mit folgenden Merkmalen: starker Bevölkerungszuwachs, Armut und Kapitalmangel, hoher Anteil an Analphabeten, Monokulturen, geringer Industrieanteil, Ausfuhr vorwiegend Rohstoffe. Darüber hinaus gibt es in vielen Entwicklungsländern eine ungerechte Gesellschaftsordnung oder eine Vielfalt von Stämmen, Sprachen und Religionen. Sie erschweren die Bildung funktionsfähiger Staaten. Industrie- und Entwicklungsländer sind aufeinander angewiesen.

50.3.2. UE-Ziele

(1) Der „Teufelskreis der Armut" – Merkmale der Unterentwicklung
(2) Die Interdependenz von Industrie- und Entwicklungsländern

50.3.3. Einstieg

● Film 322682 „Hunger"

Der 1976 in Canada nach einem neuen Verfahren gedrehte Farbfilm von 12 Minuten bedient sich einer Technik, wobei Personen und Gegenstände in Linien dargestellt sind und ständig zu neuen Konturen verfließen. Ein vielbeschäftigter Manager begibt sich nach Dienstschluß nacheinander in ein Delikatessengeschäft, ein Restaurant, einen Supermarkt und in seine Wohnung. Auf diesem Wege vertilgt er – dabei immer dicker werdend – wahllos Nahrungsmittel, Frauen, Möbel, Einrichtungsgegenstände, bis er – übersättigt und von Leibschmerzen geplagt – mit Hilfe von Tabletten einzuschlafen versucht. Im Traum stürzt er ins Bodenlose und sieht sich umgeben von einer unübersehbaren Menge ausgemergelter Gestalten, die einen immer enger werdenden Ring bilden und über ihn herfallen, um ihn zu verzehren.

50.3.4. Schwerpunkte

Der Teufelskreis der Armut

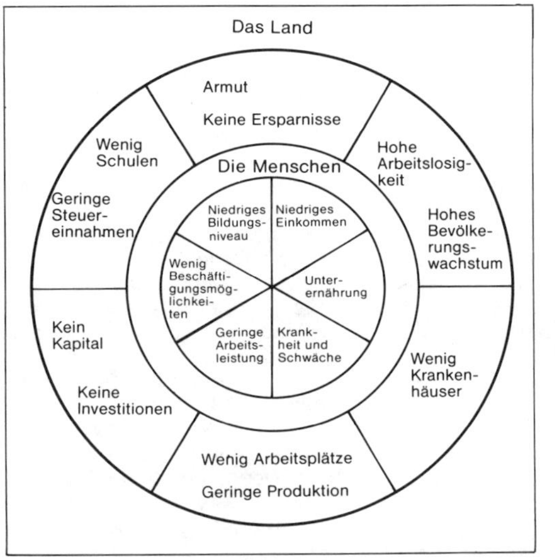

Die Kette interdependenter Probleme, jener „Teufelskreis der Armut", aus dem sich die Entwicklungsländer nicht oder nur unter den allergrößten Schwierigkeiten befreien können, werden in dem Auszug aus „Politik der Partner", einer Veröffentlichung des Bundesministeriums für wirtschaftliche Zusammenarbeit (und dort erhältlich), dargestellt. Systematisch werden sie aufgelistet in der vorstehenden Grafik, die auch als Tafelbild dienen kann.

An der Situation des Mannes Friday werden die **Folgen des Teufelskreises für den einzelnen** exemplifiziert:

Situation Fridays	Situation der Menschen in den Entwicklungsländern
(wahrscheinlich) ohne Schulbildung	niedriges Bildungsniveau
lebt von seltenen Gelegenheitsarbeiten oder von Almosen	niedriges Einkommen
hat wenig zu essen, sieht aus wie 50, obwohl er erst 32 Jahre alt ist	Unterernährung
ist dadurch schwach und sicher auch nicht gesund	Krankheit und Schwäche
daher für schwere Arbeiten ungeeignet	geringe Arbeitsleistung
wird daher nicht mal vom Hotelportier zum Koffertragen gerufen	wenig Beschäftigungsmöglichkeiten

Dieser Teufelskreis der Armut, der die Situation der Individuen kennzeichnet, bestimmt mehr oder weniger auch die **Situation der** (meisten) **Entwicklungsländer.**

Der Bevölkerungszuwachs

Als zentrales Problem aller Länder der Dritten Welt erweist sich immer mehr die enorme Zunahme der Bevölkerung. Sie hat bisher alle Anstrengungen und Erfolge, die unbestreitbar erzielt worden sind, mehr oder weniger zunichte gemacht.
1980 hatte die Weltbevölkerung die 4,5-Mrd.-Grenze überschritten. Für das Jahr 1990 werden 5,4 Mrd., im Jahr 2000 6,4 Mrd. Menschen erwartet. Auf die Entwicklungsländer entfallen gegenwärtig etwas mehr als 75 % der Weltbevölkerung. Bleibt die Verteilung der künftigen Geburten auf den Erdteilen gleich, stellen die Entwicklungsländer im Jahr 2000 5 der 6,4 Mrd. und im Jahr 2100 10,7 der 12,3 Mrd. Menschen. In den acht Staaten Volksrepublik China, Indien, Indonesien, Brasilien, Bangladesh, Nigeria, Pakistan und Mexiko lebten 1978 schon die Hälfte der Menschheit.
Die Bevölkerungsvermehrung in den Entwicklungsländern hat eine doppelte Ursache: Einmal sind die Geburtenziffern stark angestiegen. Die jährliche Zuwachsrate in der Dritten Welt liegt bei 2,5 %. Zugleich sind die Sterberaten gefallen, die durchschnittliche Lebenserwartung ist enorm angestiegen. Beide Entwicklungen sind auf die durchgreifende Verbesserung der hygienischen Verhältnisse und die Fortschritte in der Bekämpfung von Krankheiten durch Übernahme der westlichen Medizin zurückzuführen. Dadurch ist die früher hohe Säuglingssterblichkeit drastisch gesenkt, Seuchen sind durch Massenimpfung bekämpft worden. Statt dessen sind die Menschen nun in vielen Gebieten vom Hungertod bedroht.
▶ **Material:** Fischer Weltalmanach '82, Seite 679.
Der Anstieg der Weltbevölkerung wird deutlich, wenn man die Zahlen in Blöcken darstellt. Interessant ist auch die Berechnung der Zuwachsraten (die verschiedenen Zeiträume beachten).

Arbeitslosigkeit

Das Arbeitskräftepotential der Entwicklungsländer (ohne Volksrepublik China) beträgt etwa 800 bis 900 Mio. Menschen. Hiervon sind etwa 50 Mio. Menschen arbeitslos und mindestens 300 Mio. unterbeschäftigt. Bei einer Zuwachsrate des Arbeitskräftepotentials um 2,7 % (eine realistische Annahme, da die zukünftigen Arbeitskräfte heute schon geboren sind oder bis 1986 geboren sein werden) wird es im Jahr 2000 1,5 Mrd. Arbeitskräfte geben. Zu den ca. 350 Mio. Arbeitslosen oder Unterbeschäftigten treten weitere 700 Mio. Arbeitssuchende, für die Arbeitsplätze geschaffen werden müssen. (Zahlen vom Bundesministerium für wirtschaftliche Zusammenarbeit)

Kapitalmangel

Pro Arbeitsplatz in Entwicklungsländern müssen gegenwärtig zwischen 1000 und 10000 DM in der Landwirtschaft und zwischen 10000 und 200000 DM in der Industrie aufgewendet werden.
Wegen der allgemeinen Armut kann die Bevölkerung keine **Ersparnisse** machen und damit kein **Kapital** bilden, aus denen **Investitionen** getätigt werden können. Der Staat hat keine ausreichenden **Steuereinnahmen,** mit denen er öffentliche Aufgaben finanzieren kann (Infrastruktur, Schulen, Krankenhäuser usw.).

Unterschiede in der Dritten Welt

Die Begriffe „Nord-Süd-Problem" und „Entwicklungsländer" oder „Dritte Welt" sind irreführend insofern, als sie die außerordentlichen Unterschiede zwischen verschiedenen Gruppen von Ländern oder auch jedem einzelnen von ihnen verdecken. Auch verschiedene Kategorisierungen können die Unterschiede allenfalls ansatzweise deutlich machen: So ergibt sich nach einer Definition der Vereinten Nationen:

- LLDC (Least Developed Countries = am wenigsten entwickelte Länder), 1981 insgesamt 30 mit folgenden Indikatoren: Bruttosozialprodukt (BSP): unter 100 Dollar pro Kopf, Anteil der Industrieproduktion unter 10 % des BSP, Alphabetisierungsquote unter 20 % der Bevölkerung über 15 Jahre.

- LDC (Less Developed Countries = weniger entwickelte Länder); übrige Entwicklungsländer mit Werten über den oben genannten Grenzen.

Eine andere Kategorisierung hat die von dem enormen Preisanstieg bei lebenswichtigen Einfuhren, vor allem bei Erdöl, besonders betroffenen Länder zusammengefaßt:

- MSAC (Most seriously affected countries = am schwersten betroffene Länder) – 1981: 45 Länder, davon 25 LLDC (nicht alle!).
- NIC (Newly industrialized countries = neuerdings industrialisierte Länder) oder Schwellenländer (take off – countries) genannt. Dazu gehören Staaten wie Brasilien, Süd-Korea, Singapur, Taiwan, die voraussichtlich den Status des Entwicklungslandes in absehbarer Zeit aus eigener Kraft überwinden werden.

Eine wieder andere Gruppe sind die

- OPEC-Staaten (Organisation of Petroleum Exporting Countries = Mitglieder der Organisation erdölexportierender Staaten) = 13 Staaten. Unter ihnen gibt es wiederum zwei Gruppen, die eine wie Saudi-Arabien, Kuwait, Vereinigte Arabische Emirate mit geringer Bevölkerung und relativ hohen Produktionsziffern bzw. Exporterlösen, die ihre Einnahmen nicht zur Gänze im eigenen Land verwenden können und selbst Entwicklungshilfe (an arabische bzw. islamische Staaten) geben. Die zweite sind Länder mit hohen Bevölkerungszahlen, die ihre Erdöleinnahmen für die Entwicklung des eigenen Landes verwenden, wie Algerien, Indonesien, Irak, Iran, Nigeria und Venezuela.

Es ist weiterhin zu beachten, daß die einzelnen Entwicklungsländer nicht nur insgesamt unterentwickelt, sondern auch ungleich entwickelt sind. Ein kleiner Teil der Bevölkerung profitiert von der Entwicklung, wie bescheiden sie auch immer sein mag, der überwiegende Teil wird von den wirtschaftlichen, sozialen und politischen Veränderungen nicht berührt oder sogar negativ beeinflußt.

In den letzten Jahren sind die Zweifel an der bisherigen Entwicklungspolitik der westlichen Industrieländer immer stärker gewachsen. Immer mehr Menschen, gerade auch Fachleute, fragen sich, ob die bisherigen Konzepte nicht vom Ansatz her verfehlt waren und ob nicht ein radikales Umdenken erforderlich ist.

Ein besonders guter Kenner Afrikas, der ehemalige Botschafter Gustav Adolf Sonnenhol, stellt Fragen und zieht Schlußfolgerungen:

Die unbewältigte Zukunft der Dritten Welt

Entwicklung ist ein westlicher Begriff. Er bedeutet lineares Fortschreiten auf ein Ziel zu. Diese Vorstellung ist den meisten nichteuropäischen Völkern fremd; sie denken in Kreisen oder Zyklen. Wir sind dabei geblieben, unsere eigene Entwicklung und die ihr zugrunde liegenden Wertvorstellungen als selbstverständlichen Maßstab an andere Völker zu legen, und tun dies auch heute noch, selbst wenn wir es bestreiten. Es ist der Glaube, man könne unser Modell anderen Kulturen überstülpen in der Annahme, daß diese sich dann im Sinne der gewollten Modernisierungen entfalten. Dabei gingen – und gehen – wir von der Annahme aus, dies könne in relativ kurzer Zeit geschehen, während die Empfänger sich vorstellen, daß der Prozeß ziemlich mühe- und schmerzlos zu haben sei.

Die Arbeitshypothese von der unbegrenzten Lernfähigkeit und Formbarkeit des Menschen geht aus von der Annahme eines, trotz verschiedenartiger kultureller Ausprägung, einheitlichen Vernunftbegriffs, gleicher oder verwandter kognitiver Strukturen und gleicher menschlicher Grunderfahrungen, das heißt insgesamt von der Fähigkeit zu rationaler Lebensgestaltung, die die Übernahme unseres industriell-technischen Zivilisationsmodells unbeschadet von Übergangsschwierigkeiten im Prinzip gestattet.

Wie aber sieht es mit der Übertragung dieses Modells auf die Dritte Welt aus? Die Rationalität des Systems und der Wettbewerbszwang verlangen die Übernahme des Ganzen einschließlich aller Wertvorstellungen, die allein seine Betriebsfähigkeit garantieren können, das heißt System, Werte, Früchte und der Preis, der der des Untergangs sein kann.

Afrika kann es nicht verdauen. Trotz aller Beteuerungen über die Vereinbarkeit des Alten und des Neuen – die magische Welt und die moderne sind unvereinbar. Die Afrikaner kritisieren zu Recht unseren halbierten Vernunftbegriff. Sie haben andere Erkenntnisvermögen, Subjekt-Objekt-Beziehungen, Zeitbegriffe und Naturvorstellungen. Nichts kommt der rationalen technischen Welt entgegen. Sie anzunehmen ist ein Akt radikaler Entfremdung, eine traumatische Erfahrung, deren Folgen tödlich sein können.

Das bedeutet kein Werturteil, wir sind nicht besser! Es geht um „ungleich", aber „gleichwertig"; wir müssen lernen, den anderen in seiner Andersartigkeit voll anzuerkennen – um so mehr, wenn er unverändert so bleiben will. Das für Afrika Gesagte gilt auch für unserem Denken ähnlich fremde Kulturen. Der dramatische Zeitfaktor wird hier angesichts des Hungerhorizonts 2000 besonders deutlich.

Wenn ein Nord-Süd-Gespräch einen Sinn haben soll, muß es von folgenden Tatsachen ausgehen: Die Probleme der Dritten Welt sind kurzfristig – von glücklichen Ausnahmen abgesehen – unlösbar. Ein Teil ihrer Länder war von vornherein ohne fremde Hilfe nicht lebensfähig. Da es sich um Probleme des Menschen handelt, können sie nur von den Menschen dieser Welt je in ihrer Verschiedenheit auf adäquate Weise angegangen werden. Wenn auch die westliche Welt zu der Entstehung dieser Probleme beigetragen hat – weniger durch Kolonialismus als den durch Überwältigung erzeugten Kulturkonflikt –, hat sie doch außer einer moralischen, bei uns vom Christentum begründeten Verpflichtung keine Dauerverantwortung oder gar Wiedergutmachungspflicht. Sie muß aus Eigeninteresse handeln und aus dem Verständnis der Solidarität und Interdependenz, auch wenn ihre Einwirkungsmöglichkeiten relativ gering sind. Sie darf die Probleme ihrer kranken Gesellschaft nicht auf andere Welten übertragen. Die Dritte Welt muß ihren Weg allein finden. Unsere Sympathie sollte sie dabei begleiten, auch wo wir den Weg nicht verstehen oder nach unseren Maßstäben nicht billigen. Wir müssen auf die „Arroganz der Moral" ebenso verzichten wie auf das, was ein islamischer Intellektueller den „Weihnachtsbaum-Imperialismus" genannt hat.

Wir müssen auf beiden Seiten mit neokolonialistischen Vorstellungen und Praktiken brechen, die auf der Übertragbarkeit von Modellen und der Zementierung von Abhängigkeit beruhen. Wir können aber, wo möglich und erwünscht, bei der Identitätsfindung helfen. Identität ist wichtiger als Wohlstand. Sogar Identität in Armut kann Glück sein. Wer unsere Früchte dennoch will, muß den Weg und den Preis wollen. Freiheit und Eigenverantwortung sind noch immer die stärksten Entwicklungsmotoren.

Die beste Hilfe, die sie geben können, ist Handel, also die Öffnung der eigenen Märkte und Abschaffung ihres Agrarprotektionismus. Automatische Transfererwartungen, so verständlich sie technisch sind, sind abzulehnen. Entwicklungsfähigkeit, Entwicklungsbereitschaft, Aufnahmefähigkeit und Eigenanstrengung sind unverzichtbare Kriterien.

▶ **Quelle:** Merkur. Deutsche Zeitschrift für europäisches Denken, XXXVI. Jg., Heft 2 (Februar 1982).

51. Der Nahostkonflikt

51.0.1. Literaturangaben

Spezialliteratur
Ansprenger, Franz, Juden und Araber in einem Land. Die politischen Beziehungen der beiden Völker im Mandatsgebiet Palästinas und im Staat Israel. Kaiser-Grünewald, München-Mainz 1978.
Ben-Sasson, H. H. (Hrsg.), Geschichte des jüdischen Volkes, 3. Bde. C. H. Beck, München 1978–1980.
Eban, Abba, Dies ist mein Volk. Zur Geschichte der Juden. Knaur TB Nr. 3367.
Elon, Amos, Die Israelis – Gründer und Söhne. Molden TB, Wien 1976.
Elon, Amos, Morgen in Jerusalem. Theodor Herzl, sein Leben und Werk. Molden, Wien 1975.
Harkabi, Yehoshafat, Palästina und Israel. Seewald, Stuttgart 1974.
Laqueur, Walter, Der Weg zum Staat Israel. Molden, Wien 1972.
Meier-Cronemeyer, Hermann, Rolf Rendtorff und Ulrich Kusche, Israel in Nahost. Verlag für Literatur und Zeitgeschehen, Hannover [3]1975.
Melcher, Helmut/Schölch, Alexander, Die Palästinafrage 1917–1948. Historische Ursprünge und internationale Dimensionen eines Nationenkonflikts. Schöningh, Paderborn.
Tophoven, Rolf, Fedayin – Guerilla ohne Grenzen. Bernard und Graefe, Frankfurt 1974.

Zeitschrift: Politische Bildung 71/1, Israel heute. Materialien: Israel – ein Staat wie jeder andere?

Sachbücher
Collins, Larry, Lapierre, Dominique, O Jerusalem. rororo TB 7179 (Spannend erzählte Geschichte der Staatsgründung und des Krieges von 1948).
Keller, Werner, Und wurden zerstreut unter alle Völker. Die nachbiblische Geschichte des jüdischen Volkes. Knaur TB 325, München 1977.
Uris, Leon, Exodus. Heyne TB 566 (Illegale Einwanderung der Juden nach Palästina nach dem Zweiten Weltkrieg).

Jugendbücher
Lampel, Rusia, . . . als ob wir in Frieden leben, ein Mädchen in Jerusalem, Arena TB 1358. Würzburg 1979 (Leben im heutigen Israel).
Braunburg, Rudolf, Tau über der Wüste, Baken Verlag, Hamburg [2]1969 (Reisen in Israel).

51.0.2. UR-Ziele

(1) Die historischen Wurzeln des Konflikts zwischen Juden und Arabern
(2) Die Grundpositionen der am Konflikt Beteiligten
(3) Die Bedeutung des Nahostkonflikts als Gefahr für den Weltfrieden

51.0.3. Medien

Wandkarte: Putzger, Die Welt im 20. Jahrhundert.
Atlas: Westermann 147 Vorderer Orient, 149 Staaten um das Rote Meer, 157 Erdölpolitik im Vorderen Orient und im Uralgebiet, 160 Jüdische Siedlung in Israel – dtv II 256 Der Nahe Osten nach dem Zweiten Weltkrieg, 258 Teilungsplan der Vereinten Nationen 1947, Israel seit 1949, Das Anwachsen der Bevölkerung Israels bis 1964.
Dias: Jünger, Israel heute (81 B f mit Tonband) – Institut, TbR 125 Israel.
Filme: Institut 327562 Wenn ihr wollt, wird das Märchen wahr (27 Min.), 327284 Fünf aus Israel (60 Min.).

51.0.4. Vorbemerkungen

51.0.4.1. Ursprung und Verlauf des Nahostkonflikts

Der Zionismus
Der Zionismus, die jüdische Nationalbewegung, entstand zugleich als Reaktion auf den Antisemitismus und als Abwehr gegen die Assimilation, die Einschmelzung der Juden in die Gastvölker Mittel- und Westeuropas. Als organisierte Bewegung ist der Zionismus das Werk **Theodor Herzls.** Den Anstoß empfing Herzl durch die **Dreyfus-Affäre,** die Verurteilung des unschuldigen französischen Hauptmanns Alfred Dreyfus wegen angeblicher Spionage (1894). Wenn schon in Frankreich, glaubte Herzl, von dem die Emanzipation der Juden ausgegangen war, die Assimilation nicht gelingen könne, weil der Antisemitismus immer neu erstehe, gebe es nur die Lösung eines eigenen Staates für die Juden.
Unter den nationalen Bewegungen war der Zionismus insofern einzigartig, als er die in der Welt verstreuten Juden als ein Volk im weltlichen Sinne verstand, das in einem zu schaffenden Staat zusammenzuführen sei. Der Ort dieses Staates war bestimmt durch die Religion. Die über Jahrtausende lebendig gebliebene messianische Erwartung einer **Rückkehr in das Land der Väter** ließ Palästina/Israel als den einzig denkbaren Ort des Judenstaates erscheinen.

Das Baseler Programm

Als auf dem 1. Zionistenkongreß in Basel das **Programm des Zionismus** formuliert wurde, mußte Herzl mit dem Mißtrauen der osmanischen Regierung, aber auch der christlichen Konfessionen und ihres Protektors, des Zaren, rechnen. Deshalb wurde schließlich die Formel von der „öffentlich-rechtlich gesicherten Heimstätte" gewählt.

Palästina gehörte zum Osmanischen Reich. Herzl bemühte sich, von der osmanischen Regierung einen **„Charter"** (nach englischem Recht eine „Konzession", einen „Schutzbrief") zu erhalten. Als Gegenleistung bot er die Sanierung des bankrotten osmanischen Staatshaushalts an. Die Türken wollten jedoch nur kleinen Gruppen von Einwanderern gegen enorme Summen ein Siedlungsrecht zugestehen, woran Herzl nichts lag, da trotz des türkischen Verbots eine Einwanderung kleinerer Gruppen ohnehin stattfand.

Jüdische Siedlung in Palästina

Eine wechselnde geringe Anzahl von Juden hatte immer in Palästina gelebt. Seit dem 12. Jahrhundert hatten sich immer wieder Gruppen aus religiösen Motiven dort niedergelassen. Eine planmäßige Einwanderung aus Osteuropa, ausgelöst durch Pogrome in Rußland, setzte 1882 ein (1. Aliya = Einwanderung). Von 24000 Juden im Jahre 1882 stieg die Zahl bis 1914 auf 90000, etwa 12% der Gesamtbevölkerung Palästinas.

Der arabische Nationalismus

Der allmähliche **Zerfall des Osmanischen Reiches** im 19./20. Jahrhundert führte zu Versuchen, einen modernen Staat nach europäischem Muster zu schaffen (**Jungtürkische Revolution** 1908). Damit wurde die tragende Staatsidee des Reiches, die Gemeinschaft der Moslems zu repräsentieren, preisgegeben. Es kam in kleinen Kreisen gebildeter Araber zu einer Rückbesinnung auf die arabische Geschichte und zu Bestrebungen um eine arabische Wiedergeburt, die sich angesichts der beginnenden Säkularisierung nach der jungtürkischen Revolution gegen das Reich richteten und einen **unabhängigen arabischen Staat** erträumten.

Die Balfour-Deklaration

Im Ersten Weltkrieg kämpfte die Türkei an der Seite Deutschlands und Österreichs. Die zionistische Führung verhielt sich während des Krieges neutral, doch setzten einige Zionisten von Anfang an auf den Sieg der Alliierten, unter ihnen der Chemiker **Chaim Weizmann.**

Sie erzielten einen außerordentlich bedeutenden Erfolg, als der Außenminister der damals führenden Weltmacht Großbritannien, Lord Balfour, eine Erklärung abgab, wonach die britische Regierung die Errichtung einer nationalen Heimstätte für das jüdische Volk in Palästina mit Wohlwollen betrachte und sich bemühen werde, die Erreichung dieses Zieles zu erleichtern. Die Rechte der in Palästina bestehenden nichtjüdischen Gemeinschaften sollten dadurch nicht beeinträchtigt werden.

Das britische Mandat über Palästina

Wenige Tage nach der Erklärung rückte der britische Feldmarschall Allenby in Jerusalem ein, knapp ein Jahr später hatte die türkische Herrschaft über den arabischen Nahen Osten ihr Ende gefunden. Der **Oberste Rat der Alliierten** übergab 1920 Großbritannien das Mandat (die Treuhänderschaft) über Palästina, 1922 wurde das Mandat vom **Völkerbund** bestätigt. Die Balfour-Deklaration wurde in die Präambel des Mandats aufgenommen, die Mandatsregierung übernahm die Verpflichtung, das Versprechen von 1917 in die Tat umzusetzen.

Die Araber, die sich die Unabhängigkeit erhofft hatten, betrachteten die Mandatsregelung als einen Bruch der gegebenen Versprechungen und sahen jede Veränderung des Status quo zugunsten der **Juden** als eine Minderung ihrer Rechte an. Die Juden wiederum werteten Maßnahmen der britischen Mandatsregierung, die arabische Interessen berücksichtigten, als Bruch der Verpflichtung zur Errichtung des jüdischen Nationalheims in Palästina.

Der Aufbau des jüdischen Palästina

Die Zionistische Organisation (seit 1922 Jewish Agency) begann nunmehr mit dem Aufbau einer eigenen Verwaltungsstruktur, eines eigenen politisch-gesellschaftlichen Lebens (Gewerkschaften, Parteien, Schulwesen, Gerichtswesen etc.) und einer eigenen Wirtschaftsstruktur.

Die jüdische Einwanderung

Bis 1929 stieg die jüdische Bevölkerung von 65000 (1919) auf 170000 Personen, ihr Anteil an der Gesamtbevölkerung auf 19,4%. Die Zahl der Einwanderer stieg nach der nationalsozialistischen Machtergreifung sofort steil an. Bis 1939 wanderten schätzungsweise 265000 jüdische Flüchtlinge ein. Nach dem Zweiten Weltkrieg strömten die Überlebenden der Konzentrations- und Vernichtungslager in das Land. Die britische Mandatsregierung versuchte, die Einwanderung zu verhindern. Sie verhängte eine Blockade über die Küste Palästinas und ließ die Einwanderer-Schiffe aufbringen. Die illegalen Einwanderer wurden nach Europa zurückgeschafft oder auf Zypern interniert.

Insgesamt waren von 1919 bis 1948 452000 Juden in Palästina eingewandert.

Der UN-Teilungsplan

Die Briten standen in Palästina zwischen zwei Fronten. Sowohl Juden wie Araber lehnten alle von den

Briten vorgeschlagenen Lösungen ab. Es entwickelten sich **bürgerkriegsähnliche Zustände.** Daraufhin brachte Großbritannien das Palästina-Problem vor die Vereinten Nationen.
Ein Sonderausschuß der Vereinten Nationen empfahl die Teilung des Landes in einen **jüdischen** und einen **arabischen Staat,** die eine Wirtschaftsunion bilden sollten. **Jerusalem** sollte internationalisiert und unter UN-Treuhandverwaltung gestellt werden. Die Vorlage wurde am 29. November 1947 von der UN-Vollversammlung mit Zwei-Drittel-Mehrheit angenommen, darunter von den **USA** und der **Sowjetunion.**
Alle arabischen Staaten stimmten dagegen. Sofort brachen Kämpfe zwischen Juden und Arabern aus. Die britische Mandatsregierung verweigerte der UN-Kommission die Einreise und kündigte die Rückgabe des Mandats für den 15. Mai 1948 an.

Die Gründung des Staates Israel

Am 14. Mai 1948 verließen die letzten britischen Truppen Palästina. Am Abend dieses Tages verlas Ben Gurion die **„Erklärung über die Errichtung des Staates Israel",** die um Mitternacht in Kraft trat.
In derselben Nacht begann die erwartete **Invasion** der Armeen aus den fünf arabischen Nachbarstaaten. Sie verfolgten jedoch unterschiedliche Interessen und verfügten daher auch über keine einheitliche Strategie und kein gemeinsames Oberkommando. Daher gelang es ihnen trotz ihrer erdrückenden zahlenmäßigen Überlegenheit nicht, die jüdischen Streitkräfte zu überwältigen.
Diese gingen vielmehr, nachdem sie durch Waffenlieferungen, vor allem aus der Tschechoslowakei, besser ausgerüstet waren, zur Offensive über. Es gelang ihnen, das **israelische Staatsgebiet** über den im Teilungsplan vorgesehenen Raum hinaus auszudehnen. Sie gewannen im Norden ganz Galiläa, im Osten die Neustadt von Jerusalem mit einem verbindenden Korridor und im Süden weitere Teile der Negev-Wüste mit der Stadt Beersheva. Israel verfügte über ein zusammenhängendes Staatsgebiet von 20700 km^2, wenn seine Grenzen unter strategischen Gesichtspunkten auch im höchsten Maße unbefriedigend waren. 1949 wurden schließlich zwischen Israel und Ägypten, Jordanien, Syrien und dem Libanon bilaterale **Waffenstillstandsverträge** geschlossen. Die arabischen Staaten erkannten Israel jedoch nicht an.

Das Flüchtlingsproblem

Die überwiegende Mehrheit der arabischen Bewohner des nunmehr israelischen Staatsgebiets flohen in die Nachbarländer. Die Israelis schätzen ihre Anzahl auf 550000, die Araber nennen weit höhere Zahlen. Bedingt durch die hohe Geburtenziffer ist die Zahl der von der UN-Flüchtlingsorganisation betreuten Flüchtlinge inzwischen auf 700000 angewachsen.

Keine Integration der Flüchtlinge

Die arabischen Aufnahmeländer zeigten keine Neigung, die Flüchtlinge sozial und wirtschaftlich zu integrieren. Sie erhielten, außer in Jordanien, nicht die Staatsangehörigkeit der Gastländer. Die überwiegende Mehrheit wurde in **Lagern** untergebracht, wo ein großer Teil von ihnen heute noch lebt. Nach dem Sechstagekrieg von 1967 haben die Israelis in den von ihnen besetzten Gebieten (West-Jordanland, Gaza-Streifen) die Lager zum großen Teil aufgelöst und die Bewohner außerhalb angesiedelt.
Eine **wirtschaftliche Integration** der Flüchtlinge war angesicht der beschränkten wirtschaftlichen Möglichkeiten der meisten Aufnahmeländer zweifellos schwer zu leisten. Aber obwohl die arabischen Ölförderländer über unbegrenzte Mittel verfügen, sind keine Anstrengungen unternommen worden, die Lager aufzulösen.
Der Grund dafür ist, daß die arabischen Staaten von Anfang an die Flüchtlinge als **politisches Druckmittel** eingesetzt haben und immer noch einsetzen.

Die Organisation der Palästinenser

Die Dachorganisation aller Palästinenserorganisationen ist die 1964 gegründete **PLO** (Palestinian Liberation Organisation = Palästinensische Befreiungsorganisation) mit **Jassir Arafat** an der Spitze. Die stärkste unter den etwa dreißig Guerilla-Organisationen ist **El Fatah** (= Bewegung für die Befreiung Palästinas) mit etwa 20000 Mitgliedern. Daneben sind noch von Bedeutung die beiden marxistisch-leninistischen Gruppen „Volksfront für die Befreiung Palästinas" (4000 Mitglieder) und „Demokratische Volksfront für die Befreiung Palästinas" (2000 Mitglieder).
Während das ausschließliche Ziel der Fatah die Gründung eines eigenen Staates auf dem Boden Palästinas ohne eine bestimmte politische Ausrichtung ist, streben die beiden marxistischen Organisationen den sozialrevolutionären Umsturz in allen arabischen Ländern an.

Der israelisch-arabische Konflikt

Der Konflikt zwischen Israel und den Arabern hat seine **Ursache** in dem **Zusammenprall zweier nationaler Bewegungen:** des Zionismus und des arabischen (palästinensischen) Nationalismus. Beide erheben Anspruch auf dasselbe Gebiet Palästina/Israel. Die Argumentation beider Seiten läßt sich wie folgt zusammenfassen:

Der arabische Standpunkt

Wenn auch die verschiedenen arabischen Staaten und die verschiedenen Palästinenserorganisationen höchst unterschiedliche Positionen in Einzelfragen haben und widerstreitende Interessen verfolgen, lassen sich eine Reihe von Elementen einer gemeinsamen Grundeinstellung gegenüber Israel feststellen (Ausnahme seit Mitte der siebziger Jahre Ägypten):

● Die Araber **bestreiten** prinzipiell das **Existenzrecht** des Staates Israel. Der Teilungsbeschluß der UN-Vollversammlung von 1947 ist für sie nichtig, weil er gegen das Selbstbestimmungsrecht verstoße. Der 1947 vorgesehene jüdische Staat hätte, so sagen sie, immer noch eine arabische Bevölkerungsmehrheit gehabt.

● Die Juden seien gar kein Volk, sondern eine **Religionsgemeinschaft.** Sie seien nach wie vor Bürger der Länder, aus denen sie nach Israel gekommen sind.

● Israel sei ein **expansionistischer Staat,** der sich immer noch weiter ausdehnen wolle. Dafür spreche auch der Anspruch der Zionisten, daß Israel die Heimat aller (15 Millionen) Juden der Welt sei.

● Daher könne es **keine Anerkennung** Israels und keinen Versöhnungsfrieden geben.

Die **PLO,** die alle diese Positionen auch vertritt, hat in ihrer politischen Charta, dem „Palästinensischen Nationalvertrag" von 1968, die **völlige Auslöschung** des Staates Israel und die Vertreibung seiner jüdischen Bewohner verlangt. Nur Juden, die „bis zum Beginn der zionistischen Invasion dauernd in Palästina lebten" (wann immer das war), dürften in einem arabischen Palästina bleiben.

Der israelische Standpunkt

Auch unter den (jüdischen) Israelis gibt es selbstverständlich sehr große Meinungsunterschiede über die künftige Politik gegenüber den Arabern. Aber auch für sie gilt, daß die überwältigende Mehrheit eine Reihe von Grundüberzeugungen teilt:

● Die Juden haben ein **historisches Recht** auf die Rückkehr nach Erez Israel.

● Die jahrtausendelangen Verfolgungen und vor allem die Vernichtung der europäischen Juden haben erwiesen, daß die Juden einen **eigenen Staat** brauchen, in dem sie nicht mehr wehrlos sind und ihr Schicksal selbst bestimmen können („Trauma von Auschwitz").

● Die Juden können **nur in Israel** einen Staat gründen und ein eigenes Leben leben. Die Araber haben ein riesiges Territorium zur Verfügung, nur 7 bis 8% aller Araber lebten in (ganz) Palästina.

Die **historischen Grenzen** Palästinas/Israels schlossen neben Judäa mit Samaria das heutige Jordanien, den Sinai und Süd-Libanon ein, der Zionismus habe mithin bereits große Abstriche von seinen Ansprüchen machen müssen.

● Aus den arabischen Ländern (vor allem aus Marokko, Algerien, Tunesien, Ägypten, dem Irak und Jemen) wanderten nach 1948 586000 Juden unter Zurücklassung ihres Vermögens in Israel ein. Es ergibt sich wahrscheinlich eine ausgeglichene Bilanz der **geflüchteten Juden** und Araber und ihres **verlorenen Besitzes.**

● Die Araber müssen die **Existenz** Israels als unabhängiger, souveräner Staat **anerkennen** (ohne daß die Israelis dies zur Vorbedingung für Verhandlungen machten).

● Israel hat ein **Recht auf sichere Grenzen.** Dies schließt eine Rückkehr zu den bis 1967 bestehenden nicht zu verteidigenden Grenzen aus. Insbesondere muß die auf die Golan-Höhen vorgeschobene Verteidigungslinie beibehalten werden. Der Jordan muß die militärische Ostgrenze Israels bleiben, ohne daß deshalb die israelische Herrschaft über Judäa und Samaria (das Gebiet auf dem Westufer des Jordans) erhalten bleiben müßte.

Nicht aus Sicherheits-, sondern aus historischen, religiösen und politischen Gründen muß ganz **Jerusalem** die Hauptstadt Israels bleiben.

Frieden zwischen Israel und Ägypten

Die Reise des ägyptischen Präsidenten **Sadat** im November 1977 nach Jerusalem stellte einen historischen Wendepunkt dar, wenn sich auch die anfänglichen euphorischen Erwartungen nicht erfüllt haben. In seiner Rede vor der Knesset erkannte er das Existenzrecht des Staates Israel an und sprach für Ägypten einen Gewaltverzicht aus. Damit war Ägypten, der weitaus stärkste und bedeutendste arabische Staat, aus der Einheitsfront gegen Israel ausgeschert. Nachdem die Verhandlungen für eine Weile ins Stokken geraten waren, wurden sie auf Vermittlung Präsident Carters im September 1978 in **Camp David** wieder aufgenommen und führten schließlich zu dem **Friedensvertrag** vom 26. März 1979.

Bestimmungen des Friedensvertrages

Israel machte eine Reihe von bedeutenden **Zugeständnissen:** Räumung der Sinai-Halbinsel in einem stufenweisen Rückzug innerhalb von drei Jahren; Aufgabe aller israelischen Siedlungen auf dem Sinai; Aufnahme von Verhandlungen über die Autonomie der Palästinenser.

Ägypten schloß im Gegenzug einen Frieden ohne Vorbehalte, wie ihn Israel immer angestrebt hatte. Zwischen beiden Staaten wurden normale diplomatische Beziehungen aufgenommen, offene Grenzen, wirtschaftliche Zusammenarbeit und kultureller Austausch wurden vereinbart und auch in die Tat umgesetzt.

Alle übrigen **arabischen Staaten** blieben bei ihrer **harten Ablehnung.** Ägypten blieb in der arabischen Welt isoliert. Dies trug dazu bei, daß sich die israelische Haltung vor allem in der Frage der Autonomie für die Palästinenser ebenfalls verhärtete. Die Probleme sind hier ungleich schwieriger als bei den Verhandlungen über direkte Zugeständnisse an Ägypten.

51.0.4.2. Der Nahostkonflikt und die Weltenergieversorgung: Abhängigkeit des Westens vom Nahostöl

Von den 1980 nachgewiesenen förderbaren Erdölvorräten in Höhe von 88 Millionen Tonnen entfallen 50 Millionen auf den Nahen Osten. Bei der Abhängigkeit der westlichen Welt vom Erdöl und insbesondere von Ölimporten aus dem Nahen Osten zeigen schon diese Zahlen die Bedeutung dieses Raumes für den Frieden und die Sicherheit der Welt.
1973, während des Oktoberkrieges zwischen Israel und Ägypten/Syrien, setzten die arabischen Ölförderländer das **Öl** zum ersten Mal **als Waffe** im Nahostkonflikt ein. Sie beschlossen einen Boykott gegen die USA und andere westliche Länder, um diese zu zwingen, Druck auf Israel auszuüben. Wenn der Boykott auch nicht wiederholt wurde, so beeinflussen die Ölförderländer die Weltwirtschaft nachhaltig durch die gewaltigen **Steigerungen des Ölpreises.** Während das Barrel (159 Liter) Rohöl im Oktober 1973 noch 3,65 Dollar kostete, war der Preis bis Anfang 1981 auf 32 Dollar gestiegen. Die Folge ist eine schwere **Rezession in der Weltwirtschaft,** hohe Inflationsraten in den Industrieländern und eine überaus kritische Lage der Länder der Dritten Welt, die nicht über Erdöl verfügen.

Mögliche Konflikte der Zukunft
In den nächsten Jahren könnte sich die Lage noch dadurch verschärfen, daß die **Öl-Reserven des Ostblocks** von ursprünglich 22 Mrd. Tonnen (einschließlich Chinas) inzwischen auf etwas über die Hälfte geschrumpft sind. Bei gleichbleibendem Verbrauch wären sie in 20 bis 25 Jahren erschöpft. Es ist zu erwarten, daß die Sowjetunion und die anderen Ostblockländer, die bisher im wesentlichen von der Sowjetunion versorgt worden sind, schon viel früher als Nachfrager auf dem Rohölmarkt auftreten werden.
Ungleich bedrohlicher wäre etwa ein **militärischer Konflikt** um das Erdöl. Ein Abschneiden der westlichen Welt von den Ölzufuhren aus dem Nahen Osten würde die westlichen Länder in ein Chaos stürzen. Daher hat der sowjetische Einmarsch in **Afghanistan,** mit dem die Sowjetunion dem Persischen Golf nähergerückt ist, eine so heftige Reaktion im Westen, insbesondere bei den USA, ausgelöst.
Der Frieden in der Welt hängt in hohem Maße von der Aufrechterhaltung des Status quo in einer aus verschiedenen Gründen extrem instabilen Weltgegend ab.

51.1. Beginn und Verlauf des Nahostkonflikts

51.1.1. Wissensziele

Die zionistische Bewegung trat für einen eigenen Staat der Juden in Palästina ein. Als nach dem Zweiten Weltkrieg Hunderttausende von Juden in Palästina einwanderten, beschloß die UN die Teilung des Landes. Die arabischen Nachbarn wollten dies verhindern. Es kam 1948 zum Krieg. Die Waffenstillstandslinien wurden die Grenzen des Staates Israel. Es kam zu drei weiteren Kriegen, bis 1979 ein Friedensvertrag zwischen Ägypten und Israel geschlossen wurde.
Die arabischen Ölstaaten setzten im Nahostkonflikt das Erdöl erstmals als Waffe ein, indem sie die Industriestaaten durch Verknappung und Verteuerung des Öls zur Unterstützung der arabischen Sache zu zwingen versuchten.

51.1.2. UE-Ziele

(1) Die Ziele des Zionismus
(2) Auswirkungen des Ersten Weltkrieges auf die Lage in Palästina
(3) Die Spannungen im Nahen Osten zwischen 1918 und 1948
(4) Ursachen und Auswirkungen der vier Nahostkriege 1948, 1956, 1967 und 1973

51.1.3. Einstieg

- **Film** „Fünf aus Israel“ (vgl. 50.0.3.)
- Aktuelle Berichte über den Nahostkonflikt

51.1.4. Schwerpunkte

51.1.4.1. Konflikt Zionismus – arabischer Nationalismus

Einer der Krisenherde, von dem die Massenmedien unentwegt berichten, befindet sich im Nahen Osten. Hier prallen lebenswichtige Interessen der Supermächte, der übrigen Industrieländer, der Israelis und der Araber aufeinander. Seit dem letzten Krieg zwischen Israel und Ägypten/Syrien 1973 und der darauffolgenden Ölkrise ist deutlich sichtbar geworden, daß sich die Probleme in diesem Gebiet weltweit auswirken. Es ist davon auszugehen, daß die Schüler oberflächlich über den gegenwärtigen Stand des Nahost-

Konflikts orientiert sind und vielleicht mehr oder minder stark für die eine oder andere Seite Partei ergreifen.
Daraus ergibt sich die Notwendigkeit, die Hintergründe des Konflikts aufzuarbeiten. Dabei werden insbesondere die historischen Voraussetzungen einzubeziehen sein, nicht zuletzt auch deshalb, weil die Beteiligten ihre Ansprüche mit historischen Argumenten vertreten.
Um bei den Schülern ein Problembewußtsein zu erzielen, kann der Film „Fünf aus Israel" eingesetzt werden. Er zeigt an der Lebensgeschichte von fünf Israelis die Geschichte des Staates Israel von der Gründung bis zur Gegenwart.
Da die historischen Ursachen des Nahostkonflikts weit zurückreichen, sollten zunächst diese Hintergründe anhand von Quellenmaterial verdeutlicht werden.
Eines der grundlegenden Dokumente ist das „Baseler Programm" der zionistischen Weltbewegung von 1897.
▶ **Quelle:** Reihe Kontrovers – Der irsraelisch-arabische Konflikt. Bonn 1981, S. 8 und Gfm

Arbeitsaufgaben	denkbare Formulierungen
1. Welches Hauptziel wird im „Baseler Programm" genannt?	– Besiedlung Palästinas mit Juden. – Schaffung einer „öffentlich-rechtlich gesicherten Heimstätte" in Palästina.
2. Was ist unter Zionismus und unter „öffentlich-rechtlicher Heimstätte" zu verstehen?	– Das Ziel des Zionismus ist die Rückkehr der Juden nach Zion (Jerusalem), d. h. nach dem alten Israel (jetzt Palästina genannt). – Da Palästina unter türkischer Herrschaft stand, war ein jüdischer Staat nicht erreichbar. Infolgedessen wurde eine Vereinbarung mit der Türkei über einen rechtlich gesicherten Status der jüdischen Siedlung angestrebt.
3. Welche Schwierigkeiten waren bei der Realisierung dieses Programms zu erwarten?	– Die Türken würden einer jüdischen Heimstätte nicht so ohne weiteres zustimmen. – Die über die ganze Welt verstreut lebenden Juden mußten informiert werden. Viele Juden, besonders in Mittel- und Westeuropa und in Amerika, wollten nicht nach Palästina.
4. Weshalb strebten die Zionisten eine jüdische Heimstätte in Palästina an?	Nach wie vor gab es in Europa einen weitverbreiteten Antisemitismus, der die Juden bedrohte. Bedroht wurden die Juden als Volk auch durch die Assimilation (die Angleichung an die Gastvölker).

Eine neue Lage ergab sich für die zionistische Bewegung durch den Ersten Weltkrieg. Es zeichnete sich schon bald ab, daß nicht mehr die Türkei, sondern andere Mächte, vor allem Großbritannien und auch Frankreich, über die Zukunft Palästinas bestimmen würden.
Hinsichtlich der Zukunft Palästinas gab es Zusagen Großbritanniens gegenüber den Arabern (Briefwechsel des britischen Hochkommissars McMahon in Kairo mit Sherif Hussein von Medina), die Vereinbarungen zwischen Briten und Franzosen (Sykes-Picot-Abkommen) und die britischen Zusagen an die Juden (Balfour-Deklaration).
▶ **Material/Quellen:** Informationen 140 und 141. E. Krautkrämer (Hrsg.), Israel und Nahost. Diesterweg, Frankfurt 1980. dtv II 126. Westermann-Atlas 149. Vertrags-Ploetz 1914–1945, S. 15 ff.

Brief von Sherif Hussein an Sir Henry McMahon, 14. 7. 1915:
„Alle Mitglieder der arabischen Nation haben in diesen letzten Jahren ohne Ausnahme beschlossen, ihr Existenzrecht geltend zu machen, ihre Freiheit zu erlangen und die Zügel ihrer Verwaltung . . . selbst in die Hand zu nehmen.
Die Araber haben das Gefühl und die Überzeugung, daß es im Interesse der Regierung Großbritanniens liegt, sie zu unterstützen und ihnen zu helfen, ihre rechtmäßigen Ansprüche durchzusetzen . . .
Erstens: England erkennt die Unabhängigkeit der arabischen Länder an, die im Norden durch die Linie Mersina – Adana – Mardin – Midiat – Jezirat – Ibn'Umar – Amaria, bis zur persischen Grenze reichen; ihre Ostgrenze ist Persien bis zum Golf von Basra; die Südgrenze der Indische Ozean (mit Ausnahme von Aden, dessen augenblicklicher Status nicht verändert werden wird); die Westgrenze bilden das Rote Meer und das Mittelmeer bis Mersina."

Brief von Sir Henry McMahon an Sherif Hussein, 30. 8. 1915:
„Hinsichtlich der Grenzen scheinen mir jegliche Verhandlungen übereilt und bedeuten zu einem Zeitpunkt, wo die Türken effektiv den größten Teil des Gebietes besetzt halten, lediglich einen Zeitverlust wegen Detailfragen."

Sherif Hussein an Sir Henry McMahon:
„Tatsache ist, daß diese Grenzen nicht Vorschläge eines einzelnen Mannes sind, dessen Ansprüche wohl bis Kriegsende warten könnten: Sie werden von unserem Volk gefordert, das in ihnen die Grundbedingungen zur Errichtung einer neuen Ordnung sieht, für die es kämpft. Unser Volk ist entschlossen, diese Grenzen zu erlangen. Deshalb hat es sich dazu entschieden, zuerst

mit der Macht zu verhandeln, in die es all sein Vertrauen setzt und die es als Bewahrerin des Rechtes ansieht, d. h. mit Großbritannien."

Sir Henry McMahon an Sherif Hussein, 24. 10. 1915:

„Die beiden Gebiete von Mersina und Alexandretta und die westlich der Bezirke von Damaskus, Homs, Hama und Aleppo liegenden Teile Syriens können nicht als rein arabisch gelten und sollten außerhalb der geforderten Grenzen liegen.

Mit dieser Einschränkung und vorbehaltlich der bestehenden Verträge mit arabischen Führern stimmen wir diesen Grenzen zu. Was die Gebiete innerhalb dieser Grenzen anbelangt, wo Großbritannien unbeschadet der Interessen seines Verbündeten, Frankreich, Handlungsfreiheit hat, so bin ich ermächtigt, im Namen der Regierung Großbritanniens die folgende Versicherung abzugeben und auf Ihren Brief wie folgt zu erwidern:

1. Abgesehen von den oben erwähnten Einschränkungen ist Großbritannien bereit, die Unabhängigkeit der Araber in allen Gebieten innerhalb der vom Sherifen von Mekka geforderten Grenzen anzuerkennen und zu unterstützen . . .

Ich bin überzeugt, daß diese Erklärung Ihnen über jeden Zweifel hinweg Gewißheit über das Wohlwollen Großbritanniens gegenüber den Wünschen seiner arabischen Freunde gibt und zu einem festen und dauernden Bündnis führt, dessen unmittelbare Folge die Vertreibung der Türken aus den arabischen Ländern und die Befreiung der arabischen Völker vom türkischen Joch sein wird, welches seit vielen Jahren schwer auf ihnen gelastet hat."

Geheimabkommen zwischen Großbritannien und Frankreich (Sykes-Picot-Abkommen vom 16. 5. 1916):

1. Frankreich und Großbritannien sind bereit, innerhalb bestimmter Gebiete (die auf der beigegebenen Karte mit A und B bezeichnet wurden) einen unabhängigen arabischen Staat oder eine Konföderation arabischer Staaten anzuerkennen und zu schützen unter der Suzeränität eines arabischen Oberhauptes.

Frankreich habe in dem Gebiet A und Großbritannien in dem Gebiet B festgelegte Vorrechte.

2. Beiden Mächten soll es erlaubt sein, in diesen Gebieten direkte oder indirekte Verwaltung oder Kontrollen einzurichten, wie sie sie für notwendig halten in Zusammenarbeit mit den arabischen Staaten oder der arabischen Konföderation.

3. In dem auf der Karte braun eingetragenen Gebiet (Palästina) soll eine internationale Verwaltung eingerichtet werden . . .

Die Balfour-Erklärung (1917)

Die Balfour-Deklaration wurde in die Form eines Briefes des britischen Außenministers Lord Balfour an Lord Rothschild gefaßt und hat folgenden Wortlaut:

„Lieber Lord Rothschild, in bin sehr erfreut, Ihnen im Namen der Regierung Seiner Majestät die folgende Erklärung der Sympathie mit den jüdisch-zionistischen Bestrebungen übermitteln zu können, die dem Kabinett vorgelegt und von ihm gebilligt worden ist: Die Regierung Seiner Majestät betrachtet mit Wohlwollen die Errichtung einer nationalen Heimstätte für das jüdische Volk in Palästina und wird bemüht sein, die Durchführung dieses Vorhabens nach Kräften zu erleichtern, unter der ausdrücklichen Voraussetzung, daß nichts geschehen soll, was die bürgerlichen und religiösen Rechte der in Palästina bestehenden nichtjüdischen Gemeinschaften oder die Rechte und den politischen Status der Juden in irgendeinem anderen Land beeinträchtigen könnte. Ich wäre Ihnen dankbar, wenn Sie diese Erklärung zur Kenntnis der Zionistischen Weltorganisation bringen würden. Gez. Balfour"

Arbeitsaufgaben	denkbare Formulierungen
1. Ermittelt aus den Karten die militärische und politische Situation.	– Das palästinensische Gebiet ist Teil des Osmanischen Reiches. – Die Alliierten (Rußland, Großbritannien und Frankreich) greifen die Türkei von mehreren Seiten an. – Es besteht ein Interesse der Alliierten, die Araber im Kampf gegen das Osmanische Reich auf ihre Seite zu ziehen.
2. Welche Absichten verfolgten der britische Hochkommissar in Kairo, McMahon, und der Sherif Hussein von Medina, soweit es aus ihrem Briefwechsel zu entnehmen ist?	
Sherif Hussein	*McMahon*
– Befreiung der Araber vom türkischen Joch – Selbstverwaltung – Hilfe Großbritanniens – territoriale Abgrenzung des neuen Königreiches Arabien	– die Araber für ein Bündnis zu gewinnen mit dem Ziel, die Türken aus dem arabischen Raum zu vertreiben. – die Grenzen des zu errichtenden arabischen Reiches offen zu lassen. – In der Festlegung des Territoriums des neuen arabischen Reiches taktierte McMahon abwartend, um Großbritanniens Interessen nicht zu beeinträchtigen und weil noch Absprachen mit den Franzosen zu treffen waren.

Arbeitsaufgaben	denkbare Formulierungen
3. Begründet, warum die Araber das „Sykes-Picot-Abkommen" als Verrat am arabischen Nationalstaat empfunden haben.	Die Briten und Franzosen teilten das Territorium in Einflußsphären ein. Ein wirklich „unabhängiges Arabien" sollte es nicht geben. Die beiden Mächte behielten sich Vorrechte vor.

Arbeitsaufgaben	denkbare Formulierungen
4. Was verspricht die britische Regierung in der Balfour-Deklaration? Was könnte sie dazu im Jahr 1917 veranlaßt haben?	– Die Briten versprechen den Juden eine „nationale Heimstätte" in Palästina, so, wie sie im Baseler Programm von 1897 gefordert war. – Großbritannien war daran interessiert, die USA für den Kriegseintritt gegen die „Mittelmächte" zu gewinnen. Dazu war es erforderlich, das einflußreiche Judentum in den USA auf seine Seite zu bringen.

T Inhalt, Motive und Bewertung der Vereinbarungen

	Briefwechsel McMahon — Hussein	Sykes-Picot-Abkommen	Balfour-Deklaration
Inhalt	Großbritannien garantiert ein unabhängiges arabisches Königreich.	Großbritannien und Frankreich teilen das arabische Gebiet in Interessensphären auf.	Großbritannien verspricht den Juden in Palästina eine „Heimstätte".
Motive	Araber: Befreiung von der Türkenherrschaft; Briten: Araber als Bundesgenossen im Kampf gegen Türken	Großbritannien und Frankreich: arabischer Raum soll ihr Einflußgebiet werden.	Amerikanische Juden sollen Kriegseintritt der USA unterstützen.

51.1.4.2. Gründung des Staates Israel

Die Schüler haben bereits in vorangegangenen Unterrichtseinheiten erfahren, wie die Juden im nationalsozialistischen Machtbereich verfolgt wurden und welches Schicksal sie erwartete. Die Fotos in den Informationen 140 veranlassen die Schüler zu der Frage, warum die Verfolgten nicht nach Palästina durften.

Unter Rückgriff auf das eingangs erwähnte Filmmaterial (vgl. 50.0.3.) sollen die Schüler die Entwicklung Palästinas zwischen 1917 und 1945 nachvollziehen.

▶ **Material:** Informationen 141

	Die Araber haben die Geschichte des Landes Palästina empfunden als . . .	die Juden haben die Geschichte Palästinas empfunden als . . .
bis 1917	Unterdrückung durch die Türken, weshalb sie sich mit den Engländern im Ersten Weltkrieg zusammentun und gegen die Türken für einen unabhängigen arabischen Staat kämpfen, der ihnen ihrer Meinung nach auch von den Engländern garantiert worden ist.	Versuch, in das „Land der Väter" zurückzukehren und hier einen selbständigen jüdischen Staat zu gründen, was durch die „Balfour-Deklaration" gewährleistet zu sein schien.
von 1917 bis 1939	als Verrat der Engländer, die das Land beherrschen; als Zeit des Kampfes gegen die Juden, deren Ausbreitung sie verhindern wollen.	Epoche, in der sie in Palästina siedeln dürfen, aber auf den Widerstand der Araber und zeitweise der Briten stoßen.
von 1939 bis 1948	eine Zeit, in der die Briten ihnen Konzessionen machten, weil sie sich im Zweiten Weltkrieg die Freundschaft der Araber nicht verscherzen wollten. Die Zeit nach dem Krieg erlebten sie als die Zeit des verstärkten Kampfes gegen einen jüdischen Staat.	Zeit, in der sie Palästina als eine Zufluchtstätte ansahen, die ihnen aber durch die Maßnahmen der Mandatsregierung weitgehend versperrt wurde. Es blieb ihnen nur die illegale Einwanderung, die von Untergrundkämpfern gedeckt wurde.

Gegenstand des Unterrichts soll nun der von der UNO vorgeschlagene und schließlich realisierte Teilungsplan sein. Die Schüler sollen den Teilungsplan erläutern können und sich dann mit der Frage auseinandersetzen, welche Motive die Juden bzw. Araber hatten, den Plan abzulehnen oder gutzuheißen.

▶ **Material/Quellen:** Informationen 140 (Gfm)

Arbeitsaufgaben	denkbare Formulierungen
1. Vergleicht die drei Karten (Informationen 141) miteinander.	– Eingliederung weiter Teile, die von Arabern bewohnt wurden, in den jüdischen Staat – Die Negev-Wüste kommt zu Israel. – Jerusalem wird zum neutralen Gebiet erklärt.
2. Worauf stützen sich die Israelis und die Araber in ihrer Argumentation?	
Die Israelis stützen sich in ihrer Argumentation . . .	Die Araber stützen sich in ihrer Argumentation . . .
– auf ihr historisches Recht, weil in Palästina „die Wiege des jüdischen Volkes" gestanden und weil es auch in der Diaspora die Hoffnung auf Rückkehr nie aufgegeben habe; – auf den Teilungsbeschluß der Vereinten Nationen.	– auf die Ansicht, die Teilung sei „unnatürlich" und ungewöhnlich – auf die Ungerechtigkeit der Teilung, weil weite Gebiete aus arabischem Besitz in den jüdischen Staat einverleibt wurden – auf die Behauptung, daß im jüdischen Staat, in dem zur Hälfte Juden und Araber leben, die Juden die Führungsrolle innehaben.
3. Untersucht die Unabhängigkeitserklärung Israels daraufhin, ob sich Ansätze zu einer friedlichen Lösung des Konflikts anbieten.	– Es wird ein Katalog von Grundrechten vorgeschlagen, wonach die volle Gleichberechtigung aller Bürger gewährleistet wird; – Die arabischen Bürger werden aufgerufen, sich am Aufbau des Staates zu beteiligen.
4. Was war mit der Gründung des Staates Israel erreicht worden? Welche Schwierigkeiten waren zu erwarten?	– Das im „Baseler Programm" aufgestellte Ziel einer Nationengründung war erreicht; jedoch lag der Staat inmitten einer feindlich gesinnten Umwelt; die Araber kamen sich betrogen vor.

Im Zusammenhang mit diesen Arbeitsaufgaben wird eine Reihe weiterer Fragen diskutiert werden müssen, wobei nur Aspekte aufgezeigt, jedoch keine endgültigen Lösungen gefordert werden können.
Wie kann man das Recht auf Heimat begründen?
Wie lange muß jemand in einem Gebiet gelebt haben?
Kann jemand sein Recht auf Heimat noch geltend machen, wenn lediglich seine Eltern dort gelebt haben oder wenn er seine Kindheit dort verbracht hat?
Erlischt das Recht auf Heimat während der Abwesenheit, eventuell auch während der Abwesenheit mehrerer Generationen?
Dabei sollen die Schüler Vergleiche mit anderen Ansprüchen des Rechts auf Heimat ziehen können (Deutsche nach 1945, Flüchtlinge und Vertriebene in der gegenwärtigen Welt).

51.1.4.3. Die vier Nahostkriege

Es empfiehlt sich an dieser Stelle, den Film FT 242 „Fünf aus Israel" nochmals einzusetzen. In Verbindung mit den bisher gewonnenen Erkenntnissen über die historischen Wurzeln des Nahost-Konfliktes hat sich möglicherweise ihr Blickwinkel hinsichtlich der im Film angesprochenen Probleme verändert bzw. erweitert. Der Film könnte nunmehr unter folgenden Fragestellungen analysiert werden:

Arbeitsaufgaben	denbare Formulierungen
1. Welche Probleme ergeben sich für die jüdischen Einwanderer in Israel aus ihrer Herkunft bzw. für den Araber aus seiner Situation als Bürger Israels?	– Vor allem am Beispiel des Lebensweges der aus Marokko stammenden Personen wird die Problematik der orientalischen Juden deutlich: Ihre soziale und wirtschaftliche Lage ist zumeist schlechter als die der „westlichen" Juden, die von vornherein bessere Chancen, eine bessere Ausbildung haben und westliches Leistungsdenken kennen. – Der Lebensweg des israelischen Arabers macht deutlich, mit welchen Problemen die arabische Minderheit in Israel fertigzuwerden hat: Die Araber fürchten die Juden, sie fühlen sich unterprivilegiert und diskriminiert, ihre soziale und wirtschaftliche Lage ist meist schlechter als die der Juden. – Ein weiteres Problem ist im Identitätsverlust der israelischen Araber zu sehen: Sie fühlen sich nicht als Araber und nicht als „Israelis".
2. Wie argumentieren die Personen im israelisch-arabischen Konflikt?	Die Juden argumentieren häufig historisch: Sie sagen, das jüdische Volk habe in Israel schon vor 2000 Jahren gelebt. Ein weiteres Argument: Die Juden haben Israel aufgebaut, kultiviert.

Arbeitsaufgaben	denbare Formulierungen
3. Welche innenpolitischen Probleme werden im Film deutlich? Inwieweit haben sich die vier Nahostkriege auf die innenpolitische Situation ausgewirkt?	– Probleme der Palästina-Flüchtlinge – Problem der Siedlungspolitik in den besetzten Gebieten – Problem der Integration der Araber und der orientalischen Juden – soziale Probleme

Die Ursachen, der Verlauf und die Auswirkungen der vier Nahostkriege sollen sodann in Gruppenarbeit unter folgenden Fragestellungen untersucht werden:

▶ **Material:** Informationen 141, S. 15 ff. (Gfm)

	Gruppe 1 1. Nahostkrieg 1948	Gruppe 2 2. Nahostkrieg 1956	Gruppe 3 3. Nahostkrieg 1967	Gruppe 4 4. Nahostkrieg 1973
Wie ist es zu dem Kriege gekommen?	Ausrufung der israelischen Unabhängigkeit; Juden und Araber beanspruchen dasselbe Gebiet.	Ziel der ägyptischen Politik: großarabisches Reich. Konflikt Ägyptens mit den Westmächten wegen der Verstaatlichung des Suezkanals.	Die Uneinigkeit im arabischen Lager wird beseitigt; Propaganda und Kriegsbegeisterung in den arabischen Ländern; ägyptische Truppenaufmärsche im Sinaigebiet, Präventivschlag Israels.	Überraschender Angriff der Ägypter und Syrer am Yom-Kippur-Fest; Araber finden sich mit der militärischen Niederlage von 1967 nicht ab, vor allem die palästinensischen Guerilla-Organisationen erweitern ihren Aktionsradius.
Welche Ergebnisse haben die militärischen Aktionen gebracht?	Israel kann die Araber militärisch besiegen; Israel gewinnt zusätzliches Gebiet; Teilung Jerusalems; arabischer Wirtschaftsboykott gegen Israel; Massenflucht der palästinensischen Araber.	Militärischer Sieg der Israelis über Ägypten; Israel muß seine Truppen von der Sinaihalbinsel zurückziehen; Suezkanal bleibt in ägyptischer Hand.	Völlige militärische Niederlage der drei arabischen Staaten; Westjordanien, Gaza und Sinai, Golanhöhen und Ost-Jerusalem wurden besetzt; Konferenz von Khartum: keine Anerkennung Israels, kein Friede, keine direkten Verhandlungen mit Israel.	Ägypten und Syrien erringen Anfangserfolge, jedoch bleiben die alten Grenzen im wesentlichen bestehen.
Welche Erfolge brachten die Aktionen der UN?	Sicherheitsrat drängt darauf, militärische Aktionen zu unterlassen; Androhung von Sanktionen; es kommt zu einem Waffenstillstandsabkommen.	Vollversammlung fordert Einstellung der militärischen Aktionen. UN-Streitkräfte bilden Sicherheitszone; es kommt zum Waffenstillstand.	UN-Truppen ziehen vor dem Krieg auf Forderung Ägyptens ab.	Generalsekretär und Sicherheitsrat fordern zur Feuereinstellung auf; ein von den UN-Truppen überwachter Waffenstillstand wird erzielt.
Welche Probleme wurden nur teilweise gelöst? Welche Probleme sind nach wie vor ungelöst?	Die Araber verweigern sowohl eine Anerkennung Israels als auch einen Friedensschluß. Die arabische Bevölkerung flieht zum großen Teil in die benachbarten Staaten.	Außenpolitische Stabilität und größere innere Sicherheit für Israel. Folge: wirtschaftliche und gesellschaftspolitische Fortschritte. Aufgabe der Neutralitätspolitik und Einschwenken auf den westlichen Kurs ruft Feindschaft der Sowjetunion hervor.	Es sind neue Probleme entstanden: a) die Supermächte engagieren sich noch stärker; b) Israel wird eine Besatzungsmacht; c) die Sowjetunion vermag ihre Position im Nahen Osten zu verstärken.	USA vermitteln zwischen Israel und Ägypten. Immer drängender stellt sich das Problem der Palästinenserflüchtlinge.

Der Nahostkonflikt ist noch immer nicht gelöst. Die Auseinandersetzung mit diesem Thema erfordert die Fähigkeit und Bereitschaft, die historischen Wurzeln des Konflikts zu erkennen sowie die Forderungen, Rechtfertigungen, Anschuldigungen und Lösungsvorschläge der Beteiligten kritisch unter die Lupe zu nehmen. Neben der Aufarbeitung von Informationen und der Analyse von Sachverhalten sollten die Schüler ihre Meinung überprüfen und gegebenenfalls ändern.
Als Vorlage hierfür bietet sich die Analyse zweier Aussagen zum Nahostkonflikt an:

▶ **Quellen:** PLO-Programm von 1968 und Y. Harkabi, Palästina und Israel. Seewald, Stuttgart 1974, S. 19 f. und Gfm

Arbeitsaufgaben	denkbare Formulierungen
1. Worin werden die Ursachen des Nahostkonflikts gesehen?	
Programm der PLO:	Harkabi (israelischer Arabien-Experte):
– Balfour-Deklaration, Mandatsvertrag, „zionistische, imperialistische Invasion".	– Jüdische Einwanderung, – Bildung des Staates Israel.

Arbeitsaufgaben	denkbare Formulierungen
2. Welche Folgerungen werden daraus gezogen und welche Forderungen erhoben?	
Programm der PLO:	Harkabi:
– Befreiung Palästinas, – Palästina gehört nach wie vor zur arabischen Nation. – Nur die Araber, die bis 1947 in Palästina lebten, und die Juden, die „bis zum Beginn der zionistischen Invasion dauernd" in Palästina lebten, sind Palästinenser. Die übrigen Juden müssen in ihre Herkunftsländer zurückkehren.	– Die Folgerung, Israel zu zerstören und die Juden zu vertreiben, sei „unsinnig". – Eine Erfüllung der arabischen Forderungen würde die Vernichtung der Existenz Israels zur Folge haben.

Die unterschiedlichen Interessen, Zielvorstellungen und Wünsche der am Nahostkonflikt Beteiligten soll an folgendem Tafelbild aufgezeigt und deutlich gemacht werden:

Historische Dimensionen des Nahostkonflikts

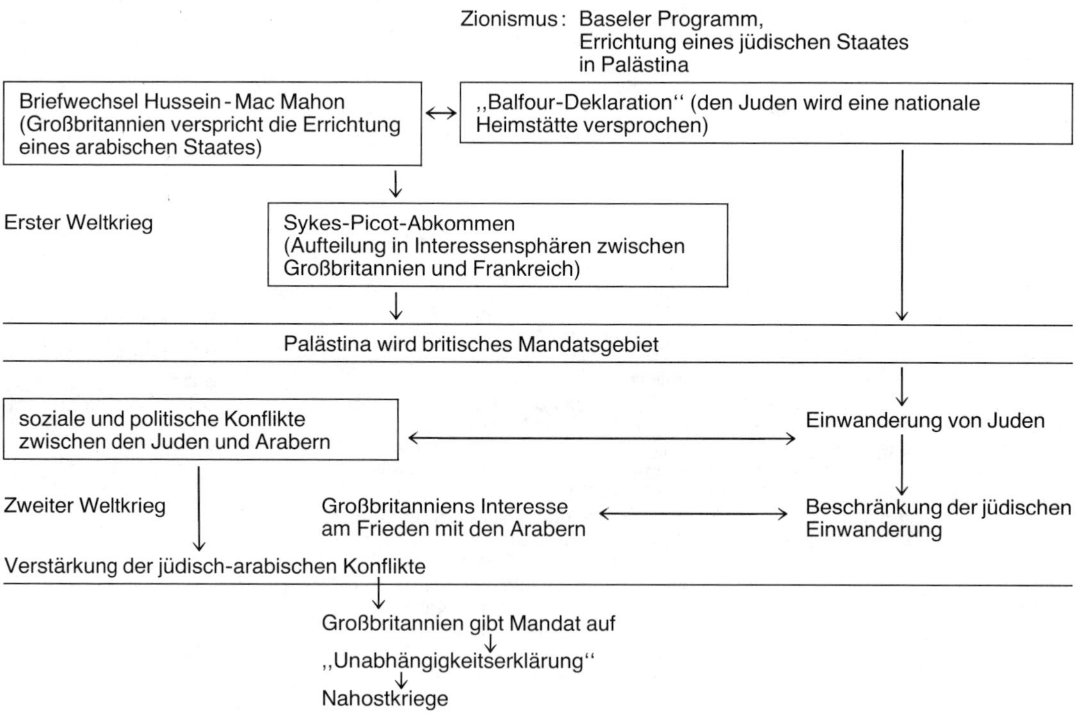

51.2. Der Nahostkonflikt und die Weltenergieversorgung

51.2.1. Wissensziele
vgl. 51.1.1.

51.2.2. UE-Ziele

(1) Der Zusammenhang zwischen dem 4. Nahostkrieg von 1973 und der Ölkrise
(2) Gefährdung des Weltfriedens durch den Nahostkonflikt
(3) Die Reaktion der Vereinten Nationen auf den Einfall der Sowjetunion in Afghanistan

51.2.3. Einstieg

- Karikatur: „Neue Glaubensbrüder?" (Gfm)
- Graphiken: „Die Öl-Reichen, Öl-Durst der Welt" und „Abhängig vom fremden Öl" (Gfm)

51.2.4. Schwerpunkte

Arbeitsaufgaben	denkbare Formulierungen
1. Beschreibt die Personengruppen, die auf der Karikatur zu sehen sind. Achtet auf Kleidung und Haltung.	– Auf der Karikatur sehen wir eine Gruppe von Mohammedanern (Chomeini, Ölscheichs, PLO-Führer Arafat) und eine Gruppe westlich gekleideter Menschen, vor ihnen im Staube liegend. – Im Hintergrund ist eine Flagge zu sehen, die den Krummsäbel und drei Ölfördertürme trägt.
2. Wie ist die Unterschrift der Karikatur zu verstehen?	Die Haltung der europäisch gekleideten Männer entspricht der Gebetshaltung der Mohammedaner. Vielleicht haben die Männer, so lautet die Frage, plötzlich ihre Sympathien für die arabische Sache entdeckt. Aber nein, lautet die Antwort, sie haben nur das Öl im Sinn.
3. Auf welchen politischen Sachverhalt will der Zeichner dieser Karikatur anspielen?	Er will die Abhängigkeit der westlichen Länder von den ölfördernden arabischen Staaten herausstellen sowie die Machtposition der Araber gegenüber uns aufzeigen.
4. Welche Fragen wirft diese Karikatur auf?	– Ist die Abhängigkeit der Europäer nicht zu übertrieben dargestellt? Gibt es nicht eine gegenseitige Abhängigkeit? – Inwieweit ist die gesamte Welt von der Energiefrage betroffen? – Wie sollten sich die vom Öl abhängigen Staaten verhalten?

▶ **Material:** Grafiken zum Ölverbrauch (Gfm)

Arbeitsaufgaben	denkbare Formulierungen
1. Was ist aus den Grafiken „Die Öl-Reichen", „Öl-Durst der Welt" und „Abhängig von fremdem Öl" hinsichtlich der Verteilung der Öl-Vorräte und des Bedarfs an Öl zu entnehmen?	– Der überwiegende Teil der Ölvorräte liegt außerhalb der Industrieländer; weit über die Hälfte, 50 Mrd. t von 81,6 t, im Nahen Osten; – die meisten westlichen Industrieländer decken mehr als die Hälfte ihres Energieverbrauchs mit Öl, das sie einführen müssen; lediglich die USA und Großbritannien verfügen über eigene Reserven und sind daher weniger abhängig.
2. Welche wirtschaftlichen und politischen Konsequenzen ergeben sich aus der Abhängigkeit der Industrieländer und für die Länder der Dritten Welt?	– Die Araber setzen die wirtschaftliche Machtposition politisch ein, indem sie Öllieferungen von der Erfüllung politischer Forderungen abhängig machen. – Sie drosseln die Ölförderung und setzen ständig die Ölpreise herauf. – Die westlichen Industrienationen müssen mehr exportieren, um das Öl bezahlen zu können. – Die Ölverteuerung trifft besonders jene Länder der Dritten Welt, die kein Öl besitzen.
3. Weshalb löste der sowjetische Einmarsch in Afghanistan eine heftige Reaktion der USA aus?	– Der militärische Überfall auf ein neutrales Land stört das Gleichgewicht und die Entspannungspolitik. – Die Sowjetunion hatte ihren Machtbereich nahe an die für die Ölversorgung der westlichen Industrienationen lebenswichtige Region des Persischen Golfes herangeschoben.

T **Zusammenhang zwischen Nahostkonflikt und Ölkrise**

Nahostkonflikt:

Israel ⟷ arabische Staaten →

Nahostkriege:

1948
1956
1967
1973 → Ölboykottdrohungen

seit 1977: Etappen auf dem Wege zum Frieden zwischen Israel und Ägypten ⟷ Spaltung Ägypten – andere arabische Staaten

Ölkrise

Hauptölförderländer für die westlichen Industriestaaten

↓

Ölboykottdrohungen

↓

Preiserhöhungen

↓

Begrenzung der Lieferungen

OST-WEST-KONFLIKT

---

verstärkt durch den Einfall der Sowjetunion in Afghanistan

43. Deutschland nach dem Zusammenbruch

1 **43.1.2–1.** Die Siegermächte des Zweiten Weltkrieges trafen u. a. in Potsdam Vereinbarungen über die Zukunft Deutschlands. Führt stichpunktartig auf, was sie hinsichtlich folgender Probleme beschlossen:
a. Grenze zwischen Polen und Deutschland: . . .
b. Behandlung der Deutschen, die in Ungarn, Polen – einschließlich der besetzten Gebiete – und der Tschechoslowakei lebten: . . .
c. Verwaltung und Kontrolle Deutschlands: . . .

2 **43.1.2–2.** Schon bald nach der Unterzeichnung des Potsdamer Abkommens kam es zu Konflikten zwischen den Siegermächten. Worin waren sie begründet? Kreuzt die beiden zutreffenden Aussagen an:
a. Die Siegermächte konnten sich nicht über den Text der Kapitulationsurkunde einigen.
b. Die Siegermächte konnten sich nicht über die Reparationsfragen einigen.
c. Die Amerikaner zogen nicht, wie vorgesehen, ihre Truppen aus Thüringen und Sachsen zurück, die Sowjets nicht ihre Truppen aus Berlin.
d. Die Sowjets versuchten, ihre Zone in den sowjetischen Machtbereich einzubeziehen, die Westmächte dagegen fürchteten, daß auch ihre Zonen in diesen Machtbereich geraten würden und schlossen ihre Zonen zu einem einheitlichen Wirtschaftsgebiet zusammen.
e. Die Siegermächte konnten sich in der Frage, wie man die deutsche Bevölkerung behandeln sollte, nicht einigen: Die Amerikaner schlossen sogleich Freundschaft mit der Bevölkerung, während die Sowjets einen Kurs der „Nichtverbrüderung" verfolgten.
f. Die Siegermächte konnten sich nicht darauf einigen, ob man zur Niederschlagung Japans die Atombombe anwenden sollte.

3 **43.2.2–3.** In den Jahren 1946/47 vollzogen die Amerikaner einen Wandel in ihrer Politik. Die neue Konzeption wurde in drei wichtigen Reden amerikanischer Politiker ausgedrückt. Ordnet die folgenden Aussagen den entsprechenden Politikern zu:
. . . stellte den Deutschen die Bildung einer eigenen Regierung in Aussicht und begründete die Bildung einer „Bizone".
. . . versprach allen Völkern, deren Freiheit von militanten Minderheiten oder auch von außen durch den Kommunismus bedroht wurde, die Hilfe der USA.
. . . legte Vorstellungen über ein europäisches Wirtschaftshilfeprogramm vor.
Truman – Marshall – Byrnes

4 **43.2.2–4.** Die Sowjets und die Westmächte bezichtigten sich gegenseitig, die Teilung Deutschlands verursacht und die Spaltung vertieft zu haben. Schreibt jeweils zwei Argumente auf:

Die „Schuld" liegt bei den Westmächten, weil	Die „Schuld" liegt bei der Sowjetunion, weil
a. . . .	c. . . .
b. . . .	d. . . .

44. Bundesrepublik Deutschland und Deutsche Demokratische Republik

1 **44.1.2–1.** Erläutert das Anliegen des „Parlamentarischen Rates“, das Grundgesetz als vorläufige Verfassung zu betrachten. Kreuzt die beiden richtigen Begründungen an:

a. Es waren keine Grundrechte formuliert worden.

b. Im Falle einer Wiedervereinigung sollten alle Deutschen über eine gemeinsame Verfassung entscheiden.

c. Das Grundgesetz enthielt kein Wiedervereinigungsgebot.

d. Die Staatsgründung der Bundesrepublik Deutschland, mit der das Grundgesetz in enger Verbindung stand, sollte nicht dazu führen, daß von nun an zwei deutsche Staaten für sich existierten.

e. Das Potsdamer Abkommen, in dem die Wiedervereinigung gefordert wurde, war für null und nichtig erklärt worden.

f. Es war deswegen vorläufig, weil es von der Sowjetunion vorerst nicht anerkannt wurde.

2 **44.1.2–3.** Die Diskussion um die Wiederbewaffnung der Bundesrepublik Deutschland führte zu harten Auseinandersetzungen im Deutschen Bundestag und in der Öffentlichkeit. Nennt mindestens je drei Argumente, die die Befürworter und die Gegner ins Feld führten.

Befürworter:		Gegner:	
	a. . . .		d. . . .
	b. . . .		e. . . .
	c. . . .		f. . . .

3 **44.1.2–4.** Auch um das sowjetische Wiedervereinigungsangebot vom 10. 3. 1952 sind heftige Kontroversen entbrannt. Welche Chancen und Gefahren schien dieses Angebot zu enthalten?

Chancen	Gefahren
a. . . .	c. . . .
b. . . .	d. . . .

4 **44.2.2–1.** Welche Faktoren begünstigten in ihrem Zusammenwirken den wirtschaftlichen Aufschwung, den man mit dem Begriff „Wirtschaftswunder“ bezeichnet hat? Nennt drei Faktoren und erläutert, was sie bewirkt haben.

a. . . .
b. . . .
c. . . .

5 **44.3.2–1/3.** In den Jahren nach 1945 entwickelten sich zwei deutsche Staaten. Kennzeichnet kurz die heutigen wesentlichen Merkmale, indem ihr die nachfolgende Tabelle ausfüllt:

	Bundesrepublik Deutschland	DDR
Wirtschaftsordnung	a. . . .	b. . . .
Demokratieverständnis	c. . . .	d. . . .
Deutschlandpolitik	e. . . .	f. . . .

6 **44.3.2–1/3.** Worauf war die Unzufriedenheit eines großen Teils der DDR-Bevölkerung, wie sie sich in den Flüchtlingszahlen zeigte, zurückzuführen?

a. . . .	d. . . .
b. . . .	e. . . .
c. . . .	f. . . .

7 **44.4.2–1/2.** Seit 1969 gibt es einen Kurswechsel in der Ostpolitik. Zwei der folgenden Aussagen sind zutreffend. Kreuzt sie an!

a. Die Ostpolitik der Bundesregierung mußte geändert werden, da sich die Fronten zwischen den Supermächten USA und UdSSR verhärtet hatten.

b. Voraussetzung für die neue Ostpolitik war die Anerkennung der seit 1945 bestehenden Grenzen.

c. Über Berlin vermochten die vier Mächte keine Einigung zu erzielen.

d. Die Bundesrepublik Deutschland und die Deutsche Demokratische Republik sind selbständige, gleichberechtigte Verhandlungspartner.

e. Das Urteil des Bundesverfassungsgerichtes setzte den Grundlagenvertrag außer Kraft.

8 **Quiz.** Die Anfangsbuchstaben der gesuchten Wörter ergeben, von oben nach unten gelesen, das Lösungswort. Dieses nennt einen US-Präsidenten, der am 12. 4. 1945 verstorben ist.

a. ... Kennzeichen einer Demokratie (19 B.)
b. ... Von den Sowjets besetztes Gebiet Deutschlands (7 B.)
c. ... Fraktionschef der Opposition zu Zeiten Adenauers (10 B.)
d. ... Verankert im Artikel 20 Absatz 1 des Grundgesetzes (11 B.)
e. ... Bestrafung der Nationalsozialisten nach 1945 (16 B.)
f. ... Art und Weise der Entfernung der Deutschen aus den polnisch besetzten Gebieten (11 B.)
g. ... Abgekürzte Bezeichnung für das Europäische Wiederaufbauprogramm (3 B.)
h. ... Maßnahmen zur Versorgung Berlins während der Blockade (10 B.)
i. ... Zusammenschluß der drei Westzonen (7 B.)

9 **Quiz.** Die Anfangsbuchstaben der gesuchten Wörter ergeben, von oben nach unten gelesen, das Lösungswort. Es bezeichnet den Abbau von Industrieanlagen.

a. ... Vertrag über die Beziehungen der Bundesrepublik Deutschland zu den Westmächten (18 B.)
b. ... „Vater“ der Sozialen Marktwirtschaft (6 B.)
c. ... Plan zur Gesundung der europäischen Wirtschaft (12 B.)
d. ... Westgrenze Polens (14 B.)
e. ... Ort der Kriegsverbrecherprozesse (8 B.)
f. ... Folge des Ost-West-Gegensatzes für Deutschland (7 B.)
g. ... Erster Bundeskanzler der Bundesrepublik Deutschland (8 B.)
h. ... Vorläufige Verfassung, am 23. 5. 1949 in Kraft getreten (11 B.)
i. ... Ausspruch Churchills über die Grenzlinie Lübeck–Triest zwischen westlicher und östlicher Politik (15 B.)

10 **Rätselgleichung.** Schreibt zu jedem Buchstaben die richtige Bezeichnung. Wenn ihr bei diesen Bezeichnungen die Buchstaben weglaßt, die dort schon stehen, erhaltet ihr von oben nach unten gelesen die Bezeichnung, die bei X gesucht wird.

a. Auswanderer – emigr
b. Politische Vereinigung – parte
c. Wichtige Gruppe von Flüchtlingen aus der DDR – charbeiter
d. Verstoß gegen die Schlußakte von Helsinki – eßbefehl
e. Weltanschauliche Grundlage der SED – soziali
X Bezeichnung des Widerstandes gegen den Nationalsozialismus

11 **Kreuzworträtsel.** Setzt in die waagerechten Spalten Wörter untenstehender Bedeutung ein. Bei richtiger Lösung ergeben die Buchstaben der längsten senkrechten und der längsten waagerechten Spalte den gleichen Namen.

1. Konsonant
2. Abkürzung für die kommunistische Partei West-Berlins
3. Als . . . entlarvt wurde 1974 der Referent von Bundeskanzler Brandt
4. Ausdruck, der in mehreren Verträgen vorkommt, die im Zuge der Entspannung abgeschlossen wurden
5. Er wurde 1969 zum Bundespräsidenten gewählt
6. Bundeskanzler nach dem Rücktritt Brandts
7. Wie die NATO bei uns, so entstand auch in Südostasien eine Verteidigungsorganisation – Abkürzung hierfür
8. Eine Weltorganisation, in die 1973 beide deutschen Staaten aufgenommen wurden – Abkürzung hierfür
9. Konsonant

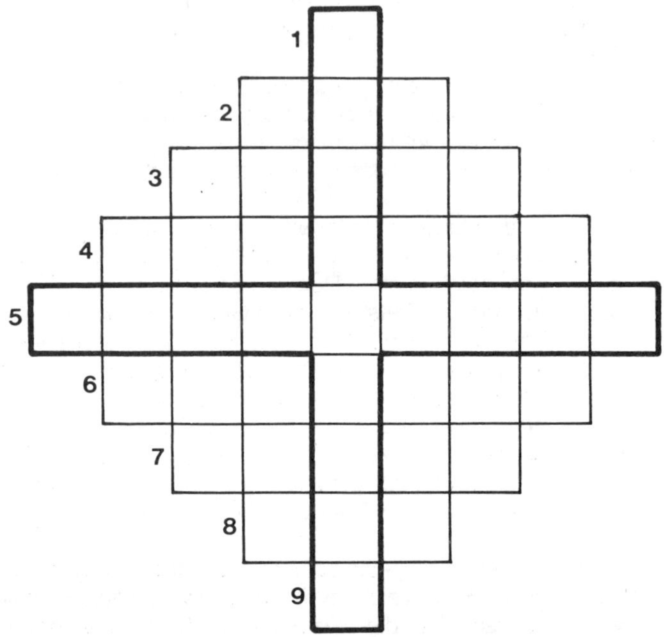

12 **Lückentext.** Ergänzt den folgenden Lückentext mit den unten angegebenen Wörtern:
Gleich nach Kriegsende wurde in der SBZ die kommunistische . . . eingeführt. Politischer . . . von seiten der . . . und Verschlechterung der wirtschaftlichen Lage – . . . – führten zum . . . vom 17. . . . 1953. Die . . . der Landwirtschaft 1960 steigerte die . . . Durch die Abwanderung vieler . . . erlitt die Wirtschaft der DDR schwere . . . Am 13. 8. 1961 wurde die . . . vollständig gesperrt. Die . . . ist seitdem nur noch unter . . . möglich.
Normerhöhung, Verluste, Druck, Fachkräfte, Flucht, SED, Grenze, Planwirtschaft, Lebensgefahr, Fluchtbewegung, Juni, Zwangskollektivierung, Volksaufstand.

45. Die Einigung Europas

1 **45.1.2–1.** Nennt Gründe für die europäischen Einigungsbestrebungen vor und nach 1947.

vor 1947:	nach 1957:
a. . . .	b. . . .
	c. . . .

2 **45.1.2–2.** Durch welche Probleme war das deutsch-französische Verhältnis bis 1947 belastet. Kreuzt die beiden richtigen Aussagen an:
a. Die beiden Länder hatten in den letzten 8 Jahrzehnten dreimal gegeneinander Krieg geführt.
b. In der Zeit zwischen dem Ersten und dem Zweiten Weltkrieg gab es ununterbrochen Konflikte zwischen beiden Ländern, die nur durch das Eingreifen des Völkerbundes geregelt werden konnten.

c. Im Zweiten Weltkrieg war es zu einem jahrelangen Material- und Stellungskrieg zwischen beiden Ländern gekommen, der insbesondere in Frankreich erhebliche Schäden hervorgerufen hatte.
d. Churchill warnte in seiner Züricher Rede (1946) vor einem Zusammengehen der beiden „Erzfeinde“ Frankreich und Deutschland.
e. Im Versailler Vertrag wurden Deutschland schwere Belastungen auferlegt, insbesondere auf Betreiben Frankreichs.

3 **45.1.2–3.** Im Verlauf der Entwicklung zur europäischen Integration gab es wichtige Daten, die diese Entwicklung nachhaltig beeinflußten. Ordnet durch Zahlen in richtiger zeitlicher Reihenfolge.
... Unterzeichnung der Verträge zur Gründung der EWG und der EURATOM
... Unterzeichnung des Vertrages zur Gründung der Montanunion (EGKS)
... Ablehnung des Vertrages über die Europäische Verteidigungsgemeinschaft (EVG) durch die französische Nationalversammlung
... Vorschlag des französischen Außenministers Schuman zur Gründung einer Europäischen Gemeinschaft für Kohle und Stahl
... Erste Zollsenkung um 10 % innerhalb des Gemeinsamen Marktes
... De Gaulle bekräftigt seine Ansicht, daß Großbritannien für einen Beitritt zum Gemeinsamen Markt nicht vorbereitet sei.

4 **45.1.2–3.** Staatspräsident de Gaulle auf einer Pressekonferenz am 15. 5. 1962:
„... Zum gegenwärtigen Zeitpunkt ist kein anderes Europa möglich als das der Staaten ... Was in der Wirtschaftsgemeinschaft geschieht, beweist das jeden Tag, denn die Staaten sind es, ... die diese Wirtschaftsgemeinschaft geschaffen haben, die ihr Kredite gegeben und ihr Beamte zur Verfügung gestellt haben ... Kann man sich ein Deutschland, ein Italien, ein Holland, ein Belgien oder ein Luxemburg vorstellen, die bereit wären, in einer für sie wichtigen nationalen oder internationalen Frage das zu tun, was ihnen schlecht erscheint, nur weil es von anderen befohlen wurde? Würde sich das französische, das deutsche, das italienische, holländische, belgische oder luxemburgische Volk Gesetzen unterwerfen, die von ausländischen Abgeordneten verabschiedet werden, wenn diese Gesetze seinem inneren Willen zuwiderliefen? ...“
(zitiert nach: Informationen zur politischen Bildung Nr. 154, S. 11)
a. Welche Auffassung vertrat de Gaulle 1962 gegenüber der politischen Integration? ...
b. Wie begründet de Gaulle seine Auffassung? ...
c. Was könnte man dieser Begründung entgegenhalten? ...

5 **45.2.2–3.** Wodurch unterscheiden sich die Befugnisse des Europäischen Parlaments von denen der nationalen Parlamente?

Europäisches Parlament:	nationale Parlamente:
a. ...	c. ...
b. ...	d. ...
	e. ...
	f. ...
	g. ...

6 **45.2.2–4.** Warum kam es erst 22 Jahre nach dem EWG-Vertrag von 1957 zur Direktwahl eines europäischen Parlaments?
a. ...
b. ...

7 **Jahreszahlenrätsel.** Ordnet zu den Jahreszahlen die folgenden Ereignisse:
Montanunion – Schuman gestorben – Euratom – Paneuropa – Lomé – Europarat – EWG – Europaparlament – Erweiterung der EWG

1923 . . . . 24 1957 29
1949 . . . . 32 1963 31
1951 . . . . 27 1972 26
1957 . . . . 25 1979 41

Selbstkontrolle: Die Zahlen hinter den Ereignissen sagen euch, ob die Lösung richtig ist. Ihr erhaltet die Zahl, indem ihr zu der Quersumme der Jahreszahl die Anzahl der Buchstaben des entsprechenden Ereignisses hinzuzählt.

46. Die Vereinten Nationen

1 **46.1.2–2.** Ordnet zu:
1 Sicherheitsrat, 2 General- oder Vollversammlung, 3 Generalsekretariat
a. Kann Resolutionen ausarbeiten und Empfehlungen beschließen, ohne jeoch Exekutivgewalt zu besitzen: . . .
b. Kann bei Friedensbrüchen und Angriffshandlungen beschließen, welche Maßnahmen zu ergreifen sind, um seinen Beschlüssen Wirksamkeit zu verleihen: . . .
c. Ist zuständig für die Bearbeitung aller in den UN anfallenden Fragen und für die Verwaltung: . . .

2 **46.1.2–4.** Was spricht dafür, daß die Vereinten Nationen ihre Hauptaufgabe der Friedenssicherung erfüllt haben, was spricht dagegen?
Dafür: a. . . . Dagegen: f. . . .
b. . . . g. . . .
c. . . . h. . . .
d. . . .
e. . . .

3 **Leistenrätsel.** Die Buchstaben a cc eeeee f g i k nn oooo pp r ss t uuu v ergeben in den senkrechten Leisten Wörter folgender Bedeutung:
1. Eine Sonderorganisation der Vereinten Nationen
2. Recht zur Ablehnung eines Beschlusses des Sicherheitsrates durch eines der fünf ständigen Mitglieder
3. Eine weitere Sonderorganisation der UN
4. Die USA und UdSSR beherrschen den Sicherheitsrat. Man nennt sie auch . . . mächte.
5. Die Vereinten Nationen, abgekürzt

Die waagerechte Leiste nennt bei Hinzunahme der übriggebliebenen Buchstaben, richtig eingesetzt, das englische Wort für den Begriff „Frieden erhalten".

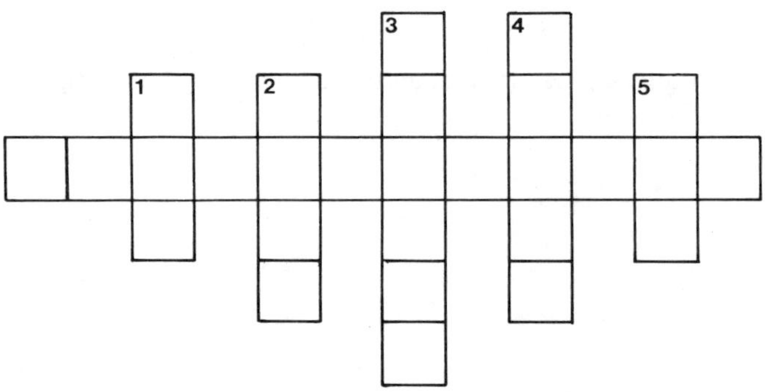

47. Die USA nach dem Zweiten Weltkrieg

1 **47.1.2–2.** Erläutert die Zusammenhänge zwischen amerikanischer und sowjetischer Außenpolitik nach dem Zweiten Weltkrieg.

	US-Außenpolitik	Sowjetische Außenpolitik
Eindämmung	a. ...	b. ... c. ...
„roll back"	d. ...	e. ... f. ...
Entspannung	g. ...	h. ... i. ... j. ...

2 **47.1.2–5.** Warum engagierten sich die Vereinigten Staaten militärisch in Vietnam? Kreuzt von den folgenen Aussagen die beiden zutreffenden an:

a. Sie wollten keine Raketenstützpunkte der Sowjets in Vietnam dulden.
b. Nachdem Nordvietnam kommunistisch geworden war, sollte Südvietnam vor dem Kommunismus bewahrt werden.
c. Sie wollten verhüten, daß die Chinesen über den 38. Breitengrad hinaus vorstießen.
d. Sie griffen im Rahmen einer UN-Intervention in Südvietnam ein.
e. Sie fürchteten, daß nach der Inbesitznahme Vietnams durch die Kommunisten nach und nach ganz Südostasien unter kommunistische Herrschaft käme.
f. Sie wollten ihre ehemalige Kolonie Südvietnam wieder zurückgewinnen.

3 **47.2.2–2.** Vergleicht die Amtsstellung des US-Präsidenten mit der des deutschen Bundeskanzlers:

	Bundesrepublik	USA
Wahl des Regierungschefs	a. ...	b. ...
Art und Weise der Regierung	c. ...	d. ...
Ablösung	e. ...	f. ...

4 **47.3.2–3.** Erläutert, warum das Rassenproblem in den USA nach wie vor nicht gelöst wurde. Führt kurz aus, in welchen Bereichen die Integration der Farbigen Fortschritte gemacht hat und in welchen Bereichen es noch ungelöste Probleme gibt . . .

5 **Buchstabenzusammensetzrätsel.** Setzt die Buchstaben aaaa ää bbbbb cccc ddd eeeeeeeee ggggg hh iiii kk llll mmmm nnnnnnnn oooooo ppp rrrrrrrr ssss tttttt uu ü ww yy zu Wörtern mit nachstehender Bedeutung zusammen. Die Anzahl der Buchstaben der richtigen Wörter stehen hinter ihrer Bedeutung. Bei richtiger Lösung ergeben die Anfangsbuchstaben den Namen einer schwarzen Protestbewegung der sechziger Jahre.

1. Welche Bewegung führte Pastor Martin Luther King an? (20 B.)
2. Institution der Interessenvertreter (5 B.)
3. Er betrat am 21. Juli 1969 den Mond. (9 B.)
4. US-Präsident von 1976–1980 (6 B.)
5. US-Präsident von 1961–1963 (7 B.)

6. Wer erfüllt in den USA die Aufgaben, die bei uns Bundespräsident, Bundeskanzler und Bundesminister erledigen? (9 B.)
7. Wer sorgt dafür, daß Verfassungstext und Verfassungswirklichkeit übereinstimmen? (10 B.)
8. Was die USA im Laufe der Zeit geworden sind. (9 B.)
9. Trumans Doktrin des Containment auf Deutsch (10 B.)
10. Englischer Ausdruck für die Politik Eisenhowers gegenüber der Sowjetunion (8 B.)

48. Die Sowjetunion

1 **48.1.2–2.** Was sagt man im Westen und im Osten über den sowjetischen Machtbereich?

	Westen	Osten
Vorgehen der Sowjetunion in Ostmitteleuropa	a. . . .	b. . . .
Verhältnis Sowjetunion zu den von ihr abhängigen Ländern	c. . . .	d. . . .

2 **48.1.2–3.** Die Jahre von 1953 bis 1964 in der Sowjetunion bezeichnet man als Epoche der Entstalinisierung.
a. Wodurch ist sie gekennzeichnet? . . .
b. Worin bestanden die Maßnahmen, die zur Abkehr vom Stalinismus führten? . . .
c. Wie lauten die drei neuen ideologischen Konzeptionen, die auf dem 20. Parteitag der KPdSU verkündet wurden? . . .
d. Welche Auswirkungen hatte die Phase der Entstalinisierung? . . .

3 **48.1.2–4/5.** K. D. Bracher schreibt in seinem Buch „Europa in der Krise“ über „Blockpolitik und Entspannung“ (S. 419):
„Der Beginn der . . . Entspannungspolitik ist umstritten geblieben. Die Außenminister- und Gipfelkonferenzen von 1954 und 1955 waren wohl ein Anfang, aber die Ungarn-Ereignisse und die Suez-Krise ließen den wahren Charakter des neuen Ansatzes im unklaren, und die nachfolgenden Konfrontationen sprachen ebenso für die Fortdauer des Kalten Krieges wie für dessen Abbau . . .“
a. Welche Ereignisse sind aus dieser Sicht der Entspannung zuzurechnen? . . .
b. Welche Ereignisse und Entwicklungen sind der Blockpolitik zuzurechnen? . . .
c. Welche Gründe veranlaßten USA und UdSSR, eine Politik der Entspannung zu betreiben? . . .
d. In welchem Verhältnis stehen nach der Auffassung Brachers Entspannung und Blockpolitik? . . .

4 **48.2.2–1.** Stellt das westliche und das östliche Wirtschaftssystem in einigen charakteristischen Merkmalen gegenüber:
a. westliches Wirtschaftssystem: . . .
b. östliches Wirtschaftssystem: . . .

5 **Silbenrätsel.** Stellt aus den folgenden Silben neun Wörter zusammen, die nachfolgende Fragen beantworten. Setzt die angegebenen Buchstaben der Reihe nach zusammen. Dann erhaltet ihr das Kontrollwort. Es sagt, was eine Sowchose ist.
bresch – bü – chru – deut – dis – er – garn – hel – ki – li – lit – new – pakt – po – ro – sa – schau – schtschow – si – sin – staat – tel – ten – ti – to – un – war

1. Wer stellte die Doktrin auf, daß die Ostblockstaaten nur ein beschränktes Selbstbestimmungsrecht besitzen? (4. B.)
2. Kommunistischer Staatschef, der 1948 mit Stalin brach. (1. B.)
3. Militärbündnis des Ostens, zwei Wörter (2. B.)
4. Bezeichnung der Länder, die von der Sowjetunion abhängig sind (2. B.)
5. Gremium, das die Sowjetunion regiert (5. B.)
6. Wo fand 1975 die „Konferenz über Sicherheit und Zusammenarbeit in Europa“ statt? (4. B.)
7. Aufstandsgebiet 1956 (3. B.)
8. Von wem stammt das Wort von der „friedlichen Koexistenz“? (4. B.)
9. Fremdwort für „Bürgerrechtler“ (9. B.)

49. Die Volksrepublik China

1 **49.1.2–1.** Kreuzt zwei richtige Aussagen über Merkmale der alten chinesischen Gesellschaft an:
a. Eine Schicht von Grundbesitzern, Beamten und Gelehrten lebte von den Pachtzinsen ihrer Staatsgüter und besaß die Monopole der Bildung, der öffentlichen Verwaltung und der Wohlhabenheit.
b. Die Bauern besaßen den überwiegenden Teil des Bodens.
c. Im Gegensatz zum europäischen Mittelalter gab es in der chinesischen Gesellschaft keine starke Abhängigkeit der Masse der Bauern.
d. Die politische Macht wurde ausgeübt vom Kaiser, der Zentralregierung und den örtlichen Grundherren.
e. In der chinesischen Bevölkerung gab es keine wesentlichen Unterschiede nach Stand und Vermögen.

2 **49.1.2–3.** Worin bestand der Unterschied zwischen den Zielen und Vorstellungen von Sun Yat-sen und Mao Tse-tung?
a. Sun Yat-sen: . . .
b. Mao Tse-tung: . . .

3 **49.1.2–4.** Beschreibt Organisation und Funktion der chinesischen Volkskommunen.
a. Größe: . . .
b. Eigentum: . . .
c. Zuständigkeit: . . .

4 **49.1.2–5.** Der Konflikt zwischen der Sowjetunion und China hat mehrere Ursachen. Erläutert stichpunktartig die Unterschiede.

	Sowjetunion	China
Auffassung von der sozialistischen Gesellschaft	a. . . .	b. . . .
Ansicht von der Revolution	c. . . .	d. . . .
außenpolitische Meinungsverschiedenheiten	e. . . .	f. . . .

5 **49.2.2–1.** In den letzten Jahren hat sich in China ein Wandel vollzogen.
a. Was versteht man unter den „vier Modernisierungen"? . . .
b. Wie werden diese Modernisierungen begründet? . . .
c. Welche Erfolge sind inzwischen zu verzeichnen? . . .

6 **Füllrätsel.** Füllt jedes Kästchen mit einem Buchstaben aus. Sie ergeben waagerechte Wörter mit folgender Bedeutung. Die Buchstaben in den Kästchen mit Punkten ergeben in Pfeilrichtung gelesen das Lösungswort. Es ist die Bezeichnung für die Nationale Volkspartei Chinas.

1. Die Peitaiho-Resolution befahl ihre Gründung.
2. Der große Vorsitzende
3. Einrichtung zur Bekämpfung eingedrungener Feinde
4. Unvergeßliches Erlebnis für die chinesischen Kommunisten
5. Wohin flohen die Truppen der Nationalregierung?
6. Wem galt der Kampf Huas und Tengs?
7. Wer wandelte 1911 das Kaiserreich in eine Republik um?
8. Das wichtigste soziale Problem Chinas
9. Hervorragender Kenner Chinas
10. Träger der Kulturrevolution

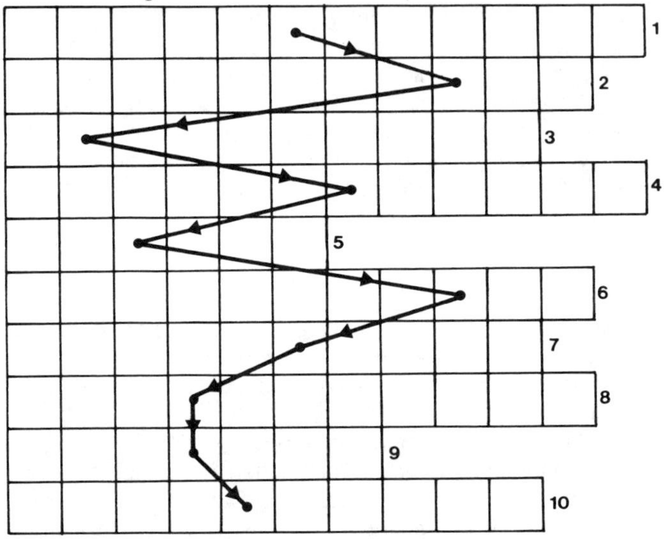

50. Vom Kolonialzeitalter zum Nord-Süd-Konflikt

1 **50.1.2–1.** Welche negativen Auswirkungen hatte die Politik der Kolonialmächte in den Kolonien vor dem Ersten Weltkrieg?

wirtschaftlich:	politisch:	sozial:
a. . . .	c. . . .	e. . . .
b. . . .	d. . . .	

2 **50.1.2–2.** Wie wirkten sich die beiden Weltkriege auf die Beziehungen zwischen den Kolonien und den Kolonialmächten aus? Kreuzt die beiden Aussagen an, die am ehesten zutreffen.
a. Beide Kriege stärkten die Positionen der Kolonialmächte und machten die Kolonien noch mehr von ihnen abhängig.
b. Die Kolonien nutzten die Chance und versuchten, indem sie auf seiten Deutschlands kämpften, die Unabhängigkeit zu erlangen.
c. Schon der Erste Weltkrieg erschütterte die Stellung der Kolonialmächte, denn den Kolonien war als Gegenleistung für die Teilnahme am Krieg die Selbstregierung in Aussicht gestellt worden.
d. Schon während des Zweiten Weltkrieges konnten sich viele Kolonien von den Kolonialmächten lösen und unabhängig werden, da insbesondere die Kolonialmächte Frankreich und Großbritannien gegen Deutschland und Japan Niederlagen hinnehmen mußten.

e. Der Zweite Weltkrieg hatte die Entkolonialisierung beschleunigt, so daß unmittelbar danach in Asien und in den 50er Jahren in Afrika viele Kolonien unabhängig wurden.
f. Die Sowjetunion und die USA übernahmen als Hauptsiegermächte die Regierung und Verwaltung über die ehemaligen Kolonien.

3 **50.2.2–4.** Vergleicht die koloniale Entwicklung in Afrika/Asien mit der kolonialen Entwicklung in Südamerika.

	Asien/Afrika	Lateinamerika
In welchem Zeitraum erfolgte die Befreiung von der Kolonialherrschaft?	a. ...	b. ...
Welches waren die wichtigsten Kolonialmächte?	c. ...	d. ...
Wie wirkte sich die Kolonialherrschaft aus?	e. ...	f. ...

4 **Worträtsel.** Bestimmt aus der jeweiligen Wortgruppe das richtige Wort. Setzt die angegebenen Buchstaben der Lösungswörter der Reihe nach zusammen. So erhaltet ihr das Kontrollwort. Es nennt eine Hilfsaktion, mit der die USA hungernden Menschen geholfen haben.

1. Wie sollte sich das Verhältnis zwischen Industriestaaten und Entwicklungsländern gestalten? 9. B.
   Konkurrenzkampf – Partnerschaft – Ausbeutung
2. Wie kann man Bevölkerungszunahme verlangsamen? 2. B.
   Eheverbot – höherer Lebensstandard – Familienplanung
3. Was führen die Entwicklungsländer hauptsächlich aus? 1. B.
   Rohstoffe – Fertigwaren – Dienstleistungen
4. Wozu führte Überbevölkerung in vielen Ländern der Dritten Welt? Wählt eine Gruppe von drei Wörtern. 4. B.
   Vollbeschäftigung/Wohlstand/Demokratie – Arbeitslosigkeit/Armut/Hunger – Automation/Reichtum/Überfluß
5. Wie nennt man Menschen, die weder lesen noch schreiben können? 5. B.
   Analphabeten – Eingeborene – Sklaven
6. Triebkraft, die zur Unabhängigkeit der Kolonien führte. 2. B.
   Kulturrevolution – Machtstreben – Nationalismus
7. Was betreibt ein Land, das im wesentlichen nur ein Produkt anbaut? 5. B.
   Monokultur – Agrarwirtschaft – Obstanbau
8. Wichtiger Abschnitt in der Nachkriegsgeschichte der Völker Afrikas. 1. B.
   Europäisierung – Entkolonialisierung – Islamisierung
9. Wodurch kann der Dritten und Vierten Welt geholfen werden? 3. B.
   Entspannungspolitik – europäische Zivilisation – Entwicklungshilfe
10. In welchem Teil der Erde liegen die meisten Entwicklungsländer? 5. B.
    nördliche Halbkugel – Tropen/Subtropen – Südpolargebiet

1 **51.1.2–2.** Eine der historischen Wurzeln des Nahostkonflikts geht auf den Ersten Weltkrieg zurück. Ergänzt die folgenden Aussagen:
a. Damit die Araber gegen die mit Deutschland verbündeten Türken kämpften, versprachen britische Politiker, . . .
b. Gleichzeitig trafen die Briten ohne Wissen der Araber mit den Franzosen ein Abkommen, in dem sie . . .
c. Der britische Außenminister Balfour versprach 1917 den Zionisten, . . .

2 **51.1.2–3.** Nach dem Ersten Weltkrieg kam es zu einer Masseneinwanderung von Juden nach Palästina. Welches waren die Folgen dieser Masseneinwanderung

für das Land?	für das Verhältnis zwischen Juden und Arabern?
a. . . .	d. . . .
b. . . .	e. . . .
c. . . .	

3 **51.1.2–4.** Wie verhielten sich die UN in den Nahostkriegen?
a. 1948: . . .
b. 1956: . . .
c. 1967: . . .
d. 1973: . . .

4 **51.2.2–1.** Wie ist der Konflikt im Nahen Osten mit dem Energieproblem verknüpft? . . .

5 **Zuordnungsrätsel.** Hier sind einige Sätze geteilt und die Teile in zwei Gruppen zusammengefaßt worden. In Gruppe 1 stehen die Satzanfänge, in Gruppe 2 die Satzenden. Stellt die Sätze wieder her.

Gruppe 1
a. Nach dem Zweiten Weltkrieg . . .
b. Ihr Sitz . . .
c. Die Vereinten Nationen versuchen, streitende Parteien . . .
d. Die Friedenstruppe der Vereinten Nationen . . .
e. Die Mehrheit der Vollversammlung stimmte 1947 . . .
f. Nach dem Waffenstillstand im Jom-Kippur-Krieg 1973 . . .
g. Die Vereinten Nationen hatten in allen Nahostkriegen . . .
h. Die „Allgemeine Erklärung der Menschenrechte" verpflichtet die Vereinten Nationen . . .
i. Der Sicherheitsrat trägt die Hauptverantwortung . . .
j. Solange man in der Vollversammlung miteinander redet, . . .

Gruppe 2
1. . . . nennt man auch Blauhelme.
2. . . . wird nicht geschossen.
3. . . . einer Teilung Palästinas zu.
4. . . . für die Wahrung des Weltfriedens.
5. . . . wurden die Vereinten Nationen gegründet.
6. . . . für Menschenrechte und Grundfreiheiten einzutreten.
7. . . . ist New York.
8. . . . zum Frieden zu bewegen.
9. . . . rückten UN-Truppen in die Pufferzonen am Sinai und den Golanhöhen ein.
10. . . . ihre Vermittlung angeboten.

Lösungen

43. Deutschland nach dem Zusammenbruch

1 a. Als Grenze wurde vorläufig die Oder-Neiße-Linie bestimmt.
b Überführung nach Deutschland, und zwar in „ordnungsgemäßer und humaner Weise“
c. gemeinsame Kontrolle und Verwaltung im Alliierten Kontrollrat
2 Richtig sind b. und d.
3 Richtig: Byrnes, Truman, Marshall
4 a. die USA und Großbritannien mit der Bildung der Bizone den ersten Schritt zur Teilung unternommen haben.
b. die Westmächte in ihren Zonen ihre Wirtschafts- und Gesellschaftsordnung einführten und im Zuge einer weltweiten Gesamtkonzeption den Kommunismus eindämmen wollten.
c. sie ihren Einflußbereich über Ostmitteleuropa hinaus ausdehnen und ihre Zone fest in ihr Herrschaftsgebiet integrieren wollte.
d. sie von Anfang an in der sowjetisch besetzten Zone ein kommunistisches System unter Ausschaltung aller anderen politischen Richtungen einrichtete, bevor die Westmächte in ihren Zonen deutsche politische Einrichtungen zuließen.

44. Bundesrepublik Deutschland und Deutsche Demokratische Republik

1 Richtig sind b. und d.
2 a. Die Bundesrepublik Deutschland wird gleichberechtigtes Mitglied im Westblock und ist damit auf dem Weg zur Souveränität ein Stück weiter.
b. Die Bedrohung durch den Kommunismus ist derart gewachsen – Koreakrieg –, daß sich der Westen unter Einschluß der Bundesrepublik Deutschland dagegen schützen muß.
c. Erst wenn der Westen militärisch, wirtschaftlich und politisch überlegen ist, kann er die Sowjets zur Wiedervereinigung Deutschlands veranlassen.
d. Wenn die Bundesrepublik Deutschland auch militärisch in den Westen integriert wird, ist eine Wiedervereinigung in weite Ferne gerückt.
e. Angesichts der Verwüstungen und der Opfer des von Deutschland begonnenen Krieges ist es eine Provokation des eigenen Volkes und der ehemaligen Kriegsgegner, wenn Deutschland wieder eine Armee besitzt.
f. In einer militärischen Auseinandersetzung würden sich die Deutschen aus Ost und West bekämpfen müssen.
3 a. Friedensvertragsentwurf
b. die mögliche Wiedervereinigung
c. Die Neutralisierung hätte Deutschland dem Einfluß der Sowjets geöffnet.
d. Die Westintegration der Bundesrepublik wäre unterbrochen bzw. verhindert worden.
4 a. Marshallplan: Kapital- und Devisenhilfe, um Investitionen und Einfuhren zu finanzieren
b. Währungsreform: Neuordnung des Geld- und Währungswesens
c. „Soziale Marktwirtschaft“: Übergang zu einer Wirtschaftsordnung, die durch Wettbewerb und durch Hilfsmaßnahmen für die sozial Schwachen gekennzeichnet ist.
5 a. soziale Marktwirtschaft
b. sozialistische Planwirtschaft
c. Mehrparteiensystem, freie Wahlen
d. Herrschaft der Staatspartei, Wahlen nach Einheitsliste
e. von der Westintegration über Alleinvertretungsanspruch und Isolierung durch Nichtanerkennung zum Grundlagenvertrag
f. von der Ostintegration über Anspruch auf eigene Staatlichkeit zum Grundlagenvertrag

6 a. beschleunigte Kollektivierung der Landwirtschaft
b. Verstaatlichung von Handel und mittleren Betrieben
c. schlechte Versorgungslage
d. Preissteigerung
e. Normerhöhung
f. politische Unfreiheit

7 Richtig sind b. und d.

8 a. Rechtsstaatlichkeit, b. Ostzone, c. Ollenhauer, d. Sozialstaat, e. Entnazifizierung, f. Vertreibung, g. ERP, h. Luftbrücke, i. Trizone

9 a. Deutschlandvertrag, b. Erhard, c. Marshallplan, d. Oder-Neiße-Linie, e. Nürnberg, f. Teilung, g. Adenauer, h. Grundgesetz, i. Eiserner Vorhang

10 1. H, 2. SEW, 3. Spion, 4. Grenzen, 5. Heinemann, 6. Schmidt, 7. SEATO, 8. UNO, 9. N

11 a. Emigrant, b. Partei, c. Facharbeiter, d. Schießbefehl, e. Sozialismus, X = Antifaschismus

12 Planwirtschaft, Druck, SED, Normerhöhung, Volksaufstand, Juni, Zwangskollektivierung, Fluchtbewegung, Fachkräfte, Verluste, Grenze, Flucht, Lebensgefahr.

45. Die Einigung Europas

1 a. Rivalität zwischen den europäischen Völkern muß abgebaut werden.
b. Zwischen dem östlichen und dem westlichen Europa klafft ein ideologischer Riß.
c. Verteidigung gegen eine Expansion der Sowjetunion.

2 Richtig sind a. und e.

3 Reihenfolge: 1 – 2 – 3 – 4 – 5 – 6

4 a. Ablehnung der politischen Integration
b. Die Wirtschaftsgemeinschaft funktioniert nur, weil die einzelnen Regierungen Funktion und Wirksamkeit garantieren. Sie sind nicht bereit, sich in ihre nationalen Belange hineinreden zu lassen.
c. Die einzelnen Staaten müssen zwar ein Stück ihrer nationalen Souveränität preisgeben, haben aber – vor allem in der Außen- und Wirtschaftspolitik – gemeinsam mehr Gewicht.

5 a. begrenztes Mitspracherecht im EG-Haushalt
b. Diskussion der Ministerratsbeschlüsse, ohne Einfluß auf diese Beschlüsse zu haben.
c. Gesetzgebungsrecht
d. Recht auf Regierungsbildung
e. Prüfung der Regierungsmaßnahmen
f. Budgetrecht
g. Recht auf Ratifizierung von Verträgen

6 a. Manche Politiker befürchteten, daß das Parlament durch die Direktwahlen mehr Befugnisse für sich fordert und daß dadurch die nationale Souveränität der Mitglieder angetastet werden könnte.
b. Nicht alle Regierungen waren zu solchen Zugeständnissen bereit.

7 Paneuropa, Europarat, Montanunion, EWG, EURATOM, Schuman gest., Erweiterung der EWG, Lomé, Europaparlament.

46. Die Vereinten Nationen

1 a. zu 2., b. zu 1., c. zu 3.

2 a. Die Vereinten Nationen bieten ein Forum, um Streitfragen zu diskutieren.
b. Die streitenden Parteien sind gezwungen, auf die öffentliche Weltmeinung Rücksicht zu nehmen.
c. Die Entwicklung der unabhängig gewordenen Staaten der Dritten Welt vollzieht sich auch unter Hilfestellung der UN.
d. Vermittlung in Konflikten
e. Entsendung von Truppen in Krisengebiete
f. Die UN haben es nicht verhindern können, daß es wiederholt zu kriegerischen Auseinandersetzungen kam und kommt.
g. Die UN sind zu schwach, um den Supermächten etwas vorschreiben zu können, was deren Interessen zuwiderläuft.
h. Der Sicherheitsrat hat keine militärische Macht, um seine Beschlüsse durchsetzen zu können.

3 1. FAO, 2. Veto, 3. UNESCO, 4. Super(mächte), 5. UNO. Waagerechte Leiste: Peacekeeping.

47. Die USA nach dem Zweiten Weltkrieg

1 a. Die Ausdehnung des sowjetischen Machtbereichs soll in Grenzen gehalten werden, indem die USA den bedrohten Ländern wirtschaftliche und militärische Hilfe gewähren.
b. Die Phase der Kooperation ist beendet.
c. Eingliederung der bei Kriegsende von der UdSSR besetzten Länder in den „Ostblock".
d. Verdrängung des Kommunismus aus Europa und Asien
e. Militärische Auseinandersetzungen: Koreakrieg, Vietnamkrieg
f. Verhärtung des Verhältnisses zwischen USA und UdSSR „bis an die Grenze des Krieges"
g. Da keine Supermacht die andere entscheidend besiegen kann – Gleichgewicht des Schreckens –, Bemühungen um Begrenzung des Wettrüstens

2 Richtig sind b. und e.

3 a. Wahl durch den vom Volk gewählten Bundestag
b. Wahl durch das Volk über Wahlmänner
c. Der Kanzler bestimmt die Richtlinien der Politik. Die Minister tragen in diesem Rahmen die Verantwortung selbst.
d. Präsident ist Staatsoberhaupt und Regierungschef. Kein Kabinett, sondern ein Kreis von Mitarbeitern.
e. Kanzler kann vom Parlament durch konstruktives Mißtrauensvotum – GG 67 – gestürzt werden.
f. Präsident kann vom Parlament nicht gestürzt werden. Nur ein Gericht kann ihn wegen strafbarer Handlungen absetzen.

4 Nach dem Zweiten Weltkrieg forderte die farbige Bevölkerung in den USA – Neger und Puertorikaner – verstärkt ihre Gleichstellung. Ein erster Durchbruch erfolgte im Schulwesen. 1954 wurde die Gleichstellung in den Schulen und Universitäten eingeleitet und trotz vieler Hindernisse weitergeführt. Ein zweiter Durchbruch erfolgte 1964/65 mit den Bürgerrechtsgesetzen, die jede Rassentrennung im öffentlichen Bereich für ungesetzlich erklärten.
Probleme gibt es im wirtschaftlichen und sozialen Bereich: niedriges Einkommen, schlechte Wohnverhältnisse, Arbeitslosigkeit bestimmen das Bild der farbigen Bevölkerung.

5 1. Bürgerrechtsbewegung, 2. Lobby, 3. Armstrong, 4. Carter, 5. Kennedy, 6. Präsident, 7. Opposition, 8. Weltmacht, 9. Eindämmung, 10. Rollback. Anfangsbuchstaben: Black Power.

48. Die Sowjetunion

1 a. Gewaltsame Einsetzung des kommunistischen Systems in diesen Ländern.
b. Verbrüderung der antifaschistischen Kräfte, Schaffung einer antikapitalistischen Ordnung
c. Ostblockstaaten werden als „Satellitenstaaten" betrachtet, da sie politisch, wirtschaftlich und militärisch von der Sowjetunion abhängig sind.
d. Die Sowjetunion erklärt sich als Schutzmacht vor der imperialistischen Politik des Westens.

2 a. Abkehr von den Herrschaftsmethoden Stalins, Anpassung des stalinistischen Herrschaftssystems an die Erfordernisse einer sowjetischen Industriegesellschaft.
b. Kollektive Führung, Einstellung der Massenverhaftungen, Entmachtung des Staatssicherheitsdienstes, Abkehr vom Massenterror, kein absoluter Vorrang der Schwerindustrie vor Verbrauchsgüterindustrie.
c. Vermeidbarkeit der Kriege, friedliche Koexistenz, gewaltloser Übergang zum Sozialismus
d. Innenpolitisch: neues sowjetisches Parteiprogramm; außenpolitisch: „Koexistenz" zwischen Staaten mit unterschiedlichen Gesellschaftssystemen

3 a. Rüstungskontrolle, Handelsbeziehungen, Konferenz für Sicherheit und Zusammenarbeit KSZE
b. Kuba-Krise, Mauerbau, Vietnam-Krieg, Einmarsch der Ostblockstaaten in die CSSR
c. Einstellung des kostspieligen Rüstungswettlaufs, Sicherung des Weltfriedens, Sicherung der Einflußsphären
d. Der Kalte Krieg ist nicht eindeutig durch die Phase der Entspannung abgelöst worden.

4 a. In der Marktwirtschaft wird der freie Wettbewerb durch den Staat gesichert. Die Tarifparteien handeln die Löhne aus. Über Investitionen und Produktionsplanung entscheiden die Eigentümer.
b. gelenkte Staatswirtschaft, in der alle wirtschaftlichen Vorgänge durch Planung festgelegt werden. Entscheidungen über Löhne, Preise, Investitionen und die Produktionsplanung werden vom Staat getroffen.

5 1. Bre**s**chnew, 2. **T**ito, 3. W**a**rschauer Pakt, 4. S**a**tellitenstaaten, 5. Poli**t**büro, 6. Hel**s**inki, 7. Un**g**arn, 8. Chr**u**schtschow, 9. Dissiden**t**. Kontrollwort: Staatsgut.

49. Die Volksrepublik China

1 Richtig sind a. und d.

2 a. Errichtung einer parlamentarischen Republik, soziale Reformen
b. Durchführung der Revolution unter Führung der Bauernmassen, entschädigungslose Enteignung der Grundherren, Neuaufteilung des Bodens

3 a. 10000 bis 30000 Personen
b. mittelgroße Industrieanlagen, Kleinindustrieanlagen, Boden, Vieh, Geräte
c. jährliche Produktionspläne, Großprojekte der Infrastruktur, Anbauprogramme. Weitere Funktionen: Versorgung der Bevölkerung mit Nahrung, Kleidung und Wohnung, Mobilisierung der Bauernmassen, Schulen, Kliniken und Läden

4 a. schnelle Industrialisierung, Vorrang der Schwerindustrie, dadurch starke Belastung der Bauern
b. Gleichzeitige Entwicklung von Industrie und Landwirtschaft, dabei sollen alle Gesellschaftsschichten gleichmäßig belastet werden.
c. Übernahme der Führung der Massen durch die Partei, Herrschaft der Parteifunktionäre
d. Mobilisieren der Kraft der Massen, die gleichberechtigt neben der Partei stehen, permanente Revolution
e. fühlt sich von China bedroht. Sie fürchtet um ihren Führungsanspruch im Kommunismus.
f. befürchtet Einkreisung durch Sowjetunion, brandmarkt die „Ungleichen Verträge" als imperialistischen Raub.

5 a. Modernisierung der Landesverteidigung, der Landwirtschaft, der Industrie sowie von Wissenschaft und Technik
b. Notwendigkeit für den Aufbau eines modernen und starken China, Ausbildung von Fachleuten
c. Steigerung der Produktion, Zunahme des Handels

6 1. Volks**k**ommune, 2. Mao Tse-t**u**ng, 3. V**o**lksmiliz, 4. Langer **M**arsch, 5. Ta**i**wan, 6. Viererba**n**de, 7. Sun Ya**t**-sen, 8. Agr**a**rreform, 9. Meh**n**ert, 10. Rote **G**arden. Lösungswort: Kuomintang.

50. Vom Kolonialzeitalter zum Nord-Süd-Konflikt

1 a. Kolonien dienten als Rohstofflieferanten und Absatzmärkte.
b. Ihre Wirtschaft war auf die Interessen der Kolonialmacht ausgerichtet, während die ursprünglich heimische Wirtschaftsweise zerstört wurde.
c. Das politische System der Kolonialmacht wurde auf die Kolonie übertragen.
d. Koloniale Verwaltungseinheiten stimmten oft mit den ursprünglichen ethnischen und religiösen Grenzen nicht überein, was nach der Erlangung der Selbständigkeit zur Teilung von Staaten – z. B. Indien und Pakistan – sowie zu Stammes- und Bürgerkriegen – z. B. in Afrika – führte.
e. Zerstörung der Sozialstrukturen

2 Richtig sind c. und e.

3 a. überwiegend in der Zeit nach dem Zweiten Weltkrieg
b. überwiegend im 19. Jahrhundert
c. Großbritannien, Frankreich
d. Spanien, Portugal
e. fast vollständige wirtschaftliche und politische Abhängigkeit von den Kolonialländern, soziale und religiöse Probleme
f. Bildung einer dünnen, unermeßlich reichen Besitzerschicht, verstärkte Abhängigkeit von den USA, wirtschaftliche und soziale Probleme

4 1. Partnerschaft, 2. Familienplanung, 3. Rohstoffe, 4. Arbeitslosigkeit/Armut/Hunger, 5. Analphabeten, 6. Nationalismus, 7. Monokultur, 8. Entkolonialisierung, 9. Entwicklungshilfe, 10. Tropen/Subtropen. Kontrollwort: Carepakete.

51. Der Nahostkonflikt

1 a. in den arabischen Provinzen des Osmanischen Reiches einen unabhängigen arabischen Staat anzuerkennen.
b. eine Interessenaufteilung des Türkischen Reiches vornahmen.
c. Unterstützung bei der Errichtung einer jüdischen Nationalheimat in Palästina.

2 a. Umwandlung von bis dahin unbewohnten Gebieten in Siedlungsgebiete
b. Gründung von politischen Parteien, Gewerkschaften
c. Aufbau einer neuen Gesellschaft
d. Vertiefung der sozialen und kulturellen Kluft
e. Araber fühlten sich durch die britische Mandatsverwaltung und durch die jüdische Kolonisation gefährdet.

3 a. Sicherheitsrat droht Sanktionen an, Waffenstillstandsabkommen.
b. Vollversammlung fordert Einstellung der militärischen Aktionen. UN-Streitkräfte bilden Sicherheitszonen, Waffenstillstand.
c. UN-Truppen ziehen auf Verlangen Ägyptens ab.
d. Ein von UN-Truppen überwachter Waffenstillstand wird erzielt.

4 Die arabischen Ölländer setzten das Öl-Embargo als politische Waffe ein. Damit stand Öl für die Industrieländer nicht mehr unbegrenzt zur Verfügung. Weil sie vom Öl abhängig sind, dürfen es die Industrieländer mit den arabischen Staaten nicht verderben.

5 a. zu 5., b. zu 7., c. zu 8., d. zu 1., e. zu 3., f. zu 9., g. zu 10., h zu 6., i. zu 4., j. zu 2.